中共隆德县委党史和地方志研究室·编

黄河出版传媒集团
阳光出版社

图书在版编目（CIP）数据

隆德年鉴.2021/中共隆德县委党史和地方志研究室编.--银川：阳光出版社，2021.12
ISBN 978-7-5525-6229-3

Ⅰ.①隆… Ⅱ.①中… Ⅲ.①隆德县-2021-年鉴 Ⅳ.①Z524.34

中国版本图书馆CIP数据核字（2021）第268895号

隆德年鉴2021　　中共隆德县委党史和地方志研究室　编

责任编辑　赵维娟　林　薇
封面设计　晨　皓
责任印制　岳建宁

黄河出版传媒集团 阳光出版社 出版发行

出 版 人	薛文斌
地　　址	宁夏银川市北京东路139号出版大厦（750001）
网　　址	http://www.ygchbs.com
网上书店	http://shop129132959.taobao.com
电子信箱	yangguangchubanshe@163.com
邮购电话	0951-5014139
经　　销	全国新华书店
印刷装订	宁夏凤鸣彩印广告有限公司
印刷委托书号	（宁）0022782

开　　本	787 mm×1092 mm　1/16
印　　张	15.5
字　　数	380千字
版　　次	2021年12月第1版
印　　次	2021年12月第1次印刷
书　　号	ISBN 978-7-5525-6229-3
定　　价	218.00元

版权所有　翻印必究

《隆德年鉴2021》编辑部

主　　编：刘安堂
副 主 编：马建红
统　　稿：刘安堂
特邀编审：郭勤华
编　　辑：马建红　杨海霞　王喜凤

编辑说明

一、《隆德年鉴2021》是由中共隆德县委党史和地方志研究室编撰的政府公报性质的大型资料性工具书。本书系统记述了2020年度隆德县在政治、经济、文化、社会、生态文明建设中取得的成绩，为各级领导了解县情，制定政策提供全面系统的参考资料。

二、《隆德年鉴2021》的内容按编委会的任务分工方案和撰稿要求，由隆德县各乡镇、各部门、各单位提供原始资料，中共隆德县委党史和地方志研究室撰稿、编辑，并聘请专家学者审定，其资料数据具有准确性和权威性。

三、《隆德年鉴2021》采用分类编辑法。以部类为单元，部类之下为分目，分目之下为条目。全书设专载、大事记、隆德概况、中共隆德县委员会、隆德县人大常委会、隆德县人民政府、政协隆德县委员会、法治军事、群团组织、经济发展、经济发展监督保障、交通运输与城乡建设、财政税务、金融保险、教育体育、卫生文化、社会民生、表彰奖励、乡镇概览、附录等类目，全书30余万字。

四、《隆德年鉴2021》所收录的《2019年隆德县国民经济和社会发展统计公报》由隆德县发改局提供，正文数据由各乡镇、各部门、各单位提供。因统计口径等原因，个别数据与统计资料中的数据不尽一致，引用时请以《2019年隆德县国民经济和社会发展统计公报》为准。专载中领导讲话所引数据，按原文录入。领导任职情况，按隆德县委组织部提供资料录入。

五、《隆德年鉴2021》录入的文字、图片资料时间为2020年1月1日至12月31日，所列机关和部门按部类、分目编排，不分先后。录入的先进集体和个人以各供稿单位提供的资料为依据，获奖名录等排序不涉及职务。

六、《隆德年鉴2021》严格执行出版物汉字使用管理规定及出版物数字用法、标点符号用法规定。

六盘山红军长征纪念馆

隆德县观庄乡前庄村油菜花基地

花卉基地

蔬菜采摘

生态鸡

旱作节水农业

隆德北联池

隆德老巷子

隆德县温堡乡盘龙山庄田园民宿

隆德县三山公园

花 灯

民间剪纸

砖 雕

隆德高台马社火

花灯产品展示

目　录

专　载

中共隆德县委员会关于制定国民经济和社会发展第十四个五年规划和二〇三五年远景目标的建议……………………………… 1

隆德县人大常委会工作报告
——在隆德县第十七届人民代表大会第五次会议上的讲话／县人大常委会主任　王　勇……… 18

隆德县人民政府工作报告
——在隆德县第十七届人民代表大会第五次会议上的讲话／县人民政府县长　潘建宁………… 24

政协隆德县第十一届委员会第五次会议工作报告／县政协主席　王　升……………… 38

大事记

1月 …………………………………… 44
2月 …………………………………… 47
3月 …………………………………… 50
4月 …………………………………… 52
5月 …………………………………… 55
6月 …………………………………… 58
7月 …………………………………… 61
8月 …………………………………… 64
9月 …………………………………… 67
10月 ………………………………… 71
11月 ………………………………… 75
12月 ………………………………… 77

隆德概况

人口土地 ……………………………… 81
人口·土地·村组

自然环境 ……………………………… 81
植被·气候

中共隆德县委员会

机构组成 ……………………………… 82
中共隆德县第十四届委员会组成人员·中共隆德县委纪律检查委员会·县委部门·群众团体·县直机关党工委、总支、支部书记·乡（镇）党委书记·区、市直属单位

重要会议 ……………………………… 84
县委十四届七次全体会议·县委十四届八次全体会议·县委十四届九次全体会议

县委常委会会议 ……………………… 85
县委第一次常委会会议·县委第二次常委会会

议·县委第四次常委会会议·县委第六次常委会会议·县委第七次常委会会议·县委第九次常委会会议·县委第十次常委会会议·县委第十二次常委会会议·县委第十三次常委会会议·县委第十四次常委会会议·县委第十五次常委会会议·县委第十六次常委会会议·县委第十七次常委会会议·县委第十九次常委会会议·县委第二十一次常委会会议·县委第二十三次常委会会议·县委第二十四次常委会会议·县委第二十五次常委会会议·县委第二十六次常委会会议·县委第二十八次常委会会议·县委第三十次常委会会议

全面深化改革委员会会议 ………… 94
第五次会议·第六次会议·第七次会议

财经委员会会议 ………… 95
第三次会议·第四次会议

扶贫领导小组会议 ………… 95
第一次会议·第二次会议·第三次会议·第四次会议·第五次会议·第六次会议·第七次会议·第八次会议·第九次会议·第十次会议·第十二次会议

纪检监察 ………… 97
"两个维护"·执纪审查·作风建设·政治巡察·监督职责·监察改革·惩治腐败

组织工作 ………… 99
政治建设·组织建设·干部队伍建设·人才队伍建设

宣传工作 ………… 101
新时代文明实践中心·抗疫宣传·精神文明建设·理论武装·舆论引导·意识形态·乡风文明·社会主义核心价值观培育和践行·网络监管·文化活动

统战工作 ………… 103
概况·宗教工作

机构编制 ………… 104
机构改革

党校工作 ………… 104
项目建设·教育培训

党史档案 ………… 105
档案工作·党史工作

方志工作 ………… 105
方志编修

隆德县人大常委会

机构组成 ………… 106
隆德县第十七届人大常委会组成人员·隆德县第十七届人民代表大会第五次会议·第十七届人民代表大会第四次会议代表议案建议办理·人大代表议案

人大常委会会议 ………… 107
隆德县第十七届人大常委会第二十五次会议·隆德县第十七届人大常委会第二十六次会议·隆德县第十七届人大常委会第二十七次会议·隆德县第十七届人大常委会第二十八次会议·隆德县第十七届人大常委会第二十九次会议

人大常委会视察活动 ………… 108
第一次视察·第二次视察

隆德县人民政府

机构组成 ………… 110
隆德县人民政府组成人员·政府工作部门及负责人·区、市直属单位·乡（镇）长

常务会议……111
政府第六十一次常务会议·政府第六十二次常务会议·政府第六十三次常务会议·政府第六十四次常务会议·政府第六十五次常务会议·政府第六十六次常务会议·政府第六十七次常务会议·政府第六十八次常务会议·政府第六十九次常务会议·政府第七十次常务会议·政府第七十一次常务会议·政府第七十二次常务会议·政府第七十三次常务会议·政府第七十四次常务会议·政府第七十五次常务会议·政府第七十六次常务会议·政府第七十七次常务会议

县长办公会议……116
第一次会议·第二次会议·第三次会议·第五次会议·第七次会议·第八次会议·第九次会议·第十次会议

政协隆德县委员会

机构组成……118
政协隆德县第十一届委员会·政协隆德县第十一届委员会常务委员·政协隆德县第十一届委员会委员·办公室·提案和委员联络委员会·经济委员会·教科文卫体委员会·社会治理委员会

常务委员会会议……118
第十七次常务委员会会议·第十八次常务委员会会议·第十九次常务委员会会议

专门委员会工作……119
提案和委员联络委员会·经济委员会·教科文卫体委员会

参政议政活动……119
市政协来隆围绕全市营商环境支持民营经济各项政策落实情况开展调研·自治区政协来隆开展"以科技创新为引领，推动制造业高质量发展"专题调研·自治区政协副主席洪洋一行来隆调研·隆德县委政协工作会议召开·王升同志深入凤岭乡指导薄弱村党组织整顿工作·自治区政协调研隆德县民族团结进步创建工作·市政协调研隆德县公共卫生疾控体系建设工作·自治区政协调研隆德县中药材产业发展情况·市政协来隆调研农业产业化龙头企业发展及特色农产品深加工情况·自治区政协来隆开展宁夏移民资料征集调研工作·自治区政协重点提案督办调研组来隆德县调研·自治区政协主席崔波调研隆德县政协工作

民主监督活动……122
市政协视察隆德县"163"政务服务模式运行管理情况·县政协视察山水林田湖草综合治理及乡村振兴战略实施等工作·县政协视察医疗卫生、全民健身、食品药品监管等工作·县领导督办政协重点提案建议办理工作·自治区党委第4督查组来隆督查

学习交流活动……123
县政协举办2020年度委员履职能力提升培训班·静宁县政协来隆考察城市供暖工作·中卫市政协来隆考察文化旅游产业融合发展工作·以赛促学 以学促干 隆德县政协举办"新时代新使命新样子"系列竞赛活动展现政协委员新样子·湖南省政协调研组一行来隆就"挖掘红色文化资源，丰富精品红色旅游内涵"开展专题调研活动·自治区政协观摩团来隆德县观摩指导工作·上海市政协调研隆德县公共文化建设情况·吴起县政协来隆考察生态文明和森林公园建设工作·辽宁省政协来隆考察"积极应对新冠肺炎疫情影响推动文化旅游产业持续健康发展"工作·吴忠市政协考察隆德县生态保护工作·永宁县政

协考察隆德县生态保护工作·广东省湛江市政协来隆开展考察

重要文件……………………………… 124
十一届四次会议常委会工作报告·2020年度协商工作计划·中共隆德县委书记袁秉和在政协十一届四次会议上的讲话·县政协主席王升在县政协十一届四次会议闭幕会上的讲话

法治 军事

政 法……………………………………… 127
概述·社会治理·疫情防控·扫黑除恶·平安建设·体制改革

公 安……………………………………… 128
社会治安·疫情防控·打击犯罪·基层治理·治安管理·法治建设·政治建警

检察院……………………………………… 130
机构设置·政治建检·扫黑除恶·司法为民·执法办案·队伍建设

法 院……………………………………… 132
机构设置·扫黑除恶·审判执行·平安建设·执法办案·"一站式"服务

司 法……………………………………… 133
概况·法治建设·基层治理·司法改革

人民武装…………………………………… 134
机构组成·武装工作·军地维稳·议军会

群团组织

隆德县总工会……………………………… 136
工会工作

共青团隆德县委员会……………………… 136
青年成长·团组织建设

隆德县妇女联合会………………………… 138
政治建设·疫情防控·妇女创业就业·文明家庭·妇儿维权

隆德县残疾人联合会……………………… 139
概况·扶贫助残

隆德县科学技术协会……………………… 141
科普推广·科技教育·科技志愿

隆德县工商业联合会……………………… 142
服务非公经济·诚信守法·组织建设·助力脱贫

隆德县文学艺术界联合会………………… 142
文艺服务·文化志愿·六盘人家·学习交流

经济发展

农业农村…………………………………… 145
概述·产业富民·特色产业·休闲农业·品牌强农·农业机械化·农业绿色发展工程·农村产权制度改革·发展壮大村集体经济·农村产业服务·农业执法监管·动物防疫·农机免费管理·新品种新技术

科 技……………………………………… 148
概况·科技项目申报·科技创新平台建设·科普宣传和科技服务·中药材特色优势产业

自然资源…………………………………… 150
耕地保护·自然资源确权登记·生态修复治理·城乡绿化·林草产业发展·空气环境质量·水环境质量·蓝天碧水净土行动

水 利……………………………………… 151
概况·水利基础设施建设·河长工作制·饮水安全·防汛抗旱

城乡建设……………………………………152
概况·疫情防控·老旧小区改造·城市基础设施·污水检测·污水治理·改厕工作·精准扶贫户住房改造·农村人居环境整治·农村生活垃圾分类和资源化利用·小城镇建设·美丽乡村建设·房地产市场发展·规范房地产开发经营·物业服务管理·公共租赁住房审核·工程质量监管

交通运输……………………………………157
项目建设概况·好兴公路·S313线新庄至杨坡（宁甘界）段公路改建项目·农村公路建设项目·城乡客运一体化建设项目·安全生命防护工程建设项目·农村公路养护·路域环境整治·水毁维修工程·农村公路路政管理·道路运输管理·交通扶贫·疫情防控

精准扶贫……………………………………159
组织领导·精准帮扶·闽宁协作·中央单位定点扶贫·党建促脱贫·产业扶持·产业示范带动工程·就业扶贫·金融扶贫·移民搬迁·提升社会保障能力·提升公共服务水平·贫困户识别·开展"四查四补"·消费扶贫·扶贫资金监管·扶贫扶志

产业发展……………………………………162
投资项目建设·工业经济运行·商贸服务·招商引资·价格监审监测·粮食与物资·疫情防控·工业园区概况

服务保障

财　政……………………………………165
收支预算执行·政府性基金预算·社会保险基金预算·政府债务·收支管理·保障基本民生投入·项目投资·债务管控·涉农资金管理·财政管理水平建设·财政监管

审　计……………………………………167
概况·重点项目重大资金审计·预算执行审计·领导干部经济责任审计·民生项目资金审计·审计整改·提升审计质量

市场监管……………………………………169
执法改革·疫情防控·食品安全监管·药械安全监管·特种设备安全监察·质量提升·企业年报公示和消费维权

审批服务……………………………………170
概况·审批服务标准化·审批服务改革

统　计……………………………………171
概况·统计预测预警分析·统计年报·统计督察反馈意见整改·统计法律法规及统计法治知识教育和培训·统计数据质量核查·人口普查·数据监测

安全生产……………………………………173
概况·安全生产学习部署·安全生产培训·隐患排查治理·应急体系建设·安全生产宣传

民生事业

教育体育……………………………………175
概况·教育基础设施建设·教师能力提升培训·控辍保学工作·"互联网＋教育"建设·教育扶贫·乡村体育健身设施

卫　生……………………………………177
概况·疫情防控·健康扶贫·医疗服务·卫生基础设施建设

医疗保障……………………………………177
医疗保险征缴·医疗保障扶贫·医保优惠政策·医保基金监管长效机制·医疗保障经办服务·医保

领域重点改革·医保政策宣传

文　化 ………………………………… 179
文化活动·图书馆建设·文化扶贫惠民工程·非遗文化交流·文化执法·创建国家公共文化服务体系示范区·文化创作活动·文物保护·文化产业发展·全域旅游·旅游安全

退役军人事务 ………………………… 181
服务保障体系·移交安置工作和就业创业·优抚对象服务·革命烈士纪念活动·退役军人事务管理·退役军人服务保障机制·退役军人建档立卡·荣誉激励

民　政 ………………………………… 182
概况·低保保障制度兜底脱贫·临时救助制度·特困人员救助供养·疫情期间生活保障·社会服务·基层社会治理·社会组织建设

劳动就业 ……………………………… 184
概况·"铁杆庄稼保"工作·就业创业政策落实·劳动就业·技能培训·全民参保·社会保险待遇·劳动保障监察执法·人才建设·评先选优

表彰奖励

2020年全县效能目标管理考核奖 ………… 188
2020年全县武装工作先进单位和先进个人 … 189
隆德县2020年获奖情况一览表 …………… 189
隆德县2020年创新亮点工作一览表 ……… 199

乡镇概览

城关镇 ………………………………… 206
脱贫攻坚·发展壮大村集体经济·文化旅游产业·劳务就业创业·城乡人居环境整治·棚户区改造·社会综合治理·安全生产·乡风文明·保障民生

陈靳乡 ………………………………… 207
概况·疫情防控·脱贫攻坚·特色产业·劳务产业·乡村旅游·人居环境·民生保障·社会治理

山河乡 ………………………………… 208
疫情防控·脱贫攻坚·农村集体经济·生态保护·民生保障·社会治理·政府自身建设

奠安乡 ………………………………… 210
概况·疫情防控·脱贫攻坚·产业发展·民生保障·生态保护·社会治理

温堡乡 ………………………………… 211
概况·疫情防控·精准扶贫·特色产业·发展村集体经济·乡村旅游·基础设施建设·农村人居环境综合整治·生态环境·民生保障·社会治理

凤岭乡 ………………………………… 213
概况·疫情防控·脱贫攻坚·特色产业·发展壮大村级集体经济·乡风文明·基础设施建设·民生保障

沙塘镇 ………………………………… 214
概况·疫情防控·脱贫攻坚·产业发展·人居环境改造·民生保障·基层治理

神林乡 ………………………………… 216
概况·疫情防控·精准扶贫·特色产业·环境整治·民生保障·政府效能

联财镇 ………………………………… 217
概况·疫情防控·产业发展·精准扶贫·劳务培训·金融扶贫·社会保障·环境整治

好水乡························ 219
疫情防控·精准扶贫·产业发展·发展壮大村集体经济·技能培训·环境整治·小城镇建设·社会保障

观庄乡························ 221
概况·疫情防控·精准扶贫·产业发展·发展壮大村集体经济·基础设施建设·环境整治·民生保障·社会治理·安全生产

杨河乡························ 222
概况·疫情防控·精准扶贫·草畜产业·基础设施建设·环境整治·民生保障·社会治理·乡风文明·政府效能

张程乡························ 224
概况·疫情防控·精准扶贫·产业发展·基础设施建设·环境整治·民生保障·乡风文明·社会治理

附　录

2020年隆德县国民经济统计公报 ············ 226
第七次全国人口普查公报（第一号）········ 228
第七次全国人口普查公报（第二号）········ 230
第七次全国人口普查公报（第三号）········ 232
第七次全国人口普查公报（第四号）········ 234
第七次全国人口普查公报（第五号）········ 236
第七次全国人口普查公报（第六号）········ 238

专　载

中共隆德县委员会关于制定国民经济和社会发展第十四个五年规划和二〇三五年远景目标的建议

"十四五"时期是我国全面建成小康社会、实现第一个百年奋斗目标之后，乘势而上开启全面建设社会主义现代化国家新征程、向第二个百年奋斗目标进军的第一个五年，也是自治区努力建设黄河流域生态保护和高质量发展先行区，继续建设经济繁荣、民族团结、环境优美、人民富裕的美丽新宁夏的关键性五年。中共隆德县第十四届委员会第九次全会认真学习贯彻党的十九届五中全会和习近平总书记视察宁夏重要讲话精神，深入贯彻落实《中共中央关于制定国民经济和社会发展第十四个五年规划和二〇三五年远景目标的建议》，按照自治区党委十二届十二次全会和市委四届九次全会及区、市党委安排部署，深入分析发展形势，就制定国民经济和社会发展第十四个五年规划和二〇三五年远景目标提出以下建议。

一、决战脱贫攻坚，决胜全面小康，开启全面建设社会主义现代化国家新征程

"十三五"时期发展取得重大成就。"十三五"时期是我县发展极不平凡的五年。在党中央和区、市党委的领导下，全县人民团结拼搏、开拓创新，积极应对各种风险挑战，经济社会发展和各项事业取得重大成就。经济实力持续增强，积极适应经济发展新常态，加快调结构转方式促升级，推动形成经济社会持续健康较快发展的良好态势。2020年预计全县完成地区生产总值34.98亿元，较"十二五"末增加14.28亿元，五年年均增长7.0%；城乡居民人均可支配收入达到17310元，五年年均增长11.4%，发展的质量和效益不断提高。全面小康基本实现，对标全面建成小康社会监测体系，有效提升优势指标，不断巩固达标指标，加快补齐短板指标，预计小康社会实现

程度将达到95%，与全国同步进入小康社会。脱贫攻坚高质量收官。建立了"县级牵总、乡村主体、部门协同、全面动员"的落实体系，创新"4个10户""三带四联""百日攻坚"等做法，实施了精准识别、产业发展、金融扶贫、基础建设、社会保障、扶贫扶志"六大战役"，贫困户达到"两不愁三保障"标准，贫困村全部出列，整县实现脱贫摘帽，消除了绝对贫困和区域性整体贫困。污染防治成效明显。全面推进生态文明建设，多措并举推进污染防治攻坚战，坚持山水林田湖草一体谋划、系统治理，基本实现了山更绿、水更清，空气更洁净，生态更优美，"生态隆德、美丽隆德"名片越发闪亮。产业体系初步成型。聚焦特色农业提质增效、生态工业建基扩规、文化旅游做大做精，辅助建设扶贫车间，发展壮大村级集体经济，不断优化营商环境，加大招商引资力度，多方建链补链强链，多方增加就业岗位，群众增收创收显著提高。基础设施显著改善。东毛高速和隆张、隆庄公路通车，覆盖五大流域的水系库坝联通联蓄联调联用，"三馆一中心"投入运营，一大批交通、水利、文化等重大项目相继建成；"三山两水一湖"和8座公园环绕镶嵌的县城生态景观布局基本成型，危房改造、自来水入户、巷道全部硬化、基本服务设施全部配套的美丽乡村焕然一新，群众生活环境明显改善。民生保障有力推进。社会保障和公共服务进一步完善，老饭桌、幸福院、养老院等有效减轻老年群体后顾之忧，城乡低保两次扩面四次提标有效保障困难群体基本生活，教育质量、医疗水平提升有效满足群众需求，群众基本保障不断完善。社会稳定持续向好。平安隆德、法治隆德建设显著加强，人民民主不断扩大，基层治理体系不断完善、治理能力现代化水平不断提高，社会大局保持和谐稳定，人民群众的获得感、幸福感、安全感不断提升。全区公众安全感满意度民意调查，我县始终名列前茅。干群活力有效激发，全面从严治党开创新局面，"两学一做"学习教育和"不忘初心、牢记使命"主题教育成果丰硕，广大党员干部作风、党风廉政建设取得明显成效。新时代文明实践中心（所、站）建设高质量、高水平推进，有效激发了广大群众向上向善的动力和奋进力量。"十三五"规划目标和全面建成小康社会胜利实现，隆德已经进入了新的发展阶段，面临新的发展机遇，全县上下要再接再厉、砥砺前行，在牢记嘱托中凝聚磅礴伟力，在感恩奋进中激荡昂扬斗志，上下齐心、只争朝夕、协同攻坚，为开启全面建设社会主义现代化国家新征程奠定坚实基础。

"十四五"是大有作为的重要战略机遇期。"十四五"是推动经济社会高质量发展，乘势而上开启全面建设社会主义现代化国家新征程的第一个五年，阶段特殊、意义重大。推进"十四五"发展，是我国发展进入新阶段后的一项重大课题，是时代给我们出的新试卷，要答好这份试卷取得优异成绩，有效推动我县经济社会持续向好发展，必须精准把握"十四五"的时代特征，找准隆德所处的发展方位。把握国家发展特征。新机遇、新挑战、新发展格局、新发展动能、新发展活力、新优势、新局面，习近平总书记在经济社会领域专家座谈会上提出的这七个"新"，既是对我国进入新发展阶段的重大判断，也指出了我国发展中的重大理论和实践问题。七个"新"是新时代发展特征的总概况，是做好各项工作的总基调，要准确把握，在危机中育先机、于变局中开新局，抓住机遇、趋利避害、奋勇前进，实现经济社会高质量发展，为全面建设社会主义现代化国家开好局、起好步。契合宁夏发展之要。2019年习近平总书记在黄河流域生态保护和高质量发展座谈会上指出，黄河流域生态保护和高质量发展是国家战略。习近平总书记视察宁夏时提出，宁夏要建设黄河流域生态保护和高质量发展先行区。宁夏地处黄河上游，全境属于黄河流域，因黄河而兴、因黄河而美、因黄河而强，高质量建设先行区是宁夏发展的战略定位、发展主题、工作基调，要紧盯建设先行区政策机遇，始终把发展放在中央和区、市要求的战略定位上来思考和谋划，找准发展的时代坐标、前进方向、战略重点，以战略思维谋全局、以辨证思维看形势、以底线思维化风险、以创新思维谋发展，吃透上情、把握实情、倾听民情，加强前瞻性思考、战略性布局、整体性推进。找准隆德发展定位。隆德县脱贫摘帽时间不长，巩固和拓展脱贫攻坚成果难度依然较大；属于生态比较脆弱的限制开发区域，生态保护与建设的任务依然很重、欠账依然较多；路、水、网等基础设施建设依然比较滞后，群众民生保障依然有待完善；农业产业初步成型、工业产业平台初步搭建、文化旅游初具影响力，但规模化、现代化发展，带动群众增收能力依然较弱，传统的农业县、经济欠发达县定位依然没有改变。今后的发展必须基于县情实际，立足建设黄河流域生态保护和高质量发展先行区，在解决"三农"问题，推进乡村振兴、建设美丽乡村，将千家万户的脱贫产业转化为区域性集聚的产业振兴，实现农业高质高效、乡村宜居宜业、农民富裕富足上下功夫；在守护生态环境，推动绿色发展、提升生态系统质量和稳定性，实现山更绿、水更清、天更蓝、空气更清新上下功夫；在完善基础设施建设，打造路网、水网、天然气网、物流信息网全覆盖，实现畅通化、立体化、便民化上下功夫；在健全民生事业，强化社会保障、加大就业创业、提升服务能力，实现均等化、普惠化、共享化上下功夫；在提升基层治理能力，加强平安建设、推动法治建设，增强群众的获得感、幸福感、安全感上下功夫。

到2035年基本实现社会主义现代化远景目标。习近平总书记对宁夏改革发展提出了总体要求和顶层设计："建设经济繁荣、民族团结、环境优美、人民富裕的美丽新宁夏"，要求宁夏"建设黄河流域生态保护和高质量发展先行区"。习近平总书记两次视察宁夏重要讲话精神是新时代宁夏各项事业发展管方向、管根本、管长远的行动指南，也是我们今后一个时期发展的总目标、总要求、总遵循。全县各级党组织和广大党员干部要切实把思想和行动统一到习近平总书记重要讲话精神上来，着力增强贯彻落实的政治自觉、思想自觉和行动自觉，把建设经济繁荣、民族团结、环境优美、人民富裕的美丽新宁夏转化为全面建设社会主义现代化的生动实践和奋斗目标，确保到2035年，与全国同步基本实现社会主义现代化。经济社会发展实现大的跨越。全县经济实力、科技创新能力、综合实力大幅提升，经济总量比2020年翻一番，年均增长7.2%（计划"十四五"期间平均增速7.5%、"十五五"期间平均增速7.2%、"十六五"期间平均增速6.6%），城乡居民人均可支配收入达全区平均水平的80%，基本实现新型工业化、信息化、城镇化、农业现代化，初步构建起符合本地发展实际的现代经济体系。乡村振兴成效明显。农村基础设施条件持续改善，城乡统一的社会保障制度体系基本建立，农村人居环境显著改善，生态宜居的美丽乡村全面建成，农村基本公共服务水平进一步提升，优秀传统文化得以传承和发展，农民精神文化生活需求基本得到满足，以党组织为核心的农村基层组织建设明显加强，乡村治理能力进一步提升，现代乡村治理体系初步构建。"生态隆德"品牌更加响亮。黄河流域生态保护和高质量发展取得重大战略成果，生态系统健康稳定，水环境更加优越，形成绿色生产生活方式，生态环境效益不断释放，山水林田湖草生态系统功能更加完善、稳定、有效，主要污染物排放总量减排、水资源节约利用、万元GDP能耗水平居全区前列。民生福祉不断扩大。基本公共服务实现均等化，中等收入群体显著扩大，城乡发展差距和居民生活水平差距明显缩小，劳动年龄人口平均受教育年限达到全区中上水平，人均预期寿命、社会保障待遇达到全区平均水平，全民素质和社会文明程度达到新高度，基本建成文化强县、教育强县，在促进人的全面发展、实现共同富裕上取得更为明显性进展。基层治理体系和治理能力现代化基本实现，依法治县成果丰硕，中华民族共同体意识扎根全民，民族和顺、社会和谐，平安隆德建设达到更高水平。

二、"十四五"时期发展的指导思想、遵循原则和主要目标

指导思想：

高举中国特色社会主义伟大旗帜，深入贯彻党的十九大和十九届二中、三中、四中、五中全会精神，坚持以马克思列宁主义、毛泽东思想、邓小平理论、"三个代表"重要思想、科学发展观、习近平新时代中国特色社会主义思想为指导，以习近平总书记视察宁夏重要讲话精神为指引，认真落实自治区党委十二届九次、十次、十一次、十二次全会和市委四届六次、七次、八次、九次全会安排部署，立足新发展阶段，贯彻新发展理念，构建新发展格局，坚持稳中求进工作总基调，以推动高质量发展为主题，紧紧扭住供给侧结构性改革这条主线，注重需求侧管理，以改革创新为根本动力，以满足人民日益增长的美好生活需要为根本目的，牢牢把握生态立县根本战略，紧盯"乡村兴旺、产业集聚、生态优美、百姓富足"目标，大力实施移民致富提升、城乡居民收入提升、基础教育质量提升、全民健康水平提升"四大提升行动"，坚持"立足创新发展壮大产业、立足共享推进民生事业、立足绿色优化生态环境、立足协调推进城乡一体、立足开放强化交流合作"五项原则，坚决守好"三条生命线"，走出一条生态优先、绿色发展新路子，不断融入以国内大循环为主体、国内国际双循环相互促进的新发展格局，深入推进基层治理体系和治理能力现代化，在黄河流域生态保护和高质量发展先行区建设中谱写隆德高质量发展的新篇章。

遵循原则：

坚持党的全面领导。坚持和完善党领导经济社会发展的体制机制，坚持和完善中国特色社会主义制度，不断提高贯彻新发展理念、构建新发展格局能力和水平，为实现高质量发展提供根本保证。

坚持以人民为中心。坚持以人民为中心的发展思想，坚持共同富裕方向，始终做到发展为了人民、发展依靠人民、发展成果由人民共享，维护人民根本利益，激发全县人民积极性、主动性、

创造性，促进社会公平，增进民生福祉，不断实现人民对美好生活的向往。

坚持新发展理念。把创新、协调、绿色、开放、共享的发展理念贯穿于经济社会发展全过程和各领域，坚定不移走高质量发展之路，推动质量变革、效率变革、动力变革，坚持拼质量、拼效益、拼结构、拼绿色发展，努力走出一条更高质量、更有效率、更加公平、更可持续、更为安全的高质量发展新路。

坚持深化改革开放。坚定不移推进改革开放，着力推进治理体系和治理能力现代化，全面融入黄河流域生态保护和高质量发展先行区建设，坚决破除一切制约高质量发展、高效能治理、高品质生活的体制机制障碍，持续优化营商环境，不断增强发展动力和活力。

坚持系统观念。加强前瞻性思考、全局性谋划、战略性布局、整体性推进，统筹发展与安全，着力固根基、扬优势、补短板、强弱项，强化底线思维，着力防范化解重大风险挑战，实现发展质量、结构、规模、速度、效益、安全相统一。

主要目标：

"十四五"时期，要紧紧围绕建设黄河流域生态保护和高质量发展先行区，牢固树立创新、协调、绿色、开放、共享发展理念，努力实现以下新的目标要求。

经济质量大提升。经济总量不断壮大，经济运行中的结构性矛盾不断弱化，高质量发展的指标体系、政策体系、统计体系、绩效评价体系不断健全，地区生产总值年均增速高于自治区平均水平1个百分点，城乡居民收入年均增长7%以上；经济结构更加优化，创新能力显著提升，现代化产业链初步建成，城乡居民收入不断提高，在质量效益明显提升的基础上实现经济持续健康发展。

产业融合大提升。产业融合发展总体水平明显提升，产业链条完整、功能多样、业态丰富、利益联结更加稳定的新格局基本形成，农业生产结构更加优化，加工业引领带动作用显著增强，服务新业态新模式加快发展，一、二、三产业结构比例达15∶20∶65，主要经济指标比较协调、企业效益有所上升、产业逐步迈向中高端水平，带动农业竞争力明显提高，促进农民增收和精准扶贫、精准脱贫作用持续增强。

生态环境大提升。树牢抓生态环保就是抓转型升级、就是抓民生改善、就是抓高质量发展的理念，以改善环境质量为核心，以防控环境风险为基线，健全生态环境治理体系，尊重自然、顺应自然、保护自然，推动形成绿色发展方式和生活方式，着力扩大环境容量和生态空间，全县森林覆盖率达到40%，水土流失治理程度达到95%，主要河流出境断面水质保持在Ⅲ类，主要污染物排放总量持续减少，城市空气质量达到国家标准比例，农业废弃物和生活垃圾资源化利用率均在95%以上，确保青山常在、绿水常清、空气常新，"地美、水碧、天蓝"的生态环境永续长存。

生活品质大提升。人民生活水平和质量普遍提高。居民收入增长高于经济增长，收入差距缩小，中等收入人口比重上升。就业更加稳定，公共服务体系更加完善，基本公共服务均等化程度进一步提高。教育实现高质量发展，群众健康水平普遍提升，养老服务体系更加完善。困难群众基本生活得到有效保障。

文明程度大提升。社会主义核心价值观更加深入人心，爱国主义、集体主义、社会主义思想广泛弘扬，向上向善、诚信互助、创新创业的社会风尚更加浓厚，公民思想道德素质、科学文化素质、健康素质明显提高。

治理效能大提升。社会主义民主法治更加健全，全社会法治意识不断增强，社会公平正义进一步彰显，基层治理水平明显提高，防范化解重大风险体制机制不断健全，应急管理体系不断完善，安全生产隐患有效消除，突发公共事件处置和防灾减灾救灾能力显著增强，发展安全保障更加有力。

三、以创新为动力，以集约化为方向，在提高产业发展质量和效益上激发新活力

创新是引领发展的第一动力，必须坚持把发展基点放在创新上，加快构建创新引领、协同发展的更具竞争力的现代产业体系，将小产业、土特产变大变强，逐步形成以农业核心示范区、产业基地、田园综合体等为载体，推动产业向规模化、集约化、品牌化发展，将千家万户的脱贫产业转化为区域性集聚的产业振兴，确保群众可增收、能致富。

培育壮大区域性支柱产业。深入实施战略性支柱产业区域布局、集聚发展，高质量、高效益打造以渝河流域为主的冷凉蔬菜产业带和以好水河、筛子河、朱庄河流域为主的草畜、中药材产业带，以工业园区为核心，以扶贫车间和村集体经济为点的"两翼一体"工业集聚发展区，以景点景区为点、旅游主干线为线、全域化为面的生态文化旅游产业，加强前瞻性谋划布局，紧盯需求侧改革，发挥好专项引导资金、产业补助资金等作用，防止出现垄断经营问题，高水平推进战略性支柱产业集聚发展，强化龙头带动作用，增强创新能力，完善产业配套，激发新活力，拓展新空间，释放新需求，创造新供给，促进集群集聚发展，引领带动整个产业转型升级。

大力发展现代生态农业。紧盯自治区建设国家绿色农业发展先行区要求，加快转变农业发展方式，优化农业生产结构，构建现代农业产业体系、生产体系和经营体系，打响品牌，推动传统农业向现代生态农业跨越。落实最严格的耕地保护制度，坚守耕地红线，坚守基本农田红线。实施"藏粮于地、藏粮于技"战略，大规模推进农田水利、土地整治、高标准农田建设，提高农业机械化水平，增强农业综合生产能力。大力培育农业产业化龙头企业，着力发展食用油、醋、小杂粮等农产品精深加工业，提升农业产业化经营水平。推进农业标准化和信息化，健全从农田到餐桌的农产品质量安全全过程监管体系、现代农业科技创新推广体系、农业社会化服务体系，积极推进智慧农业物联网和农村电子商务发展，加强农产品流通设施和市场建设，开发农业多种功能，进一步提高农业综合效益和竞争力。大力发展现代生态农业和精准农业，促进农业集约、高效、安全、可持续发展。

加快特色农业集聚成效。把特色农业产业提质增效作为"强农业"的重要手段，延链、补链、强链，推进特色农业走中高端发展之路。草畜产业在布局上主要以杨河、张程为核心，南联凤岭、温堡，东扩好水、观庄。聚焦"提升品质、延链增值、合理承载，打造高端肉牛生产基地"的目标，坚持"市场牵龙头、龙头带园区、基地连大户"的发展带动模式，瞄准规模化、标准化、品牌化、市场化"四化"方向，鼓励养殖户"出户入园"

集中饲养，建设现代化养殖园区和饲草料配送中心。扶持建设饲草料加工企业，支持畜禽粪污处理和利用设施建设，实现种养循环、农牧结合，逐步建立种、养、加、产、供、销一体化发展龙头企业集群，形成"种草养畜、屠宰加工、精深延链、营销配送、树强品牌"的全产业链融合发展模式，推动肉牛养殖做大规模，做响"六盘（隆德）"农产品区域公用品牌。冷凉蔬菜产业在布局上，主要在渝河流域的沙塘、神林、联财和甘渭河流域的温堡大力发展露地冷凉蔬菜，建设高标准蔬菜基地。推行"企业（合作社）+农户+基地"经营模式，成立蔬菜产业联合体，建设完善冷链储运体系，统一标识、统一包装、统一销售，积极开拓市场，大力发展冷凉蔬菜产业，建成粤港澳大湾区优质蔬菜供应基地，打造基地、冷链、包装、外销于一体的冷凉蔬菜产业链。中药材产业主要依托上药、香雪、桐君堂等企业，全力推进"百户加工、千户育苗、万户种植"，采取"公司+科技+农户"互惠互利合作模式，建设以黄芪、黄芩、板蓝根为主的规范化种植基地，以柴胡、秦艽为主的林下药材示范基地，在抓好规范化种植和林药间作的同时，注重专业人才的聘用与培养，发挥中药材产业协会作用，将产业链向中药加工、成药制造方向转变，开发打造高档次、深加工产品，建成运营六盘山道地中药材综合批发市场，形成种、加、销的全产业链。

推动工业优化升级。以六盘山工业园区为全县工业经济发展主战场，进一步明晰园区产业定位和发展方向，以绿色发展、规模经营优存量，以延伸链条、集群发展扩增量，大力发展以六盘山中药、上药（中药）为主的中药材加工产业，以黄土地、兴宇粗粮等为主的农副产品精深加工产业，以人造花、爱丽纳地毯等为主的特色轻工业加工产业，成立园区融资担保平台和劳务派遣公司，破解企业融资难、用工难的问题。配套完善供热、供水、污水处理等设施，大力实施创新驱动发展战略，加大加快技术、管理等创新投入，鼓励企业采用高新技术、节能低碳环保技术和先进工艺，改造提升传统产业，使其向高端化、绿色化、智能化、融合化方向发展。坚持"双招双引"，不断建链补链延链强链，推动特色产品向产加销、一体化、全链条方向发展，不断提升产品竞争力和市场占有率。大力发展电子商务，利用抖音、微信、快手等平台，实现线上线下融合发展，提升物流畅通能力，降低物流成本，使更多产品搭上电商"快车"，走向全国。

加快文化旅游品牌发展。以创建全域旅游示范县为统领，按照"挖掘价值、扩大合作、改善服务"要求，依托六盘山，紧密结合全市生态观光、历史文化遗迹、红色文化、休闲农业、民俗体验5条精品线路，用足用活绿色生态、历史文化、民俗民宿优势，加强与知名旅游企业合作，主打高山避暑游，全力推进原生态精品农业发展，着力打造"四区三线多点"（四区：六盘山、老巷子、北联池、博物馆景区。三线：隆张、隆庄、312国道旅游线路。多点：盘龙山庄、清凉寺、石窟寺等多个旅游景点）旅游发展格局，发展以泥塑、砖雕、剪纸等为主的文旅型产业，实现以旅促农、以旅富农的目的。健全全域旅游发展考核机制、旅游规划协调机制、旅游投融资促进机制等，建设县级游客服务中心，完善景点硬件设施，推进旅游区域互联网和互动终端体系建设，提升"吃住行游购娱"全链条水平。

促进消费扩容和升级。强化消费对经济发展

的基础性作用,顺应消费升级趋势,挖掘消费潜力,拉动经济增长。加快完善促进消费体制机制,积极实施消费惠民计划、商业街区改造计划、消费网络建设工程、消费融合升级工程、繁荣商圈提能升级行动,优化零售业企业规划布局,打造一批夜间经济、假日经济集聚区。培育新型消费,鼓励发展智能消费、定制消费、体验消费、绿色消费、文创消费,推动"吃住行游购娱"线上线下融合消费双向提速。优化消费环境,高标准建设宾馆、餐饮等服务行业,打造一批放心街区、放心商店,加强消费者权益保护,完善消费追溯体系,健全消费后评价制度。

四、以共富为目标,以一体化为方向,在全面推进乡村振兴上取得新业绩

实施乡村振兴战略是党的十九大提出的"七大战略"之一,是新时代做好"三农"工作的新旗帜和总抓手,是推动农业农村高质量发展的根本举措。必须坚持把解决好"三农"问题作为全党工作重中之重,坚持农业农村优先发展,全面实施乡村振兴战略,筑牢返贫防线和实现乡村振兴的政策转轨、工作过渡、机制衔接,补齐农业农村发展"短板",实现农业高质高效、乡村宜居宜业、农民富裕富足,确保城市和乡村"各美其美、美美与共"。

实现巩固脱贫成果同乡村振兴有效衔接。把巩固脱贫成效作为全面实施乡村振兴的基础工作,通过动态查、深入找、精准补,常态化开展"四查四补",把短板弱项找准,把补救措施定实,把返贫风险降低。建立健全防返贫监测和帮扶机制,完善防返贫大数据监测平台,将易致贫、易返贫人口纳入动态管理,切实做到"实时监测、即时预警、未贫即防"。建立农村低收入人口帮扶机制,保持财政投入力度总体稳定。积极争取进入自治区乡村振兴重点帮扶县序列,用好用活政策、资金等支持,不断增强巩固脱贫成果及内生发展能力。坚持和完善东西部协作和对口支援、社会力量参与帮扶等机制。

突出共建共享共富。按照"产业兴旺、生态宜居、乡风文明、治理有效、生活富裕"目标任务,围绕"产业振兴、人才振兴、文化振兴、生态振兴、组织振兴"布局安排,将生活富裕作为乡村振兴的根本,细化产业、人才、文化、生态、组织实施措施和细则,坚持农业农村优先发展,注重解放思想、系统思维、问题导向,着力抓重点、补短板、强弱项、塑特色、创优势,加快构建现代农业产业体系、生产体系、经营体系,建立健全城乡融合发展体制机制和政策体系,积极推进乡村治理体系和治理能力现代化,促进农业全面升级、农村全面进步、农民全面发展。

实施乡村建设行动。推动基础设施向乡村延伸、公共服务向乡村覆盖,不断加快城乡供水、供电、网络、公交、环卫一体化,形成以城带乡、城乡融合的新格局。不断改善农村生产生活条件,加快建立覆盖农村、均等共享的公共服务保障体系,完善农村基础设施,强化乡村就业服务,增加农村公共服务供给,完善农村社保体系建设,不断满足农民日益增长的美好生活需求。坚持把扶贫车间、各类专业合作社和产业项目做大做好,不断发展壮大村级集体经济,把依托农业农村资源发展的二、三产业留在农村,把农业产业链延伸的增值收益和就业创业机会留给农民,让农民的钱包鼓起来,生活更富裕。

加强农村环境卫生整治。坚持综合、多元、依法治理的原则，实现农村环境卫生整治的常态化、制度化。不断完善相关基础设施，科学规范、高效有序推进农村改厕，实施污水处理及垃圾分类收集回收工程，改善乡村卫生环境，切实提升村容村貌。完善网格化管理，建立健全农村环境卫生治理长效机制，坚持"户分类、村收集、县转运"的方式，推进保洁机制建设，做到生活垃圾日产日清。广泛深入开展农村环境卫生治理的意义和基本常识的宣传，让村民从思想上重视环保，自觉投入到环保治理中来。加强农村保洁员队伍建设和管理，乡镇建立环卫保洁合作机构，做到每天都有保洁员具体负责村庄保洁、规范化监督和生活垃圾分类指导。

强化人才培训招引力度。依托自治区农村实用人才培训示范基地，大力扶持、培养一批有文化、懂技术、会经营的新型职业农民、乡村工匠、文化人才和非遗传承人等，健全人才保障机制，让人才引得来、留得住。用好自治区人才项目资金，将闽宁协作作为重要载体，持续加强专业技术人才素质提升，特别是加大对教师、医护人员的培训引进力度，引导、鼓励、稳定专业技术人才服务基层。采取全职引进、柔性引进和预引进相结合的方式，加大急需紧缺人才引进力度；利用"西部之光""基层之星"等人才培养平台，选送本土中青年人才外出访学研修，培养一批专业紧缺人才。把青年发展摆在工作全局中更加重要的战略地位，坚持青年为本，把服务与成才紧密结合，尊重青年主体地位，营造有利于青年发展的良好环境。

提升城镇发展水平。坚持尊重城市发展规律，改革规划管理体制，完善城市总体规划，优化城市空间和产业布局，强化空间管控，提升城市整体效能和宜居性。实施全域空间管控，科学布局生产空间、生活空间、生态空间，综合调控各种空间需求，推进"多规合一"形成一张规划布局总图，坚决遏制"摊大饼"式发展，使符合需要的各项城市功能落实到空间布局上。推进以县城为主要载体的城镇化建设，促进公共服务、环境卫生、市政公用、产业培育，实施补短强弱、提质扩面、提级扩能，加强老旧小区、棚户区、特色街区改造和社区建设，提升城镇功能品质、文化品质、环境品质，推动城镇建设向内涵式、集约化、绿色化发展。深化户籍制度改革，强化基本公共服务保障，加快农业转移人口市民化。加快城乡统筹融合发展步伐，以县城为中心载体，突出小城镇联结城乡功能，一体化推进城乡基础设施开发建设，加大城乡污水垃圾收集处理、冷链物流一体化改造，推动重要市政公用设施向规模较大重点乡镇延伸。推进城乡基本公共服务衔接，建立健全全民覆盖、普惠共享、城乡一体的基本公共服务体系。

五、以绿色为底色，以田园化为方向，在不断塑造生态文明上建立新优势

坚持绿水青山就是金山银山的理念，坚持尊重自然、顺应自然、保护自然，坚持节约优先、保护优先、自然恢复为主，坚定走生产发展、生活富裕、生态良好的发展道路，加快建设资源节约型、环境友好型社会，促进人与自然和谐发展，建设绿色美好家园。

构筑生态安全屏障。围绕六盘山外围土石山区和西部黄土丘陵沟壑区，精心实施天然林保护、退耕还林等生态工程，以自然恢复为主、人工修复为要、综合康复为基，把育、造、抚、管、保等结合起来，推进标准化、工程化、专业化、社会化造林，逐步建成以六盘山外围水源涵养林和黄土丘陵沟壑区水土保持林为片，以县域内七条水系和绿色通道为带，以农田地埂林为网，以城乡村组绿化为点的片、带、网、点相结合的林业生态体系。

加强城乡绿化体系建设。以县城"三山两河一湖"为重点，大力实施县城园林绿化提升工程，打造城区绿色廊道和绿地景观，加强生态公园管护力度，突显山环水润、千年古县城市风貌；以村庄为点、公路为线、农田为网、流域为片，坚持点线网片结合，对县内主干道和乡村道路全面进行高标准绿化，建设色彩丰富的花草景观线，倡导群众在房前屋后庭院种树植绿，有力推动美丽村庄建设。主要交通道路沿线以常青树、经果林和景观花草相结合，构建花草搭配、林灌结合、错落有致的花园景观带，形成三季有花、四季常青的特色景观绿化带。

加强水环境治理。按照习近平总书记"节水优先、空间均衡、系统治理、两手发力"治水思路，对标水土保持、水源涵养、水系贯通、水量增加、水质改善"五个结合"要求，秉承系统治理、流域治理、源头治理、综合治理的理念，加强山水林田湖草综合治理。以落实河湖长制为龙头，以渝河生态文化长廊为标杆，对县域内河流一个流域一个流域治理，对治理完成的不断提升质量，对未治理的高标准治理，采取工程措施和生物措施，修缮库坝、建设梯田、种植水生植物、放殖水生生物，有序有效推进水资源、水生态、水环境、水灾害"四水同治"，不断涵养水源、保持水土、改善小气候，确保土不下山、泥不出沟、沙不入河。

加强污染防治。坚持方向不变、力度不减，突出精准治污、科学治污、依法治污，实行最严格的污染防控制度，形成政府、企业、公众共治的污染防治体系，实行联防联控和流域共治，抓好源头防控，建好基站和管网，推动天然气等清洁能源的使用，不断巩固扩大蓝天、碧水、净土保卫战成果，真正让"蓝天常驻、碧水常流、净土常在"。强化畜禽粪污资源化利用、化肥农药减量增效、秸秆地膜综合利用，鼓励引导农民树立科学使用化肥、农药的观念，大力发展生物有机肥，鼓励秸秆还田、青草还田，持续治理农田残膜、畜禽粪便污染，做到农药化肥使用减量化、零增长，不断改善土壤质量，保障土地安全，确保"菜篮子""面袋子"质量安全。

强化"四个一"林草产业发展。将"四个一"林草产业与生态造林、城乡美化有机结合，通过政府主导、企业示范带动、合作社和农户多方参与模式，坚持以气候条件定品种、以水源定区域、以水量定规模，推行"企业＋基地＋农户"模式，调动企业、合作社和群众参与的积极性，建设一批高质量的产业基地，逐步向市场化、组织化和规模化方向发展，努力强化山绿与民富共赢。

加强生态文明制度建设。严守六盘山生态功能区生态红线、永久基本农田和城镇开发边界三条控制线，以市场化投资为导向、以多元化投资为方向，创新"社会投资生态环保，政府购买社会服务"模式，撬动社会资本参与生态保护。建立自然资源"一张图"综合信息系统和"以图管地、网上管理、在线审批"的现代化资产管理模式，建立多层次、广覆盖的管理体系，严格林地使用申报审批，严肃查处违规占用林地行为，严格实行生态环境损害赔偿制度，健全行政执法与刑事司法常态化衔接机制，执行环境信息公开制度，切实管住"刀口""火口""灶口""牲口"。加快形成绿色生活方式，不断增强全民节约意识、环保意识、生态意识，大力培养生态道德和行为习惯，在全社会牢固树立生态文明理念，让天蓝地绿水清深入人心。

六、以智慧为措施，以便民化为方向，在推进基础设施提档升级上实现新跨越

统筹谋划一批推动经济社会高质量发展的战略性、基础性、前瞻性重大工程，实现一批重大项目接续开工、快速推进、不断竣工投产，促进基础设施建设取得重大成效，构建快速、高效、智能、安全的现代基础设施网络，助推全县经济社会高质量跨越发展。

强化顶层设计。进一步强化新型基础设施建设的规划指导，完善政策环境，创新相关体制机制，加强前瞻性、引导性的技术研发和创新，夯实发展基础。做好综合平衡和衔接协调，加强资源整合和共建共享，促进协同融合，提高资源要素配置效率。以新型基础设施为牵引，推动传统基础设施优化服务和提升效能，统筹推进更多智能交通、智能电网、智慧城市等项目建设，构建适应智能经济、智能社会发展需求的基础设施体系。

夯实交通路网建设。以推进区域经济一体化为出发点，补齐航空、铁路、公路通行能力和运输能力，健全路网规划，便捷城市交通，升级乡村客运，不断提升县域交通能力，提高经济流通效率。积极争取通用机场项目落地，争取隆庄高速开工建设，积极争取通用机场和定西经固原至平凉铁路隆德过境段项目建设，形成"一横一纵"高速公路主骨架和"三纵四横五联"的干线路网布局，以及覆盖广泛、公平普惠的乡村道路网，优化公交线路，提升运营质量，构建现代综合交通运输体系，方便群众出行，拉动县域经济发展。

加强水资源利用。针对水资源南丰北枯的现状，实施隆德"南水北调"工程，把庄浪河、甘渭河、渝河、好水河、什字河五条水系与城乡饮水水源工程、苦咸水改造工程联通，建成水源互调、水量互补的联蓄联调联用工程，保证河流基础径流，解决农田灌溉用水。进一步推动"互联网＋人饮"工程，建设完善县级水利工程信息及自动化监控中心，实现智能水利、便民水利，提高水资源利用效率。建设蓄水、供水、用水、节水"四位一体"的统筹使用体系，形成引得来、蓄得住、用得好、可调控的水资源科学利用和水安全保障体系，初步实现全县水资源配置一体化、供水工程网络化、城乡供水一体化、水务管理一体化。

加强信息化建设。抢抓国家新基建机遇，实施5G网络、新一代信息技术应用等重大信息网络基础设施建设项目，探索健全、完善智慧城市发展水平。高效建设运营县级电商服务中心、电商快递自动分拣中心，完善县、乡、村三级物流配送体系和冷链系统，推进物流运输提速降费。搭建"智慧隆德"平台，以县为单位搭建本地信息平台，引入生活服务相关功能，发挥物联网、大数据等信息化建设体系在促进县域经济发展、推进产业结构转型升级等方面的作用。加强基层人员的互联网应用技能培训，强化农业产业、特色工业及服务业与信息化手段充分结合，依托大

数据、云计算、物联网等技术对特色产业链进行数字化改造，推动县域经济转型升级。

七、以共享为目的，以均等化为目标，在保障人民福祉上实现新提升

保障改善民生是发展的根本目的。必须坚持把实现好、维护好、发展好最广大人民根本利益作为发展的出发点和落脚点，按照人人参与、人人尽力、人人享有的要求，把民之所望作为施政方向，坚持守住底线、突出重点、完善制度，尽力而为、量力而行，不断增强人民群众的获得感、幸福感、安全感，促进人的全面发展和社会全面进步。

提高服务供给水平。坚持普惠性、公益性、可持续、均等化原则，在保基本、兜底线基础上，加强义务教育、就业服务、社会保障、基本医疗和公共卫生、公共文化、环境保护等基本公共服务建设，强化政府职责，提高公共服务共建能力、共享水平。创新供给方式，政府不再直接承办通过购买服务能够提供的公共服务，广泛吸引社会资本参与，扩大政府和社会资本合作提供公共服务。

健全社会保障体系。健全覆盖全民、统筹城乡、公平统一、可持续的多层次社会保障体系。进一步完善社会救助、优抚安置等制度，健全农村留守儿童和妇女、老年人保障对象认定和关爱服务体系，发挥好低保的兜底作用，落实好特殊困难群体基本生活保障，提升综合救助能力，切实保障困难群体基本生活。建立以居家养老为基础、社区为依托、机构为补充、社会保障为支撑的养老服务体系，建好用好敬老院、幸福院、老饭桌等，增加养老服务供给，推动医疗卫生和养老服务相结合，推动公办养老机构向服务特殊困难老年人倾斜，有效提高老年人生活质量和健康水平。建立统一的城乡居民基本医疗保险制度，提高大病和困难人群医疗保险待遇。大力发展公益慈善事业，完善儿童福利制度，加强残障人员社会保障和服务体系建设。完善基本住房制度和保障房供应体系，加强公共租赁住房建设，全面实现"应保尽保"。完善退役军人移交安置、教育培训、抚恤优待等服务保障体系建设，落实退役军人生活救助制度和医疗保障制度，促进就业创业。

全力促进就业创业。大力实施就业优先政策，坚持总量结构并重和供需两端发力，统筹发挥市场和政府作用，加大就业培训力度和范围，健全就业扶持、稳岗补贴等政策，鼓励群众到工业园区、扶贫车间和村集体经济产业中就业。加强城乡公共就业服务体系建设，推进政府购买公共就业服务，引导农村劳动力转移就业、积极就业，加强困难群体就业援助和技能培训。完善高校毕业生、退役军人、农村劳动力等重点群体就业支持体系，做好就业指导服务工作，落实好各项创业优惠政策，推进创业孵化示范基地建设，提高就业政策的精准性、稳定性和协同性，确保实现更充分更高质量就业，让这一民生之本扎得更深、立得更稳。

提高教育发展质量。全面加强党对教育工作的领导，全面贯彻党的教育方针，坚持立德树人，深化教育改革，突出"五育并举"，坚持以学定教、以教促学、教学相长的原则，健全学校家庭社会协同育人机制，提升教师教书育人能力素质，增强学生文明素养、社会责任意识、实践本领，努力构建全员、全过程育人的教育体系，培养德智体美劳全面发展的社会主义建设者和接班人。坚

持教育优先发展，在"有学上"的基础上，推动城乡义务教育优质均衡一体化发展，全面落实义务教育政策措施，健全学前教育、特殊教育和普及高中阶段教育保障机制，着力发展现代职业教育，扎实推进校园治理，加快教育软硬件项目建设，大力解决"上好学"问题。

加快健康隆德发展。将健康隆德作为医疗卫生事业发展的主攻方向，加强医疗卫生改革，扎实推进"互联网+医疗健康"，加快完善在应对新冠肺炎疫情时暴露出的短板和弱项，让人民群众享受更充分的医疗保障和健康福祉。深化公立医院综合改革，坚持公益属性，调整利益形成机制，加强医疗卫生人才队伍建设。完善基层医疗服务模式，提高全科医生、家庭医生、急需领域医疗服务能力，发挥好社区医疗服务、公共卫生服务、家庭签约医生等健康服务项目作用。加强行业监管，提高社会办医水平，提供非基本医疗需求的服务。

推动文化事业发展。坚持社会主义先进文化前进方向，树立高度文化自觉和文化自信，深化文化体制改革，增强文化创新活力，促进物质文明和精神文明协调发展。加强社会主义精神文明建设，用足用活新时代文明实践中心（所、站），围绕培育文明乡风、良好家风、淳朴民风，整合乡村文化大院、综合文化活动中心、文化广场等基层阵地，用好志愿服务队，打造融思想引领、道德教化、文化传承等多功能于一体的基层综合平台，开展各具特色的文明实践活动，切实发挥传思想、传政策、传道德、传文化作用。挖掘历史资源，深化文化体制改革，完善公共文化服务体系，深入实施文化惠民工程，有效夯实文化基础，提升文化品质，切实发挥文化熏陶、浸润人心作用。充分利用节日节庆、各类赛事、各种文化节等，举办公益活动、联欢晚会、文艺演出等活动，依托县"三馆"、魏氏砖雕、杨氏泥塑非遗馆等，开展开放日、体验日等活动，打造以县文化馆为龙头、乡镇综合文化站为主体、村级综合文化服务中心为基础的群众性文化阵地，让群众活动有场所、娱乐有去处。

八、以法治为根本，以系统化为方向，在平安隆德建设上取得新突破

完善党委领导、政府主导、社会协同、公众参与、法治保障的基层治理体制，推进基层治理精细化，构建全民共建共治共享的基层治理格局。

强化基层党组织的领导核心地位。基层党组织是落实党的路线方针政策、推动农村社会经济发展、维护基层社会稳定的领导核心。强化政治引领作用，引导基层党组织团结带领群众坚定不移地跟党走，贯彻落实上级的各项决策部署，推动党的各项路线方针政策在基层落地生根；引导党员干部增强党的意识、纪律意识、责任意识，自觉抵御各种不正之风。从严加强基层党员队伍建设，制订党员发展计划，注重在现有年轻的优秀人员中发展党员；严格日常教育和管理，严格党内组织生活，注重培训教育，提高党员管理教育水平。强化基层基础保障，切实做好基层思想保障、机构保障、人员保障、场所保障和经费保障工作，重点抓好基层治理工作机构建设，配强抓基层治理工作的力量；加强服务联系群众，解决基层存在的突出问题，切实打通联系服务群众的"最后一公里"。

全面加强六项治理。围绕基层党组织构筑公

共服务圈、群众自治圈、社会共治圈，结合基层整合审批服务执法力量改革，逐步构建机构设置综合、管理扁平高效、人员编制精干、运行机制灵活的基层组织结构，不断完善党委领导、政府负责、民主协商、社会协同、公共参与、法治保障、科技支撑的社会治理体系，提升基层治理精细化、协同化、法治化能力，构建全民共建共享的社会治理格局。乡村、社区治理主要是健全自治、法治、德治相结合的治理体系。自治方面落实好农村党建"6322"工程和四区党建"四联四化"要求，通过村（社区）两委换届，建强基层组织，选好带头人，夯实战斗堡垒，真正实现"民事民议、民事民办、民事民管"。法治方面全面落实矛盾纠纷排查化解"125""411"机制，提升基层公共法律服务体系信息化、标准化，依法行事、依法管理。德治方面充分发挥新时代文明实践中心（站、所）作用，以文化人，成风化俗。宗教治理主要是健全党政主导、统战牵头、部门业务监管、群团组织履责、宗教团体等社会力量参与的横向体系和主体在县、延伸到乡、落实到村（社区）、规范到点的纵向体系，完善宗教依法治理体系。校园治理主要是明晰党组织与行政关系，切实加强党对教育工作的全面领导，全面推进全县中小学党组织领导下的校长负责制。企业治理主要是推动党的全面领导融入公司治理各环节，加强民营企业党的组织和工作全覆盖，推动企业依法、诚信经营。社团治理主要是落实归口管理责任，探索管理部门党组织和社团党组织联建共育，有序引导社团提供社会服务。

加强平安隆德建设。把平安隆德建设纳入全县经济社会发展大局来谋划推进。聚焦巩固扫黑除恶、打伞破网、反腐治乱成果等工作，健全问题线索摸排长效机制，加大涉黑涉恶案件查办和社会乱象整治力度，不断巩固扩大专项斗争战果。积极防范应对各类风险挑战，坚持和发展新时期"枫桥经验"，用好"125"机制和"411"模式，聚焦建筑领域、农民工工资、婚姻家庭、邻里纠纷、征地拆迁等方面，多元排查化解矛盾纠纷，提升运用法治思维、法治方式解决问题的能力，努力建设更高水平的平安隆德，确保社会安定有序、百姓安居乐业。健全完善应急管理体制，有效增强应急处置和防灾减灾救灾能力，深入开展安全生产专项整治行动，有效消除隐患，努力保障人民群众生命财产安全。

全面推进普法教育。深入学习贯彻习近平法治思想，紧密结合"八五"普法工作，把《宪法》和《民法典》作为法治宣传教育的重中之重，抓住各级领导干部这个"关键少数"突出青少年群体，将乡村群众作为主体，落实"谁执法谁普法"责任制和推进法治宣传教育工作目标精准化、工作举措项目化、工作考核体系化、工作指导专业化的"一制四化"，努力增强法治宣传教育工作实效，推动法治精神进企业、进农村、进机关、进校园、进社区、进宗教场所，积极推动法治宣传活动向纵深发展，在全社会营造良好法治氛围。

坚决维护民族团结。全面贯彻党的民族政策，坚持和落实民族区域自治制度，持续开展马克思主义民族观宗教观宣传阐释，加强民族法治、民族认知、民族平等、民族互信、民族互助"五项特色教育"，铸牢中华民族共同体意识。深入推进民族团结进步创建，构建互嵌式社会结构和社区环境，促进各民族交往交流交融。依法打击破坏民族团结的违法犯罪行为，不断提高民族事务管理法治化、规范化水平。

九、以改革为抓手，以开放为导向，在增强发展活力上迈出新步伐

改革开放是发展的强大动力。要紧紧围绕市场在资源配置中起决定性作用和更好发挥政府作用，全面落实中央改革部署，推动具有标志性、关联性作用的重大改革，发展更高层次的开放型经济。

深化农业农村改革。紧扣强化乡村振兴制度性供给这一关键，围绕人、地、钱全面深化农村改革创新。在"人"的问题上，围绕解决好"谁来种地"的问题，畅通智力、技术、管理通道，研究出台面向农村各类经营主体、农业技术人才的扶持措施，引导和鼓励高校毕业生、退伍军人和创业能人到乡村工作和创业，建立起一支有文化、懂技术、善经营、会管理的新型职业农民队伍。在"地"的问题上，处理好农民和土地的关系，落实第二轮土地承包到期后再延长三十年政策，巩固完善农村基本经营制度，深化农村土地制度改革，健全农村要素市场化配置机制，完善农业农村发展用地政策，深入推进农村集体资产产权制度改革，确保农民合法权益。在"钱"的问题上，稳妥推进农村金融制度改革，健全完善投入保障制度，加快形成财政优先保障、金融重点倾斜、社会积极参与的多元投入格局。

深化经济体制改革。持续推进投融资体制改革，创新投资运营模式，建立和完善合理投资回报机制，引导社会资本扩大投资。稳步推进农村建设用地制度改革，抓好集体经营性建设用地入市改革试点，促进集体建设用地集约节约利用。推进国有林场和集体林权制度改革。以市场化、专业化、产业化为方向，推动建立社会参与、奖惩分明的污染防治新机制，促进环保产业发展。深化财税体制改革，深入推进供给侧结构、减税降费、"放管服"等改革，以改革激发市场活力。深化金融体制改革，提升金融服务实体经济发展能力。

深化行政管理改革。进一步转变政府职能，围绕农业农村、教育医疗、创业就业、社会治理等方面，推进简政放权、放管结合、优化服务、依法行政，提高效率、减少环节、改进服务，以改革增进民生福祉。优化政府机构设置、职能配置、工作流程，完善决策权、审批权、监管权、执法权既相互制约又相互协调的行政运行机制。严格绩效管理，强化行政问责，突出责任落实，确保权责一致。深化行政审批制度改革，全面实施权力清单、责任清单制度，公开审批流程，强化内部流程控制，加快建设服务型政府。

构建全方位开放格局。加快融入以国内大循环为主体、国内国际双循环相互促进的新发展格局，坚持引进来和走出去并重、引资和引技引智并举，实施"引资强链""引资补链""引资扩链"，引进一批具有核心技术、成长性好、发展潜力大的项目，发展更高层次的开放型经济。主动参与黄河流域生态环境保护和高质量发展先行区建设，全方位、多领域加强与区内外城市的合作交流，积极引进先进理念、先进技术、先进管理经验及项目、资金、人才等高端要素资源，通过引进新变量、创造新组合、提供新可能、培植新优势，真正把优势做大、把短板补齐、把潜力发挥出来，形成对外开放新格局，为推动高质量发展注入新动力、增添新活力、拓展新空间。

优化企业发展环境。坚持把深化"放管服"改革、优化企业营商环境作为促进企业稳步发展的有力抓手，落实主要领导联系企业制度，推进项目从洽谈到签约、建设、运营全过程"保姆式"服务，最大限度简化项目审批流程，压减项目落地时间，缩短企业建设周期，努力打造"成本最低、服务最优、办事最快"的"三最"营商环境。围绕解决企业融资、物流、用工成本高等问题，进一步落实减税降费政策，出台降低实体经济企业成本的政策措施，持续清理和规范涉企收费，完善公平竞争体系，促进企业一心一意促生产、谋发展。弘扬企业家精神，让企业家为隆德主动"站台背书"充当隆德名片，推介隆德、宣传隆德，依法保护企业家财产权和创新收益。

十、凝聚全县各族人民智慧和力量，在实现"十四五"规划和二〇三五年远景目标上展现新作为

实现"十四五"规划和二〇三五年远景目标，必须坚持党的全面领导，发挥党的政治优势和组织优势，充分调动一切积极因素，团结全县上下共同意志，切实增强责任感、使命感，切实把握大势，遵循发展规律，形成推动发展的强大合力，更好推动经济社会发展。

加强党的全面领导。坚定维护党中央集中统一领导，强化全面从严治党主体责任、监督责任，落实党把方向、谋大局、定政策、促改革的要求，全面提高新发展阶段党的建设质量。坚持不懈用习近平新时代中国特色社会主义思想和习近平总书记视察宁夏重要讲话精神武装头脑、指导实践、推动工作，始终把增强"四个意识"、坚定"四个自信"、做到"两个维护"作为推进发展的政治准则和根本要求，完善上下贯通、执行有力的组织体系，不折不扣贯彻落实好党中央和区、市党委的决策部署。加强基层党组织建设，增强整体功能，更好地发挥战斗堡垒作用和党员先锋模范作用。加强干部队伍建设，深化干部人事制度改革，深入实施干部政治能力、专业能力提升"两大工程"，注重培养选拔政治强、懂专业、善治理、敢担当、作风正的领导干部，调动各级干部干事创业的积极性、主动性、创造性。加强纪律作风建设，锲而不舍落实中央八项规定及其实施细则精神，强化权力运行制约和监督，健全惩治和预防腐败体系，持续纠治形式主义、官僚主义，努力实现干部清正、政府清廉、政治清明的良好政治生态。

推进社会主义民主政治建设。坚持党的领导、人民当家作主、依法治国有机统一，坚定不移走中国特色社会主义政治发展道路。扎实推进人民民主，坚持和完善人民代表大会制度，加强人大对"一府一委两院"的监督。坚持和完善中国共产党领导的多党合作和政治协商制度，推进协商民主广泛多层制度化发展。凝聚社会各界力量，发挥人民团体作用，巩固和发展最广泛的爱国统一战线，巩固和发展大团结大联合局面，最大限度凝聚起推进改革发展、维护社会和谐稳定的共识和力量。完善国防动员体系，推动军民融合深度发展。

激发干部群众奋斗精神。深入践行习近平总书记"社会主义是干出来的""幸福是奋斗出来的"伟大号召，充分发扬"不到长城非好汉"的革命精神，紧密结合"担当新使命、展现新作为"

活动,激励全县上下奋战"十四五"、开启新征程。发扬斗争精神,广大干部特别是年轻干部要到斗争一线、艰苦复杂地方、吃劲要紧岗位历练成长,培养斗争精神,增强斗争魄力,提高斗争本领。激励担当作为,以正确用人导向引领干事创业导向,落实改进推动高质量发展政绩考核的部署要求,完善对乡镇干部"三优"的导向和机制,按照"三个区分开来"要求加强对敢担当善作为干部的激励保护,激发党员干部担当作为、干事创业的活力。

健全完善规划落实机制。蓝图已经绘就,关键在于落实。编制"十四五"规划和二〇三五年远景目标,要坚决贯彻党中央和区、市、县党委决策部署,细化落实本次全会部署要求,落实本建议提出的发展思路、主要目标、重点任务和重大举措,形成定位准确、边界清晰、功能互补、统一衔接的规划体系。完善规划实施机制,建立规划实施评估预警、依法管理和责任追究机制,提高规划的刚性约束力。完善落实体系,建立工作推进、衔接协调、责任落实机制,强化政策协同、项目支撑、财力保障、金融支持,加强规划实施的动态监测、效果评估、督查考核,确保"十四五"时期发展目标任务和二〇三五年远景目标落到实处。

实现"十四五"规划和二〇三五年远景目标,意义重大深远,任务艰巨繁重,前景光明广阔。全县人民要更加紧密地团结在以习近平同志为核心的党中央周围,同心同德、顽强奋斗,勇于担当、开拓创新,努力建设黄河流域生态保护和高质量发展先行区,继续建设经济繁荣、民族团结、环境优美、人民富裕的美丽新宁夏,为夺取全面建设社会主义现代化国家新胜利而努力奋斗!

隆德县人大常委会工作报告

——在隆德县第十七届人民代表大会第五次会议上的讲话

县人大常委会主任 王 勇

2021年1月11日

2020年主要工作

2020年，县人大常委会坚持以习近平新时代中国特色社会主义思想为指导，深入学习宣传贯彻党的十九大和十九届二中、三中、四中、五中全会精神，以及习近平总书记视察宁夏重要讲话精神，全面贯彻落实党中央和区、市、县党委决策部署，坚持党的领导、人民当家作主、依法治国有机统一，紧紧围绕全县工作大局，依法履行宪法法律赋予的各项职责，圆满完成了县十七届人大四次会议确定的各项目标任务。一年来，共组织执法检查和工作视察4次，专题调研5次，召开常委会会议6次，主任会议7次，开展专题询问1次，听取和审议"一府两院"专项工作报告31个，提出审议意见43条，做出决议决定6项，任免国家机关工作人员55人次，充分发挥了地方国家权力机关的职能作用。

（一）坚持党的领导，牢牢把握正确政治方向

常委会旗帜鲜明讲政治，把增强"四个意识"、坚定"四个自信"、做到"两个维护"作为最高政治原则和根本政治规矩，始终在思想上政治上行动上同以习近平同志为核心的党中央保持高度一致，确保人大工作在党的领导下有力高效开展。县委对人大工作高度重视，把人大工作纳入重要议事日程，及时研究人大工作和建设中的重大事项、重要问题，为常委会履行职权提供了坚强的后盾。坚持民主集中制原则，对贯彻落实中央和区、市、县党委的各项部署要求，都第一时间传达学习，研究提出贯彻意见，确保党的决策部署在人大工作中得到全面贯彻、充分体现和有效执行。严格执行请示报告制度，重大事项、重要活动及时主动向县委请示报告，确保县委的主张通过法定程序成为全县人民的共同意志和行动。始终围绕中心，聚焦重点，充分发挥职能作用，依法行使各项职权，有序汇集民意，全力促进全县经济社会高质量发展。

（二）紧扣中心工作，依法行使监督权

常委会紧紧围绕全县中心工作，坚持依法监

督、正确监督、有效监督，聚焦行政权、审判权、检察权的依法正确行使，聚焦人民群众普遍关切问题，认真履行监督职责，推动法律法规有效实施，促进"一府两院"依法行政、公正司法。

围绕促进经济高质量发展开展监督。密切关注全县经济运行态势，对2020年国民经济和社会发展计划执行及重点项目建设情况开展视察检查，听取审议国民经济和社会发展计划执行情况、财政预算执行情况及审计问题整改情况报告，审查批准全县预算调整和决算，推进人大监督重点向支出预算和政策拓展，围绕落实主要指标、重点任务和提高资金使用绩效等提出意见建议，助力打好"三大攻坚战"，做好"六稳"工作，落实"六保"任务。依法听取行政事业国有资产管理情况报告，促进国有资产保值增值，切实提高国有资产管理使用效率。对工业经济发展、水资源保护、道路交通和文化旅游等事关全县经济社会发展的基础性工作进行视察检查，对山水林田湖草综合治理项目、"四个一"林草产业和村集体经济发展情况进行专题调研，听取相关工作报告，提出加强和改进工作的建议，助推县域经济高质量发展。

聚焦推进保障和改善民生开展监督。坚持民有所呼、我有所应，把社会和群众普遍关心关注的问题作为监督工作重点，着力推动民生改善。紧扣脱贫富民目标任务，对巩固提升脱贫成效和实施乡村振兴战略进行跟踪监督检查，及时听取脱贫攻坚和农业农村工作情况报告，推动巩固拓展脱贫攻坚成果同乡村振兴有效衔接。持续关注教育文化、医疗卫生、民政救助、市场监督、城市建设和管理等工作，对县城学校、敬老院、老旧小区改造进行视察检查，听取审议政府专项工作报告，有针对性地提出建议，推动解决涉及人民群众切身利益的突出问题。对医疗保障工作进行专题询问，督促政府及职能部门加强资金管理和政策落实，充分发挥好医保在保障和改善民生中的支撑作用。

立足推进法治建设开展监督。遵照法律规定开展执法检查，完善执法检查工作机制和方式方法，检查《环境保护法》《宁夏回族自治区城市房地产开发经营条例》和《宁夏回族自治区生活饮用水卫生监督管理条例》贯彻实施情况，严格对照法律规定提出建议，推动有关方面严格落实法律制度和法定职责。聚焦依法行政，专题听取"七五"普法及司法行政工作情况报告，对"七五"普法工作情况进行检查，推动形成普法工作全民参与、普法成果全民共享的格局。加强司法工作监督，听取审议法检"两院"2020年工作情况报告，组织代表旁听法院庭审活动和检察院公益诉讼活动，大力支持法检"两院"依法独立行使审判权和检察权，促进司法公正，规范司法行为，提升司法公信力。

紧扣打赢疫情防控阻击战开展监督。及时将《中华人民共和国传染病防治法》《中华人民共和国野生动物保护法》和《宁夏回族自治区人大常委会关于依法防控新型冠状病毒肺炎疫情 坚决打赢疫情防控阻击战的决定》列入监督议题，积极开展执法检查，主动宣传解读疫情防控法律，专题听取县人民政府贯彻执行"两法一决定"工作情况报告，提出加强和改进工作的建议，有力助推依法防控、依法治理。及时转发自治区人大关于《给全区各级人大常委会和人大代表的一封信》，积极倡议全县各级人大代表带头担当作为，立足岗位积极履行社会责任支持疫情防控，推动依法科学防控疫情和维护社会稳定。坚决贯彻落实县委的部署要求，常委会领导率先垂范，分赴联系的乡镇、社区督导检查，力促疫情防控各项措施落实落细；机关党员干部全员响应，积极参与居民小区和帮扶村值班值守、信息核查、疫情宣传等工作，为夺取疫情防控和经济社会发展"双胜利"充分发挥了人大作用。

（三）着眼发展大局，依法行使决定权

坚决贯彻落实中央和区、市、县党委《关于健全人大讨论决定重大事项制度、政府重大决策出台前向本级人大报告的意见》，紧紧围绕县委的决策部署，着眼发展大局，就事关全县改革发展和民生领域中的根本性、全局性、长远性问题，严格按照议事规则和法定程序，在深入调查研究和认真审议的基础上，依法作出决议、决定。一年来，常委会作出了《关于批准2019年全县财政决算及2020年下半年预算调整的决议》和《关于批准2020年新增地方政府债券资金安排的决定》等6项决议决定。同时，加强对人大决议决定落实情况的监督检查，保证决议决定的权威性和严肃性，为维护全县改革发展稳定大局、推动经济社会高质量发展发挥了重要作用。

（四）严格法定程序，依法行使任免权

坚持党管干部原则与人大依法行使选举任免权相统一，坚决贯彻县委人事安排，严格执行拟任干部履职介绍、任前供职、投票表决、颁发任命书、向宪法宣誓等工作程序，确保党组织推荐的人选通过法定程序成为国家机关工作人员。一年来，常委会审议通过人事任免议案8个，依法任免国家机关工作人员21人次，任命人民陪审员34人，安排乡镇补选县人大代表3名。组织3次宪法宣誓仪式，6名被任命人员进行宪法宣誓，切实增强了被任命的国家机关工作人员的宪法观念、法律意识和责任意识。

（五）坚持代表主体地位，充分发挥代表作用

尊重代表的权利就是尊重人民的权利，保障代表依法履职就是保证人民当家作主。因此，常委会不断加强和改进代表工作，提升服务保障水平，全力支持代表依法履行职责。

提高议案建议办理实效。坚持把代表议案建议办理作为保障代表行使民主权利、支持代表参与社会事务的重要工作来抓，采取跟踪督办、定期催办和现场督办形式，并两次专题听取办理情况汇报，推动办理工作由答复满意向结果满意转变。县委、县政府继续将议案建议办理工作纳入全县效能目标管理考核内容，办理效率和质量进一步提高。县十七届人大四次会议确定的3件议案、17件重点督办建议和16件建议全部办结，得到了常委会组成人员、人大代表和人民群众的充分肯定。

提升代表服务保障水平。在做好代表履职培训、专题培训的同时，积极组织代表参加上级人大各类业务培训，不断提升代表履职能力和业务水平。为全体代表、各乡镇人大和代表活动室订送相关刊物，坚持向代表寄送人大常委会公报、领导讲话等资料，开拓代表的工作视野。邀请12名代表列席县人大常委会会议，参加视察调研和监督检查等活动，安排58名代表参加县委、"一府一委两院"及有关部门的专题活动，进一步拓宽了代表的知情知政渠道和履职空间。切实保障代表工作经费，精心做好我县各级人大代表依法履职的服务保障，为代表履职提供优质高效的服务。

充分发挥代表作用。扎实开展代表"双联"工作，健全完善"双联"工作制度，组织走访基层人大代表，广泛听取意见建议，了解代表履职情况，帮助解决困难和问题。指导乡镇人大依托

代表活动平台，通过组织代表小组活动、视察调研、联系选民、代表接待日等方式，畅通反映情况、听取意见的渠道，充分发挥代表作用。面对新冠肺炎疫情，常委会及时发出倡议，全县各级人大代表积极投身抗疫一线，广泛参与联防联控，带头推动复工复产，踊跃捐款捐物，主动建言献策，在各条战线、各自岗位上见行动、作表率，凝聚起万众一心、群防群控、共抗疫情的强大合力，以实际行动践行了代表人民、为了人民、服务人民的光荣使命。

（六）全面加强自身建设，不断提高履职水平

常委会认真落实中央和区、市、县党委关于进一步加强和改进地方人大及其常委会工作的部署要求，坚定政治方向，强化理论武装，改进工作作风，扎实推进"工作机关、代表机关"建设。

强化思想政治建设。始终把思想政治建设摆在首位，持续巩固拓展主题教育成果，认真学习贯彻习近平新时代中国特色社会主义思想、中央和区、市、县党委重要会议精神，全面贯彻落实习近平总书记两次视察宁夏重要讲话精神，增强"四个意识"、坚定"四个自信"、做到"两个维护"。深入贯彻新时代党的建设总要求，严肃党内政治生活，坚持民主集中制，保障常委会组成人员依法履职，切实维护人民的根本利益、长远利益、整体利益。

不断加强能力建设。完善学习制度、丰富学习形式，举办专题学习3次，深入学习贯彻习近平总书记关于坚持和完善人民代表大会制度的相关论述，及时跟进学习全国人大和自治区人大重要会议精神，自觉落实全国人大常委会对监督、代表等工作的新定位新要求，不断提高工作水平。深入学习依法履职必备知识，以新修改的宪法、民法典、履职常用法律法规和人大业务知识为重点，加强学习培训，促进履职能力提升。

持续深化作风建设。按照县委安排部署，积极开展十九届五中全会精神宣讲，开展脱贫攻坚、村两委（社区）换届和软弱涣散村党组织整顿等工作，全力助推各项工作落实。严格落实中央八项规定及其实施细则精神，严格执行区、市、县党委关于党风廉政建设的有关规定，力戒形式主义、官僚主义。密切工作交流联系，接待河南、广东、西藏、福建等区外人大工作考察组7次，交流工作经验，宣传推介隆德。

各位代表，过去一年取得的成绩，是县委坚强领导的结果，是全体人大代表、常委会组成人员履职尽责、主动作为的结果，是"一府一委两院"和相关部门及各乡镇密切配合、通力协作的结果，是全县人民充分信任、大力支持的结果。在此，我代表县人大常委会表示衷心的感谢！

过去的一年，工作虽然有进步、有成效，但也有差距、有不足，主要是：精准监督和有效监督还需进一步加强，服务代表依法履职的工作水平有待提高，常委会组成人员和机关工作人员的履职能力需要进一步提升。我们将高度重视这些问题，虚心听取各位代表和各方面的意见建议，不断加强和改进人大各项工作。

2021年主要任务

各位代表，2021年是"十四五"的开局之年。县人大常委会工作的总体思路是：坚持以习近平新时代中国特色社会主义思想为指导，深入学习贯彻党的十九届五中全会和习近平总书记视察宁夏重要讲话精神，全面落实习近平总书记关于坚持和完善人民代表大会制度的重要思想和自治区党委关于新时代加强和改进人大工作的意见精神，坚持党的领导、人民当家作主、依法治国有机统一，全面贯彻落实区、市、县党委的决策部署，围绕中心、服务大局，依法履行宪法和法律赋予的各项职权，充分发挥人民代表大会制度优势，努力为推动隆德经济社会高质量发展贡献人大力量。

（一）坚持党的领导，在加强思想政治建设上展现新作为

坚持以习近平新时代中国特色社会主义思想武装头脑、指导实践、推动工作，始终保持人大工作坚定正确的政治方向。

始终坚持党的领导。人民代表大会制度是坚持党的领导、人民当家作主、依法治国有机统一的根本政治制度安排。常委会要深入学习贯彻习近平总书记关于坚持和完善人民代表大会制度的重要思想，把坚持党的领导作为最高政治原则，紧紧围绕县委中心任务谋划和推进人大工作，紧扣县委意图和要求行使人大各项法定职权，始终保持与县委在政治上同向、思想上同心、行动上同步。

依法决定重大事项。认真贯彻落实县委决策部署，紧盯事关全局、事关根本、事关长远和人民群众十分关心、迫切要求、急需解决的问题，注重加强调查研究、咨询论证，广泛听取意见建议，依法作出决议、决定，通过法定程序全力推动县委决策部署的贯彻落实。

正确行使人事任免权。坚持党管干部与人大依法任免的有机统一，依法任免国家机关工作人员，坚持干部任前供职、颁发任命书和向宪法宣誓程序，注重通过履职报告、工作测评等方式强化对常委会任命人员的任后监督，进一步增强被任命干部依法履职、接受监督的意识。

依法做好县乡人大换届工作。按照坚持党的领导、充分发扬民主、严格依法办事原则，认真贯彻落实中央和区、市、县党委及区、市人大常委会关于换届选举工作的决策部署，科学谋划换届工作，严格把握重点环节，精心组织，规范操作，圆满完成县、乡人大换届选举工作。

（二）增强监督实效，在推动高质量发展上做出新贡献

坚持依法监督、正确监督、有效监督，突出问题导向，通过法定监督方式，及时发现问题，强化督查落实，推动"一府一委两院"改进工作。

聚焦经济发展强化工作监督。全面加强国民经济计划和财政预决算执行情况等方面的工作监督，听取审议国民经济和社会发展计划、财政、重点项目建设等专项工作报告，围绕抓重点、补短板、强弱项提出意见建议，督促落实国民经济发展计划，力促年度发展目标顺利实现。加强和改进预算监督，深化人大预算审查监督重点向支出预算和政策拓展，加强预算联网监督工作，提高财政资金使用绩效和政策实施效果。围绕县委的决策部署，突出监督重点，对工业经济运行、乡村振兴战略实施、特色产业发展等工作进行监督检查，助力高质量发展。

围绕民生实事加强跟踪监督。坚持以人民为中心，把实现好、维护好、发展好最广大人民根本利益作为监督工作的出发点和落脚点。坚持明察与暗访相结合，围绕巩固提升脱贫成果、教育教学、社会保障、市场监管、基本医疗和公共卫生、公共文化、环境保护等基本公共服务工作进行专题调研和视察检查，及时听取和审议相关工作报告，助推补齐民生短板，推动民生福祉有效落实。聚焦人民群众关切，推动专题询问常态化、规范化，不断增强监督实效。

围绕公平正义开展法律监督。改进执法检查工作，对《中华人民共和国民法典》《中华人民共和国土壤污染防治法》《中华人民共和国道路交通安全法》等法律法规贯彻实施情况进行执法检查，紧扣法律法规查找分析和推动解决问题。对法检"两院"重点工作进行检查，听取审议法院审判、检察院践行"绿色检察"等工作情况报告，推动依法行政、公正司法。严格落实"有件必备、有备必审、有错必纠"要求，扎实开展规范性文件备案审查工作，及时听取全县规范性文件备案审查工作情况报告，推动备案审查工作规范有序开展。

（三）拓宽联系渠道，在发挥代表主体作用上实现新提升

加强常委会组成人员与人大代表、人大代表与人民群众的联系，更加到位地做好代表履职引导、服务保障和监督管理工作，推进代表工作体制机制创新。加强人大代表思想政治建设，教育引导代表珍视代表身份、牢记职责使命、忠实履行代表义务，自觉接受人民群众和原选举单位监督。统筹开展人大代表初任履职培训、专题培训，提升代表履职能力和水平。继续邀请代表列席县人大常委会会议、参加执法检查和视察等活动，及时向代表通报常委会和"一府一委两院"工作动态，畅通代表知情知政渠道。充分发挥代表活动阵地和代表小组作用，丰富闭会期间代表活动内容和方式，经常性地组织代表回原选举单位开展联系人民群众活动，推进代表向原选区选民报告履职情况，引导和激发代表更好地履职尽责、服务发展。建立健全代表议案建议统一交办、"一府一委两院"领导领办制度，完善跟踪督办机制和办理情况考核评价机制，推行代表议案建议办理情况网上公开，接受群众和媒体监督，提高代表所提意见建议解决率。

（四）加强自身建设，在提高依法履职能力上取得新成效

深入学习贯彻习近平新时代中国特色社会主义思想、党的十九届五中全会精神和习近平总书记关于坚持和完善人民代表大会制度的相关论述，全面贯彻落实习近平总书记两次视察宁夏重要讲话精神，把坚持党的领导贯穿人大工作各方面全过程，强化人大常委会组成人员依法履职政治责任，严格履职纪律，提高履职实效。统筹推进常委会党的各项建设，严格执行党章党纪党规，进一步建立完善常委会党组工作、议事等制度规则，充分发挥党组在人大工作中把方向、管大局、保落实的领导作用。巩固拓展主题教育成果，把教育成果转化为旗帜鲜明讲政治、敢于担当勇作为、驰而不息抓落实的思想自觉和行动自觉。严格落实党风廉政建设各项规定，深入改进工作作风，力戒形式主义、官僚主义，把更多精力放到推进高质量发展上。进一步加强对乡镇人大工作的联系指导，不断夯实地方人大工作基层基础，增强全县人大工作整体实效，努力把县人大及其常委会建设成为全面担负起宪法和法律赋予各项职责的工作机关，建设成为同人民群众保持密切联系的代表机关。

各位代表！新时代催人奋进，新目标鼓舞人心，新任务光荣艰巨。县委十四届九次全体会议对今后工作做出了全面部署，让我们在县委的坚强领导下，担当新使命，展现新作为，鼓足干劲、依法履职、扎实工作，为推动隆德高质量发展和民主法治建设做出新的更大的贡献！

隆德县人民政府工作报告

——在隆德县第十七届人民代表大会第五次会议上的讲话

县人民政府县长　潘建宁

2021年1月10日

2020年是极不平凡的一年，面对突如其来的新冠肺炎疫情和经济下行的巨大压力，我们坚持以习近平新时代中国特色社会主义思想为指导，深入学习贯彻党的十九大和十九届二中、三中、四中、五中全会精神，以及习近平总书记视察宁夏重要讲话精神，在区、市党委和政府及县委的坚强领导下，统筹推进疫情防控和经济社会发展，紧紧围绕决战脱贫攻坚、决胜全面小康，补短板、强弱项、抓重点、攻难点，全力以赴抓"六保"、促"六稳"，保持了经济持续健康发展和社会大局稳定。预计全年完成地区生产总值34.98亿元，增长6.5%；全社会固定资产投资22亿元，地方一般公共预算收入8900万元；城乡居民人均可支配收入分别达到26520元和11170元，分别增长6%和8%。

过去一年的主要工作和成效：

疫情防控形势稳定。及时启动突发公共卫生事件Ⅰ级响应，建立全县新冠肺炎疫情联防联控机制，果断实施防、控、治、保各项措施，举全县之力打响疫情防控阻击战。紧急设立9个交通查验站、242个城乡查验点，抽调10678名党员、干部投身防疫一线，并肩值守，外防输入、内防扩散。全面推行预检分诊，新建医学观察隔离病房，设置沙塘公租房等4个集中隔离点，共隔离观察重点地区来隆人员、发热病人等2123人次。特别是及时有效隔离、转运、救治3例确诊病例，并迅速开展密切接触者流调，确保没有发生二代病例、死亡病例和医务工作者感染。在全区率先建成县级核酸检测实验室，累计检测14446人次。多渠道筹集口罩等医用防护物资286万件，争取抗疫特别国债资金9427万元，接受社会捐款121万元，全部投入防控一线。县人民医院5名志愿者临危受命，逆行出征，驰援武汉，为全县抗疫树立榜样、增添信心。广大干部群众坚守一线、无私奉献，构筑起了群防群控、严防严控、联防联控的坚固防线。同步推进流行性出血热疫情防控和狂犬病防治工作，确保公共卫生安全。

脱贫成果巩固提升。扎实开展"四查四补"，整合资金2.5亿元，持续补齐农村水、电、路、网等基础设施短板。发放小额金融扶贫贷款2.16亿元，财政投入2810万元，扶持农户发展草畜、中药材等特色种养业。新建扶贫车间10个，认定消费扶贫产品108个，销售额1.24亿元。新增公益性岗位1000个，保障脱贫监测户和边缘户稳定就业。采取低保兜底等综合措施，49户163人未脱贫人口稳定脱贫，贫困人口人均可支配收入达到10932元。

优势产业提质增效。出台企业技改升级、援企稳岗、复工复产等支持政策，发放惠企贷款1.5亿元，减税降费3031万元。实施工业园区排污管网、孵化园四期18栋标准化厂房、集中供能改造等承载能力提升项目，招商引资21亿元，信毅中药、德世花灯等9家企业落地园区。六盘山中药智能生产车间、浩德纸业彩印生产线、黄土地无菌化车间建成投产；深化拓展与海底捞、永辉超市等知名企业合作，工业增加值增长14%，达到1.39亿元。园区企业获得专利27项，人造花入选国家高新技术企业。建成千峰兔业和新街村肉兔标准化养殖示范园区。新增肉牛养殖示范村6个，出栏肉牛3.8万头，创收6亿元。建成太联等6个中药材规范化种植基地，全县中药材总产值达到3.4亿元。新建张楼等3个高标准设施蔬菜示范基地，全县种植蔬菜5万亩，创收2.5亿元。特色种养业提供农民人均可支配收入4468元。县域特色产品线上销售额达到1600万元，增长30%。接待游客129万人次，实现旅游社会总收入5.2亿元。

城乡融合加快推进。坚持建管并重、精细管理，完成龙城世家等7个小区雨污分流、西海子等3个老旧小区改造、德邦路等3条道路提升、清流河等6处绿化工程，花园式城市内涵进一步提升。建成好水、张程小城镇，新建串河等7个美丽村庄。新建农村水冲式厕所3000户，敷设排污管网91千米；在清泉等58个行政村试点垃圾分类，探索建立"两次六分、四级联动"分拣利用新机制。新建桃威等农村公路7条81千米、5G基站37个。快递网点进村、城乡公交语音呼叫服务实现全覆盖。

生态环境持续向好。统筹推进山水林田湖草综合治理，集中开展河库"清四乱"行动，完成前庄等4个水源地规范化保护、清凉等4个集中式饮用水水源地水质自动监测站建设。建成工业园区固废贮存处置场，推进畜禽粪污、作物秸秆和农用残膜综合利用，渝河联财国控断面水质稳定达到Ⅱ类，环境空气优良天数比例达到99%。实施全域绿化行动，完成312国道、隆张、好兴等公路沿线乔灌花草绿化美化，开展村庄绿化2500亩，新增造林7.85万亩。治理咀头片区小流域，建成渝河流域水库调蓄联通工程，渝河全国示范河湖建设通过验收。建设高标准农田6.9万亩，新增高效节水灌溉5000亩。发展联合红梅杏等"四个一"林草产业25万亩，初步形成"山绿"与"民富"并进发展的局面。

民生福祉持续增进。实施隆德一小教学楼等21项学校基础设施提升工程。招录幼儿教师70人，培训教师6384人次。光纤入校率达100%，"互联网+教育"有力促进教育教学优质均衡发展。组建县级医疗集团，成立胸痛等5个医疗中心。建成基层医院"互联网+医疗健康""智医助理系统"，开展远程诊疗846人次，基本医疗保障和公共卫生服务水平进一步提升。发放创业贷款2.26亿元、各类救助资金1.7亿元，转移就业农村劳动力4.1万人，城镇登记失业率控制在3.92%。建成城关、张程综合文化站，县文化馆凤岭、联财分馆和县图书馆红崖社区分馆，网络电视入户9534户。

政府效能显著提升。编制重大行政决策目录和基层政府权力事项清单，向县委提交审定行政决策事项145项，公开政府信息2800余条。开办企业审批时限压减为1个工作日。164名公务人员取得行政执法资格。深入整治"四风"，减轻基层负担。高质量办理人大议案建议、政协提案建议79件，办结率达100%。全面完成第七次全国人口普查。创建全国示范性退役军人服务中心，在全区率先完成乡村公共法律服务机构信息化建设，启动人民调解一站式服务试点，信访事项同比减少12.7%。深化平安隆德建设，不断扩大扫黑除恶专项斗争成果，启动实施安全生产专项整治三年行动。人武、统计、科技、调查、气象、工会、共青团、妇女儿童等工作水平不断提升。

各位代表，总结过去一年的工作，我们迎难而上、历尽艰辛，一些工作在全国全区创造了经验、成为亮点。我县荣获国家卫生县城、全国百佳富氧县、2020年全国最美县域、全国农村生活污水治理示范县、全国农村生活垃圾分类和资源化利用示范县、全国信访"三无"县、全国第一批小型水库管理体制改革样板县、全区民族团结进步示范县、全区"双拥"模范县等荣誉。全区黄河流域生态保护和高质量发展先行区建设推进会现场观摩在我县举行，城乡客运一体化经验入选全国典型案例集，农村集体产权制度改革试点经验在全国推广交流，"残疾人托养+"隆德模式在全区推广，我县在落实有关重大政策措施方面成效明显，创造的典型经验和做法受到国务院督查组表扬，在2020年国务院大督查及专项督查中予以"免督查"，并奖励1000万元。

回顾"十三五"发展，我们真抓实干、开拓创新，决战脱贫攻坚，决胜全面小康，为全面推进社会主义现代化建设奠定了坚实基础、蓄积了强大潜能。

五年来，我们直面经济发展新常态，坚决贯彻落实新发展理念，经济发展稳步向好。累计金融放贷13.4亿元，减税降费5844万元，争取科技创新、技术改造资金3600万元，扶持产业转型发展。争取国家债券基金等21亿元，支持项目建设、产业开发和民生保障。引入社会投资75亿元，发展壮大非公有制经济，增强经济发展活力。地区生产总值年均增长7%，城乡居民收入年均分别增长7.3%和10.5%，快于经济增速。共完成全社会固定资产投资131.29亿元，年均增长7.1%，经济总量持续壮大，经济发展步入结构优化、多元驱动、质效并重的新阶段。

五年来，我们举全县之力推进精准扶贫、精准脱贫，高质量完成脱贫攻坚任务，决胜全面建成小康社会胜利在望。累计投入资金19.5亿元，促进精准扶贫到村、到户基础设施全覆盖。创建"三带四联"产业扶贫机制，建成扶贫车间49个，村集体经济创收4870万元，88%的贫困人口通过发展草畜、中药材等特色产业脱贫致富，1678名贫困人口通过公益性岗位、园区就业稳定增收，贫困人口人均可支配收入年均增长21.6%。建立医疗兜底、控辍保学、教育资助等全方位脱贫兜底防返贫政策体系，全县10167户39612名建档立卡贫困人口全部脱贫，48项全面小康监测指标基本达标，预计全面小康实现程度达到95%，全县人民即将携手迈入全面小康社会。

五年来，我们聚焦持续健康发展，加快供给侧结构性改革，三产呈现融合联动发展良好态势。坚定不移推进工业强县战略，全力推动广州香雪、上海医药等上市企业和黄土地、人造花等龙头企业扎根工业园区，稳定建立以中药材加工、农副产品生产、特色轻工业为主的产业集群，有力带动特色产业形成产加销一体化发展新格局。园区入驻企业从"十二五"末的32家增加到60家，工业总产值从3.3亿元增加到4.5亿元，成为区域极具活力的绿色工业集聚发展区。累计补栏基础母牛1.66万头，新增设施蔬菜1万亩，中药材加工转化率达70%，特色农业呈现绿色化、产业化、品牌化发展新态势。大力发展"旅游+"、电子商务、快递物流等新业态，来隆旅游人数年均增长10%，隆隆薯、葆易圣等电商品牌引领隆德特色产品走向全国大市场。服务业比重较"十二五"末提高17个百分点，单位GDP能耗下降12个百分点，三次产业创新发展、融合发展呈现前所未有的良好局面。

五年来，我们全力推进城乡内涵式发展，积极培育竞争发展新优势，美丽宜居隆德建设再上新水平。建成覆盖五大流域的水系库坝连通联蓄联调联用工程，构建了"南水北调、丰枯补给"的水资源合理配置体系。实施渝河流域山水林田湖草综合治理工程，系统治理了渝河水污染，实现了水资源高效利用、城市生态体系建设、绿色产业开发、生态环境保护多元共赢，渝河被国务院和自治区确定为全国全区治河样板。2018年在全国818个国家重点生态功能区县域生态环境质量考核中名列第六，是全区唯一一个生态环境质量进入"变好"序列的县域。精心推进特色县城建设，全面建立布局规划、公共服务、绿化亮化、精细管理体系，县城品质品位显著提升。新建小城镇10个、美丽村庄53个，乡村绿化覆盖率提高4.4个百分点，路灯覆盖80%的行政村，全县森林覆盖率达到37.47%。初步建立城乡网格化环卫保洁、垃圾分类、污水处理一体化格局。公路总里程达到1300公里，路网密度高于全区均值，5G网络建设加快推进，智能电网全面普及，城乡"颜值"和"内涵"同步提升，隆德已成为六盘山西麓宜居宜业宜游的靓丽"明珠"。

五年来，我们始终秉持为民宗旨，真心实意为人民群众办实事解难题，人民生活品质显著提高。累计投入105亿元发展民生社会事业。基本完成棚户区改造，1384户城镇困难群众住上保障房，农村户户住上安全房、喝上放心水、用上太阳能热水器，1.9万户农村居民用上水冲式卫生厕所。普及高中阶段教育，实现义务教育基本均衡，消除辍学现象，有效阻断了贫困代际传递。以县"三馆"为标志，建立了功能完备、覆盖城乡的公共文化服务体系。医疗服务提质控费成效明显，共为城乡居民报销医疗费用4.17亿元，居民平均寿命较"十二五"提高3.9岁，达到76岁。发放创业贷款7.14亿元，提供公益性岗位2873个，实施农村老饭桌、医养结合等民生新举措，城乡低保2次扩面4次提标，人民群众的幸福感、获得感、安全感全面提升。

各位代表，五年的接续奋战，我们圆满完成了脱贫攻坚历史使命，全面建成小康社会目标即将实现。五年的创新实践，初步探索了符合我县实际的高质量发展新路径。五年来，我们对"事非经过不知难"有了更深刻的理解，对"众人拾柴火焰高"有了更切实的体会，对"踏平坎坷成大道"有了更坚定的信心。这些成绩的取得，得益于习近平新时代中国特色社会主义思想的科学指引，得益于区市党委和政府及县委的坚强领导，得益于县人大、政协的监督支持，更凝聚着全县广大干部群众的不懈劳作和无私奉献。在此，我代表县人民政府，向全县各族人民，向全体人大代表、政协委员，各民主党派、工商联、人民团体，向区市驻隆单位、武警官兵致以崇高的敬意！向所有关心支持隆德发展的社会各界人士表示衷心的感谢！

在肯定成绩的同时，我们必须清醒地认识到，隆德发展还存在不少困难和问题：一是民生保障存在短板，公共服务体系建设相对滞后，农村低收入人口返贫风险依然存在，全面小康社会建设质量需持续提升；二是经济基础薄弱、发展不足的基本县情尚未彻底改变，高质量发展还面临很多深层次问题需要解决；三是特色农业开发不足，工业企业缺乏核心竞争力，电子商务等新兴服务业发展滞后，加快完善现代产业体系任务艰巨；四是生态环境基础依然脆弱，高铁等重大战略性基础设施体系仍处于空白，支撑高质量发展的基础瓶颈问题需加快解决；五是政府职能转变仍不能适应现代市场经济发展新要求，干部优质服务意识、群众创新发展劲头有待进一步提升，营商环境需持续优化。对此，我们将进一步增强忧患意识和担当意识，始终以民之所望为施政所向，下更大的气力解决好这些问题，决不辜负人民重托。

"十四五"工作谋划与展望

"十四五"时期，是我县全面推进社会主义现代化建设，实现更高质量、更有效率、更加公平、更可持续、更为安全发展的重要机遇期。党的十九届五中全会描绘了我国未来发展的宏伟蓝图，作出了应对变局、开辟新局的顶层设计，开启了全面建设社会主义现代化国家，向第二个百年奋斗目标进军的新征程，为最终实现共同富裕、实现中华民族伟大复兴制定了明确的时间表和路线图。自治区党委十二届十二次全会主题鲜明地将建设黄河流域生态保护和高质量发展先行区作为宁夏今后发展的重大战略任务，是我县推进高质量发展的行动指南。我们现在所处的是一个"船到中流浪更急，人到半山路更陡"的关键时期，是一个愈进愈难、不进则退、非进不可的关键时期。站在新起点，担当新使命，我们一定要树立强烈的机遇意识、发展意识和责任意识，切实以"功成不必在我"的精神境界和"功成必定有我"的历史担当，站位全局、主动担责，团结一心、积极作为，奋力实现全县"十四五"发展美好愿景。

"十四五"时期全县经济社会发展的指导思想是：高举中国特色社会主义伟大旗帜，深入贯彻党的十九大和十九届二中、三中、四中、五中全会精神，坚持以马克思列宁主义、毛泽东思想、邓小平理论、"三个代表"重要思想、科学发展观、习近平新时代中国特色社会主义思想为指导，以习近平总书记视察宁夏重要讲话精神为指引，认真落实自治区党委十二届九次、十次、十一次、十二次全会和市委四届六次、七次、八次、九次全会以及县委十四届九次全会安排部署，立足新发展阶段，贯彻新发展理念，构建新发展格局，坚持稳中求进工作总基调，以推动高质量发展为主题，紧紧扭住供给侧结构性改革这条主线，注重需求侧管理，以改革创新为根本动力，以满足人民日益增长的美好生活需要为根本目的，牢牢把握生态立县根本战略，紧盯"乡村兴旺、产业集聚、生态优美、百姓富足"目标，大力实施移民致富提升、城乡居民收入提升、基础教育质量提升、全民健康水平提升"四大提升行动"，坚持"立足创新发展壮大产业、立足共享推进民生事业、立足绿色优化生态环境、立足协调推动城乡一体、立足开放强化交流合作"五项原则,坚决守好"三条生命线",走出一条生态优先、绿色发展新路子,不断融入以国内大循环为主体、国内国际双循环相互促进的新发展格局,深入推进基层治理体系和治理能力现代化,在黄河流域生态保护和高质量发展先行区建设中谱写隆德高质量发展的新篇章。

"十四五"时期,我县经济社会发展主要奋斗目标是:

经济质量大提升。经济总量不断壮大,经济运行中的结构性矛盾不断弱化,高质量发展的指标体系、政策体系、统计体系、绩效评价体系不断健全,地区生产总值年均增速高于自治区平均水平1个百分点,城乡居民收入年均增长7%以上,经济结构更加优化,创新能力显著提升,现代化产业链初步建成,城乡居民收入不断提高,推动经济发展实现量的合理增长和质的稳步提升。

产业融合大提升。产业融合发展总体水平明显提升,产业链条完整、功能多样、业态丰富、利益联结更加稳定的新格局基本形成,农业生产结构更加优化,加工业引领带动作用显著增强,服务新业态新模式加快发展,一、二、三产业结构比例为15∶20∶65,主要经济指标比较协调,企业效益明显上升,产业逐步迈向中高端水平,带动农业竞争力显著提高,促进农民增收和稳定脱贫作用持续增强。

生态环境大提升。树牢抓生态环保就是抓转型升级、就是抓民生改善、就是抓高质量发展的理念,以改善环境质量为核心,以防控环境风险为基线,健全生态环境治理体系,尊重自然、顺应自然、保护自然,推动形成绿色发展方式和生活方式,着力扩大环境容量和生态空间,全县森林覆盖率达到40%,水土流失治理程度达到95%,主要河流出境断面水质稳定达标,主要污染物排放总量持续减少,城市空气质量达到国家标准比例,农业废弃物和生活垃圾资源化利用率均保持在95%以上,确保青山常在、绿水常清、空气常新,"地美、水碧、天蓝"的生态环境永续长存。

生活品质大提升。人民生活水平和质量普遍提高。居民收入增长高于经济增长,收入差距缩小,中等收入人口比重上升。就业更加稳定,公共服务体系更加完善,基本公共服务均等化程度进一步提高。教育实现高质量发展,群众健康水平普遍提升,养老服务体系更加完善。困难群众基本生活得到有效保障。

文明程度大提升。社会主义核心价值观更加深入人心,向上向善、诚信互助、创新创业的社会风尚更加浓厚,公民思想道德素质、科学文化素质、健康素质明显提高,文化事业、文化产业蓬勃发展,人民群众精神文化生活更加丰富。

治理效能大提升。社会主义民主法治更加健全,全社会法治意识不断增强,社会公平正义进一步彰显,基层治理水平明显提高,防范化解重大风险体制机制不断健全,应急管理体系不断完善,安全生产隐患有效消除,突发公共事件处置和防灾减灾救灾能力显著增强,发展安全保障更加有力。

今后五年,我县要在以下五个方面实现高质量发展。

（一）坚持创新驱动，在加快产业高质量发展上实现新突破

坚持把创新作为第一动力，深入推进供给侧结构性改革，加快健全现代产业体系，推动经济步入高质量发展新阶段。

健全新型工业体系。坚守绿色工业底线，加快体制机制改革，推进六盘山工业园区向现代化升级。完成污水处理厂扩建、中小企业孵化园标准化厂房建设等，创建绿色、循环、低碳园区。积极引进高等院校及科研机构与企业共建研发中心、实验室等创新平台，支持园区企业设备换芯、生产换线、机器换人，推进物联网、5G应用等高新技术进园区，力争新增国家和自治区级高新技术企业5家以上。聚焦特色优势，持续推进产业链招商，做大做强中药材精深加工、绿色农副产品生产、特色轻工业三大产业集群。力争2025年，园区规上企业超过10家，解决就业5000人以上。

完善现代农业体系。加快健全以草畜、中药材、冷凉蔬菜、马铃薯为主的现代农业产业体系、生产体系、经营体系。力争3年内基本完成肉牛品种改良，建立高端肉牛生产基地。采取"公司+科技+农户+市场"模式，推进中药材产业升级发展。新增设施蔬菜1万亩。坚持绿色兴农、品牌强农，大力发展"工厂+基地"模式，积极推广使用智慧农业等特、优、新技术，开展绿色食品认证，打造"六盘·隆德"农产品知名品牌。

做优新兴服务业态。创新发展"旅游+"等新模式、新业态，加快完善全域旅游体系，主动融入区域精品旅游线路，打造西北四季旅游目的地和特色文化体验区，创建全国全域旅游示范县，力争旅游业社会总收入年均增长8%以上。顺应消费新需求，优化升级家政服务、养老托幼、保健康养等生活服务业，大力发展现代金融、电子商务、智慧物流等新业态，推进特色产品整合式全网全员营销，搭上数字经济发展"直通车"，力争服务业比重提升5个百分点。

加快推动创新发展。建立财政科技投入稳定增长机制，确保研究与试验发展经费投入强度达到1%。突出企业创新主体地位，培养引进创新人才，实行税收优惠、引导补助，支持企业在中药制药、农副产品精深加工等重点领域技术攻关。完善直接补贴、风险补偿、贷款贴息等扶持政策，推动新兴产业蓬勃发展、遍地开花。

（二）坚持协调统筹，在加快城乡高质量融合上取得新进展

立足先行区建设定位，合理布局县域生态、生产、生活空间，同步推进新型城镇化和乡村振兴战略，构建城乡互补、共荣发展新格局。

优化空间发展格局。强化资源环境承载能力刚性约束，修编《县域空间发展规划》，划准生态保护红线、永久基本农田、城镇开发边界"三条控制线"，使生态空间山清水秀，生活空间宜居适度，生产空间集约高效。突出"国家重点生态功能区"和七大流域生态保护，优化以县城为核心，中心镇、美丽乡村为节点的城乡融合发展格局，明确渝河及甘渭河川道区、北部黄土丘陵区、沿六盘山阴湿区特色产业带，打造六盘山工业园区工业集聚区，科学规划布局重大基础设施，推进产城融合、人水和谐、绿色发展。

打造区域特色城市。突出生态文化旅游县城定位，重新解构城市发展模式，开展城市更新行动，修编完善《城市特色风貌规划》等专项规划，增强绿色生态承载，创建国家森林城市。完成25

个老旧小区、10个特色街区改造，新增停车位1000个，合理布局商服文旅等功能区，塑造县城历史文化风貌，全面提升县城品质品位。加强社区规范化建设，建成智慧城市管理系统，健全绿化管护提升长效机制，全面提升县城治理水平，突显丝路古城、文化大县、园林城市魅力。

实施乡村建设行动。坚持优先发展农业农村，加快推动城市基础设施建设和公共服务向农村延伸，建设联财等重点镇、光联等56个中心村，全面补齐农村水电路讯等短板弱项，建设数字乡村。纵深推进农村人居环境整治，在渝河、甘渭河流域创建一批留得住乡愁、体现时代气息的美丽宜居示范乡村。

推进城乡融合发展。优化农业转移人口入园入学、住房保障、园区就业等配套政策，支持引导进城落户农民依法自愿转让土地承包权、宅基地使用权、集体收益分配权。力争城镇化率达到45%。健全城乡统一的建设用地市场，积极探索实施农村集体经营性建设用地入市制度，鼓励各类市场经营主体投资农业农村发展，引导龙头企业与农户开展多种形式合作经营，发展适度规模经营。力争村集体经济村均年收益10万元以上，提升一批特色扶贫车间，推进城乡互促联动和一、二、三产业融合发展，创建乡村振兴示范县。

（三）坚持绿色发展，在加快先行区高质量建设上做出新贡献

牢固树立绿水青山就是金山银山理念，主动推进先行区建设，加快实现生态环境治理体系和治理能力现代化，争创国家生态文明示范县。

筑牢生态安全屏障。实施六盘山生态功能区核心保护区、一般控制区和外围生态空间分区分类管控，划定林地、草原、耕地、河流、湿地等保护边界。实施水源涵养、水土保持和生态修复工程，推进山水林田湖草综合治理模式向各流域延伸，争取六盘山400毫米降水线以上区域造林、甘渭河流域综合治理等项目，新增造林31万亩，治理水土流失21.3万亩。健全森林草原等生态系统监测预警、检疫御灾、防灾减灾体系，探索建立山长制，推行林长制，落实河湖长制，坚决守好黄土高原的"水塔""绿肺"。

节约高效利用资源。严格水资源、能源、建设用地总量和强度"双控"，构建资源节约型社会。推进各行业各领域节水定额标准全覆盖，大力发展节水型生态农业，实施渝河等灌区高效节水改造，推进城乡供水管网改造、工业用水重复利用，综合利用雨水、洪水，创建"互联网＋城乡供水"示范县，2025年单位GDP用水量较2020年下降17%。严控高耗能产业项目，深入推进工业、建筑、交通等领域节能降耗。严守基本农田保护红线，加强土地复合利用，工业园区土地集约度提升10%。

打好污染防治攻坚战。严格落实生态保护红线、环境质量底线、资源利用上线和生态环境准入清单制度，持续推进大气、水、土壤污染防治，确保各项环境指标好中向优。实行煤炭消费总量控制，争取无集中供热区域清洁取暖试点项目。推进城乡污水、垃圾、医疗废弃物规范化一体化处置，农村污水集中处理率达到95%以上。实施化肥农药"减量增效"行动，推广使用可降解农膜。严格环境执法监管，落实环境损害赔偿制度，为守护好绿水青山提供坚实法治保障。

推进绿色循环发展。加大生态建设政府购买服务和奖励力度，拓展提升"四个一"林草产业，新增生态经济基地3万亩，让人民群众收获更多绿色财富。普及天然气等清洁能源，积极引进马铃薯全粉加工等新技术、新产业。推进城乡垃圾、畜禽粪污、农作物秸秆、工业固废等资源化利用。

（四）坚持开放合作，在加快构建高质量发展格局上开创新局面

对标国内大循环、大市场，坚持高水平走出去、高质量引进来，塑造区域竞争发展新优势，加快形成合作共赢、开放发展新机制。

构建开放平台。抢抓"一带一路"、新一轮西部大开发等重大机遇，发挥闽宁协作桥梁纽带作用，深化与沿海地区交流合作，全方位引进产业、技术、人才、资金等发展要素，加快建立外向型经济体系，推动隆德特色产品走出去。建好六盘山工业园区产业承接平台，积极承接东部产业转移。拓展文化旅游窗口效应，为隆德开放发展赢得更多"好口碑"，吸引人流、物流走进来。充分利用县内企业营销资源优势，做大隆德"朋友圈"，深化以商招商、产业链招商，在内循环大市场、产业新布局中抢占更多先机，争取一席之地。

畅通交流渠道。争取兰州经定西至平凉过境铁路、隆德至庄浪高速、通用机场等重大交通基础设施项目，构建现代综合交通运输体系。加快5G网络规模组网、新一代信息应用等新基建项目，推进千兆光纤网络覆盖城乡，实现县域5G网络全覆盖。高效建设运营县级电商服务中心、电商快递自动分拣中心，完善县、乡、村三级物流配送体系、冷链系统，推进物流运输提速降费。

强化区域合作。主动参与宁夏内陆开放型经济试验区、银川跨境电子商务综合试验区建设，充分利用中阿博览会平台，加强对外经贸交流和产业合作。

创新区域合作机制，与静宁、庄浪等毗邻地区建立交通路网等重大项目共商共建机制，推动基础设施互联互通，促进水资源开发利用、流域治理、环境保护共治共享；构建互利共赢的产业链、供应链，与陇西、张掖等地区协同做强中药材、肉牛产业，与会宁、延安等地区联合开辟长征红色旅游专线，在互利合作中激发潜能、释放活力，主动融入沿黄城市带发展大格局。

优化营商环境。深化"放管服"改革，推行政务服务标准化、规范化、便利化，清理废除妨碍统一市场和公平竞争的各种规定和做法。优化招商引资奖励机制，落实减税降费等各类优惠政策措施，带头推动诚信社会建设。健全自治、法治、德治相结合的基层治理体系，营造安定有序的发展环境。深化重点领域改革，建立多元化投融资体系，创造更多投资发展新机遇，推动营商环境由"政策洼地"向"环境高地"转变。

（五）坚持共享共富，在加快提升高质量生活品质上迈上新台阶

坚持以人民为中心的发展思想，聚焦人民对美好生活的向往，努力改善人民生活品质，为加快实现共同富裕目标奠定坚实基础。

巩固拓展脱贫成果。实现巩固拓展脱贫成果与乡村振兴有效衔接，全面推进产业、人才、文化、生态和组织振兴。以解决相对贫困为长期任务，落实"四个不摘"要求，抓实产业发展、就业帮扶、兜底保障，确保农村低收入人口持续稳定增收。健全防返贫监测和帮扶机制，动态监测脱贫不稳定户、边缘户，精准施策防返贫。

推进教育优质发展。落实立德树人根本任务，加强教师队伍建设，深化"互联网＋教育"，推进校园治理，健全学校家庭社会协同育人机制，着力培养德智体美劳全面发展的社会主义建设者和接班人。创建义务教育优质均衡发展示范县，大力提升义务教育、高中阶段教育质量。完善优质普惠性学前教育和特殊教育，支持职业中学发展产教融合、校企合作。规范民办教育、校外培训机构。

推进健康隆德建设。坚持预防为主、防治结合，加快完善突发公共卫生事件应急响应、传染病防控救治、疾病预防控制等体制机制，实施乡镇中心卫生院传染病防控提升项目，加强社区防控能力建设，完善常态化疫情防控机制。坚持公益属性，深化医药卫生体制改革，促进中西医融合发展，加强紧密型医共体建设，推进"互联网＋医疗健康"，全面提升医疗服务质量。强化健康教育，广泛开展爱国卫生运动、全民健身行动，全方位全周期保障和维护人民健康。

繁荣发展文化事业。坚持以社会主义核心价值观引领文化建设，深化文化体制改革，推动文化事业和文化产业协调发展。推进城乡公共文化服务体系一体化，积极参与建设长征国家文化公园，实施文化惠民工程。传承弘扬地方优秀传统文化，加强文物遗址、非遗文化系统性保护，支持文艺工作者、民间艺人广泛开展文化艺术交流培训，在社会主义现代化建设实践中创作更多文艺精品。

提高社会保障水平。建立健全多层次社会保障体系，落实终身职业技能培训等措施，做好重点群体就业。推进基本养老保险全国统筹、基本医疗保险自治区统筹，提高重特大疾病和多元医疗需求保障水平。健全社会福利救助体系和关爱服务体系，建立特困人员供养标准与城乡低保标准同步动态调整机制。健全退役军人、妇女儿童、老年人、残疾人工作体系和保障制度，加强生活困难群众救助工作，让全体居民共享现代化建设丰硕成果。

2021年发展目标和重点工作

2021年是开启新征程、奋进"十四五"的开局之年，做好2021年工作至关重要、意义重大，我们一定要继续统筹常态化疫情防控和推进经济社会高质量发展，以优异的成绩，为建党100周年献礼。

2021年的主要预期目标是：力争地区生产总值增长7%，地方一般公共预算收入增长3%，城乡居民人均可支配收入分别增长7%和8.5%，完成区市下达的各项约束性指标。

为确保完成以上目标，我们要全力抓好以下重点工作。

（一）坚持精准施策，更为科学推进疫情防控常态化

坚持外防输入、内防反弹，压紧压实属地、行业、单位、个人"四方"责任，筑牢疫情防控坚固防线。毫不松懈盯住重点人群、重点场所、重点环节，积极引导公众科学佩戴口罩，养成良好卫生习惯，积极稳妥推进新冠病毒疫苗接种工作，严格落实交通卡点查验、来隆返隆提前申报、发热病人预检分诊等措施，中高风险地区来隆人员严格落实相关管控要求。坚持人物同防，从严控制聚集性活动，严控交通客流，减少人员流动；规范做好冷链食品、中高风险地区入隆货物、商品、快递物件等检测消毒处置工作。坚持快速有效处置，加强疫情预警研判，备足防控物资，健全应急预案，开展实战演练，随时准备进入战时状态，坚决巩固好来之不易的疫情防控成果。

（二）强化动态监测，更高标准巩固拓展脱贫成果

认真贯彻过渡期相关政策，落实村级日常监测、乡镇月度研判预警、县级调度帮扶机制，持续推进"四查四补"，及时防范边缘户、脱贫不稳定户返贫。整合资金6000万元，实施"互联网＋城乡供水"、农村苦咸水改水项目等基础设施巩固提升工程。财政投资6000万元，扶持发展扶贫产业，开展各类培训6050人次，精准扶持边缘户、脱贫不稳定户等低收入农户发展特色种养业。发放金融扶贫贷款1亿元，力争贷款覆盖率高于80%。争取闽宁协作帮扶资金5000万元，巩固提升闽宁示范村6个、扶贫车间10个，扶持龙头企业、示范合作社50家以上，扶贫产品销售额达1.5亿元以上。新增公益性岗位220个，重点支持有返贫风险人口就业增收。规范落实健康扶贫、教育扶贫等政策措施，杜绝返贫现象。

（三）盯抓项目建设，更高水平夯实"六稳""六保"基础

充分发挥项目建设促投资、保增长、调结构、稳就业的支撑作用，围绕生态环保、产业开发、新基建等重点领域，锲而不舍对接争取项目，梯次推进全县"十四五"378个储备重大项目纳入国家和自治区项目计划。落实项目建设责任制、现场推进制、限时办结制，计划投资32亿元，实施年度基本建设项目108项，力争3月底80%以上的项目开工建设。严格执行项目预算约束、公开招标、质量追究等管理规定，依法依规、优质高效推进项目建设，确保投资平稳增长，助力实现经济增长预期目标。

（四）推动乡村振兴，更深层次加快城乡融合发展

实施人行片区7个老旧小区综合改造，新建南凤嘉园等7个小区雨污分流工程，改造提升六盘山大道、吉祥巷，促进"旧城"换"新颜"。实施东门小游园、北象山森林公园绿化提升工程、清流河水生态治理与保护工程，在县城河道水系栽植驳岸水生植物，加快创建国家生态园林城市。同步推进市民素质提升工程和精细化管理提质工程，构建文明整洁、开放热情的美丽新城市。实施联财重点小城镇建设项目，改造提升新庄等16个美丽村庄基础设施，实施姚套等13个行政村及乡村道路绿化提升工程。扎实开展"百村示范、千村整治、万户清洁"行动，为58个农村垃圾分类和资源化利用中心配齐吸污车等设备，全面推进城乡生活垃圾分拣利用。新建锦屏等4座村级污水处理站，建成水冲式厕所1000户。改造提升神林至杨河等4条乡村公路，建成城乡公交数字化管理系统。实施温堡35kV输变电工程，新建5G基站76座，5G网络城乡覆盖率达到40%。加快农村产权制度改革成果应用，争取投入4150万元，支持村集体经济做大做强，助推产业振兴。

（五）突出特色优势，更大力度调优农业产业结构

坚持因地制宜、科学布局，创建北片万头肉牛、中片川道区万亩冷凉蔬菜、中南片万亩中药材、六盘山西麓阴湿区万亩马铃薯4个产业示范区。种植青贮玉米10万亩，建成渝河北塬万亩优质苜蓿示范基地，推进肉牛养殖出户入园，创建张程、杨河、温堡、凤岭4个自治区级肉牛标准化养殖示范乡，发展田滩等10个示范村。补栏基

础母牛2500头以上，采购优质冻精1万支，加快肉牛品种改良。创建甘渭河温堡川道区万亩冷凉蔬菜产业发展区，新建张楼、杜堡、新民千亩永久性蔬菜基地，新增设施蔬菜5000亩，全县规划种植蔬菜5万亩。建成庞庄、上梁中药材生态种植示范基地，发展观音等8个规范化种植示范点，开展中药材组培快繁技术研究和育苗种植技术推广，全县种植大田中药材3万亩。繁育马铃薯一级种薯5万亩，新建观庄、城关、陈靳、山河一线10万亩马铃薯产业带。加快建立肉兔产业产加销一体化产业链。组建草畜、蔬菜、中药材3个特色产业联合体，支持上药等企业特色产品争创"宁夏优品"，葆易圣创建中国驰名商标。力争农牧业增加值达到6.9亿元，增长3%。

（六）聚焦延链补链，更进一步推进工业集聚发展

出台支持工业园区高质量发展扶持政策，实施园区集中供能扩建等基础设施项目，完善"一站式"代办服务等便利措施，打造区域成本最低、服务最好、办事最快营商环境。推进六盘山中药配方颗粒、板蓝根颗粒生产项目和生命之友生物菌培育等项目投产达效，力争扶持创建2家规上企业。减税降费4000万元，财政预算科技研发资金340万元，争取"宁科贷"1000万元以上，大力支持园区企业技改升级，争取培育国家级高新技术企业1家，力争全县工业增加值增长8%以上。紧盯建链、补链、延链、强链目标企业，定期联络对接，以诚招商，精准招商，力争到位资金增长10%。

（七）对标消费需求，更广视角培育发展新兴业态

大力发展全域旅游，开工建设县游客服务中心，建成西部红色培训教育基地和杨店村红色文化体验区，新建李士、前庄休闲农业示范村，打造一批"传统作坊+旅游"等新景点。争取申报五星级休闲农业企业3家，扶持老巷子创建国家4A级旅游景区，汇德酒店升级四星级酒店。办好山花节、国际自行车赛等文旅赛事，常态化开展"晒文旅、晒优品、促消费"推介活动，力争来隆旅游人数突破150万人次，文化产业总产值和旅游社会总收入分别达到1.8亿元和6亿元。依托海底捞、隆隆薯等品牌优势和销售渠道，支持企业研发生产适合线上销售的网红产品，孵化一批网红品牌。积极发展共享经济、假日经济、夜间经济，力争服务业增加值达到22.6亿元，增长7%。

（八）坚持生态优先，更高站位筑牢绿色生态屏障

实施精准造林、天然林保护、"三北"防护林等项目，生态修复7.5万亩。续建余家峡水库，除险加固桃山水库等6座病险库坝，实施312国道南片区水土流失治理、好水河水环境综合治理和什字河等小流域综合治理工程，治理水土流失3.6万亩。完成杜堡、观音等片区11万亩高标准农田建设。提升庞庄大果榛子等21个"四个一"林草产业基地，在生态造林工程中推广兼具经济效益的叶用枸杞、元宝枫等新树种，发展庭院经济500户，让更多群众走上绿色致富路，推进"高原绿岛"向"富饶绿岛"转变。争取天然气综合利用项目进城入户。力争农用残膜回收率、农作物秸秆综合利用率、畜禽粪污资源化利用率均高于90%。改造提升生活垃圾填埋场渗滤液处理系统，实施医疗污水处理项目，严格落实河长制，确保地上地下水生态安全。依法严打损害生态环境违法行为，促进各项环境指标保持区、市前列。

（九）顺应人民期待，更高质量提升人民生活品质

实施隆德二中、杨河小学等城乡学校设施设备标准化建设项目，加强思政课程和师德师风建设，推进"互联网＋教育＋人工智能"，大力提升教育教学质量。改革推进医共体、医联体建设，迁建县疾控中心，实施县医院等基层医疗机构服务能力提升项目，建成"互联网＋医疗健康"信息平台、互联网医院平台，深化医疗对口帮扶，着力提升医疗服务水平。促进县、乡、村三级文化服务网络发挥作用，改造提升22个乡村文化舞台，加强非遗文化保护，常态化开展送戏下乡等文化惠民活动。实施全民参保登记，落实药品集中采购等控费措施，居民基本医保住院费用县级医疗机构报销比例提高2个百分点。发放各类创业贷款9000万元，扎实做好工业园区、农业基地就业转移工作，城镇登记失业率控制在4%以内，农村劳动力转移就业4万人。实施敬老院提升、居家适老化改造项目，推进低保、特困人员供养制度与社会保险、扶贫政策等有效衔接，尽心尽责履行好保基本民生的职责。

（十）推进治理创新，更实举措维护社会和谐稳定

启动"八五"普法，积极推进民主法治示范乡村创建活动和"法律明白人"培养工程。坚持和发展新时代"枫桥经验"，普及行政村、社区调委会标准化建设，力争初信初访办结率稳定在100%。统筹推进乡村、社区、宗教、校园、企业、社团6个领域治理，健全扫黑除恶专项斗争常态化机制，严打各类违法犯罪行为，强化市场综合监管，防范化解金融债务等风险，建设更高水平的平安隆德。加快提升应急处置和防灾减灾能力，深入推进安全生产专项整治三年行动、全域食品药品安全示范县创建，坚决保障人民群众生命健康和财产安全。维护退役军人合法权益，创新推进军地共建。依法加强宗教事务管理，积极创建全国民族团结进步示范县。大力支持工会、共青团、妇联、残联、科协、文联等群团组织工作，加快形成社会治理一盘棋大格局。

各位代表，推动我县"十四五"和2021年经济社会高质量发展，不断满足人民对美好生活的新期待，对政府治理能力和治理水平提出了新要求，我们将牢记初心使命，勇于担当作为，努力建设让党中央放心、让人民满意的服务型政府。

忠诚履职尽责。坚定对习近平新时代中国特色社会主义思想的信仰，树牢"四个意识"、坚定"四个自信"、做到"两个维护"。深入实施干部政治能力和专业能力提升工程，全面提升干部政治意识、战略思维、系统观念和履职能力，促进干部在先行区建设上主动担责，在现代化建设上创新作为，确保中央要求落实落细落地，开创隆德高质量发展新局面。

依法秉公用权。深化法治政府建设，落实重大行政决策公众参与、合法性审查等制度，规范推进政务公开，依法接受县人大及其常委会监督，自觉接受县政协民主监督，主动接受社会和舆论监督。加快数字政府建设，推进乡、村两级政务服务标准化，依法向乡、村下放123项服务事项，促进各级政务服务机构事项进驻率、"互联网＋监管"事项清单完成率达到100%；编制并实施乡镇赋权等5个清单指导目录，启动基层政府整合审批服务执法力量改革，明确乡镇执法主体地位，加强乡镇执法队伍建设，全面提升行政执法水平。

实干担当兴业。积极践行习近平总书记"社会主义是干出来的"伟大号召，践行群众路线，大兴实干之风，领导干部带头深入一线抓落实、攻难点、促发展。进一步健全干部担当作为激励机制，旗帜鲜明为干事担当者撑腰鼓劲，鼓励引导广大干部在现代化建设新征程中主动担责、贡献智慧、积极作为，奋力创造无愧于时代的新业绩。

廉洁奉公为民。落实全面从严治党要求，自觉履行党风廉政建设"一岗双责"，一体推进不敢腐、不能腐、不想腐，建设廉洁政府。深入贯彻落实中央八项规定及其实施细则精神，坚决反对形式主义、官僚主义，让基层干部把心思和精力用在干事创业上。从严跟进"六稳""六保"政策落实等重点领域审计监管，严格预算管理，全面提升财政资金使用效益，为高质量发展提供坚实有效保障。

各位代表，新时代赋予新使命，新征程呼唤新作为。未来五年，隆德经济社会高质量发展前景更加美好，使命更加光荣，任务更加繁重。让我们更加紧密地团结在以习近平同志为核心的党中央周围，在区、市党委和政府及县委的坚强领导下，紧紧依靠全县人民，开拓创新，勇立潮头，砥砺前行，奋力谱写建设黄河流域生态保护和高质量发展先行区的隆德新篇章！

政协隆德县第十一届委员会第五次会议工作报告

县政协主席　王　升

2021年1月9日

2020年工作回顾

刚刚过去的2020年是隆德发展历程中极不平凡的一年。一年来，县政协常委会坚持以习近平新时代中国特色社会主义思想为指导，深入学习宣传贯彻中共十九届五中全会和习近平总书记视察宁夏重要讲话精神，全面贯彻落实中央和区、市、县党委政协工作会议精神，聚焦疫情防控、全县脱贫攻坚、生态环境保护、民生保障等工作，协商议政，建言献策，广泛凝聚社会共识，做了大量而有成效的工作。

一年来，常委会紧扣时代脉搏，突出重点，体现特色，着力突显政协工作凝心聚力、服务大局的新样子。

积极投身抗击新冠肺炎疫情防控工作。年初在疫情防控关键时期，县政协主动作为，向全体政协委员和政协各参加单位发出了《关于积极参与做好新冠肺炎疫情防控的倡议》，动员全体委员积极参与疫情防控工作。先后就疫情防控、复工复产、关爱一线防疫人员等积极建言，提出加强社区疫情防控、充实防控力量、做好疫情防控期间废弃口罩专门收集处置等意见建议21条。县政协领导班子成员深入疫情防控一线，开展疫情防控政策宣传、摸排管控、督查督导工作。广大政协委员立足各自岗位，积极参与卡点防控、救治病人、捐款捐物、稳产稳岗、保障供应、纾解情绪等工作。针对疫情防控物资紧缺的情况，委员们发挥各自优势，多方联系采购防疫物资，累计捐款捐物100余万元，以实际行动支援全县疫情防控工作。

全面落实县委政协工作会议各项要求。中央和自治区党委政协工作会议召开后，县政协第一时间提请县委常委会会议传达学习会议精神，研究贯彻落实措施。2020年5月13日，县委在全区率先召开政协工作会议，出台《隆德县委关于新时代加强和改进人民政协工作的五十条措施》，明确将政协重点协商活动纳入县委总体工作部署，重视政协协商成果的采纳和落实；明确县委会同政府、政协制定年度协商计划制度，县委和政府领导每年出席政协全体会议，听取委员发言、参加分组讨论；明确将政协机关纳入县统战工作领导小组成员单位，统战部长兼任县政协党组副书记等具体措施。县委针对政协基础薄弱、人员力量薄弱的实际情况，研究提出意见和要求，分阶段逐步落实。县政协对标自身落实的25项具体任务，研究思路举措，建立了习近平新时代中国特色社会主义思想学习研讨会等5项学习制度；建立了不学习不调研、不调研不协商制度；完善政协协商工作规则，对各种形式协商的参加范围、讨论原则、基本程序、交流方式等分别作出了规定；建立专委会功能型党支部"两会一联系"制度，实现"两个全覆盖"；坚持推行"53315+X"工作机制和"1234+"协商议政模式，充分发挥专门协商机构作用。县委政协工作会议为新时代加强和改进政协工作打下了良好基础。

深化"委员红色讲堂"，广泛凝聚共识。"委员红色讲堂"作为县政协加强思想政治引领、广泛凝聚共识的一个工作平台，自创办以来备受各级领导的关怀和关注，自治区党委书记陈润儿，自治区党委常委、固原市委书记张柱分别在区、市党委政协工作会议上对隆德县政协"委员红色讲堂"宣传党的创新理论、传承红色基因、面向社会传播共识的做法给予表扬。县委书记袁秉和同志对该项工作高度重视，要求政协进一步创新方法，把"委员红色讲堂"作为凝聚共识的重要抓手，抓实抓细抓出成效。2020年县政协从宣讲形式、内容、方法等方面对"委员红色讲堂"工作进行了深化和拓展。把党的十九届五中全会精神和习近平总书记视察宁夏重要讲话精神作为重点宣讲内容，进一步强化思想政治引领功能。将"委员红色讲堂"融入全县新时代文明实践活动，注重"讲"和"帮"的结合，县政协机关委员通过联乡、联村帮扶机制，把"委员红色讲堂"带进机关、带进乡村，起到了春风化雨、凝心聚力的作用。2020年共开展宣讲活动24场次，受众1200余人次。2020年12月，自治区党委督查室《督查工作通报》第4期对隆德县政协立足红色文化资源优势，创办"委员红色讲堂"，面向社会积极传播共识的做法给予充分肯定。同时，在政协创办的《委员学习》期刊开设"委员红色讲堂"专栏，定期刊载优秀讲稿，拓宽凝聚共识的渠道，努力画出最大同心圆，形成强大向心力。

深入开展"三新"学习研讨活动。"新时代新使命新样子"学习研讨活动是自治区政协2020年在全区政协系统组织开展的一项重要活动，县政协党组高度重视，结合全县开展的"担当新使命、展现新作为"学习实践活动，从组织领导、方案制定、学用结合、考核评价等方面进行了全面安排部署。坚持"五个新样子"目标导向，3月至11月共完成7个专题的学习研讨，通过交流发言、检视问题、剖析根源、改进落实，广大政协工作者理论水平得到提升，工作眼界更加开阔、思路更加清晰、举措更加有力。将学习研讨寓于各项活动之中，先后开展了"委员红色讲堂"宣讲比赛、"重走长征路"登山比赛、"颂歌新时代"歌咏比赛和"展示委员风采"书画作品评比等10项"新时代新使命新样子"系列竞赛活动，县政协委员、受邀参赛人员共计200余人次参加竞赛。通过系列竞赛活动，以赛促学、以学促干，促进了委员之间的沟通和学习，增强了县政协的凝聚力和影响力。2020年10月14日，自治区政协党组书记、主席崔波同志在隆德调研时，对我县政协"三新"学习研讨活动开展的创新举措给予充分肯定，指出"委员红色讲堂"与新时代文明实践活动相结合、创作"闽宁情深"相关作品、"委员之家"综合功能室建设等工作很好，很有意义，是"三新"学习研讨活动的创新成果，也是隆德县政协工作的亮点和特色。

一年来，常委会围绕县委政府中心工作，积极作为，尽职尽责，着力突显政协委员政治坚定担当作为的新样子。

坚持党的领导，把牢正确政治方向。常委会坚持以习近平新时代中国特色社会主义思想武装头脑，不断增强"四个意识"、坚定"四个自信"、做到"两个维护"。坚持在县委领导下开展政协各项工作，政协重大事项、重点工作、重要会议及时向县委请示报告，委员视察调研活动主动汇报，使政协工作更好地向中心聚焦、为大局出力。建立健全政协党组中心组定期学、政协常委会和主席会专题学、政协委员培训班集中学、机关干部职工经常学的学习机制，重点学习了习近平总书记关于加强和改进人民政协工作的重要思想，学习中央和区、市、县党委政协工作会议精神，通过多层次、全覆盖的学习，推动政协学习常态化制度化。2020年召开政协党组中心组理论学习会12次、常委会会议和主席会议专题学习19次，机关党支部和功能型党支部开展集体学习17次，举办委员培训班2期。

紧扣推动高质量发展，充分发挥专门协商机构作用。按照2020年协商计划，围绕山水林田湖草综合治理工作、乡村振兴战略实施情况、健康隆德建设工作、旅游和文化融合发展开展集中视察，并召开专题议政性常委会3次，对民营企业发展、医疗卫生体制改革等开展专题调研10次，对社会保障、疫情防控、司法工作开展民主监督3次，向县委、县政府报送视察报告3份、调研报告6份，提出"探索建立村集体经济经营者报酬制度""加强基层卫生人才队伍建设""建立健全突发公共卫生事件的有效应急处置机制"等意见建议60余条。县委主要领导对相关视察报告作出批示，提出要求，政府相关部门认真研究采纳，促进政协履职成果的转化。围绕"健康宁夏建设"等专题开展区、市、县政协三级联动调研3次。坚持县委和政府主要领导领衔督办重点提案制度，2020年督办重点提案8件，实行提案建议"清单"与承办单位办理及答复"清单"相互对应的新型提案办理工作形式，推进提案成果的转化。积极向区、市政协报送社情民意信息，先后报送了"疫情对农民工收入的影响""建立重大疾病防控应急保障措施""支持隆德县香雪制药企业解决中药配方颗粒生产许可"等社情民意信息56条。

倾力开展帮扶，助力脱贫攻坚。常委会把助力脱贫攻坚作为履职重点，坚持问题导向，突出脱贫实效，就脱贫攻坚"四查四补"、农村"厕所革命"等开展专题调研，精准建言献策，提出意见建议50余条。县政协领导班子成员每月带队深入联系村，逐户走访调研，紧盯"两不愁三保障"薄弱环节，以稳产稳岗、产业发展和农民增收为重点，积极协调解决贫困户生产生活困难，不断提升群众满意度。开展薄弱村和软弱涣散村党组织整顿等工作，按照时限要求全部清零所有问题短板。县政协机关全力配合凤岭乡和薛岔村开展了脱贫攻坚"四查四补"，总计入户206户，查出存在问题七大类42小项，并逐项对照整改，取得了预期效果。通过自筹和协调资金42.1万元，支持薛岔村发展养牛股份经济合作社和桃核加工厂，扶持贫困户发展产业、整修村组道路、开展"凤岭八珍"特色农产品发布会和秦腔演出等，壮大村级集体经济，改善基础设施，丰富群众文化生活，使村民稳定脱贫致富。县政协各参加单位和政协委员通过捐资帮助贫困户发展特色产业、吸收贫困家庭劳动力就业、发放妇女创业小额担保贷款、争取助学金资助困难学生等方式倾情参与脱贫攻坚工作，巩固提升脱贫成果。

主动担当作为，承担交办任务。县委交办由政协牵头组织编写《隆德县精准扶贫志》、创作"闽宁情深"相关作品，县政协积极主动承担交办任务，迅速成立工作专班，制定方案，组织实施。《隆德县精准扶贫志》编写工作共收集整理各行各业相关资料600余份，经过编辑审核，形成约90万字的初稿，县委袁秉和书记亲自对初稿进行审核并提出修改意见。目前，已完成送审稿。编写"闽宁情深"展厅展陈大纲，结集出版反映闽隆友谊的《情动山水间》一书，制作《山海携手情满六盘》电视专题片和《山高水长情更长》MV，共收集查阅资料1000余份，搜集整理图片5000余张，开展专题调研8次，走访采访相关人员100余人，召开座谈会5次。目前，"闽宁情深"电视解说片和MV已编写制作完成。积极配合做好《宁夏政协志》隆德部分和《建言资政凝聚共识——县十一届政协履职实录》编写工作，目前均已完成初稿。

加强自身建设，提升履职水平。发挥委员主体作用，为委员履职创造条件、搭建平台。发挥"委员之家"综合功能室作用，定期组织委员开展履职活动。搭建"请你来商量"平台，围绕县委和政府中心工作及群众关心的热点难点问题，组织相关界别委员开展协商议政，提出建议。积极协调委员所在单位为所在政协委员订阅《华兴时报》等报刊，利用政协委员微信群，及时分享学习内容和工作动态，组织委员列席县委、县政府有关会议，积极参与全县各项活动，帮助委员知情明政。坚持以机关党的政治建设为引领，把制度建设贯彻机关工作全过程，全面推进思想建设、纪律建设、作风建设、队伍建设。严格落实机关党支部"三会一课"、民主评议党员等基本制度，扎实推进节约型机关建设等工作。加强政协新闻宣传工作，全年编发《政协工作简报》62期，向区、市政协及《华兴时报》隆德政务信息网等媒体报送履职信息和理论文章70余篇，被采用41篇。

加强团结联谊，广泛凝心聚力。2020年接待区内外政协考察调研活动21次。其中，接待自治区、固原市政协来隆考察民族团结进步创建、宁夏澳门中药材产业合作、"163"政务服务模式运行管理、公共卫生疾控体系建设等工作11次，接待辽宁省、上海市、湖南省、湛江市、吴起县和吴忠市、永宁县等省（区）、市、县政协来隆考察红色旅游文化产业发展、生态建设、公共文化建设等工作10次。充分利用交流学习机会，推介宣传隆德。积极为宗教界委员调研视察、建言献策、学习培训等履职活动提供支持，充分发挥他们在促进民族团结、宗教和顺中的重要作用。按照县委统一安排部署，为加强闽隆友谊，深化闽隆扶贫协作，组织相关人员赴福州市、厦门大学召开福建历届在隆挂职干部座谈会，慰问采访挂职干部，广泛汇聚加快隆德发展的社会力量。

各位委员、各位同志，过去一年工作取得的成绩，是在习近平新时代中国特色社会主义思想的科学指导下，区、市政协有力指导和中共隆德县委坚强领导的结果，是县人大、政府和社会各界大力支持的结果，也是县政协各参加单位和广大政协委员团结奋斗的结果。在此，我代表县政协十一届常委会，向所有关心和支持政协工作的同志们、朋友们，表示衷心的感谢！

我们也清醒地看到，我们的工作与新形势、

新任务、新要求和人民群众期望相比，还存在不少差距，主要是学习制度不够完善，协商成果采纳、落实和反馈制度不够健全，委员学习培训方式不够丰富、渠道不够宽，界别活动还需进一步活跃，等等。对这些问题，我们将高度重视，切实加以解决。

2021年工作部署

2021年是开启新征程、奋进"十四五"的开局之年。县政协工作的总体要求是：以习近平新时代中国特色社会主义思想为指导，深入学习贯彻中共十九届五中全会和习近平总书记视察宁夏重要讲话精神，贯彻落实中央和自治区、市政协工作会议精神，全面贯彻落实县委十四届九次会议和县政协工作会议精神，把加强思想政治引领、广泛凝聚共识作为中心环节，以工作创新、制度建设、机制运行、质量提升为引领，以落实自治区政协2021年需继续坚持完善、重点推开、探索创新和推荐借鉴的四项工作清单为重点，在建言资政和凝聚共识上双向发力，充分发挥专门协商机构作用，为奋力谱写黄河流域生态保护和高质量发展先行区建设隆德新篇章贡献智慧和力量。

（一）强化理论武装，在筑牢共同思想政治基础上有新成效

持续深入推进县政协理论学习，提高思想认识，坚定服务理念，增强"四个意识"、坚定"四个自信"、做到"两个维护"。自觉接受和坚持党的领导，把政协工作置于党的绝对领导之下，坚持在县委领导下开展政协各项工作，政协重大事项、重点工作、重要会议及时向县委请示报告，协调县委常委会专题研究政协工作。强化党组核心领导作用，担负起实现党对人民政协领导的政治责任，坚持定期听取机关党组和各专委会功能型党支部工作汇报，认真落实全面从严治党主体责任，严格落实党建、党风廉政建设、意识形态工作责任制。持续巩固和拓展"不忘初心、牢记使命"主题教育、"新时代新使命新样子"学习讨论活动，巩固"担当新使命 展现新作为"学习实践活动成果，坚持以政协党组中心组理论学习为引领的学习体系，制订年度学习计划，提高学习针对性和实效性。

（二）围绕中心工作，在发挥专门协商机构作用上有新作为

自觉把政协工作融入全县发展大局，始终与县委和政府目标同向、工作同频、步调一致。按照县委确定的政协年度协商计划，瞄准推动我县高质量发展的关键点，坚持"1234+"协商议政模式，高质量组织好政协全体会议、高端协商会、议政性常委会和专题协商会，引导委员建言建在点子上、议政议到关键处。紧紧围绕事关大局、事关民生、事关发展的重要问题，积极开展调研视察，建睿智之言，献务实之策。围绕夯实乡村振兴基础、巩固扩展脱贫成果、推动高质量发展、厚植绿色生态优势、统筹推进城乡建设、提升民生事业水平、推进基层治理等进行广泛深入调研，开展民主监督，学习外地先进经验，召开专题议政常委会和专题协商会开展协商。落实好县委、政府主要领导和政协主席督办重点提案制度，把委员满意度测评作为督办、促办提案的关键环节，把提、办双方互动交流作为规定程序，切实提高提案办理质量。

（三）发扬实干精神，在发挥委员主体作用上有新气象

充分发挥政协委员的主体作用，是做好政协工作的重要基础和关键环节，要坚持以委员为中心，紧紧围绕充分发挥委员主体作用，激发委员履职主动性、积极性、创造性。加强学习培训，提升履职能力。制定委员学习规划和年度培训计划，引导委员树立协商理念，遵守协商规则，增强协商能力，厚植协商精神，提高协商技巧，全面增强履职本领。依托专委会功能型党支部，组织委员开展理论学习和交流研讨，不断提高思想理论水平，着力提升委员的政治把握能力、调查研究能力、联系群众能力、合作共事能力。搭建活动平台，拓宽履职渠道。制定完善《"请你来商量"工作办法》《政协委员参加"第二界别"有关规定》和《"委员会客室"工作办法》，开展更为灵活、更为经常的协商活动，更好调动委员履职积极性。增强凝聚力，激发责任意识。按照全国政协和自治区政协要求，制定隆德县政协《关于加强和促进人民政协凝聚共识工作的实施意见》《关于强化政协委员责任担当的实施意见》《政协委员退出和暂停履职管理办法》，进一步激发委员责任担当意识，广泛汇聚各界正能量。

（四）加强制度建设，在增强履职实效上有新举措

坚持和完善学习制度体系。以党组理论学习中心组学习为引领，常委会、主席会、机关干部会、委员培训会相结合，完善习近平新时代中国特色社会主义思想学习研讨会制度和各功能型党支部学习座谈会制度。完善协商规则。坚持和完善协商会议开法"九条"、协商议政"七要七不要"，完善各类协商会议发言遴选机制，坚持预约发言与即席发言相结合，把互动交流作为必要环节，落实委员分批次列席常委会会议措施。制定《"书香政协"委员读书活动实施方案》，激发委员兴趣爱好和精神力量。制定《委员联系界别群众制度》和《政协委员按界别联系社会组织方案》，加强政协委员与界别群众的联系。制定提案"清单式"管理办法，进一步提高提案质量和提案办理质量。制定协商成果采纳、办理、落实和反馈统计办法，进一步提高协商议政质量，更好提升履职成效。制定《深化"委员红色讲堂"办法》，发挥好加强思想政治引领，面向社会传播共识作用。

各位委员、同志们！上下同欲者胜，同舟共济者赢。让我们更加紧密地团结在以习近平同志为核心的党中央周围，在县委的坚强领导下，不忘初心、牢记使命，勠力同心、锐意进取，为夺取全面建设社会主义现代化国家新胜利贡献政协力量。

大事记

1月

2日,中国人民政治协商会议隆德县第十一届委员会第四次会议在县行政中心开幕。县委书记袁秉和,县委副书记、县长潘建宁,县人大常委会主任王勇,县政协主席王升,县委副书记、政法委书记李国帅,政协副主席毕世喜、任小红、任慧琴及其他县级领导出席开幕会并在主席台就座。县政协副主席、大会秘书长毕世喜主持会议。大会应出席委员143人,因事、因病请假9人,实到会委员134人,符合政协章程规定。王升代表政协隆德县第十一届委员会常务委员会向大会作工作报告。

3日,隆德县第十七届人民代表大会第四次会议在县行政中心开幕。大会执行主席袁秉和、王勇、潘建宁、李国帅、马成文、徐万廷、马国强、刘玲、杨智军,县政协主席王升在主席台前排就座,在主席台就座的还有不是主席团成员的在职、离退休县级领导和大会主席团成员。会议应出席代表165名,实到会代表147名,符合法律规定。王勇主持大会。县长潘建宁向大会作政府工作报告。

4日,隆德县政协主席王升主持召开县政协十一届十七次常委会会议。县政协副主席毕世喜、任小红、任慧琴及政协常委参加会议。会议应出席常委29人,因事、因病请假6人,实到会常委23人,符合《中国人民政治协商会议章程》规定。会议听取政协隆德县十一届四次会议各分组召集人关于小组讨论情况汇报;审议通过县政协十一届四次会议关于常委会工作报告的决议(草案)、县政协十一届四次会议决议(草案)、县政协十一届四次会议提案审查委员会关于提案审查情况的报告(草案)和县政协2020年协商工作计划(草案)。

5日,隆德县第十七届人民代表大会第四次会议举行选举大会,补选柳国仁同志为县第十七届人民代表大会常务委员会副主任,张贤儒同志为县人民检察院检察长。大会执行主席袁秉和、王勇、潘建宁、王升、李国帅、马成文、徐万廷、马国强、刘玲、杨智军在主席台前排就座,在主席台就座的还有不是主席团成员的在职、离退休县级领导和大会主席团成员。大会应到代表165人,实到142人,符合法律规定。袁秉和主持大会。

5—6日，2020年"中国体育彩票杯""振奋乡村精神"农民篮球争霸赛在隆德县体育馆进行。

7日，县委常委、人武部政委李伍磊，县委常委、副县长马龙到好水乡庙湾村和张程乡桃园村，为现役军人崔落落、唐小军的家属送去立功喜报，并代表县委、县政府表示热烈的祝贺和崇高的敬意。崔落落、唐小军现服役于中国人民解放军某部，在2019年度工作中，成绩突出，分别荣立三等功。

8日，隆德县妇联在帮扶村——温堡乡温堡村召开表彰会，表彰家庭文明光荣脱贫户、致富带头人、好婆婆和优秀学生，并通过"把爱带回家"迎新春送温暖活动，为该村44名幼儿和小学生每人发放300元慰问金，进一步激发广大群众脱贫奔小康的信心，推动移风易俗，培育文明乡风、良好家风和淳朴民风。

是日，自治区水利厅副厅长李永春带领慰问组来到杨河乡，走访慰问困难群众、困难党员，倾听民声，传递温暖，送来党的亲切关怀和新春的美好祝愿。

10日，隆德县2020年文化科技卫生"三下乡"暨"我们的中国梦"——文化进万家集中示范活动在沙塘镇举行。县委副书记、政法委书记李国帅等出席活动。

13日，宁夏六盘山建筑工程有限责任公司等16家爱心企业一起向隆德县捐赠100辆电动环卫车，用实际行动支持隆德环卫事业和乡村发展，进一步提升全县农村环卫硬件设施水平。

14日，全县政法机关纪律作风集中教育整顿小结会召开，听取各政法部门纪律作风集中教育整顿工作情况汇报，总结、巩固教育整顿成果，并对今后作风建设进行安排部署。县委副书记、政法委书记李国帅主持会议并讲话。

16日，隆德县召开2020年征兵工作会，安排部署2020年征兵工作。县征兵领导小组成员单位和各乡镇负责人参加会议。会议传达学习区、市征兵工作相关文件和会议精神，总结回顾2019年征兵工作情况，对2020年的征兵工作进行安排部署。

18日，隆德县委副书记、县长潘建宁主持召开县人民政府第61次常务会议，传达学习区、市两会精神，听取近期各行业领域安全生产检查整改工作汇报，安排春节期间安全生产、廉洁过节事宜。

20日，固原市人大常委会主任罗永红带领慰问组慰问隆德县公交公司一线职工和部分优抚对象、困难党员、离退休老干部，给他们送去新春的祝福及慰问品、慰问金。县人大常委会主任王勇，县委副书记、政法委书记李国帅及相关部门负责同志陪同慰问。

是日，全县"不忘初心、牢记使命"主题教育总结大会召开，县委书记袁秉和强调，要深入学习贯彻习近平总书记在"不忘初心、牢记使命"主题教育总结大会上的重要讲话精神，贯彻落实党中央和区、市党委主题教育总结大会各项部署，用担当诠释初心，用实干践行使命，守好"三条生命线"，走出一条生态优先、绿色发展的高质量发展新路子，确保与全国、全区同步全面建成小康社会。市政协副主席、市委主题教育第三巡回指导组组长呼延俊杰出席会议并讲话；县委副书记、县长潘建宁主持会议；县领导王勇、王升、李国帅等出席会议。

△隆德团县委举行"闽宁—兴证"圆梦奖助学金发放仪式，隆德县170名贫困学子领到了奖助学金。"闽宁—兴证"圆梦奖助学金项目是由县委、县政府、团县委积极联系福建省兴业证券

股份有限公司、兴业证券慈善基金会为家庭困难、品学兼优学子设立的爱心助学项目。作为海峡西岸经济区规模最大和最有影响力的证券经营机构，兴业证券在自身发展的同时，也一直不忘在教育、救灾、助困等方面履行着自身的社会责任。

21日，隆德县在本县分会场参加自治区纪委十二届四次全体会议。自治区党委书记、人大常委会主任陈润儿出席会议并讲话，会议强调，要深入学习贯彻习近平新时代中国特色社会主义思想，一以贯之坚持全面从严治党，毫不动摇加强党风廉政建设，为决胜全面建成小康社会、决战脱贫攻坚，努力建设好经济繁荣、民族团结、环境优美、人民富裕的美丽新宁夏提供坚强保障。袁秉和、潘建宁、王勇、王升、李国帅等县领导和各乡镇、部门负责人在隆德县分会场参加会议。

25日，县委书记袁秉和主持召开新冠肺炎疫情防控工作视频调度会，传达学习陈润儿同志在新冠肺炎疫情防控视频调度会上的讲话精神，对隆德县疫情防控工作进行安排部署。会上，全县13个乡镇及县卫健局、公安局、交通局、县委网信办4个部门主要负责同志分别在分会场和主会场详细汇报了外来人员摸排登记、重点人员隔离管控、具体防控措施及网络舆情监测处理等情况。

26日，隆德县启动应急"大喇叭"，县融媒体中心录制新冠肺炎疫情宣传音视频，主要内容是：新冠肺炎疫情预防知识、致全县广大人民群众的一封信等，并于当天实现了声音村级全覆盖，打通了全县广播宣传通道，让疫情发展情况和防控知识传遍村村落落，传到家家户户，成为抗击新冠肺炎疫情的一道有力防线。

是日，县委书记袁秉和，县委副书记、县长潘建宁等相关县领导带领公安、卫健等部门负责同志深入全县各乡镇，实地检查指导新冠肺炎疫情防控工作，分析疫情发展态势，研究推进防控具体措施的落实。

27日，为全力做好新冠肺炎疫情联防联控工作，有效切断病毒传播途径，坚决遏制疫情蔓延，确保群众安全健康出行。县交通运输局决定，1月27日0时起，隆德县所有客运班车、城市公交、城乡客运暂缓发班，具体发班时间另行通知。

28日，全区重大突发公共卫生事件一级响应启动以来，隆德县组织县公安局、卫健局、农业农村局、交通运输局、市监局等部门（单位）的百余名干警和工作人员，放弃休假，提前到岗，按照统一安排，在高速公路出口、312国道六盘山隧道口、联财镇毛家沟路口、温堡乡杨坡村路口、盘龙山庄路口、观庄乡张易路口、田滩路口、杨河乡十字路口设立8个公路联合检查站，实行24小时值班制度，对进入本县的车辆逐个登记信息，筛查司乘人员体温，防止疫情通过交通运输环节传播。

是日，县委书记、县委应对新冠肺炎疫情工作领导小组组长袁秉和主持召开县委2020年第2次常委会会议，传达学习习近平总书记在中央政治局常委会会议研究新冠肺炎疫情防控工作时的重要讲话、自治区党委常委会（扩大）会议精神等，通报全县疫情防控工作督察情况，听取全县疫情防控工作情况汇报，研究同意《关于建立隆德县应对新型冠状病毒感染的肺炎疫情工作指挥部组织构架的建议》，安排部署下一步疫情防控工作。

△隆德县人民医院全体医护人员全部上岗，积极开展新冠肺炎疫情医疗防控工作，全力打好新冠肺炎疫情防控阻击战，保障人民群众身体健

康和生命安全。

29日，隆德县城关镇坚持内防扩散、外防输入，组织全镇干部职工、社区干部、党员等200余人，2人一组对外地来隆人员开展地毯式摸排，严格排查从湖北、武汉及外省返乡人员，详细登记人员姓名、来源地、联系方式、身体状况等基本信息。此外，城关镇还在各小区和杨店村等村设立查验点118个，严格排查传染源，阻断传播途径。

是日，为进一步压实责任，全力推进加强新冠肺炎疫情防控工作，坚决防止疫情扩散蔓延。县纪委监委召开疫情防控工作监督检查安排会议，抽调20余名干部职工组成6个督查组，深入疫情防控第一线，对疫情防控领导小组成员单位履行防控责任情况开展监督检查，发现问题现场整改，深度推动各项防控措施有效落实。

30日，县委书记、县委应对疫情防控领导小组组长袁秉和主持召开县委应对新冠肺炎疫情防控领导小组视频调度会议，袁秉和强调，全县上下要进一步提高政治站位，严防严控，群防群控，联防联控，切实维护人民群众生命安全和身体健康，确保坚决打赢疫情防控阻击战。

31日，内蒙古正维精细化工有限公司向隆德县捐赠30吨84消毒液原液，通过管道流进县救灾物资储备库的大桶里，有效补充了隆德县的防控物资。

2月

1日，为应对新冠肺炎疫情防控工作提供有力保障，隆德县人民医院隔离病房主体工程基本完工。

3日，县委副书记、县长潘建宁带领慰问组深入到各省际、县际疫情防控检测查验站，看望慰问疫情防控一线值班值守的工作人员，为他们送去了方便面、防疫药品等生活物品。

4日，上午11时，县人民医院接到自治区支援武汉抗击新冠肺炎疫情通知后，全院上下共308人踊跃报名，请缨出征。结合疫情救治需求精心遴选，最终从护理部、内科、手术室选拔出5名能力强、经验丰富的医务人员组成的抗击疫情医疗队，出征支援武汉。

5日，县委应对新冠肺炎疫情工作领导小组召开第3次会议。县委书记、县委应对新冠肺炎疫情工作领导小组组长袁秉和主持会议并讲话，强调要坚决贯彻落实习近平总书记指示精神和党中央决策部署，严格落实区、市党委工作要求，认清疫情形势，严格压实责任，抓好薄弱环节和重点区域防控工作。

6日，隆德县组织全县304个基层党组织，9179名共产党员全面进入"战时"状态，当先锋、做表率、打头阵、站前线、上火线，发挥党组织战斗堡垒作用和党员先锋模范中流砥柱作用，把打赢疫情防控阻击战作为践行初心使命、体现责任担当的重要实践战场，在这场看不到硝烟的战役中以实际行动擦亮共产党员先锋底色。

是日，疫情防控工作开展以来，隆德县各级党组织和广大党员干部不忘初心、牢记使命，坚定信心、冲锋在前，积极投身疫情防控一线。从全县45个县直机关单位抽调254名党员和166名工作人员，协助城关镇在县城所有居民小区设立87个查验点，开展防控工作，工作人员24小时坚守，全力以赴保障广大群众生命健康。

△隆德县在县行政中心分会场参加自治区党

委新冠肺炎疫情防控工作视频会议，认真贯彻学习自治区党委书记陈润儿在会议中的讲话精神。他强调，要深入学习贯彻习近平总书记重要讲话精神，落实落细防、控、治、保各项措施，依法有效遏制疫情蔓延扩散，坚决打赢疫情防控阻击战。袁秉和、潘建宁、王升、杨超、李国帅等县级领导和各乡镇、部门（单位）负责同志在分会场参加会议。

9日，自疫情防控工作开展以来，隆德县从强化严管、严守、严查、严打、保"五个强化"方面入手，健全联防联控联动机制，依法高效开展社会治理，为全县疫情防控工作提供坚强法治保障。

10日，为保障疫情防控期间市民生活必需品日常供应，让大家少出门、不聚集，及时买到米面粮油、蔬菜肉类，农贸市场一家蔬菜批发零售行开启了蔬菜在线免费配送服务，采取"线上下单，线下配送"的方式，确保疫情防控期间老百姓的菜篮子不出问题。

是日，县委书记、县委应对新冠肺炎疫情工作领导小组组长袁秉和主持召开县委应对新冠肺炎疫情工作领导小组第5次会议。传达学习自治区党委书记陈润儿有关批示精神和在银川市温州商城工作的隆德籍观庄乡人李某某、杨某某家庭聚集病例通报精神；听取县应对新冠肺炎疫情工作指挥部关于确诊病例杨某某处置情况汇报、关于调整工作指导组的意见和各乡镇工作进展情况汇报。市委常委、组织部部长、市应对新冠肺炎疫情工作指挥部隆德指导组组长余剑雄出席会议并讲话。县长、县委疫情工作领导小组副组长、县疫情工作指挥部指挥长潘建宁对全县下一步疫情防控工作作安排部署。

11日，隆德县人民医院举行援银医疗队出征仪式，该院4名"逆行者"将与全市援银的医务人员一同逆行而上，奔向自治区抗"疫"主战场。

12日，为进一步做好新冠肺炎疫情防控工作，减少人员聚集，严防疫情扩散，按照要求，广大居民需尽可能待在家中，少出门。为了帮助老百姓解决购买生活必需品的问题，隆德城区先后有40余家商家正式入驻"幸福隆德"APP，广大群众可以通过已上线运营的手机APP足不出户在家轻松购物。

是日，在全县防控新冠肺炎疫情的关键时刻，六盘山村镇银行为县红十字会和县医院各捐款5万元，共计10万元，用于抗击疫情。

13日，广州香雪制药向隆德县捐赠100箱抗病毒口服液，以实际行动助力全县疫情防控。

14日，隆德县沙塘小城镇公租房改建隔离区工程基本完工，正式投入使用。

是日，隆德县人大常委会副主任、总工会主席杨智军带领慰问组慰问各省际、县际疫情防控检测查验站及县人民医院、中医院、福利医院等14个疫情防控一线单位，为他们送去牛奶、方便面、饮料等慰问品，并为县医院5名赴武汉执行医疗援助的医护人员送去25000元慰问金。

15日，县人民政府县长、县疫情工作指挥部指挥长潘建宁就全县疫情防控物资储备和春耕备耕工作进行调研。他强调，要全力以赴抓好疫情防控各项措施落实，压紧压实责任，统筹抓好疫情防控物资储备和春耕备耕工作。全面保障"米袋子""菜篮子"，确保疫情防控期间重要生活物资供应充足。同时，要提前做好种子、化肥、地膜等春耕备耕农资物品储备调度，确保货源充足、价格稳定、供应畅通。

16日，中国邮政隆德分公司开通"邮乐网"官方客服，通过手机客户端、扫描二维码、网上订购等多种模式线上下单，利用邮政快递进行线下配送，本日，第一批130余笔订单成功发往消费者手中。

17日，开学第一天，隆德县充分利用"互联网＋教育"和自治区教育厅搭建的空中课堂，依托电视、网络、移动终端等现代技术，组织师生开展线上教学活动，确保停课不停学、离校不离教，最大限度降低疫情对学校教育教学和学生学习的影响。

是日，县委书记、县委应对新冠肺炎疫情工作领导小组组长袁秉和在督导六盘山工业园区企业复工复产工作时强调，要严格按照固原市企业复工复产流程，坚决克服麻痹大意思想，切实履行主体责任，全面落实疫情防控期间企业复工复产的工作要求，确保每个环节不出任何问题。

19日，新冠肺炎疫情发生后，温堡乡前进村已经83岁高龄的老党员柳占春主动请缨，坚守抗疫一线，用实际行动书写着老党员的初心，表达着对党和人民的无限深情。

21日，固原市委常委、组织部部长、市应对新冠肺炎疫情工作指挥部隆德指导组组长余剑雄调研指导隆德县新冠肺炎疫情防控、复工复产及春耕备耕工作时强调，要切实增强责任感、使命感和紧迫感，坚持一手抓疫情防控，一手抓改革发展稳定，统筹兼顾，两手抓、两手硬，坚决完成全年各项目标任务。县委书记、县委应对新冠肺炎疫情工作领导小组组长袁秉和等陪同调研。

是日，县委常委、组织部部长马成文和县人民政府副县长祁忠受县委书记袁秉和、县长潘建宁委托，深入县疾病预防控制中心、县人民医院，看望慰问奋战在疫情防控一线的医务人员，为他们每人送去2000元慰问金。

△中国农业银行隆德县支行为宁夏隆德县六盘山中药资源开发有限公司发放第二批生产抗疫药品资金贷款1000万元，助力企业复工生产。

25日，县委书记袁秉和主持召开县委2020年第4次常委会会议，传达学习中央及区、市相关会议、文件精神，安排部署隆德县当前重点工作。

26日，隆德县共确诊输入型新冠肺炎病例3例，经自治区第四人民医院精心救治。目前，3例确诊病例已全部治愈出院，所有密切接触人员隔离医学观察期间均未出现异常症状，新冠肺炎病毒核酸检测结果全部为阴性，现已全部解除医学观察。

27日，县委书记、县规划委员会主任袁秉和主持召开2020年第1次城乡规划设计方案审查专题会议。潘建宁、王升等县级领导，县规划委员会成员单位、项目建设单位和设计单位负责人参加会议。

是日，隆德县部分公共交通恢复运营，市民乘坐公交车需按照要求做好实名登记、佩戴口罩、体温测量等基本防护措施。

28日，隆德县2020年第一批55名赴闽务工人员经岗前培训后统一乘坐大巴从老巷子出发，到固原机场乘专机前往福建闽侯县务工。

是日，县委副书记、县长潘建宁主持召开县人民政府第62次常务会议，传达学习2月26日习近平总书记在中央政治局常委会会议上的重要讲话精神，自治区主席、自治区应对新冠肺炎疫情工作指挥部指挥长咸辉在自治区应对新冠肺炎疫情工作指挥部第四次、第五次、第六次会议和切实做好当前全区农业生产和脱贫攻坚工作电视电话会议上的讲话精神。

3月

1日，隆德县人民医院驰援武汉的医疗队队长杨艳红在东西湖方舱医院因突出的工作业绩被评为"先进标兵"。

2日，县人民法院公开开庭审理隆德县首例涉疫情妨害公务犯罪案件，并当庭判决被告李某某犯妨害公务罪，判处有期徒刑十个月。

是日，团县委联合隆德县希望公益服务中心，把筹措到的各类疫情防控物资送到全县9所中小学校，有效补充各学校疫情防控物资。

3日，县委副书记、县长潘建宁主持召开县人民政府第63次常务会议，传达学习《国务院应对新冠肺炎疫情联防联控机制综合组关于切实做好新冠肺炎聚集性疫情防控工作的紧急通知》精神，通报全县解除隔离人员管控工作督查情况，研究关于应对新冠肺炎疫情防控期间支持六盘山工业园区稳定就业和企业发展若干措施。

4日，隆德县政务服务大厅各业务窗口恢复对外开放，有序服务，全面支持企业复工复产，方便群众办事。

是日，隆德县万只肉兔繁育养殖基地在城关镇星火村开工建设。

5日，六盘山工业园区宁夏黄土地农业食品有限公司向湖北捐赠72000桶酸辣粉丝。

6日，隆德县"担当新使命，展现新作为"学习实践活动部署会召开。会议贯彻落实市委要求，安排部署全县"担当新使命，展现新作为"学习实践活动，教育引导广大党员干部始终不忘初心、牢记使命，担当新使命，展现新作为，带领群众高质量完成2020年确定的各项目标任务。

是日，隆德县召开新时代文明实践中心建设试点工作推进会，总结交流经验做法，安排部署2020年新时代文明实践中心建设试点工作。县委书记袁秉和出席会议并讲话。

△隆德县脱贫攻坚"四查四补"大普查工作会议召开，动员全县上下在全力做好疫情防控的前提下，全面启动"四查四补"大普查工作。袁秉和、王升、杨超、李国帅等县级领导出席会议。潘建宁主持会议。

7日，县委副书记、县长潘建宁主持召开2020年第1次县长办公会议，听取工业经济、商贸物流、农业生产、建筑工程、扶贫车间等领域复工复产情况和全县农村剩余劳动力就业摸排情况、养殖业出栏及农产品销售情况汇报，并就相关工作进行安排部署。

9日，按照隆德县应对新型冠状病毒肺炎疫情工作指挥部统一安排，县发往区内部分市县客运班线和区内外包车客运班线正式恢复运营，乘客体温经测量正常后，可持身份证购票乘车。

是日，隆德县召开全县纪检监察系统"干部培训年"活动启动会。县纪委监委领导班子成员、各乡镇纪委书记、纪委副书记、纪检监察专干、县委巡察办、监委机关、派驻纪检监察组全体人员参加启动会。

10日，县委副书记、县长潘建宁主持召开县人民政府第64次常务会议，传达学习习近平总书记在决战决胜脱贫攻坚座谈会上的重要讲话精神和自治区党委2020年第12次常委会（扩大）会议、自治区政府"加强疫情防控这根弦不能松，经济社会发展各项工作要抓紧"座谈会和市政府常务会议精神。

15日，县长潘建宁主持召开2020年第2次县长办公会议，传达学习自治区相关会议、文件精神，听取隆德县脱贫攻坚"四查四补"重点项目开（复）工、农村劳动力转移就业、扶贫车间复工复产、肉牛出栏补栏等工作情况汇报，并就相关工作进行安排部署。

16日，县委书记、县委应对新冠肺炎疫情工作领导小组组长袁秉和主持召开县委应对新冠肺炎疫情工作领导小组第6次会议，传达学习相关会议、文件精神，安排隆德县相关工作。会上，传达学习中央应对新冠肺炎疫情工作领导小组会议精神，传达学习自治区党委常委2020年第11次会议、陈润儿同志在《银川市"五项机制"防范境外疫情输入》上的批示、区纪委《关于4起在疫情防控工作中违反纪律、履职不力问题的通报》和自治区党委应对新冠肺炎疫情工作领导小组《关于加快建立同疫情防控相适应的经济社会运行秩序的通知》精神。

是日，隆德县68514人通过"我的宁夏"APP领取宁夏防疫健康信息码，"健康码"的推广使用，进一步实现疫情精准防控，提高排查精准度，保障人民群众安全便利出行。

19日，县委书记、县扫黑除恶专项斗争领导小组组长袁秉和主持召开县扫黑除恶专项斗争领导小组2020年第1次会议。县扫黑除恶专项斗争领导小组副组长，县扫黑办主任、副主任，县扫黑除恶专项斗争领导小组部分成员、单位主要负责人参加会议。

20日，隆德县2020年重点项目集中开工启动仪式在宁夏千峰兔业有限公司养殖园区建设项目工地举行。县委书记袁秉和出席启动仪式并宣布县2020年重点项目集中开工，县委副书记、县长潘建宁致辞，王勇、王升、李国帅等县级领导出席。各乡镇、县直（区、市属）部门（单位）党政主要负责人，县内重点项目投资企业负责人，县直部门干部职工及施工单位、监理单位员工代表参加启动仪式。共确定项目84项，总投资32.86亿元。其中，县级重点项目50项，市级重点项目20项。

是日，新冠肺炎疫情发生以来，隆德县在做好疫情防控工作的前提下，全力做好稳岗就业工作，有序推动返乡人员返岗、复工。截至目前，已实现转移就业1.65万人，其中县外转移1.03万人，县内转移0.62万人。

24日，隆德县高三、初三年级学生开学报到，成为这个"特别"的春天最先走进校园的追梦人。

25日，县委副书记、政府县长潘建宁调研全县重点项目建设等工作。他强调，要进一步提高认识，加强统筹协调，明确项目的主体责任和相关责任任务，克服困难，按照时间节点，狠抓落实，加快全县重点项目建设进度，确保如期完成项目建设任务，助推县经济社会高质量发展。

26日，在杨氏彩塑艺术馆里，经过几名传承人历时38天的精心创作，6件战"疫"题材的彩塑系列作品正式完工，以此向抗击疫情一线的工作人员致敬。这6件战"疫"题材的彩塑系列作品，主题突出，色彩饱满，塑造的人物栩栩如生。内容包括《剪掉青丝去战"疫"》《最美逆行者》《坚守》《妈妈抗疫我学习》《家园守护者》和《生命的盾牌》，创作原型都来源于现实生活。旨在通过艺术的手法，展现全国人民万众一心、众志成城、勇于战胜新冠肺炎疫情的生动故事和感人画面。

27日，隆德县流行性出血热防控暨灭鼠消杀工作启动会议召开，安排部署"卫生大扫除"暨流行性出血热防控工作，号召各部门、单位和广大人民群众深入持久参与爱国卫生运动，做实做细做好环境卫生整治、病媒生物防治工作。

是日，隆德县朱庄河流域凤岭段国土空间修复（一期）项目抓紧施工。该项目位于凤岭乡朱庄河流域，涉及凤岭乡冯碑、齐兴和李士三个行政村，全长8.458公里，建设面积515.85亩，自治区财政厅和自然资源厅配套投资900万元，由宁夏达源建设工程有限责任公司承建，主要围绕河堤、陡坎、湿地、农业生态林的修复进行建设。目前，河道清淤和陡坎生态修复工程已完工。

30日，自治区党委常委、市委书记张柱来隆德县调研企业复工复产、脱贫攻坚、产业结构调整等重点工作，强调要认真贯彻落实习近平总书记重要讲话精神，坚决克服疫情影响，加快建立同疫情防控相适应的经济社会运行秩序，扎实开展"四查四补"，高质量打赢脱贫攻坚战。市、县领导周文贵、杨自平、袁秉和陪同调研。

31日，县长潘建宁主持召开县政府第65次常务会议，传达学习中共中央政治局会议精神，通报甘肃、河南、广东新增新冠肺炎确诊病例相关情况，安排部署隆德县当前疫情防控工作。

4月

1日，隆德县赶赴武汉执行医疗援助任务的5名队员撤离武汉，在进行了14天的医学隔离观察后，从固原隔离点乘车返回隆德。

是日，隆德县城乡供水县城——好水段连通工程开工建设。该项目将隆德县城乡供水工程一期从县城南部调引到渝河流域的富余水量再次跨流域续引到干旱缺水的好水河流域。

2日，隆德县城区部分餐馆恢复营业。从恢复情况来看，大中型餐馆复工率较低，客流量也相对较少；小型餐馆复工率较高，营业情况基本接近往年同期水平。为了稳住客源，一些大中型餐馆还采取降价、打折优惠等方式吸引客人。

是日，经固原市旅游景区质量等级评定委员会组织评定，隆德县老巷子达到国家3A级旅游景区标准，确定为国家3A级旅游景区。

3日，隆德县召开民兵调整改革、国防动员潜力调查工作动员部署暨业务培训会，会议传达固原军分区相关文件精神，总结2019年民兵整组工作，安排部署全县2020年民兵调整改革工作。会议强调，各乡镇、各编兵部门（单位），要根据军委国防动员部和自治区、固原市民兵调整改革领导小组要求，按照开展潜力调查、优化结构布局、调整配备人员、预建党的组织、清点落实装备、集合点验民兵、组织检查验收的程序方法，于5月15日前完成民兵组织整顿。

5日，县委书记袁秉和主持召开扶贫开发领导小组第四次会议，听取全县及各乡镇、相关部门（单位）脱贫攻坚"四查四补"大普查工作进展和普查组入户核查情况，安排部署当前脱贫攻坚工作。

8日，中国共产党隆德县第十四届纪律检查委员会第五次全体会议在县行政中心召开。出席会议的县纪委委员17人，列席127人。县委书记袁秉和同志出席会议并讲话。县委、人大、政府、政协领导班子成员，县人民法院院长，人民检察院检察长出席会议。

9日，固原市人大常委会副主任李志菊、副

市长王新军带领执法检查组检查隆德县关于《中华人民共和国传染病防治法》《中华人民共和国野生动物保护法》及《宁夏回族自治区人大常委会关于依法防控新型冠状病毒肺炎疫情 坚决打赢疫情防控阻击战的决定》实施情况，县人大常委会主任王勇、副县长祁忠陪同检查。

是日，全县政法、组织、宣传、统战工作会议召开。会议传达学习固原市委政法工作会议精神，总结了2019年政法组织宣传统战工作，并就2020年政法组织宣传统战工作进行安排部署。县委副书记、政法委书记李国帅主持会议并讲话。

△隆德县召开2019—2020学年度第二学期教育工作会议，分析研判疫情防控形势，安排部署年度重点工作，统筹推进新冠肺炎疫情防控和全县教育改革发展，为努力实现2020年各项目标任务靶向定调。

10日，县委农村工作领导小组召开2020年第1次会议，传达学习《中国共产党农村工作条例》、中央和自治区农村工作会议精神，听取各乡镇对2020年度"一村一年一事"行动推进情况及相关部门对2020年乡村振兴重点工作推进情况汇报，对隆德县深入推进乡村振兴战略进行再安排再部署。县委副书记、政法委书记、县委农村工作领导小组组长李国帅出席会议并讲话。

12日，县委副书记、政府县长潘建宁调研县春季绿化造林工作。他强调，要进一步提高思想认识，抢抓当前有利时机，以实干的作风，加大工作力度，做精、做细、做实春季绿化造林工作，保质保量完成春季绿化造林任务，为全县人民群众营造生态宜居的良好环境。

13日，固原市委常委、组织部部长余剑雄调研隆德县基层党组织引领基层治理和发展壮大集体经济工作。他强调，要充分挖掘和合理配置村（社区）集体资金、资产、资源利用率，用好管好中央及自治区财政扶持集体经济发展资金，进一步增强村（社区）组织自身"造血"功能和内生动力，全力助推发展壮大集体经济，为促进全县经济社会发展和巩固脱贫攻坚成果注入了新的活力。县委副书记、政法委书记李国帅、县委常委、组织部部长马成文等陪同调研。

是日，自治区文化和旅游厅组织非遗扶贫就业工坊专家评审组及区内19家旅行社负责人，来隆德县核查评估自治区拟命名的非物质文化遗产扶贫就业工坊建设工作。在拟命名自治区级非遗扶贫就业工坊的杨氏泥塑生产扶贫车间、魏氏砖雕有限公司、盘龙山庄和老巷子景区，考核评估组按照非遗扶贫就业工坊准入条件，实地进行核查评估，并围绕非遗扶贫就业工坊延伸周边沿线开展旅游踩线活动。通过实地查看，考核评估组对隆德县非遗扶贫就业工坊建设工作予以肯定。

△县委副书记、县长潘建宁调研重点企业复工复产工作，要求相关部门（单位）加大项目、资金支持力度，积极帮助企业排忧解难，奋力夺取隆德县疫情防控和经济社会发展"双胜利"。

14日，自治区人社厅党组书记、厅长刘国强一行来隆德县调研全县企业及扶贫车间复工复产工作。县领导潘建宁等陪同调研。调研组先后来到联财镇国隆中药材科技有限公司、六盘山工业园区部分企业和陈靳乡汇英香业扶贫车间进行实地调研，并就全县复工复产工作进行指导。

是日，厦门大学—隆德县定点扶贫工作推进视频会议召开，集体学习习近平总书记在决战决胜脱贫攻坚座谈会上的重要讲话精神，对进一步做好定点扶贫工作、助力全面打赢脱贫攻坚战进行安排部署。厦门大学党委书记张彦在主会场出席会议，县委书记袁秉和、县委副书记杨超等县领导在隆德县分会场参加会议。

15日，隆德县干部职工开展春季义务植树活动。

是日，隆德县召开2020年政府全体会议暨廉政工作会议，传达学习中央和区市县各级纪委全会精神、区市领导干部廉政警示教育大会精神，总结2019年全县政府系统廉政建设和反腐败工作，安排部署2020年相关工作。县长潘建宁出席会议并讲话。

△县委书记袁秉和主持召开全县扶贫开发专题会议，通报自治区党委第三巡视组巡视隆德县反馈问题自查"回头看"情况，传达学习固原市"四查四补"工作汇报会精神，听取各乡镇、各有关部门工作汇报，安排部署当前脱贫攻坚工作。

16日，十四届县委第九轮巡察工作动员部署会议召开，传达学习十二届自治区党委第七轮、第八轮巡视工作动员会及四届市委第九轮巡察工作动员会精神，并就十四届县委第九轮巡察任务分工和巡察人员进行安排部署。

是日，隆德县召开2020年双拥创建工作推进会，传达学习自治区双拥工作领导小组会议暨退役军人服务保障体系建设推进会精神，总结隆德县2019年双拥工作，安排部署2020年各项任务。

△自治区林业和草原局局长徐庆林带领调研组深入隆德县神林乡双村等地就隆德县国土绿化工作进行调研。通过实地查看和听取汇报，调研组对隆德县近年来国土绿化工作取得的成绩给予充分肯定。

17日，县委书记、县委党的建设领导小组组长袁秉和主持召开县委党的建设领导小组2020年第1次会议，传达学习自治区党委党的建设领导小组2020年第1次会议市委党的建设领导小组2020年第1次会议、自治区党委书记陈润儿在2019年度地级市党委和各行业系统党（工）委书记抓基层党建工作述职评议考核会上的讲话及自治区党委常委、市委书记张柱在2019年度县（区）党委书记和市委直属党（工）委书记抓基层党建工作述职评议考核会上的讲话精神，审议《隆德县2020年党的建设工作要点（审议稿）》，安排部署全县2020年党的建设各项工作任务。

是日，县委书记、县委全面深化改革委员会主任袁秉和主持召开县委全面深化改革委员会第六次会议，传达学习自治区党委全面深化改革委员会第九次会议、市委全面深化改革委员会第二次会议精神，审议《隆德县委全面深化改革委员会2020年工作要点（送审稿）》，并对相关工作进行安排部署。

△县委书记、县委统一战线领导小组组长袁秉和主持召开县委统一战线领导小组2020年第1次会议，传达学习全国统战部长会议、全国民委主任会议和全区统战部长会议精神，审议相关文件，研究部署隆德县统一战线工作。

18日，自治区农业农村厅副厅长赖伟利一行来隆德县召开休闲农业与乡村旅游暨农产品推介座谈会，听取隆德县关于休闲农业及乡村旅游发展情况汇报，与乡村旅游景区、农产品加工企业相关负责人开展座谈交流，副县长谢国玉参加座谈会。

20日，县委副书记、县长潘建宁调研老旧小区改造及部分重点项目建设工作，要求建设单位和施工企业列出"时间表"，按下"快进键"，抓质量、抢进度，把民生工程打造成民心工程，以重点项目建设为抓手，为实现全年目标任务、决胜全面建成小康社会提供有力支撑。2020年隆德县老旧小区改造项目涉及西海子、原淀粉厂、原工行3个小区，项目于4月初开工，目前正在进行外墙粉刷、管网铺设等工程。

21日，自治区应急管理厅副厅长万东刚带领调研组调研隆德县防灾减灾救灾工作。要求隆德县以对人民高度负责任的态度，扎实做好防灾减灾救灾工作。

23日，隆德团县委为应对即将到来的开学，筹措资金购买各类防疫物资，捐赠给全县20多所中小学校，为学校抗击疫情增添力量，确保校园一方净土。此次共捐赠口罩3万多个、防护服300余套、免洗手消毒液20箱、酒精30余箱、测温枪300余把，总价值近50万元。

25日，自治区生态环境厅发布第一季度全区环境空气质量排名，涉及全区五市和宁东、8个市辖区、14个县（市、区）。通过综合分析，隆德县第一季度环境空气质量在14个县（市、区）中排名第一。

26日，县委副书记、县长潘建宁调研乡镇污水处理站管理运行工作，强调要严格按照要求，加强污水处理站运行监管，确保污水处理设施正常运转，着力改善农村人居环境，坚决打赢污染防治攻坚战。

27日，县长潘建宁主持召开2020年第5次县长办公会议，听取全县近期森林草原防火、基础母牛补栏、产业计划任务落实、农村卫生厕所改造、扶贫车间开工及金融扶贫贷款等工作汇报，并就相关工作进行安排部署。

是日，县委副书记、政府县长潘建宁在调研全县安全生产工作时强调，各相关部门（单位）要坚决克服松懈麻痹思想，时刻绷紧安全生产这根弦，压实责任，加强隐患排查力度和值班备勤，狠抓各项安全措施落实到位，坚决防止各类安全事故的发生。

28日，隆德县召开2020年发展壮大村级集体经济推进会，县委书记袁秉和出席会议并讲话。他强调，发展壮大村级集体经济是一项长期而艰巨的任务，事关农村长远发展，事关农民群众福祉，各乡（镇）村要建强敢于担当、为民办事的"村两委"班子，选准符合实际的产业和业态，建立健全有力的监管保障机制，扎实推进村级集体经济发展壮大，为打赢脱贫攻坚战，全面建成小康社会奠定坚实基础。

是日，"六盘胜地，水墨隆德——全国书画名家邀请展"走进隆德书院。中国美术家协会会员、中国国画研究院研究员、甘肃省美术家协会理事、甘肃省美术家协会评委成员、甘肃省国画院副院长刘晓辉老师60余幅中国画将在隆德县展出七天，在展现祖国大好河山美景的同时，为隆德县书画爱好者提供学习交流的机会。

29日，隆德县第四次总河长会议召开，传达学习习近平总书记在黄河流域生态保护和高质量发展座谈会上的重要讲话精神、自治区党委书记陈润儿在生态环境建设规划专题座谈会上的讲话精神、水利部推进2020年全国河湖管理工作会议精神，通报全县2019年度河湖长制工作情况，安排部署2020年河湖长制重点工作及渝河示范河湖建设任务。县委书记、县级总河长袁秉和主持会议并讲话。

5月

6日，受疫情影响，在各景区"限量、预约、错峰"的管理措施下，"五一"期间，隆德县共接待游客38058人次，直接性营业收入54.2万元，实现旅游社会总收入152万元。

7日，自治区党委宣传部副部长于小晗带领调研组，调研隆德县新时代文明实践中心建设试点工作。调研组先后来到县新时代文明实践中心、城关镇咀头村新时代文明实践站、沙塘镇新时代文明实践所和许沟村新时代文明实践站，通过听取介绍、翻阅资料和实地查看的方式，详细了解隆德县新时代文明实践中心、所、站建设运行和志愿服务组织架构、运行机制、活动开展等情况。

8日，北京师范大学中国扶贫研究院组织实施的全国教育扶贫典型案例征集评选结果揭晓，共评选出全国教育扶贫典型案例235项，其中宁夏5项。隆德县教育扶贫案例《共圆读书梦　一个都不少》成功入选全国教育扶贫典型案例。

是日，隆德县召开创建国家公共文化服务体系示范区工作推进会议，总结示范区创建工作开展情况，查找分析存在的问题和短板，安排部署下一步工作。

△国务院办公厅发布通报，对2019年落实有关重大政策措施真抓实干、取得明显成效的地方予以督查激励，并相应采取资金、项目、土地、改革先行先试等30项奖励支持措施。隆德县河湖长制工作被点名肯定，同时隆德县还被列为落实有关重大政策措施成效明显、创造典型经验做法且受到国务院督查表扬。

△固原市政协副主席马宝福带队来隆德县验收全国民族团结进步示范县创建工作。

9日，隆德团县委召开十六届三次全体（扩大）会议，传达学习习近平寄语新时代青年向全国各族青年致以节日的祝贺和诚挚的问候、自治区党委副书记姜志刚在全区庆祝五四青年节暨表彰大会上的讲话精神。回顾总结2019年团县委工作，安排部署2020年具体工作。

10日，于2019年3月开工建设的隆德县桃山水厂及管网连通供水二期工程现已全部竣工，并投入使用。该项目的实施，有力改善了甘渭河流域供水状况及居民的饮用水条件，缓解水资源紧缺矛盾。并通过智能信息化建设，实现了"互联网＋人饮"供水服务管理模式从水源到用户全覆盖，减少水量损失和供水成本，有效提高农民生活水平。

11日，隆德县初二、高二年级学生正式返校复课，学生们在经过测温、消毒后，分批有序进入教室开启开学第一课。

是日，厦门大学附属心血管病医院相关专家通过远程会诊平台，为隆德县人民医院胸痛中心建设进行培训，并对医院胸痛中心建设给予业务指导。

12日，自治区政协副主席洪洋带领调研组，围绕"推动我区长城、长征国家文化公园建设情况"开展实地调研，就长城、长征国家文化公园建设所面临的问题，探索和寻求解决方案。市政协副主席马宝福等陪同调研。调研组先后来到六盘山红军长征纪念馆、老巷子景区红军遗址、红二十五军军部旧址、小水沟中央红军翻越六盘山古道遗址等地，通过实地查看、听取相关情况介绍的方式，详细了解长城、长征国家文化公园建设在隆德县的相关情况。

是日，自治区退役军人事务厅副厅长王万虎、宁夏军区转业办主任高智带领自治区"双拥"模范城（县）检查组来隆德县，对全国"双拥"模范县创建和退役军人事务工作进行综合检查。

13日，县委政协工作会议召开，学习贯彻党的十九届四中全会精神和中央、自治区党委政协工作会议精神，安排部署全县新时代加强和改进人民政协工作。县委书记袁秉和出席会议并讲话，县委副书记、县长潘建宁主持会议，人大常委会主任王勇、县政协主席王升出席会议，县委常委、县政协副主席、法检两长和全体政协委员、各乡（镇）、各部门（单位）负责同志参加会议。

13—14日，自治区政协常委、九三学社宁夏区委专职副主委相卫国带领调研组调研隆德县2020年脱贫攻坚工作。调研组先后到城关镇电商综合服务中心、凤岭乡李士村股份经济合作社、联财镇联合设施蔬菜基地、神林乡神林千亩冷凉蔬菜基地，详细了解隆德县电商发展、村集体经济运行、设施农业和冷凉蔬菜种植等情况，并召开座谈会，听取有关工作汇报。

14日，固原市委常委、政法委书记吴会军带领相关部门负责人来隆德县调研新时代文明实践试点工作和融媒体中心建设工作。县委副书记、政法委书记李国帅陪同调研。

是日，隆德县召开2020年公平竞争审查制度培训会，进一步提升公平竞争审查人员的业务能力和水平，加快推进全县公平竞争审查制度实施。

19—20日，自治区副主席赖蛟来隆德县调研文化旅游、商贸服务、市场监管、脱贫攻坚等工作。自治区政府副秘书长黄明旭，自治区商务厅厅长徐晓平，自治区党委宣传部副部长、文化和旅游厅党组书记刘军，自治区文化和旅游厅副厅长张仁汉，市、县领导王新军、潘建宁等陪同调研。

20日，县委副书记、政法委书记李国帅主持召开县委政法委2020年第2次全体会议。传达学习中央、区、市相关文件精神；通报2019年全区社会治安综合治理工作考核结果；审定《2020年全县政法工作要点》等6个重要文件；对当前和今后政法、扫黑除恶专项斗争和全国两会社会稳定等工作进行再安排，再部署。

是日，县十七届人大常委会召开第二十五次会议，传达学习相关文件精神，听取和审议县人民政府关于贯彻执行《中华人民共和国野生动物保护法》及自然资源管理等工作情况的报告，审议通过有关人事任免的议案。县人大常委会主任王勇出席会议。县人民政府相关负责人、法检两院院长列席会议。

△由厦门大学援建的沙塘镇中心卫生院数字化预防接种门诊投入使用，标志着沙塘镇数字化预防接种门诊正式启动，实现了取号、登记、体检、接种、留观为一体的全程数字化服务。

22日，在开斋节来临之际，固原市委常委、政府副市长李志达带领慰问组，慰问全国民族团结进步先进个人穆连喜、杨河乡脱贫光荣户郭富清，向他们致以节日的问候和美好的祝愿。

是日，在第30个全国助残日到来之际，厦门大学联合县残联，在县文广局一楼为隆德县44名听力障碍人员开展助听器捐赠活动，现场邀请技术人员为残疾人士调试、佩戴助听器，帮助他们解决现实困难。

△S313线新庄至杨坡段公路改建工程正式开工。S313线新庄至杨坡段公路改建工程与古城至威戎公路相连，是隆德县通往静宁县威戎镇的主通道。项目位于温堡乡和静宁县曹务镇、古城镇境内，路线全长19 km。起点接S203线，即与隆庄公路桃山路口呈"T"型交叉，路线总体沿旧路中线布设，仅对个别弯道半径做了调整，呈东西走向，终点止于温堡乡杨坡村（宁甘省界）。工程按三级公路技术标准设计，设计时速为30 km，路基

宽7.5 m，路面宽6.5 m，路肩各宽0.5 m，为沥青混凝土路面。该工程总投资5085万元。

25日，县委书记、县扶贫开发领导小组组长袁秉和主持召开扶贫开发专题会议，听取各乡（镇）相关部门对未脱贫户保障措施落实、产业发展和"四查四补"等工作情况汇报，安排部署隆德县当前脱贫攻坚重点工作。

26—28日，厦门大学党委副书记、纪委书记全海，副校长邓朝晖带领调研组来隆德县调研对口帮扶、产业发展、医疗扶贫、渝河流域环境综合治理等工作。县领导袁秉和、杨超陪同调研。

27日，全县3所城区小学、12个乡镇学区的4935名四、五、六年级学生正式返校复课。各校全力以赴落实好返校各项疫情防控措施，筑牢校园疫情防控安全线，保障师生生命安全和身体健康，确保返校复课和教育教学工作有序平稳运行。

是日，县委副书记、县长潘建宁调研六盘山工业园区企业生产经营情况，他强调，要在抓好常态化疫情防控的前提下，加大各类政策扶持力度，强化服务保障，为企业行稳致远创造良好环境。要全力减轻疫情影响，提振企业信心，共同推进园区企业创新发展、转型发展，推动隆德县经济社会高质量发展。

28日，隆德县检察院连续十二年被评为"自治区文明单位"。

是日，苏州市政协副主席、工商联主席李赞带领考察组来隆德县考察营商投资环境，就对口合作相关事宜进行交流。

△县委书记袁秉和主持召开2020年第2次城乡规划设计方案审查专题会议，原则上通过：2020年第二批旅游厕所建设项目、观庄乡前庄村旅游基础设施建设项目、县人民医院核酸检测实验室建设项目、西海子小区物业管理用房建设项目、原淀粉厂小区及县第一小学围墙建设项目、农村中小学及幼儿园厕所改造项目、县幼儿园消防水池建设项目和县水库水源地水质自动检测站建设项目的选址和效果图方案。潘建宁、王勇、王升等县领导及县规划委员会领导小组成员单位负责人参加会议。

29日，火箭军特色医学中心派出心内科主任医师赵贵峰、骨科副主任医师徐建强、妇产科主任医师麻莉等医德高、业务精的专家团队，联合闽宁对口隆德帮扶医学专家林世敏及县医院部分医生，在隆德县开展主题为"担当新使命 展现新作为"的卫生健康服务进学校进机关义诊活动，进一步巩固医疗对口支援工作成效，丰富帮扶内涵，全面助推健康扶贫。

31日，隆德县一、二、三年级小学生归队复课。这是自疫情肆虐以来最后一批学生复课。

是日，自治区召开传达贯彻全国两会精神视频会。自治区党委书记、人大常委会主任陈润儿主持会议并讲话。自治区党委副书记、自治区主席咸辉，自治区政协主席崔波出席会议。袁秉和、潘建宁、王勇、王升、杨超、李国帅等县级领导，各乡（镇）、各部门（单位）负责人在隆德县分会场参加会议。

6月

1日，厦门大学调研组一行来隆德县张程乡桃园村举办"凤凰花"关爱项目启动仪式，厦门大学党委副书记、纪委书记全海，副校长邓朝晖，县委副书记杨超等县领导和团县委、教体局、张程乡负责同志参加启动仪式。

2日，县委副书记、县长潘建宁调研发展壮大村级集体经济项目及新建扶贫车间建设工作。他强调，发展壮大村级集体经济项目和扶贫车间是一项事关群众福祉的艰巨任务，要加快村级集体经济项目和新建扶贫车间建设进度，加大政策扶持力度，建立健全保障监管体制机制，助推村级集体经济项目和扶贫车间良性发展，切实带动群众实现稳定增收。

是日，为贯彻落实国务院《关于即将开放室内场馆和密闭娱乐场所KTV、电影院、剧院可采取预约限流等方式的通知》和固原市、隆德县应对新冠肺炎疫情工作指挥部办公室关于做好新冠肺炎疫情常态化防控工作的通知精神，有序推进隆德县公共文化场所、文化娱乐市场恢复开放。县公安文化旅游广电局、应急管理局、市场监督管理局联合召开文化娱乐市场恢复开放工作培训会，全力做好文化娱乐场所开放准备工作。

3日，由自治区总工会组织、县总工会配合实施的"守护健康 情暖职工"助力复工复产职工健康体检在县总工会举行。本次健康体检为期一周，涉及环卫大队、公交公司等公共服务性岗位和部分复工企业职工及困难职工等729人。

4日，县委书记、县级总河长袁秉和沿清凉河、清流河、渝河、筛子河开展巡河工作。他强调，各乡（镇）、各相关部门（单位）要坚持问题导向，密切协作配合，切实解决好河道管护中存在的问题，着力打造干净整洁优美的河道生态环境。

5日，县委书记袁秉和主持召开县委2020年第13次常委会会议，传达学习习近平总书记在全国两会期间的重要讲话精神和十三届全国人大三次会议、政协十三届三次会议、自治区传达贯彻全国两会精神会议精神。

9日，中国作家协会副主席、中国报告文学学会会长何建明来隆德县，先后深入观庄乡前庄村、闽宁扶贫产业园、县第二小学，就扶贫车间运营、产业发展、残疾人托养、教育扶贫等闽宁协作工作进行专题调研。

10日，中国共产党隆德县第十四届委员会第七次全体会议在县行政中心召开。

是日，从海原华润农业有限公司采购的300头安格斯基础母牛总耗资660余万元，均价约22000元。据了解，经过今年补栏，宁夏杨河牧业发展有限公司养殖规模扩大，基础母牛数量超过1200头，其中有安格斯、西门塔尔、海福特三个品种。

11日，福州市委副书记、常务副市长林飞带领考察团来隆德县考察闽宁协作相关工作。市、县领导周文贵、袁秉和等陪同考察。

是日，隆德县召开创建全国示范型退役军人服务中心（站）推进会，通报创建工作进展情况，安排部署下一阶段重点目标任务，并为退役军人代表发放了"双拥"卡。

△盐池县观摩团来隆德县，观摩文化旅游产业发展和非遗传承保护工作。观摩团先后来到新和村国家级马社火传承基地、人造花工艺有限公司、正观花灯工艺有限公司、魏氏砖雕传承基地和县文化馆，深入了解隆德县文化旅游产业发展和非遗传承保护工作。

14日，《小康》杂志社联合多个国家权威部门和专业机构，结合全国大数据评选发布了隆德县入选"2020中国百佳富氧县市"榜单。

15日，福建省妇联党组书记、主席徐姗娜带领考察团来隆德县，考察闽宁扶贫协作工作。自治区妇联党组书记、主席马文娟和市县相关领导陪同考察。徐姗娜一行分别走访了陈靳乡残疾人托创园、隆德人造花工艺有限公司、宁夏盘隆果业有限公司、宁夏黄土地农业食品有限公司和宁夏爱丽纳地毯有限公司，详细了解隆德县产业脱贫、闽宁协作等发展情况，对隆德县闽宁对口扶贫协作工作给予充分肯定。

是日，县委书记袁秉和主持召开县委2020年第14次常委会会议，认真学习宣传贯彻习近平总书记视察宁夏重要讲话精神、自治区党委常委会扩大会议精神、市委常委会扩大会议精神和自治区党委办公厅《关于认真学习宣传贯彻习近平总书记视察宁夏重要讲话精神的通知》精神，研究贯彻意见。

16日，县委书记袁秉和深入部分乡（镇）调研村级集体经济发展工作。他指出，要以改革创新的精神、求真务实的作风，扎实推进村级集体经济发展壮大，为打赢脱贫攻坚战、全面建成小康社会提供有力支撑。

16—17日，隆德县各乡（镇）、部门（单位）召开专题会议，认真学习宣传贯彻习近平总书记视察宁夏重要讲话精神。广大党员干部纷纷表示，要聚焦脱贫攻坚、产业发展等重点工作，担当作为、真抓实干，确保习近平总书记视察宁夏重要讲话精神在隆德大地落地生根、开花结果。

17日，自治区政协副主席马力带领调研组来隆德县调研民族团结进步创建工作。市政协副主席马宝福、县政协主席王升陪同调研。

是日，隆德县公安局召开扫黑除恶专项斗争推进会，传达学习全国及区、市扫黑除恶相关会议精神，并对隆德县扫黑除恶专项斗争下一阶段工作进行安排部署。

19日，固原市扶持发展壮大集体经济现场观摩推进会在隆德县召开，通过把会场搬到村组一线、生产车间、种养基地，在一线谋划发展、检视问题、推动落实。市、县领导杨刚、余剑雄、周文贵、袁秉和等参加会议。

22日，隆德县召开学习贯彻《中国共产党宣传工作条例》培训会，传达学习《中国共产党宣传工作条例》和《贯彻落实〈中国共产党宣传工作条例〉监督检查办法》精神，并对全县宣传思想工作进行安排部署。县委常委、宣传部部长马晓红主持会议并讲话。各部门、单位主要负责人及各乡（镇）宣传委员参加会议。

是日，隆德县召开新时代文明实践中心建设试点工作推进会，总结前一阶段的试点工作，安排部署下一阶段工作。县直各部门、单位主要负责人、各乡（镇）宣传委员参加会议。

23日，隆德县召开2020年禁毒工作会，通报2019年全县禁毒工作情况，总结2020年上半年工作，安排部署下半年禁毒重点目标任务。

是日，县政协主席王升带领部分政协委员，视察山水林田湖草综合治理、乡村振兴战略实施情况、社会保障等工作。王升一行先后深入城关镇杨店村宁夏圣缘菌类专业合作社、星火村千峰兔业养殖园区、六盘山工业园区新坐标鞋服有限公司、沙塘镇中药材种植基地、神林乡庞庄村、杨河乡串河村等地，对山水林田湖草综合治理、乡村振兴战略实施情况等工作进行详细深入的视察，并对社会保障和疫情防控工作进行民主监督。

24日，县委常委、纪委书记、监委主任徐万廷主持召开隆德县集中整治扶贫领域腐败和作风问题专项行动暨"抵制腐败·共享和谐"警示教育宣传周启动会，认真落实一体推进不敢腐、不能腐、不想腐的部署要求，继续深化标本兼治、综合治理，全面推动以案为戒、以案示警、以案促改、以案正风，做细做实查办违纪违法案件"后半篇文章"，进一步助力整治扶贫领域腐败和作风问题专项行动扎实有效开展。固原市纪委、监委相关负责同志出席会议。

25日，隆德县电子商务与快递物流协会正式成立，标志着广大电商和快递物流企业将在一个更加广阔的舞台上投身隆德县经济社会发展。

29日，闽侯县委书记叶仁佑带领闽侯县党政代表团来隆德县考察脱贫攻坚、产业发展、招商引资等工作，开展对口扶贫协作活动。县委副书记、政法委书记李国帅等陪同考察。

△隆德县发改局举办"筑梦六盘"新媒体营销大赛直播专场，利用抖音、快手及小程序进行直播带货，多名网红达人现场直播助阵，为本县产品直播带货。

7月

1日，六盘山红色书院在城关镇峰台社区新时代文明实践站挂牌成立。县委书记袁秉和、县政协主席王升出席挂牌仪式并为六盘山红色书院揭牌，县领导马成文、马晓红、刘玲一同出席。县直各部门（单位）分管领导、各乡镇宣传委员、城关镇干部职工及部分志愿者参加挂牌仪式。副县长祁忠主持。

是日，自治区农业农村厅党组成员、副厅长赖伟利带领全区农业农村重点工作观摩培训会与会人员来隆德县观摩。县委副书记、县长潘建宁等县领导陪同观摩。与会人员一行先后深入凤岭乡李士村、联财镇张楼村和杨河乡串河村，通过听取汇报、实地查看的方式，就本县"一村一年一事"、发展壮大村集体经济、设施蔬菜示范园区建设、产业结构调整等工作进行现场观摩。

6—7日，自治区党委书记、人大常委会主任陈润儿在固原市西吉县、隆德县督战脱贫攻坚及调研移民搬迁工作。他强调，要认真学习贯彻习近平总书记视察宁夏重要讲话精神，切实解决移民搬迁问题，积极衔接乡村振兴战略，确保如期完成脱贫任务。自治区领导赵永清、张柱、王和山、马汉成参加调研座谈。

7日，自治区民政厅携手宁夏医科大学附属医院来隆德县开展"孤儿医疗康复明天计划"体检筛查工作，隆德县40余名儿童接受了体检。

8日，隆德县举办领导干部学习宣传贯彻习近平总书记视察宁夏重要讲话精神专题研讨班。县委书记袁秉和、县人大常委会主任王勇、县政协主席王升、县委副书记杨超等县级领导出席研讨班。县委副书记、政法委书记李国帅主持。

9日，隆德县人大常委会主任王勇带领部分人大代表视察县医疗保障、食品安全、美丽村庄建设、水冲式厕所改造等工作。

10日，隆德县举办学习贯彻《中国共产党宣传工作条例》专题学习班，邀请自治区党委讲师团办公室主任宋丽萍，围绕《中国共产党宣传工作条例》出台的背景、意义，《中国共产党宣传工作条例》的主要框架、创新亮点，以及如何贯彻落实《中国共产党宣传工作条例》等内容，从理论与实践、防范与化解等角度作专题解读。

是日，泾源县人大常委会观摩组观摩隆德县基层人大代表工作，对本县取得的成绩予以充分肯定，认为本县基层人大代表工作思路清晰、成效显著，在加强人大监督、做好代表工作、更好发挥代表作用等方面积累了很好的经验和做法，值得学习借鉴。

12日，盐池县委常委、组织部部长马丽红，盐池县委常委、常务副县长吴科带领调研组调研隆德县农村人居环境整治工作。

13日，厦门大学"双带头人"教师党支部书记"海誓山盟·精准脱贫"志合示范班座谈会在隆德县行政中心召开。厦门大学校长张荣出席座谈会并为志合示范班学员讲党课。厦门大学党委常委、组织部部长、统战部部长孙理，市委常委、副市长马煜洲，自治区驻福建办事处主任朱东，县委副书记、县长潘建宁，县委常委、组织部部长马成文，市政府副秘书长任永峰出席座谈会。厦门大学相关学院、机关部处负责人，志合示范班全体学员，挂职扶贫干部，研究生支教团隆德分队队员，各乡镇、各有关部门负责人参加座谈会。厦门大学党委常委、副校长邓朝晖主持会议。

是日，自治区副主席吴秀章带领调研组调研隆德县科技创新工作。市委常委、副市长李志达，县委书记袁秉和等陪同调研。

△隆德县召开国土空间规划工作启动会，听取国土空间规划编制单位规划纲要，安排部署国土空间规划相关工作。

14日，厦门大学校长张荣，厦门大学党委常委、副校长邓朝晖，厦门大学党委常委、组织部部长、统战部部长孙理带领调研组，分别就对口帮扶、项目建设、企业运行、产业发展、文化传承等工作进行调研。市、县领导黄水木、马煜洲、袁秉和、马龙陪同调研。

是日，隆德县在分会场参加全国及自治区防汛抗洪救灾专题视频会议。县委常委、副县长海丽和各乡镇、部门（单位）负责同志参加会议。

△青铜峡市人大常委会主任、党组书记姬文泽带领考察团考察隆德县文化旅游产业发展、非物质文化遗产保护等工作，县人大常委会主任王勇陪同考察。

15日，隆德县新冠病毒PCR核酸检测实验室建成，正式投入使用，成为固原市首家可开展新冠病毒核酸检测的县级公立医院。

是日，宁夏国土资源调查监测院联合宁夏地质矿产勘察院、宁夏水文地质环境地质勘察院等部门，在隆德县城关镇杨店村开展地质灾害防治知识宣传活动。

16日，自治区人民政府驻福建办事处考察组来隆德县考察特色产业发展情况。考察组一行先后深入联财镇联合村、张楼村设施蔬菜种植基地、宁夏正荣有机肥科技有限公司、神林乡庞庄村大果榛子示范推广基地和上药（宁夏）中药资源公司中药材种植基地，通过听取汇报、实地查看等方式，详细了解隆德县蔬菜种植、林果培育、粪污处理等特色优势产业发展情况。考察组对隆德县取得的成绩给予充分肯定。

17日，隆德县人大常委会就人民群众和社会各界普遍关心的城乡医疗保障热点、难点问题，向县人民政府相关部门进行专题询问。县人大常委会主任王勇、副主任马国强、杨智军和常委会组成人员，县人民政府分管领导及部分县人大代表、乡镇人大主席、群众代表以及县医疗保障局、卫健局、财政局等部门负责人参加会议。县人大常委会副主任刘玲主持会议。

18日，吴忠市利通区考察团来隆德县考察学习农村人居环境整治和垃圾分类处理工作。考察团先后深入城关镇咀头村、观庄乡前庄村、沙塘镇清泉村等地，通过听取介绍、实地查看等方式，详细了解隆德县农村人居环境整治和垃圾分类处理工作。

21日，由县人民政府、市文化旅游广电局主办，县文化旅游广电局承办的第二届宁夏固原梯田花儿节暨第五届清凉隆德网络文化旅游节在观庄乡万亩油菜花基地开幕。活动邀请网络主播通过网络直播的方式带大家赏万亩油菜花，感受清凉隆德的独特魅力。

是日，固原市人大常委会主任罗永红带领调研组调研隆德县脱贫攻坚相关工作。他强调，要认真贯彻落实习近平总书记视察宁夏重要讲话精神，扎实做好"四查四补"大普查反馈问题整改工作，进一步巩固脱贫攻坚成果。

22日，县委政法委召开2020年第3次会议。传达学习习近平总书记视察宁夏重要讲话精神、自治区党委书记陈润儿在自治区党委常委会（扩大）会议上的讲话精神；传达学习中央政法委秘书长、全国扫黑办主任陈一新在全国扫黑除恶专项斗争重点地市督办会上的讲话精神和自治区党委常委、政法委书记、自治区扫黑除恶专项斗争领导小组组长张韵声在自治区扫黑除恶专项斗争重点县（市、区）督办会上的讲话等精神；传达学习自治区党委政法委《关于做好新冠肺炎疫情后期维护国家政治安全工作的通知》《自治区党委政法委员会工作规则》和《中国共产党政法工作条例》；听取全县扫黑除恶专项斗争推进情况和社会治安突出问题整治情况汇报；审议平安隆德建设协调小组组成人员名单及职责。县委副书记、政法委书记李国帅主持会议。

23日，建设银行隆德支行举办"银税企合作、助力企业发展"普惠金融推介会。县委常委、副县长马龙出席推介会，县工商联、税务局、工业园区相关负责人和部分企业负责人参加推介会。

24日，县委书记袁秉和主持召开县委2020年第17次常委会会议，传达学习自治区党委十二届十一次全会精神，研究贯彻意见。

是日，十四届县委第十轮巡察工作动员部署会议召开，传达学习2020年全国巡视工作会议暨十九届中央第五轮巡视动员部署会和市县巡察工作西北片区调研会精神，安排部署十四届县委第十轮巡察工作任务。县委常委、纪委书记、监委主任、县委巡察工作领导小组组长徐万廷出席会议，县委常委、县委组织部部长、县委巡察工作领导小组副组长马成文主持会议。

25日，县委副书记、县长潘建宁在调研工业园区重点项目建设工作。他强调，要进一步统一思想，加强统筹协调，强化服务保障，形成工作合力，扎实推进园区重点项目建设工作，确保按照时间节点完成项目建设任务，推动隆德县经济社会高质量发展。

26日，自治区副主席、固原市市长马汉成带领市应急管理局、住建局、自然资源局负责同志来隆德县调研地质灾害隐患点排查及危房危窑改造工作。县委副书记、县长潘建宁陪同调研。

27日，隆德县"圆梦蒲公英·七彩假期"志愿服务活动启动，号召广大返乡大学生志愿者充分发扬奉献、互助、友爱、进步的志愿精神，为丰富留守儿童暑期生活、解除外出务工家长后顾之忧贡献青春力量。本次活动由团县委、县新时代文明实践中心、教体局、青年志愿者共同发起，为期15天。

28日，在八一建军节来临之际，县领导袁秉和、潘建宁、王勇、王升、李国帅等看望慰问了驻隆部队官兵和部分重点优抚对象、军烈属、现役军人家属、防疫先进个人、脱贫致富能手、困难退役军人，向大家致以节日祝贺和亲切问候。

29日，隆德县被全国爱国卫生运动委员会命名为"国家卫生县城"。

是日，隆德县青年书法夜校揭牌仪式在隆泉社区新时代文明实践大讲堂里举行，宁夏书协副主席、市书协主席齐国旺，市书协副主席兼秘书长李万鹏，相关县领导，城关镇相关负责人及全县50余名书法爱好者参加活动。

△县应急管理局、自然资源局、气象局、卫监局、陈靳乡等相关单位在陈靳乡清凉村组织开展山洪地质灾害防御应急演练，以提高隆德县各级干部应急反应能力和广大群众防灾减灾意识。各参加演练单位工作人员及清凉村群众约300余人参加演练。

△隆德国家气象观测站迁建项目主体工程完工。建设标准化国家气象观测站，包括625平方米气象观测场，配置温度、湿度、气压、降水量、能见度、负氧离子等二十几项气象要素新型观测设备，配套观测场综合布线、防雷工程、供电系统、气象设备运行监控平台以及业务设备操作平台；建设1032平方米三层框架结构业务用房及附属设施，配套综合监测、天气预报会商系统等。

△在八一建军节来临之际，隆德县收到中国人民解放军、中国人民武装警察部队发回的柳杨、张震、杨锁锁等10名隆德籍现役军人荣立军功的喜报，县领导陈国栋带领退役军人管理局、人武部相关负责人，一一将喜报和对军属的关怀慰问送到军人家中，进一步弘扬新时代拥军优属光荣传统，营造关爱军人、"一人立功，全家光荣"的喜庆氛围。

30日，隆德县观庄乡前庄村万亩油菜花正值盛花期，吸引了不少游客前来观光游玩。

8月

3日，厦门大学经济学院党委党校脱贫攻坚专题暨党性教育培训在隆德县开展。各乡镇、部门（单位）分管经济工作的负责人在主会场参加培训。各乡镇其他领导班子成员、各村第一书记、驻村干部、村干部通过云视讯的方式在分会场参加培训。

是日，县委副书记、政法委书记、县扫黑除恶专项斗争领导小组常务副组长李国帅等分别带队，围绕"六清"目标任务，紧盯群众反映的突出问题线索办理，全面开展督导检查，确保打赢扫黑除恶收官之战。

4日，浙江理工大学中药材研究专家工作站在六盘山工业园区上药（宁夏）中药资源有限公司揭牌成立。浙江理工大学党委书记吴锋民、县委书记袁秉和等出席揭牌仪式。

5日，全县科级领导干部学习贯彻习近平总书记视察宁夏重要讲话精神专题培训班在行政中心开班。县委常委、组织部部长马成文出席开班仪式并讲话。

是日，自治区自然资源厅二级巡视员张黎带领自治区应急管理指挥部第四督查组督查隆德县防汛救灾工作，要求隆德县坚决贯彻落实习近平总书记关于防汛救灾重要指示批示精神，全面落实主体责任，层层压实工作责任，坚决杜绝侥幸心理，抓实抓细各项防汛救灾措施，全面提高灾害防御能力，切实保障人民生命财产安全。

7日，隆德县创建国家公共文化服务体系示范区培训班在行政中心举办，各相关单位负责人参加培训。培训班邀请固原市委党校教育专家库成员、市文化旅游广电局副局长、高级政工师杜彦荣作了题为《红军在六盘山》的专题讲座，使大家深刻认识到创建国家公共文化服务体系示范区的重要意义。

9日，中国残联副主席、副理事长程凯一行来隆德县调研残疾人工作。自治区政府办公厅一级巡视员薛刚、自治区残联理事长马军生、自治区残联二级巡视员席卫东，市、县领导周恭伟、袁秉和等陪同调研。

是日，自治区妇联在隆德县温堡乡举办学习宣传贯彻习近平总书记视察宁夏重要讲话精神、《中华人民共和国民法典》和《宁夏回族自治区妇女权益保障条例》知识讲座，全乡100余名妇女聆听了讲座。

10日，隆德县召开"七五"普法总结验收工作安排部署暨培训会，对全县"七五"普法验收工作进行全面动员部署，并就县2020年全面依法治县督查工作情况进行通报。县委副书记、政法委书记李国帅出席会议并讲话。

是日，县城管部门集中对城区长乐街商铺的店外经营，渝河农贸市场、龙泉新村临时果蔬市场等地占道经营，车辆乱停乱放等违章行为进行集中整治。

11日，全区健身气功功法技能提高培训班在隆德县开班，来自全区各市、县、区的100名学员参加了培训。此次培训邀请国家级社会体育指导员李媛敏、马玉梅、贺锡向为参训学员培训，主要教学健身气功导引养生功十二法。现场示范，现场交流，取得了良好成效。

12日，县长潘建宁主持召开县人民政府第71次常务会议，传达学习全区推进高质量发展重点项目建设现场观摩总结会、市委四届八次全会、国务院第三次廉政工作会议暨自治区人民政府廉政工作电视电话会议、全国安全生产电视电话会议及区、市安委会2020年第三次全体（扩大）会议精神，研究贯彻意见。

13日，县委书记、县人武部党委第一书记袁秉和主持召开县委2020年议军会议，传达学习相关文件、会议精神，听取2019年县委议军会议研究事宜落实情况汇报，研究驻隆部队需要解决的相关问题，助推国防后备力量建设与经济社会协调发展。

是日，县委书记、县委退役军人事务工作领导小组组长袁秉和主持召开2020年县委退役军人事务工作领导小组会议，传达学习自治区党委退役军人事务工作领导小组第二次全体会议精神，听取全县退役军人事务工作及全国示范型服务中心（站）创建工作进展情况汇报，安排部署下阶段退役军人事务相关工作。

△自治区党委政法委委员、自治区司法厅厅长冯自保带领调研组来隆德县调研基层社会治理、扫黑除恶、政法队伍教育整顿等工作。市、县相关领导陪同调研。

14日，自治区党委宣传部副部长马英俊一行来隆德县，先后到县融媒体中心、城关镇峰台社区六盘山红色书院、隆泉社区新时代文明实践站、沙塘镇新时代文明实践所，就融媒体发展和新时代文明实践所（站）建设及移风易俗工作开展情况进行调研。

是日，中国共产党隆德县第十四届委员会第八次全体会议在县行政中心召开。出席全会的有县委委员27人，候补委员5人。县纪委常委、有关方面的负责同志、部分自治区第十二次党代会代表、市第四次党代会代表、县第十四次党代会代表列席会议。

15日，全国爱国卫生运动委员会公布了2017—2019年国家卫生乡镇（县城）命名名单，宁夏6乡镇（县城）上榜，隆德县位列其中。

是日，由自治区妇联主办的"和谐婚姻家庭大讲堂"巡讲活动隆德县专场活动在城关镇咀头村举办，进一步做好全县婚姻家庭矛盾纠纷预防化解工作，以家庭和谐稳定促进社会和谐稳定，更好地回应和满足妇女群众的关切和需求。

16日，隆德县融资担保公司担保5.23亿元助力县产业发展，充分发挥金融担保杠杆作用，切实解决企业、农户融资难题。

19日，县人民医院举办"弘扬抗疫精神 护佑人民健康"庆祝表彰活动。通过重温医学誓词、表彰先进典型、分享抗疫故事和表态发言，引导广大医务工作者形成"对标先进、争学赶超、奉献担当"的良好氛围，以饱满的热情、坚定的信念为人民群众的生命安全和身体健康保驾护航。

是日，县委书记袁秉和深入好水乡红星村，为基层党员、群众宣讲习近平总书记视察宁夏重要讲话精神及自治区党委十二届十一次全会、市委四届八次全会、县委十四届八次全会精神。

20日，由全区各市、县（区）农机推广中心、相关部门组成的农业机械化技术推广观摩团来隆德县，观摩农机农艺融合全程机械化生产技术推广和机械化生产示范基地建设工作。

24日，县委副书记、县长潘建宁调研隆德县2020—2021年度高标准农田建设工作。他强调，要强化工作措施，加快推进高标准农田建设，努力实现农业增效、农民增收，切实提升全县农业农村工作整体水平。

是日，自治区妇联"反家庭暴力法 抵制高额彩礼"专场巡讲走进隆德县沙塘镇和凤岭乡，教育引导广大群众认真领会习近平总书记视察宁夏重要讲话精神，学习《中华人民共和国民法典》的内容，树立正确的价值观、恋爱观、婚姻观，自觉抵制家庭暴力和"高价彩礼"，争做文明婚嫁新风的倡导者、践行者、宣传者。

△自治区政协观摩团一行30余人来隆德县观摩指导有关工作。市委常委、市委统战部部长周文贵，市政协副主席杨志荣，县委副书记、县长潘建宁，县政协主席王升等陪同观摩。观摩团一行先后来到联财镇张楼村千亩设施蔬菜基地和渝河流域县城段，分别就冷凉蔬菜种植、生态农业转型发展、政府相关补贴政策、带动群众脱贫增收、渝河治理模式等进行实地观摩了解，并和相关负责人现场交流经验，结合实际工作寻找问题、提出意见，落实下一步工作思路。

26—27日，自治区副主席杨培君来隆德县调研教育、卫生健康和科技工作，强调要深入贯彻落实习近平总书记视察宁夏重要讲话精神，始终把人民放在心中最高位置，扎实做好教育、卫生健康和科技工作，坚决打赢脱贫攻坚战，推动经济社会高质量发展。自治区政府副秘书长吴涛，自治区教育工委副书记李玮，自治区卫生健康委副主任宋晨阳，县委副书记、县长潘建宁等陪同调研。

27日，县委书记、县规划委员会主任袁秉和主持召开2020年第3次县城乡规划设计方案审查专题会议。潘建宁、王升、马金平等县级领导，县规划委员会成员单位、项目建设单位和设计单位负责人参加会议。

28日，县委书记袁秉和主持召开县委2020年第21次常委会会议，传达学习习近平总书记对制止餐饮浪费行为重要指示精神和向全国广大医务工作者、全国青联学联会议及广大青少年作出的重要论述、重要指示和贺信精神。

是日，县长潘建宁主持召开县人民政府第72次常务会议，听取2020年政府购买公办幼儿园保育教育服务、全县教育大会、应急物资保障体系建设等工作汇报，并就相关工作进行安排部署。

△县委副书记、县长潘建宁调研县城老旧小区改造工作。

29日，由厦门大学海洋与地球学院和隆德县好水乡共建的"山海之约—海洋文化创意空间"在好水乡中心小学揭牌成立。厦门大学关工委主任陈力文、副主任黄如彬，县委常委、副县长马龙等参加揭牌仪式。

30日，县委副书记、县长潘建宁在调研全县发展壮大村级集体经济工作时要求，各乡（镇）、各相关部门（单位）要进一步提高思想认识，加强统筹协调，立足村情实际，发展壮大以种养殖业、休闲农业、文化旅游等特色产业为主的村集体经济；要完善资金管理、收益分配、监督管理、考评激励、责任追究等管理机制，推动村集体经济良性发展，切实带动群众实现稳定增收。

31日，隆德县召开领导干部学习宣传贯彻习近平总书记视察宁夏重要讲话精神宣讲报告会。袁秉和、潘建宁、王勇、杨超、马金平等县级领导，各乡镇党委书记、各部门（单位）主要负责同志在行政中心主会场参加报告会。各乡镇其他领导班子成员、干部职工及村（社区）"两委"班子成员通过云视讯的方式在分会场参加报告会。报告会上，自治区党校行政学院法学教研部主任周晓军围绕习近平总书记视察宁夏重要讲话的重大意义、丰富内涵和如何学习宣传贯彻习近平总书记视察宁夏重要讲话精神三个方面作深入浅出的讲解。

9月

1日，2020年宁夏非遗保护工作暨"三区"人才支持计划培训班在隆德县开班。全区各市、县（区）文化旅游局分管非遗工作副局长、文化馆长、非遗专干及非遗项目代表性传承人等130余人参加开班式。

2日，福建省委常委、副省长赵龙，福建省副省长郑建闽带领闽宁互助互学对口协作第24次联席会议固原分团成员来隆德县考察闽宁协作相关工作。区、市、县领导张柱、黄水木、袁秉和陪同考察。

3日，480辆共享电单车亮相隆德街头，为居民出行增添了新选择。同时，也对提升城市品质、倡导绿色低碳环保出行具有重要意义。

是日，经水利部复核批准，隆德县桃山水厂入选全国农村供水规范化水厂，成为全区仅有的两所入选水厂之一。这也标志着该水厂在规范化管理方面处于全国农村供水水厂的较高水平。

△县委书记、县扶贫开发领导小组组长袁秉和主持召开县扶贫开发领导小组2020年第9次会议，传达学习全国东西部扶贫协作稳岗就业工作座谈会精神，安排部署县当前脱贫攻坚重点工作。县委副书记杨超等参加会议。

△为认真做好第七次全国人口普查工作，确保普查各阶段数据真实准确，是日，县第七次全国人口普查领导办公室对全县普查区域划分、地图绘制工作质量及建筑物标绘等工作进行督导检查。

5日，福建首批援宁干部、福州市委统战部副部长张性魁来隆德县调研。县政协主席王升等相关县领导陪同调研。张性魁是1997年来隆德县的第一批援宁干部，23年过去了，他见证了隆德翻天覆地的变化。他希望隆德县继续遵循以人为本、服务为民理念，提升幸福城市的品质，实现城市建设高质量发展，让广大人民群众切实感受脱贫攻坚带来的获得感和幸福感。

6日，宁夏智安电力工程有限公司来隆德县开展捐赠助学活动，为2020年考上大学的6名退役军人子女捐赠助学金2万元。

7日，自治区副主席刘可为带领调研组深入隆德县山河乡大慢坡移民迁出区，调研移民迁出区生态恢复工作。市、县领导李云峰、潘建宁等陪同调研。

是日，为期两天的全县电子商务中级培训班开班，邀请厦门大学管理学院科学系主任、教授彭丽芳为隆德县村级电商负责人和电商企业业务人员现场授课，进一步增强大家的业务技能，提升营销的策略和水平。培训班上，还举行了"厦门大学国家一流专业建设点电子商务专业实践教学帮扶基地"揭牌仪式。

9日，隆德县庆祝第36个教师节暨全县教育大会在县体育馆召开。袁秉和、王勇、王升、杨超、马金平等县级领导出席大会。县委副书记、县长潘建宁主持会议。

10日，固原市建设黄河流域生态保护和高质量发展先行区观摩研讨会在隆德县举行。自治区党委常委、市委书记张柱参加观摩研讨并讲话。自治区副主席、市长马汉成，市、县领导罗永红、马玉芳、袁秉和、潘建宁、王勇、王升等参加活动。

是日，隆德县"扫黄打非"工作领导小组办公室组织文广、公安等部门相关工作人员赴泾源县开展"扫黄打非"（区）交叉执法检查工作，为隆德县2020年"扫黄打非"专项行动深入开展吸收宝贵经验。

△自治区气象局党组书记、局长杨兴国深入帮扶村隆德县温堡乡夏坡村，向基层党员群众专题宣讲习近平总书记视察宁夏重要讲话精神。

11日，国家爱卫办组织相关专家，对隆德县城乡环境卫生整治行动及医疗机构卫生厕所整治行动进行终期评估核查。

12日，县全民健身中心由自治区社体中心、县全民健身领导小组主办，体育中心承办，城关镇政府协办的2020年隆德县首届社区运动会在县全民健身中心举办。来自隆泉、隆关等社区的11支参赛队、300余名运动员参加比赛。

14日，自治区党委第三生态环境保护督察组督察隆德县工作汇报会召开。自治区生态环境厅监察专员、自治区党委第三生态环境保护督察组副组长李彬等参加汇报会。县委书记袁秉和向督察组汇报隆德县生态环境保护情况。县委副书记、县长潘建宁主持会议。

是日，以"共享芬芳 共铸小康"为主题的中国残疾人艺术团本年首场《我的梦》百县百场公益演出在县体育馆举行，为全县群众带来了一场异彩纷呈的视觉盛宴和文化大餐。全国政协委员、中国特殊艺术协会副主席、中国残疾人艺术团团长邰丽华，自治区残联副理事长李春林，县委书记袁秉和，副书记、县长潘建宁等出席活动，并与两千多名观众一同观看演出。

△隆德县开展"七五"普法总结验收工作，对全县13个乡镇及各部门（单位）的"七五"普法实施意见和县人大常委会决议的贯彻执行情况

进行总结验收。

15日，自治区建设黄河流域生态保护和高质量发展先行区第二次推进会在固原召开，自治区党委书记、人大常委会主任陈润儿，自治区党委副书记、自治区主席咸辉带领区直各有关单位、各市县（区）负责人在隆德、泾源、彭阳3个县进行了现场观摩，实地感受习近平生态文明思想给固原带来的翻天巨变、展现的实践伟力，学习固原市在生态保护、生态修复、生态治理上的好经验、好做法，进一步坚定信心、鼓舞士气，努力建设黄河流域生态保护和高质量发展先行区。观摩中，看到渝河的治理成效，陈润儿从水土的保持、水源的涵养、水系的贯通、水量的增加、水质的改善五个方面充分肯定了渝河治理成效，向与会成员详细说明流域治理的重要性、水土保持的关键性和水生态涵养的系统性。来到六盘山西峡林场五锅梁林区（崇安、大慢坡林区）看到眼前连绵起伏的针叶林，陈润儿说，六盘山从荒山秃岭到绿水青山、从生态脆弱到满目苍翠，固原的干部群众跋山涉水、翻山越岭，用脚步丈量山崖沟梁、用汗水浇灌一草一木，付出了辛劳、结出了硕果，我们一定要倍加珍惜，用心守护。

是日，自治区政协人口资源环境委员会副主任、自治区党委第三生态环境保护督察组组长王杨宝带领督察组来隆德县开展生态环境保护督察工作。副市长王新军等陪同督察。

△自治区政协副主席李彦凯带领自治区政协重点提案督办调研组来隆德县，就自治区政协十一届三次会议第249号《关于支持建设六盘山生态经济区建设》重点提案进行督办调研。市政协主席马玉芳、县政协主席王升等陪同调研。

16日，由中国残疾人联合会、中国残疾人艺术团主办，隆德县委、县人民政府承办，共青团固原市委协办的"固原有礼 抱团助农"之"丰收隆德 为爱助残"电商助残扶贫直播带货活动在六盘山工业园区"隆隆薯"体验店举行。直播现场，邀请中国残疾人艺术团团长、中国特殊艺术协会副主席、全国青年联合会副主席、"隆隆薯"特色农产品代言人邰丽华向全国的网友展示隆德本地的优质农产品。

17日，隆德县召开第七次全国人口普查工作会议，通报前期普查工作进展情况，安排部署下一阶段重点工作。

是日，上海市政协副秘书长、办公室主任袁鹰带领调研组调研隆德县公共文化建设及文化旅游产业发展情况。自治区政协社会和法制委员会副主任谢治国、市政协副主席杨志荣、县政协主席王升陪同调研。

18日，隆德县电视图书馆正式开通。

19日，团县委在青少年活动中心开展主题为"安全上网 健康成长"的网络安全教育活动。

是日，由县委组织部、县委宣传部主办，县文学艺术界联合会承办的全县2020年乡土书法绘画摄影人才培训启动。自治区书法家协会主席宋琰、自治区摄影家协会主席吴建新、自治区美术家协会副主席左力光及隆德县有关县领导参加启动会。

21日，县人大常委会主任王勇带领视察组视察县人民法院一站式诉讼服务、行政事业单位国有资产管理及重点项目建设工作。

22日，县委、县政府在杨河乡召开主题为"牛劲隆德·丰收六盘"的2020年中国农民丰收节暨全县肉牛产业发展大会，分享隆德县农村经济发展成果，共享农民朋友欢庆丰收的喜悦之情，凝聚推动全县经济社会高质量发展的磅礴力量。

22—23日，县委宣传部、县委网信办组织举办第二届"金凤漫卷 丰收隆德"网络媒体行活动，邀请宁夏日报、宁夏电视台、固原市新闻传媒中心、搜狐、网易、腾讯新闻以及部分县内外自媒体代表、摄影爱好者全方位、多角度、深层次宣传报道隆德县推动生态环境治理、新时代文明实践、产业发展、脱贫攻坚等工作取得的实效。

23日，灵武市市长马自忠带领考察组考察隆德县渝河流域综合治理项目。县委副书记、县长潘建宁等陪同考察。

24日，自治区高级人民法院院长沙闻麟来隆德县调研乡村治理工作。市中级人民法院院长董军、县人民法院院长陈君礼等陪同调研。沙闻麟一行先后深入凤岭乡李士村和沙塘人民法庭，通过听取介绍、实地查看的方式，详细了解隆德县乡村治理工作具体做法、取得的成效、存在的困难和问题。并主持召开座谈会，认真听取各方意见建议，共同探讨强化乡村治理的办法、措施。

是日，县委副书记、县长潘建宁调研2021年中药材种植示范点建设工作。他强调，要继续坚持"菜进川、药上山"的思路，加强产业结构调整，优化产业布局，精准选定中药材主导品种，发挥科技型龙头企业引领示范作用，打造六盘山道地中药材名优品牌，推动中药材产业高质量发展。

△市委常委、纪委书记、监委主任纳冰一行来隆德县，就贯彻落实市纪委四届五次全会部署重点工作完成情况和纪检监察工作推进落实情况进行调研督查。

25日，隆德县"纪念中国人民抗日战争暨世界反法西斯战争胜利75周年"诗词朗诵大会在县体育馆举行。

27日，固原市妇联在隆德县观庄乡、张程乡开展"送法到家""护航春蕾"宣讲活动，进一步动员广大妇女群众积极参与基层社会治理，推动"家家幸福安康工程"的实施。

是日，县委书记、县委全面深化改革委员会主任袁秉和主持召开县委全面深化改革委员会第七次会议，传达学习中央和自治区党委全面深化改革委员会相关会议精神，听取部分改革事项进展情况汇报，安排部署全面深化改革有关工作。

28日，世界旅游联盟综合业务部主任、全国旅游标准化技术委员会委员、第四批国家旅游标准化试点城市验收专家组组长张源带领验收专家组，来隆德县验收第四批全国旅游标准化试点城市创建工作。市委常委、政法委书记、宣传部部长吴会军等陪同验收。

是日，由固原市委宣传部、网信办、文化旅游广电局主办的第八季"网络达人浪固原"活动中的60余名"网络达人"、全区主流媒体记者来隆德县开展采访活动，体验民俗文化，感受隆德城乡变化。

△市委老干部局、市延安精神研究会和县委组织部、县延安精神研究会联合举办的全市延安精神进社区活动现场会在隆德县召开。自治区延安精神研究会常务副会长段振国、副会长俱旭辉，市延安精神研究会会长姚启世，市、县相关领导，市、县延安精神研究会成员单位负责人参加会议。

△市人大常委会组织部分区、市人大代表来隆德县视察黄河流域生态保护和高质量发展重点

项目建设工作，县人大常委会主任王勇、政府相关负责领导等陪同视察。

29日，县委全面依法治县委员会办公室组织开展2020年度行政执法人员综合法律知识考试，进一步提升隆德县行政执法人员的履职能力和工作水平，严格规范公正文明执法。来自全县各执法单位的177名行政执法人员分4批参加考试。

30日，县委书记袁秉和主持召开县委2020年第24次常委会会议，传达学习习近平总书记视察湖南重要讲话精神、致中国延安精神研究会第六次会员大会贺信精神及自治区党委常委会会议暨应对新冠肺炎疫情工作领导小组第15次会议精神等，研究贯彻意见。听取全县安全生产、脱贫攻坚工作情况汇报，并就相关工作进行安排部署。

10月

1日，国庆中秋双节之际，由县农业农村局、文广局、沙塘镇人民政府主办，和平村村委会、街道村村委会承办的2020年中国农民丰收节暨沙塘镇首届乡村旅游节在和平村休闲农业示范园举行。

8日，国庆节、中秋节期间，全县共接待游客20.7406万人次，同比增长18%，直接性营业总收入150.092万元，同比增长9%，实现社会总收入0.83亿元，旅游市场呈现良好势头。

11日，厦门大学光电混能采暖实验项目正式落户沙塘镇张树村。该项目由厦门大学物理科学与技术学院老师蔡伟伟、张学骜、蔡加法课题组承担。专门针对光资源丰富的地区，白天采用太阳能集热管进行光热转换，多余的热量储存在相变材料中，供太阳下山至晚上9点之间的取暖，晚上9点以后利用电加热，避开用电高峰。通过这种方式，来降低甚至完全取代秸秆、煤等的消耗，实现环保减排。同时，大幅降低村民用电成本，减轻村民负担，缓解农村增容配电难度。

13日，自治区副主席、市长马汉成调研隆德县生态建设和秋季植树造林工作。他强调，要深入贯彻落实习近平生态文明思想和习近平总书记视察宁夏重要讲话精神，不折不扣落实好自治区建设黄河流域生态保护和高质量发展先行区第一、二次推进会议精神，进一步深化对"生态优先、绿色发展"定位的认识，围绕水土保持、水源涵养、水系贯通、水量增加、水质改善、水权改革，实现水资源高效节约利用，在生态建设上拿出新举措、展现新作为，努力为守好改善生态环境生命线、建设先行区做贡献。县领导潘建宁等陪同调研。

是日，县委常委、纪委书记、监委主任徐万廷主持召开全县扶贫领域腐败和作风问题专项治理工作例会，传达学习全区贫困县（区）纪委书记工作例会和自治区纪委办公厅《关于进一步加强扶贫领域腐败和作风问题专项治理的通知》精神，并就相关工作进行安排部署。

△县委、县政府召开"大干100天"坚决打赢脱贫攻坚战行动推进会，深入贯彻落实习近平总书记视察宁夏重要讲话精神和国务院、自治区、市扶贫开发工作会议精神，动员全县上下充分利用好2020年后3个月时间，以问题为导向，再鼓干劲，务求实效，在目标上再明确，措施上再精准，责任上再落实，确保如期打赢脱贫攻坚收官战。县级领导袁秉和、王勇、杨超等出席会议，县委副书记、县长潘建宁主持会议。

△吴忠市政协主席孙瑛，永宁县政协党组成员、主席段伏林分别带领考察团来隆德县考察生

态保护工作，县政协主席王升等陪同考察。

14日，自治区政协主席崔波带领自治区政协调研组来隆德县，就进一步做好新时代政协工作进行调研指导。自治区党委常委、市委书记张柱，市政协主席马玉芳，县委书记袁秉和，县政协主席王升陪同调研。

是日，隆德县第八届校园文化艺术节在体育馆举行。艺术节突出"体育"和"科技"主题，将同步开展青少年篮球、足球、啦啦操比赛和科普剧展演、航模飞行秀、科技创新展等。

△红寺堡区委副书记周永根带领观摩团来隆德县观摩学习河湖长制先进工作经验。县委副书记杨超陪同观摩。

14—15日，县委副书记、县长潘建宁专门就全县2021年农业产业结构调整工作进行调研。他强调，要突出特色、因地制宜、科学谋划，进一步调优产业结构，确保农业增效、农民增收，着力推进乡村振兴。

15日，在六盘山工业园区隆隆薯店，厦门大学挂职干部、研究生支教团队员通过网络直播带货的方式，销售隆德县沙棘汁、方便粉丝等农特产品，受到网友热捧，销售额达9000多元。

是日，市委依法治市办督察组督查隆德县党政主要负责人履行推进法治建设第一责任人职责及法治政府建设工作。县委副书记、政法委书记马金平陪同督查。

16日，县委副书记、县长潘建宁调研全县2021年"四个一"林草产业示范点建设工作。他强调，要进一步提高思想认识，科学谋划2021年"四个一"林草产业示范点建设工作，大力发展生态产业，真正种出产业、种出风景、种出财富，实现"生态美"与"百姓富"共赢。

是日，全县新时代文明实践中心建设互促互学观摩暨推进会召开。县级领导袁秉和、马晓红、柳国仁、柳春梅、任慧琴出席会议。各乡（镇）党委书记、乡（镇）长、宣传委员，相关部门（单位）主要负责同志参加会议。

△吴忠市组成的市级"扫黄打非"交叉检查组来隆德县开展2020年市级"扫黄打非"工作区域交叉检查，进一步维护意识形态领域和文化市场安全稳定。

17日，由自治区商务厅主办，市商务和投资促进局、县发展和改革局、宁夏家电行业协会承办的宁夏高效智能绿色家电惠民行动隆德县启动仪式暨展销会在华天广场正式启动。

是日，县委副书记、县长潘建宁带领发改、财政、住建等部门主要负责同志，调研县城雨污分流项目建设及供热准备工作。他强调，要进一步压实工作责任，加强统筹协调，全力以赴抢抓县城雨污分流项目建设进度；要加强煤炭储备及供热设备的检修、维护等准备工作，确保如期供暖，让广大群众温暖过冬。

19日，由县委、县政府主办，县委宣传部、文广局、扶贫办承办的全国第七个"扶贫日"专场文艺晚会在县体育馆举行，通过艺术的力量进一步鼓舞士气，激发脱贫内生动力。县领导王升、杨超等与社会各界人士一同观看演出。

是日，县委副书记、县长潘建宁调研工业园区重点项目建设工作。他强调，要进一步统一思想，增强发展信心，扎实抓好重点项目建设，确保按照时间节点完成项目建设任务，推动县经济社会高质量发展。

20日，由自治区党委宣传部、自治区文明办主办，宁夏六盘山干部学院承办的全区文明实践理论和形势政策宣传宣讲经验交流暨讲故事能力志愿者骨干培训班在隆德县城关镇峰台社区六盘山红色书院开班。自治区党委宣传部副部长于小晗，六盘山干部学院副院长陈伟，县委常委、宣传部部长马晓红参加开班仪式。

是日，固原市住建局组织70余名工作人员来隆德县调研美丽村庄建设、人居环境整治及城市建设等工作。调研团先后深入城关镇咀头村、沙塘镇清泉村、渝河县城段和骆驼巷丝路文化公园、笼竿城街心公园等地，通过听取汇报和实地查看的方式，详细了解隆德县美丽村庄建设、农村生活垃圾分类、人居环境整治和城市建设等工作经验、做法。

21日，固原市2020年渔业资源增殖放流暨水生野生动物保护宣传月活动在隆德县三里店水库启动。此次活动，旨在进一步保护修复隆德县渔业资源、改善水域生态环境，通过渔业资源增殖放流，在全社会形成珍惜水资源、爱护水生态环境的良好氛围。

是日，市妇联互观互学观摩团来隆德县观摩妇联基层组织建设和妇女儿童"两规划"工作。观摩团一行先后来到沙塘镇清泉村、城关镇峰台社区、县妇幼保健计划生育服务中心等地，通过实地查看、听取汇报、查阅台账资料等方式，对隆德县妇联基层组织建设和"两规划"档案资料整理、"两规划"指标完成情况进行观摩。

△县长潘建宁主持召开县人民政府第74次常务会议，传达学习全国、全区秋冬季森林草原防灭火工作电视电话会议精神；听取2020年市、县人大代表议案建议和政协委员提案建议办理及全县2021年第一批基础建设项目情况汇报，并就相关工作进行安排部署。

△长安责任保险股份有限公司宁夏分公司工作组，来隆德县城关镇三合村开展新时代文明实践爱心助学及保险理赔捐赠活动，为三合村小学生发放爱心助学金和礼品，并向城关镇500名建档立卡贫困户及公益性岗位人员捐赠意外保险。

22日，县领导袁秉和、王勇、马金平等带领慰问组，走访慰问中国人民志愿军抗美援朝出国作战老战士和烈士遗属，向他们致以亲切问候和崇高敬意。慰问组来到抗美援朝出国作战老战士赵国俊、张世荣家中，与他们亲切交谈，详细询问老人们的身体状况和生活情况，听老人们讲述参加抗美援朝的峥嵘岁月，对抗美援朝老战士在战争年代不怕流血牺牲的大无畏精神表示敬意，感谢他们为国家和人民做出的贡献，衷心祝愿老人们健康长寿，安度幸福晚年。

23日，国家验收组检查验收隆德县第四批国家公共文化服务体系示范区创建工作。自治区文化和旅游厅副厅长柳萍，市委常委、政法委书记、宣传部部长吴会军，副县长柳春梅陪同检查。验收组先后深入城关镇隆泉社区综合文化服务中心，沙塘镇综合文化站，凤岭乡李士村综合文化服务中心，魏氏砖雕非遗文化传承基地，县文化馆、图书馆、博物馆等地，通过听取汇报、观看视频资料等多种方式对隆德县创建工作进行检查验收。

是日，县委书记袁秉和主持召开县委2020年第25次常委会会议，传达学习习近平总书记在中央党校（国家行政学院）中青年干部培训班开班仪式上的讲话、在深圳经济特区建立40周年庆祝大会上的讲话、在中央政治局第二十三次集体学习时的讲话精神和在第七个国家扶贫日对脱贫攻坚工作重要指示精神及《中共中央 国务院关于印发〈黄河流域生态保护和高质量发展规划纲要〉

的通知》精神。

△县工商联八届五次执委（扩大）会议召开，传达学习习近平总书记在企业家座谈会上和视察宁夏重要讲话精神及中共中央办公厅《关于加强新时代民营经济统战工作的意见》精神，审议人事任免相关事宜。

△隆德县召开第四次"互联网＋教育"信息化应用推进会，进一步推动隆德县信息技术与教学实践的深度融合，银川市西夏区教师发展中心、西夏区第十小学、银川市中关村中学负责人及部分教师，隆德县教师发展中心、中小学校长等320余人参加会议。

24日，隆德县与清华大学第一附属医院签署先天性心脏病患儿筛查救助合作协议。清华大学第一附属医院自2017年与隆德县签订先天性心脏病筛查救助协议以来，共计诊疗先天性心脏病人75名，赴北京成功实施免费手术34人，为患者家庭节省医疗费用70余万元，彻底改变了先天性心脏病人家庭的生活困境，特别是23名先天性心脏病儿童，从此告别病痛，与正常儿童一样茁壮成长。

26日，十四届县委第十一轮巡察工作动员部署会召开，启动对县法院、公安局、科技局、退役军人事务局、医疗保障局、审批服务管理局6个部门（单位）党组织的常规巡察工作。自治区党委巡视组正厅级巡视专员、巡察指导督导组组长张利国，自治区党委巡视办副主任、一级巡视员贺华，自治区党委巡察指导督导组其他成员，市委巡察工作领导小组成员、市委巡察办相关负责人，县委常委、纪委书记、监委主任、县委巡察工作领导小组组长徐万廷等出席会议。

是日，县中医院举办中医适宜技术基本理论和临床实操健康大讲堂，进一步弘扬中医养生文化，推广中医适宜技术，让中医健康养生的理念融入百姓生活。各乡镇卫生院中医馆人员、中医人员、村卫生室人员、社区卫生服务站人员、社会人士等100余人参加讲座。

△隆德县举行环卫工人清洁技能大赛暨环卫工人表彰大会。对在环卫岗位上表现优异的33名环卫工人进行表彰。希望广大环卫工作者继续发扬"宁脏我一人，换来万家洁"的无私奉献精神。

28日，隆德县十七届人大常委会召开第二十七次会议，传达学习陈润儿同志在列席自治区人大常委会会议基层人大代表座谈会上的讲话精神；听取和审议有关工作报告，并对工作报告进行满意度测评；表决通过相关人事任免议案。县人大常委会主任王勇主持会议并讲话。

是日，自治区水利厅二级巡视员江静带领验收组验收隆德县节水型社会达标建设工作。验收组先后来到县第一小学、南凤嘉园小区、县机关事务服务管理中心、兴宇粗粮加工有限公司和县污水处理厂，通过听取介绍、实地查看和翻阅档案资料的方式，详细了解学校、社区、机关、企业在节水型社会达标建设工作中的措施、成效。

28—29日，县委书记袁秉和调研督导全县基层治理工作。他强调，各部门（单位）要进一步提高思想认识，完善基层治理体系，提升基层治理能力，狠抓乡村、社区、宗教、校园、企业、社团6项专项治理工作任务落实，把基层治理的效果转化为群众的获得感、幸福感和安全感。县委副书记、政法委书记马金平参加调研。

30日，县委政法委、国安办、防线办牵头在星兴广场开展《中华人民共和国反间谍法》颁布实施6周年宣传活动。县委副书记、政法委书记马金平等县级领导参加活动。

是日，县委书记袁秉和就县政协十一届四次会议1号提案《关于加快"5G基站"投运，推进智慧隆德建设的提案》和1号建议《关于对好兴公路沿线实施绿化的建议》进行督办。县政协主席王升等一同督办。袁秉和一行先后来到好兴公路绿化现场、三山公园5G基站、县公交公司和中国移动隆德分公司，通过听取介绍、现场查看的方式，详细了解政协重点提案、建议办理情况。在召开的座谈会上，县发改局、自然资源局负责人就办理工作作了汇报；参加督办活动的县政协委员对重点提案、建议办理情况进行评议。

31日，2020年全县中小学生积分制篮球联赛在县体育馆开赛。全县各中小学23个代表队500多名运动员参加比赛。

11月

1日，隆德县第七次全国人口普查入户登记工作正式启动。

3日，县委书记袁秉和主持召开县委2020年第26次常委会会议，专题传达学习党的十九届五中全会精神，研究部署学习宣传贯彻工作。会议强调，要切实增强全会精神学习宣传的责任感和使命感；要聚精会神抓好学习宣传，领导干部带头学，各级党委集中学，广大党员自觉学，做到学深学透、学懂弄通、学有所获；要创新形式，制定学习宣传方案，深入广泛抓好宣传，聚焦主题主线、重点亮点、线上线下，分级分类分众宣传宣讲，推动全会精神"传"入千家万户、"播"进田间地头，营造全县上下学习宣传贯彻全会精神的浓厚氛围。

是日，隆德县在本县分会场参加全国、全区、全市疫情防控工作电视电话会议，深入贯彻党的十九届五中全会和习近平总书记重要讲话精神，落实党中央、国务院决策部署，全面做好外防输入、内防反弹工作，守住今冬明春防控的关键时期，确保疫情不出现反弹。

4日，固原市委常委、副市长周恭伟带领市卫健委、农业农村局、食药监局、疾控中心等单位负责人调研隆德县秋冬季新冠肺炎疫情防控、流行性出血热和狂犬病等疾病防控工作，要求隆德县严格落实落细常态化防控措施，强化秋冬季疫情防控责任意识，巩固防控成果，避免疫情出现反弹。

是日，自治区民政厅厅长妥永苍一行来隆德县调研指导基层社区治理和疫情防控工作。县委副书记、县长潘建宁陪同调研。

5日，隆德县新时代文明实践学雷锋志愿服务班在张程乡桃园村开班，全县30余名新时代文明实践志愿服务队及新时代文明实践站（所）负责人参加培训，南京大学研究生支教团成员徐浩博授课。

是日，县长潘建宁主持召开县人民政府第75次常务会议，传达学习党的十九届五中全会精神和国务院、区市疫情防控工作电视电话会议精神，研究贯彻意见。

6日，由县发改局、财政局主办，团县委、扶贫办、农业农村局协办，山河乡人民政府承办的山河乡首届电商节暨党建引领电商扶贫活动在山河乡举行。旨在进一步加大消费扶贫引导力度，持续营造全社会参与消费扶贫的浓厚氛围。

是日，县委书记、县扫黑除恶专项斗争领导小组组长袁秉和主持召开隆德县平安建设暨扫黑除恶专项斗争2020年第四次领导小组会议，传达学习党的十九届五中全会、全国扫黑除恶专项斗争第3次推进会和自治区扫黑除恶专项斗争推进会精神，听取平安建设、扫黑除恶专项斗争、禁毒、信访案件办理、案件审理和法治政府建设等工作情况汇报，并就相关工作进行安排部署。县委副书记、政法委书记、县扫黑除恶专项斗争领导小组常务副组长马金平等县级领导参加会议。

△由县退役军人事务局主办，县就业创业和人才服务局、县职业中学承办的2020年金秋招聘月暨退役军人专场招聘会在县职业中学举办。

7日，厦门大学人文学院党委书记王炳华带领帮扶考察组到张程乡开展帮扶考察工作，向张程乡小学捐赠助学金和图书，并洽谈结对帮扶有关事宜。县委常委、副县长马龙参加捐赠仪式。

9日，县反恐办组织公安、消防、卫生、应急等部门在华天广场举行"四联三防"反恐应急处突演练，进一步提高人员密集场所群防群治反恐应急处突能力，有力震慑恐怖行为的发生，提升人民群众安全感。

是日，隆德县在县第一小学召开全县校园消防安全标准化建设现场观摩会，进一步完善校园安全治理体系，提升治理能力，有效防范校园安全事故发生，切实维护校园安全稳定。

10日，西藏林芝市米林县人大代表团来隆德县考察学习，表示将在今后的工作中继续加强经验交流，相互借鉴、取长补短，进一步提高双方人大工作水平。

10—11日，水利部黄河水利委员会河湖局副局长郑春宝带领验收组，验收隆德县渝河示范河湖建设工作。县委书记袁秉和等县领导先后陪同验收。

12日，县委副书记、县长潘建宁调研道路交通安全和森林草原防火工作。他强调，要牢固树立安全发展理念，全面抓好道路交通安全和森林草原防火各项工作，确保人民群众生命财产安全。

13日，隆德县在分会场参加学习贯彻党的十九届五中全会精神中央宣讲团报告会。

是日，县长潘建宁主持召开2020年第10次县长办公会议，传达学习自治区2020年脱贫成效考核准备工作视频会议精神；听取"大干100天"坚决打赢脱贫攻坚战进展、2020年扶贫开发数据质量提升、脱贫攻坚项目库建设、全县金融扶贫小额信贷逾期贷款清收等工作情况汇报，并就相关工作进行安排部署。

15日，中国文物保护基金会理事长励小捷带领调研组来隆德县调研文化传承工作。市、县领导马玉芳、吴会军、袁秉和等陪同调研。调研组来到魏氏砖雕传承保护基地，通过听取汇报、参观展厅、现场交流等方式，详细了解魏氏砖雕的传承、发展以及规划情况。

16日，"科技专家助力脱贫攻坚固原行"活动走进隆德县，通过举办讲座、开展扶贫助农直播带货等方式，为隆德县产业发展提供科技智力支撑，进一步增强发展动力，激发创新创业活力。

是日，全县"十四五"规划教育工作座谈会在县教体局召开。各中小学校、幼儿园，各乡镇学区负责人等参加会议。

17日，县长、县应对新冠肺炎疫情工作指挥部指挥长潘建宁主持召开隆德县进一步加强冷链食品监管工作会议，传达学习《自治区应对新冠肺炎疫情工作指挥部办公室关于转发山东省青岛市瞒报迟报疫情有关情况通报的通知》，安排部署隆德县冷链食品监管及常态化疫情防控工作。

18日，县委书记袁秉和主持召开县委2020年第27次常委会会议，传达学习习近平总书记在浦东开发开放30周年庆祝大会上的重要讲话、视察江苏重要讲话、在全面推动长江经济带发展座谈会上的重要讲话精神等；听取县委各常委落实全面从严治党主体责任和人武部关于迎接中央军委国防动员部深化民兵调整改革检查工作准备情况汇报。

19日，水利部公告全国第一批小型水库管理体制改革样板县（市、区）名单，隆德县位列其中，是全区唯一一个被确定为全国第一批小型水库管理体制改革样板县。

是日，自治区妇联聘请专业讲师在城关镇杨店村、西苑社区、丰台社区、红崖社区等8个村、社区开展"爱润万家·好家庭好家教好家风"宣讲活动，让社会主义核心价值观在家庭中落实落细。

△隆德县召开党的十九届五中全会精神宣讲动员备课会。县委常委、宣传部部长马晓红参加会议并讲话。全县各乡镇党委书记、宣传委员，各部门（单位）主要负责人，县委党校讲师参加会议。

20日，县委书记袁秉和深入好水乡永丰村，为基层党员群众宣讲党的十九届五中全会精神。

24日，县委书记、县扶贫开发领导小组组长袁秉和主持召开县扶贫开发领导小组2020年第12次会议，传达学习2020年全区脱贫攻坚成效考核准备工作视频会议精神，听取"大干100天"坚决打赢脱贫攻坚战专项行动进展情况和2020年国家脱贫攻坚成效考核准备工作情况汇报，并对相关工作进行安排部署。杨超等县级领导，各乡（镇）党委书记，相关部门（单位）主要负责人参加会议。

26日，县委书记、县规划委员会主任袁秉和主持召开2020年第4次县城乡规划设计方案审查专题会议。王勇、王升等县领导参加会议。

27日，隆德县在分会场参加自治区平安宁夏建设工作视频会。县委书记袁秉和，县委副书记、政法委书记马金平等县领导及各相关单位负责人在隆德县分会场参加会议。

29日，县公安局破获"11·14"特大电信诈骗案，跨省抓捕8人，查扣身份证8张、银行卡62张、手机8部、POS机24台。本日凌晨，专案组民警从江西省南昌市将8名犯罪嫌疑人顺利押解回隆，8名犯罪嫌疑人已被依法刑事拘留。

30日，县政协主席王升深入凤岭乡，结合县、乡实际，围绕2035年的远景目标和"十四五"时期我国发展的指导方针、主要目标、重点任务等方面，为基层党员干部宣讲党的十九届五中全会精神。

是日，固原市评估组对隆德县2011—2020年妇女儿童发展规划工作进行终期评估。

12月

3日，全县2021年度城乡居民基本医疗保险缴费工作推进会召开。会议通报了全县2021年度城乡居民基本医疗保险缴费进度和各乡镇各类特殊人群基本医疗保险缴费情况和未缴费人员情况，并就下一阶段工作进行了安排部署。

4日，县委副书记、政府县长、县社区矫正委员会主任潘建宁主持召开县社区矫正委员会第一次会议，深入学习贯彻习近平总书记关于社区矫正工作的重要指示批示精神、自治区社区矫正委员会第一次会议和全区推进社区矫正工作会议精神，研究部署隆德县社区矫正工作。

6日，2020年脱贫攻坚东西部扶贫协作成效考核隆德县汇报会召开。浙江省发展改革委副主任、浙江省对口办专职副主任、考核组副组长陈伟出席会议并讲话，自治区政府副秘书长、福建援宁工作队领队、固原市委常委、政府副市长黄水木和市委常委、统战部长周文贵出席会议，县委书记袁秉和主持会议。

7日，县教育党工委在春蕾幼儿园举行隆德县民办学校和校外培训机构联合党支部揭牌仪式暨"学习党的十九届五中全会精神，推进民办教育高质量发展"主题党日活动。

8日，隆德县被列为2020年全国农村生活污水治理示范县。

10日，隆德县组织各乡（镇）、各部门（单位）档案工作人员和县档案局、档案馆全体人员，参加"新修订档案法公益大讲堂"在线培训，努力形成知悉、遵守、运用档案法的良好氛围，进一步推进县档案事业高质量发展。此次在线培训，由国家档案局干部教育中心与政策法规司共同举办。培训专门邀请全国人大法工委和国家档案局以及行业内专家对档案法进行逐条解读释义，重点解读新增档案信息化建设、档案开放、档案执法监督等内容。

是日，全区蔬菜生产实用机械现场展示会在隆德县举行。通过示范推广普及蔬菜种植机械，着力解决蔬菜种植成本高的问题，进一步推动蔬菜产业健康有序发展。全市蔬菜种植大户近百人参加现场展示会。

14日，县委书记袁秉和主持召开第29次常委会会议，传达学习自治区党委十二届十二次全会精神，县委副书记、县长潘建宁，人大常委会主任王勇，政协主席王升，县委副书记、政法委书记马金平等县级领导和县直各部门、单位负责人参加会议。

15日，县委副书记、县长潘建宁调研全县2020年高标准农田建设工作，他强调，要认真学习贯彻自治区党委十二届十二次全会精神，抢进度、抓质量，扎实推进高标准农田建设工作。不断夯实县农业发展基础，努力实现巩固拓展脱贫攻坚成果同乡村振兴有效衔接。

是日，市人大常委会副主任成世杰，副市长、市公安局局长童东带领检查组检查隆德县《固原市烟花爆竹燃放管理条例》贯彻实施情况。

△县委书记袁秉和主持召开全县村（社区）"两委"换届工作推进会，听取全县村（社区）"两委"换届工作进展、各乡镇村（社区）"两委"换届工作进展以及全县村（社区）"两委"干部任期和离任审计工作进展情况汇报。县委副书记、政法委书记马金平，县委常委、宣传部部长马晓红参加会议。

16日，自治区政协常委、九三学社宁夏区委专职副主委相卫国带领九三学社宁夏区委和固原市委部分社员来隆德县，开展关爱孤寡残老、留守老人暨"老饭桌"社会服务活动，以实际行动传递爱心，服务社会。

△国家督学、自治区教育厅一级巡视员李锦龙率评估验收组来隆德县，就本县普及高中阶段教育工作进行自治区级评估验收。县委副书记、县长潘建宁陪同验收。

17日，县十七届人大常委会召开第二十八次会议，听取和审议县人民政府有关工作报告。会议听取和审议县人民政府关于脱贫攻坚工作、贯彻执行《宁夏回族自治区生活饮用水卫生监督管理条例》和水务工作、农业农村工作、教育工作、文化旅游广电工作、交通运输工作情况的报告以及2020年下半年财政预算调整（草案）的报告。

18日，县应对新冠肺炎疫情工作指挥部和政府督查室相关负责人到观庄、好水、杨河等乡镇，督查疫情防控和流行性出血热防控工作。

21日，自治区统计执法检查隆德县见面会在行政中心召开。自治区统计局党组成员、副局长、自治区统计执法检查组组长周万佩，自治区统计局统计执法监督局局长、自治区统计执法检查组副组长张彬，执法检查组成员，市委常委、常务副市长李志达等出席会议。县委副书记、县长潘建宁主持会议。

是日，中国博物馆协会发布公告，隆德县博物馆被正式核定为第四批国家三级博物馆。

22日，自治区宣讲团来隆德县宣讲党的十九届五中全会精神。深入学习宣传贯彻党的十九届五中全会精神，教育引导全县广大党员干部把思想和行动统一到全会精神上来，把智慧和力量凝聚到以习近平同志为核心的党中央决策部署上来，牢牢把握"十四五"发展目标和2035年远景目标，推动全会精神在隆德落地生根。

23日，县长潘建宁主持召开县人民政府第77次常务会议，传达学习中央经济工作会议、自治区党委十二届十二次全会、全国安全生产工作视频会议和《自治区安委办关于认真贯彻落实自治区党委和政府主要领导批示的通知》等精神，通报全县安全生产风险隐患点排查整治情况，安排隆德县安全生产工作。

23—24日，县纪委监委组织13个乡镇纪委（监察办）和纪委机关相关室负责人对各乡镇纪委（监察办）规范化建设及村（社区）勤廉监督室试点建设工作进行"互观互学"，通过互观、互比、互学、互评，进一步激发基层纪检监察干部干事创业的激情和创先争优的活力，强化基层党风廉政建设，为经济建设和民生建设提供坚强保障。县委常委、纪委书记、监委主任徐万廷带队。

24日，隆德县举行第三届"教育圆梦"奖学金颁奖会，表彰奖励443名品学兼优的学前幼儿及中、小学生，共颁发"教育圆梦"奖学金108550元。副县长柳春梅参加颁奖会并致辞。

25日，固原市委讲师团深入隆德县检察院、公安局、农业农村局宣讲党的十九届五中全会精神，进一步引导党员干部把思想和行动统一到党中央的决策部署上来。

是日，副县长柳春梅带领相关部门负责人调研隆德县冬春季大气污染防治工作，要求各乡（镇）、相关部门（单位）要增强做好冬春季大气污染防治工作的责任感、紧迫感和使命感，严格按照区市县工作部署安排，全面做好各项防治工作，进一步巩固深化蓝天保卫战成果，持续改善县域环境空气质量。

△隆德县开展第五次"互联网＋教育"暨人工智能助推教师队伍建设和信息技术与学科教学深度融合应用现场会。县教体局班子成员、股室股长（主任），各学区主任、中小学校长、幼儿园园长，普高集团、隆德职中、观庄学区、观庄中学部分教师近150人参加现场会。

28日，中国农业银行隆德支行举行环卫设备捐赠仪式，捐赠仪式在农业银行隆德支行新办公楼前举行。县政协主席王升出席捐赠仪式。

是日，隆德县在体育馆举办主题为"崇德向善·德耀隆德"的隆德榜样发布厅2020年颁奖典礼，隆重表彰在脱贫攻坚、闽宁协作、抗击疫情、孝老爱亲、移风易俗等方面涌现出的先进集体和个人。进一步深化新时代文明实践活动，集中展示近年来精神文明建设和新时代文明实践的丰硕成果，树立先进典型，示范和带动广大群众自觉践行社会主义核心价值观，大力弘扬中华民族传统美德，自觉形成新时代良好社会风尚，凝聚起全面建成小康社会的强大合力。县领导袁秉和、王勇、王升等出席活动。

△县发改局组织召开城乡供水价格调整听证会，就全县供水价格调整方案广泛征求社会各方面的意见和建议。本次听证会共邀请人大代表、政协委员、政府部门及社会组织、消费者、经营者等社会各界代表32名，另有3名消费者到会参加了旁听。

29日，县委书记袁秉和主持召开县委2020年第30次常委会会议，传达学习中央经济工作会议精神和自治区贯彻新时代党的组织路线加强领导班子建设暨培养选拔优秀年轻干部工作座谈会、全区推进基层整合审批服务执法力量改革现场会、《自治区党委办公厅　人民政府办公厅关于做好2021年元旦春节期间有关工作的通知》精神，听取全县安全生产和食品药品安全工作情况汇报，并就相关工作进行安排部署。县人大常委会主任王勇，县政协主席王升，县委副书记、政法委书记马金平等县级领导参加会议。

是日，教育系统举办新时代文明实践"康业杯"暨"我为党旗增光彩"喜迎建党100周年师生书画展，宣传党的光辉历程和丰功伟绩，弘扬中华民族的传统文化，增加师生对艺术作品的交流与探讨，丰富大家的课余生活。

30日，县委常委、政府副县长谢国玉一行检查全县各行业、各企业安全生产工作。检查组要求，各部门（单位）、企业要进一步加大安全生产监督检查力度，指导督促企业切实消除各类事故隐患。

隆德概况

人口土地

【人口】 2020年末总户数49138户,总人口154412人。其中,回族22745人;乡村人口111822人,非农业人口42590人;男性80328人,女性74084人。全县常住人口受教育程度,拥有大学(指大专及以上)文化程度的人口为13707人,拥有高中(含中专)文化程度的人口为12939人,拥有初中文化程度的人口为27898人,拥有小学文化程度的人口为40271人(以上各种受教育程度的人包括各类学校的毕业生、肄业生和在校生)。

【土地】 全县总面积985平方公里。农作物播种面积54万亩,比2019年增加20.8%,粮食产量8.15万吨,油料产量0.43万吨。

【村组】全县13个乡(镇),123个行政村,599个村民小组,乡村劳动力42763人,比2019年减少6.7%。

自然环境

【植被】2020年造林面积7.9万亩,比2019年减少15.1%。育苗面积2.2万亩,零星植树129万株,比2019年减少1.5%。森林覆盖率达37.47%。

【气候】2020年隆德县平均气温为6.4℃,比历年平均值偏高0.8℃。年总降水量为648.3毫米,比历年平均值偏多156.3毫米。年日照时数为2728.1小时,比历年平均值偏多473小时。本年气温除10月、12月偏低外,其他各月均偏高。年极端最高气温为27.9℃,出现在8月2日;年极端最低气温为-18.0℃,出现在12月30日。降水量除3月、4月、5月、7月、9月、10月偏少外,其他各月均偏多,年一日最大降水量为49.1毫米,出现在8月17日。

中共隆德县委员会

机构组成

中共隆德县第十四届委员会组成人员

书 记：袁秉和

副书记：潘建宁　杨　超（2019年3月任）
　　　　马金平（回族，2020年4月任）

常　委：袁秉和　潘建宁　杨　超　马金平
　　　　樊学双　徐万廷　马　龙　赵文福
　　　　马晓红　赵　敬
　　　　谢国玉（2020年8月任常委）
　　　　（杨超、樊学双、马龙为挂职常委）

县委委员（27人，按姓氏笔画排序）：

马　龙　马金平（回族）　马晓红（女、回族）
王　升　王　勇　刘　彤　李龙君
李荣林　杨　超（回族）　何　斌
冶文军（回族）　张世忠　张兴科
陈君礼　陈国栋　范宝平　赵　敬
赵文福（回族）　柳国仁　柳钰明
袁秉和　党君强　徐万廷　彭军娥（女）
谢国玉　樊学双　潘建宁

县委候补委员（5人，按得票多少排序）

齐海军　张毓龙　冯玉宝（回族）
郭　锐　罗永长

中共隆德县委纪律检查委员会

书 记：徐万廷

副书记：张炳刚　刘旭升

常　委：徐万廷　刘旭升　张炳刚
　　　　王　强（回族）　马　旺
　　　　丁东旺

县委部门

县委办公室　　　　主任　　何　斌
组织部　　　　　　部长
宣传部　　　　　　部长　　马晓红
统战部　　　　　　部长　　赵文福
政法委　　　　　　书记　　马金平
网信办　　　　　　主任　　惠　方
政策研究室　　　　主任　　刘江龙
编　办　　　　　　主任　　李长兄
巡察办　　　　　　主任　　摆清选
档案馆　　　　馆长（党史办主任）　梁喜太

党校常务	副校长	刘云峰	公安局	党委书记	石永忠
群众团体			民政局	党组书记	魏耀军
工　会	主席	杨智军	司法局	党组书记	范宝平
团县委	书记	田　野	财政局	党组书记	许学军
妇　联	主席	彭军娥	人力资源和社会保障局	党组书记	赵学斌
残　联	理事长	党　斌	自然资源局	党组书记	刘永兴
科　协	主席	陈启奋	住房和城乡建设局	党组书记	梁龙祥
工商联	主席	吕　霄	交通运输局	党组书记	柳钰明
文　联	主席	王君宏	水务局	党组书记	魏先学
县直机关党工委、总支、支部书记			农业农村局	党委书记	陈作彬
县直机关	工委书记		文化旅游广电局	党组书记	
县委办公室	党支部书记	何　斌	卫生健康局	党委书记	齐海军
县人大机关	党支部书记	马天智	退役军人事务局	党组书记	柳志刚
县政府办公室	党支部书记	杨卫东	应急管理局	党组书记	李耀国
县政协机关	党支部书记	刘　彤	审计局	党组书记	党君强
县纪委	党支部书记	刘旭升	市场监督管理局	党组书记	张世科
组织部	党支部书记	王志强	统计局	党组书记	张广斌
宣传部	党支部书记	马进川	扶贫开发办	党组书记	辛学发
统战部	党支部书记	马国林	医疗保障局	党组书记	李麒才
编　办	党支部书记	李长兄	审批服务管理局	党组书记	魏　瑜
网信办	党支部书记	惠　方	隆德县普通高中教育集团	党总支书记	郭永寿
工青妇科	党支部书记	郭　锐	隆德二中	党总支书记	古永胡
法　院	党支部书记	张禄强	**乡（镇）党委书记**		
检察院	党支部书记	陈国忠	城关镇	书记	刘　勇
县委党校	党支部书记	刘云峰	沙塘镇	书记	张毓龙
离退休干部	党工委书记	王志强	联财镇	书记	李荣林
县档案局	党支部书记	梁喜太	神林乡	书记	柳永奎
县文联	党支部书记	王君宏	陈靳乡	书记	马彦斌
残　联	党支部书记	党　斌	山河乡	书记	张兴科
发展和改革局	党组书记	王　浩	奠安乡	书记	胡耀军
教育党工委、教体局	党组书记	董玉科	温堡乡	书记	罗永长
科技局	党组书记	王东海	凤岭乡	书记	李龙君

好水乡	书记	王　峰
观庄乡	书记	张　莉
杨河乡	书记	冶文军
张程乡	书记	冯玉宝

区、市直属单位

国税局机关	党委书记	马红军
供电局	党委书记	张世平
调查队	党支部书记	杜丁宁
烟草局	党支部书记	赵文云
邮政局	党支部书记	仇永宁
人　行	党支部书记	陶　勇
建　行	党支部书记	陈永胜
农　行	党委书记	张　衡
隆德县农村信用合作联社	党委书记	李红星
村镇银行	党支部书记	张根东
移动公司	党支部书记	田永刚
联通公司	党支部书记	陈鹏鑫
电信局	党支部书记	张云霞
石油公司	党支部书记	陈建辉
气象局	党支部书记	范晓华
六盘山气象站	党支部书记	高国清

重要会议

【县委十四届七次全体会议】 2020年6月10日（星期三）上午8：30，在行政中心3号楼第一会议室召开中共隆德县委十四届七次全体会议，会期半天。参加人员有县委委员、候补委员，列席的有：不是县委委员、候补委员的在职县级领导干部；不是县委委员、候补委员的县纪委常委；不是县委委员、候补委员的各乡（镇）党政主要负责人；不是县委委员、候补委员的县委各部委、县直各局办，各人民团体，直属事业单位党政主要负责人；县人大、政协各工作委员会（专委会）主要负责人；区、市、县党代表；区、市属驻隆各单位主要负责人；部分企业负责人。会议内容以习近平新时代中国特色社会主义思想为指导，深入学习贯彻党的十九届四中全会和习近平总书记视察宁夏重要讲话精神；学习贯彻落实自治区党委十二届十次全会和固原市委四届七次全会精神，研究部署基层治理工作；审议《中共隆德县委贯彻落实自治区党委〈关于完善基层治理体系提高基层治理能力的若干意见〉的实施方案（讨论稿）》。

【县委十四届八次全体会议】 2020年8月14日（星期五）上午8：30，在行政中心3号楼第一会议室召开中共隆德县委十四届八次全体会议，会期半天。参加人员有县委委员、候补委员，列席的有：不是县委委员、候补委员的在职县级领导干部；不是县委委员、候补委员的县纪委常委；不是县委委员、候补委员的各乡（镇）党政主要负责人；不是县委委员、候补委员的县委各部委、县直各局办，各人民团体，直属事业单位党政主要负责人；县人大、政协各工作委员会（专委会）主要负责人；区、市、县党代表；区、市属驻隆各单位主要负责人；部分企业负责人。会议内容深入学习贯彻习近平总书记视察宁夏重要讲话精神；学习贯彻落实自治区党委十二届十一次全会和固原市委四届八次全会精神；审议《中共隆德县委员会关于深入学习贯彻习近平总书记视察宁夏重要讲话精神，全面落实自治区党委十二届十一次全会和固原市委四届八次全会精神的实施意见（讨论稿）》《隆德县关于推进黄河流域生态保护和高质量发展先行区建设实施方案（讨论稿）》；分析上半年全县经济形势，安排部署下半年经济工作。

【县委十四届九次全体会议】2021年1月7日（星期四）上午8：30，在行政中心3号楼第一会议室召开中共隆德县委十四届九次全体会议，会期半天。参加人员有县委委员、候补委员，列席的有：不是县委委员、候补委员的在职县级领导干部；不是县委委员、候补委员的县纪委常委；不是县委委员、候补委员的各乡（镇）党政主要负责人；不是县委委员、候补委员的县委各部委、县直各局办，各人民团体，直属事业单位党政主要负责人；县人大、政协各工作委员会（专委会）主要负责人；区、市、县党代表；区、市属驻降各单位主要负责人；部分企业负责人。会议学习贯彻党的十九届五中全会、中央经济工作会议精神和习近平总书记视察宁夏重要讲话精神；全面贯彻落实自治区党委十二届十二次全会和固原市委四届九次全会精神；审议《中共隆德县委员会关于制定国民经济和社会发展第十四个五年规划和二〇三五年远景目标的建议（讨论稿）》；听取和审议县委常委会向全委会所作的工作报告；报告中共隆德县委2020年度干部选拔任用工作情况。

县委常委会会议

【县委第一次常委会会议】1月19日晚，县委书记袁秉和同志主持召开十四届县委2020年第一次常委会会议。会议传达学习：习近平总书记在中央政治局"不忘初心、牢记使命"专题民主生活会上的重要讲话和在"不忘初心、牢记使命"主题教育总结大会上的重要讲话精神，全区、全市"不忘初心、牢记使命"主题教育总结大会，中央农村会议和《中共中央 国务院关于抓好"三农"领域重点工作 确保如期实现全面小康的意见》《中共中央办公厅关于表彰全国党政系统机要密码工作先进集体和先进工作者的决定》、区、市两会精神；《张柱同志在2019年度五县（区）党委书记市委直属党（工）委书记抓基层党建工作述职评议考核会上的讲话》《自治区党委办公厅 人民政府办公厅关于进一步做好2020年节假日期间值班工作的通知》、固原市《关于进一步做好2020年节假日期间值班工作的通知》精神。研究同意：《隆德县2020年农业产业任务分配方案（送审稿）》《隆德县扶持发展壮大村级集体经济项目管理办法（送审稿）》《隆德县现代农业产业融合发展示范园区建设方案（送审稿）》《隆德县奠安乡新街村集体经济扶贫车间（养兔场）二期项目实施方案（送审稿）》《隆德县六盘山肉兔繁育基地建设方案（送审稿）》《隆德县关于进一步加强高中教育的实施方案》修改意见、《关于宁夏康业投资有限公司补贴资金事宜的请示》《关于资金事宜的请示》《全县领导干部专题学习班方案》。

【县委第二次常委会会议】1月28日上午，县委书记袁秉和同志主持召开十四届县委2020年第二次常委会会议。会议传达学习习近平总书记在中央政治局常委会会议研究新冠肺炎疫情防控工作时的重要讲话、习近平总书记重要指示要求和自治区党委常委会（扩大）会议精神、自治区党委办公厅《关于动员各级党组织和共产党员全力做好新型冠状病毒感染的肺炎疫情防控工作的通知》、全市新冠肺炎疫情防控工作视频会议精神；通报全县疫情防控工作督查情况；听取全县疫情防控工作情况汇报，安排部署下一步疫情防控工作；研究同意《关于建立隆德县应对新型冠状病毒感染的肺炎疫情工作指挥部组织构架的建议》，要求应对疫情防控工作指挥部要发挥组织协调、工作指导作用，定期收集疫情防控工作中存在的经费物资、交通运输、人力资源等问题，研究解决措施，确保把各项防控措施落实到位。

【县委第四次常委会会议】 2月25日上午，县委书记袁秉和同志主持召开十四届县委2020年第四次常委会会议。会议传达学习2月12日中共中央政治局常务委员会会议精神，2月21日中央政治局会议精神，2月23日中央统筹推进新冠肺炎疫情防控和经济社会发展工作部署视频会议及自治区持续抓好疫情防控和保持经济平稳运行视频会议精神，习近平、赵乐际同志在第十九届中央纪律检查委员会第四次全体会议上的讲话精神，自治区纪委十二届四次全会精神；审议同意袁秉和同志在县纪委十四届五次全会上的讲话和县纪委十四届五次全会报告；传达学习《自治区党委 人民政府关于抓好"三农"领域重点工作 确保如期实现全面小康的实施意见》精神；听取全县2020年重点项目进展情况；研究同意：《关于全县开展"担当新使命、展现新作为"学习实践活动的实施方案》《关于推荐全国、全区劳动模范初步人选建议名单的请示》。

【县委第六次常委会会议】 3月16日下午，县委书记袁秉和同志主持召开十四届县委2020年第六次常委会会议。会议传达学习习近平总书记在决战决胜脱贫攻坚座谈会上的重要讲话、中央政法工作会议和自治区党委政法工作会议、全国组织部长会议和全区组织部长会议、全国宣传部长会议和全区宣传部长会议、全国统战部长会议和全区统战部长会议精神；学习《自治区党委全面依法治区委员会关于印发〈党政主要负责人履行推进法治建设第一责任人职责情况列入年终述职内容试点工作试行方案〉的通知》；听取全县2020年第一季度生态环境保护工作汇报；研究同意《隆德县创建全国民族团结进步示范县实施方案》《隆德县2020年"扶贫保"实施方案（送审稿）》《隆德县2020年村级扶贫车间建设及运营实施方案（送审稿）》《关于提高城乡居民最低生活保障标准的请示》《隆德县2020年"四个一"林草产业示范推广项目实施方案（送审稿）》《关于划拨国有建设用地的请示》《关于项目用地的请示》《关于2020年村集体经济发展设施农用地的请示》《关于2020年第一批设施农业用地的请示》《隆德县好兴公路杨河乡节点人居环境改善项目实施方案（送审稿）》《余家峡水库建设土地及地上附着物征迁补偿方案（送审稿）》《关于2020年第一批整合涉农资金事宜的请示》《关于2020年第一批新增地方债券资金安排事宜的请示》《关于资金事宜的请示》《关于推荐研究第六批全市民族团结进步创建示范单位的请示》；研究干部事宜。

【县委第七次常委会会议】 4月3日下午，县委书记袁秉和同志主持召开十四届县委2020年第七次常委会会议。会议传达学习3月27日中共中央政治局会议、自治区党委常委会会议暨应对新冠肺炎疫情领导小组第9次会议精神；听取全县疫情防控工作情况汇报；传达习近平总书记对四川西昌市经久乡森林火灾重要指示和《自治区党委办公厅　人民政府办公厅关于印发〈宁夏回族自治区防灾减灾救灾责任规定的通知〉》；听取全县安全生产工作汇报；学习习近平总书记关于机要密码工作的重要批示精神；研究隆德县贯彻意见和《隆德县安可替代工程建设实施方案》；学习中央办公厅印发《党委（党组）落实全面从严治党主体责任规定》精神、《中共中央印发〈关于在全党开展"不忘初心、牢记使命"主题教育总结报告〉的通知》《中央纪委办公厅印发〈关于切实加强7省区2020年扶贫领域腐败和作风问题专项治理工作的指导意见〉的通知》《自治区党委办公厅　人民政府办公厅关于印发〈宁夏回族自治区法治政府建设与责任落实督察工作实施方案办法〉的通知》精神。研究同意：关于《县委、政府及有关部门生态环境保护责任（送审稿）》《隆德县乡村振兴示范县建设工作实施方案（送审稿）》《隆德县2020年农村水冲式卫生厕所改造实施方案（送审稿）》《隆德县征收农用地区片综合地价工作方案（送审稿）》《隆德县国土空间总体规划工作方案（送审稿）》《隆德县渝河示范河湖建设任务责任分工方案（送审稿）》《张程乡小城镇建设实施方案（送审稿）》《联财镇张楼村人居环境综合整治实施方案（送审稿）》《关于隆德县第一幼儿园综合教学楼新建项目用地的请示》《关于资金事宜的请示》；传达全国巡察办主任提级培训班精神；听取《关于2019年县委巡察工作开展情况及2020年工作要点的报告》。

【县委第九次常委会会议】 4月22日下午，县委书记袁秉和同志主持召开十四届县委2020年第九次常委会会议。会议传达学习4月8日中共中央政治局常委会会议和4月17日中共中央政治局会议精神；学习习近平总书记、李克强总理关于安全生产的重要指示、批示及全国、全区安全生产电视电话会议精神，学习中央脱贫攻坚约谈会议、自治区党委常委会会议暨扶贫开发领导小组会议、全区脱贫攻坚问题整改工作电视电话会议、全区抓党建促决战决胜脱贫攻坚暨基层党建工作重点任务推进会精神；研究《隆德县脱贫攻坚反馈问题整改工作方案》；学习中共中央办公厅印发《关于持续解决困扰基层的形式主义问题为决胜全面建成小康社会提供坚强作风保证的通知》精神；学习自治区党委决胜全面建成小康社会工作会议和全区重大项目建设工作会议精神；传达学习自治区党委办公厅印发《关于贯彻执行〈中国共产党党内法规执行责任制规定（试行）〉的实施方案的通知》、十二届自治区党委第八轮巡视动员会、四届市委第九轮巡察动员会、市纪委四届五次全会精神。研究同意：《关于建立隆德县2020年重点项目协调推进机制的请示》《2020年隆德县全面从严治党党风廉政建设和反腐败工作主要任务分工方案》《县委理论学习中心组2020年学习计划》《隆德县2020年督查检查考核工作计划》《关于确定县委、人大、政府、政协班子成员2019年度考核"优秀"等次的请示》《关于全县2019年度效能目标管理考核结果的请示》。

【县委第十次常委会会议】 5月9日下午，县委书记袁秉和同志主持召开十四届县委2020年第十次常委会会议暨县委应对新冠肺炎疫情工作领导小组第8次会议。会议传达学习4月29日和5

月6日中共中央政治局常务委员会会议、5月7日中央应对新冠肺炎疫情工作领导小组会议和国务院关于疫情防控最新20条指导意见、自治区党委常委会扩大会议暨应对新冠肺炎疫情工作领导小组第11次会议精神、自治区党委十二届十次全体会议、自治区纪委《关于五起违反中央八项规定精神典型问题的通报》；听取2018年以来各级各类脱贫攻坚巡视督查检查反馈问题整改情况汇报。研究同意：《中共隆德县委员会关于新时代加强和改进人民政协工作的五十条措施（送审稿）》《关于进一步加强巡察整改工作的实施办法（送审稿）》《隆德县2020年闽宁对口扶贫协作项目实施方案（送审稿）》《隆德县2020年扶持发展壮大村级集体经济项目实施方案（送审稿）》《关于表彰全县2019年度发展壮大村集体经济先进集体的请示》《隆德县2020年度大气、水、土壤污染防治和应对气候变化重点工作安排（送审稿）》《关于2020年生态环境质量和污染物排放总量考核奖补资金的请示》《隆德县工业炉窑大气污染综合治理实施方案（送审稿）》《隆德县"互联网＋农村供水工程"的请示》《隆德县中小学（幼儿园）"互联网＋教育"校园网升级改造项目建设方案（送审稿）》《关于设立隆德县科技型中小微企业风险补偿专项资金"宁科贷"实施方案（送审稿）》《隆德县耕地保护存在问题整改方案（送审稿）》《关于划拨建设用地的请示》《关于隆德县特岗教师"五险一金"资金的请示》《关于六盘山工业园区有关资金事宜的请示》《关于2020年第二批财政专项扶贫资金分配计划的请示》《关于隆德县2020年农村一、二、三产业融合发展项目资金分配计划的请示》《隆德县深化交通运输综合行政改革实施方案》《隆德县深化文化市场综合行政执法改革实施方案》《隆德县深化市场监管综合行政执法改革实施方案》《关于召开县委政协工作会议的请示》，法、检两院公务员职务与职级并行事宜；研究干部事宜。

【县委第十二次常委会会议】 5月29日上午，县委书记袁秉和同志主持召开十四届县委2020年第十二次常委会会议。会议传达学习：《中共中央 国务院关于加快推进社会治理现代化开创平安中国建设新局面的意见》《中共宁夏回族自治区委员会关于完善基层治理体系提高基层治理能力的若干意见》、中国共产党固原市第四届委员会第七次全体会议精神、《自治区党委应对新冠肺炎疫情工作领导小组印发〈关于完善机制做好新冠肺炎疫情常态化防控工作的实施意见〉的通知》、全区县级党校建设座谈会议及《中国共产党党校（行政学院）工作条例》、全区持续解决形式主义突出问题为基层减负推进会精神、《自治区党委办公厅印发〈关于做深做实查办党员干部违纪违法案件"后半篇文章"推动以案为戒以案示警以案促改以案正风工作的实施意见〉的通知》《中共固原市委关于弘扬长征精神发扬"三苦"作风的意见》《中共固原市委办公室印发关于聚焦脱贫攻坚深化"干部作风转变年"活动的工作方案》。研究同意：《隆德县软弱涣散村和薄弱村党组织整顿实施方案》《关于隆德县2020年基础母牛健康养殖项目实施方案的请示》《关于审定〈中药材加工及活性炭生产项目建设合同〉和〈中药材加工项目建设合同〉的请示》《关于进一步严格规范我县政府投资建设项目竣工结算审核工作的请示》《关于隆德县2020年度领导干部健康体检的请示》《关于隆德县人民医院PCR实验室建设项目的请示》《关于划拨国有建设用地的请示》《关于学校疫情防控工作专项经费的请示》《关于发放2019年政府效能目标管理考核奖差额部分的请示》《关于发放2020年民族团结奖的请示》《隆德县2020年开斋节慰问活动方案》《县直部门（单位）、乡镇党政正职2019年度考核等次评定的请示》。

【县委第十三次常委会会议】 6月5日上午，县委书记袁秉和同志主持召开十四届县委2020年第十三次常委会会议。会议传达学习习近平总书记在全国两会期间的重要讲话和全国两会精神、陈润儿同志在自治区传达贯彻全国两会精神会议上的讲话、全国巡视工作会议暨十九届中央第五轮巡视动员部署会议、全区贫困县（区）纪委书记工作例会精神；通报深入开展违反中央八项规定精神突出问题专项整治工作监督检查情况；学习《中共宁夏回族自治区委员会贯彻落实〈中共中央加强中国特色社会主义参政党建设的意见〉的实施意见》；讨论《中共隆德县委贯彻落实区市党委〈关于完善基层治理体系 提高基层治理能力的若干意见〉的实施方案》和袁秉和同志在县委十四届七次全体会议第二次会议讲话。研究同意：中共隆德县委十四届七次全体会议方案、《关于隆德县2020年脱贫攻坚补短板项目实施方案的请示》《关于旅游业扶持奖励办法奖补资金兑现事宜的请示》《关于为城关镇划拨文化站事宜的请示》《关于隆德县工行家属楼附属用房征收与补偿实施方案的请示》《关于划拨集体建设用地的请示》《关于2020年第三批财政专项扶贫资金分配计划的请示》《关于资金事宜的请示》《关于程义晖同志的处理意见和有关整改措施的报告》《关于反映程义晖同志相关问题整改落实情况的报告》。

【县委第十四次常委会会议】 6月15日下午，县委书记袁秉和同志主持召开十四届县委2020年第十四次常委会会议。会议传达学习习近平总书记视察宁夏重要讲话精神和区、市党委常委会会议精神、《关于认真学习宣传贯彻习近平总书记视察宁夏重要讲话精神的通知》、习近平总书记在中央政治局第二十次集体学习时的讲话、《中共中央办公厅关于印发〈党委（党组）意识形态工作责任制实施办法〉的通知》《自治区党委办公厅关于印发贯彻落实〈中国共产党宣传工作条例〉监督检查办法的通知》《中共固原市委办公室、市人民政府办公室关于印发〈"防疫有我，爱卫同行"城乡人居环境整治百日攻坚三年行动实施方案〉的通知》；会议安排部署隆德县近期疫情防控工作。

【县委第十五次常委会会议】 6月24日下午，县委书记袁秉和同志主持召开十四届县委2020年第十五次常委会会议。会议传达学习市县巡察工作西北片区调研座谈会精神、自治区党委常委会会议暨应对新冠肺炎疫情工作领导小组第12次会议精神、《自治区党委办公厅 人民政府办公厅印发〈关于完善乡村治理体系提高治理能力的实施意见〉的通知》《自治区党委办公厅 人民政府办公厅印发〈关于完善宗教治理体系提高治理能力的实施意见〉的通知》《自治区党委办公厅 人民政府办公厅印发〈关于完善校园治理体系提高治理能力的实施意见〉的通知》《自治区党委办公厅　人民政府办公厅印发〈关于完善社团治理体系提高治理能力的实施意见〉的通知》《自治区党委办公厅　人民政府办公厅印发〈关于完善企业治理体系提高治理能力的实施意见〉的通知》《关于深化统计管理体制改革提高统计数据真实性意见》《统计违纪违法责任人处分处理建议办法》《关于防范和惩治统计造假弄虚作假督察工作的规定》；听取上半年全县安全生产工作情况汇报。研究同意：《关于开展"庆祝建党99周年暨学习习近平总书记视察宁夏重要讲话精神"主题党日系列活动的通知》《隆德县全面落实"六保"任务工作方案（送审稿）》《隆德县"防疫有我，爱卫同行"城乡人居环境整治百日攻坚三年行动责任分工方案》《关于六盘山工业园区集中供能扩建项目事宜的请示》《关于巨能广场1#商住楼土地回收事宜的请示》《关于隆德县金良房地产开发有限公司调整土地用途事宜的请示》《关于农村人居环境整治资金事宜的请示》《关于资金事宜的请示》。

【县委第十六次常委会会议】 7月2日下午，县委书记袁秉和同志主持召开十四届县委2020年第十六次常委会会议。会议传达学习习近平总书记对防汛救灾工作重要指示、自治区党委领导干部学习贯彻习近平总书记视察宁夏重要讲话、专题研讨班和自治区党委庆"七一"座谈会精神、全区机关党的建设暨创建"让党中央放心、让人民群众满意"模范机关工作会议；听取全县扫黑除恶专项斗争进展情况汇报；通报2019年度干部选拔任用工作"一报告两评议"情况；同意《关于全县2019年度干部选拔任用工作"一报告两评议"结果反馈情况的报告》县委常委的分工；研究其他事宜。

【县委第十七次常委会会议】 7月24日上午，县委书记袁秉和同志主持召开十四届县委2020年第十七次常委会会议。会议传达学习习近平总书记在中央政治局第二十一次集体学习时的讲话、7月17日中共中央政治局常务委员会会议、中共中央组织部印发《关于在防汛救灾中充分发挥基层党组织战斗堡垒作用和广大党员先锋模范作用的通知》、自治区党委十二届十一次全委会精神、陈润儿书记在固原市督战脱贫攻坚调研移民搬迁工作时讲话；听取十二届自治区党委第八轮巡视情况汇报时的讲话、自治区党委第五巡视组对隆德县开展脱贫攻坚专项巡视"回头看"情况反馈会议；研究《自治区第五巡视组对隆德县脱贫攻坚专项巡视"回头看"反馈意见整改工作方案》和《自治区党委第五巡视组巡察工作专项检查反馈问题整改实施方案》；听取自治区党委第五巡视组对隆德县脱贫攻坚专项巡视"回头看"反馈意见整改工作进展情况、反馈隆德县委巡察工作专项检查问题整改情况汇报、传达全区深化纪检监察派驻机构改革工作推进会精神；听取全县上半年意识形态情况汇报、关于2020年上半年全县经济运行情况汇报。研究同意：《隆德县党委贯彻〈党委（党组）落实全面从严治党主体责任规定〉措施及任务分工方案》《关于调整县委农村工作领导小组人员组成的请示》《关于成立平安隆德建设协调小组的请示》《隆德县高质量发展综合绩效考核目标任务责任分工方案（送审稿）》《隆德县全面建成小康社会考核办法（送审稿）》《隆德县突发环境事件应急预案（送审稿）》《辐射事故应急预案（送审稿）》《关于2020年第二批设施农用地的请示》《关于划拨国有建设用地的请示》《关于隆德县2020年农村一二三产业融合项目建设及资金分配计划的请示》《关于2020年抗疫特别国债资金分配计划的请示》《关于2020年特殊转移支付资金分配计划的请示》《关于隆德县2020年收回部分部门扶贫专项资金分配计划的请示》《关于2020年革命老区资金分配计划的请示》《关于隆德县2020年脱贫攻坚补短板财力补助资金分配计划的请示》《关于隆德县2020年财政扶贫奖励资金分配计划的请示》《关于2020年第三批新增地方债券资金分配计划的请示》《关于资金事宜的请示》《隆德县开展庆"八一"系列活动实施方案》。

【县委第十九次常委会会议】 8月13日上午，县委书记袁秉和同志主持召开十四届县委2020年第十九次常委会会议。会议传达学习习近平总书记在专家学者座谈会上的讲话精神、7月30日中共中央政治局会议精神和习近平总书记对"十四五"规划编制工作重要指示、《中国共产党基层组织选举工作条例》、自治区推进高质量发展重点项目建设现场观摩总结会、《中共宁夏回族自治区委员会贯彻〈中国共产党政法工作条例〉实施细则》、全区巡视巡察工作会议暨十二届自治区党委第九轮巡视动员部署会和关于对同心县等9个县（区）党委巡察工作开展专项检查情况的通报、关于四起扶贫领域腐败和作风问题典型案例的通报、中共固原市第四届委员会第八次全体会议。研究同意：《关于召开中共隆德县第十四届委员会第八次全体会议的请示》《中共隆德县委员会关于深入学习贯彻习近平总书记视察宁夏重要讲话精神，全面落实自治区党委十二届十一全会和固原市委四届八次全会精神的实施意见（送审稿）》和《隆德县关于推进黄河流域生态保护和高质量发展先行区建设实施方案（送审稿）》及袁秉和同志在县委十四届八次全会第二次会议上的讲话、《隆德县2020年度效能目标管理考核方案》《隆德县直机关创建"让党中央放心 让人民群众满意"模范机关实施方案》、调整隆德县延安精神研究会组成人员事宜、《关于兑付上药（宁夏）中药资源有限公司企业投资落地奖励资金事宜的请示》《关于2020年抗疫特别国债防疫资金安排的请示》《关于2020年第三季度政府债券还本资金安排的请示》《关于预发2020年政府效能奖事宜的请示》。

【县委第二十一次常委会会议】 8月28日上午，县委书记袁秉和同志主持召开十四届县委2020年第二十一次常委会会议。会议传达习近平总书记对制止餐饮浪费行为重要指示精神，向全国广大医务工作者学习，全国青联学联会议及广大青少年作出的重要论述、重要指示和贺信精神，自治区党委办公厅印发《关于坚决扛起政治督查责任持续深入推动习近平总书记视察宁夏重要讲话精神全面贯彻落实的意见》的通知；听取完善基层治理体系提高基层治理能力6个工作专班进展情况汇报，赴福建、河南招商和2020年东西部扶贫协作情况汇报，县委党校迁建情况汇报。研究同意：《关于全县基层党建"抓乡促村、整乡推进、整县提升"实施方案》

《隆德县城乡生活垃圾分类和资源化利用实施方案（送审稿）》《隆德县应急管理救援体系建设实施方案（送审稿）》《隆德县应急避难场所建设实施方案（送审稿）》《隆德县加强灾害事故应急指挥通信保障能力建设实施方案（送审稿）》和《隆德县安全生产专项整治三年行动实施方案（送审稿）》，召开隆德县庆祝第36个教师节暨全县教育大会事宜和《隆德县2020年政府购买公办幼儿园保育教育服务（民生实事）工作实施方案（送审稿）》《隆德县使用中央财政支持应急物资保障体系建设资金实施方案（送审稿）》，修订（废止）政府投资项目审计管理相关制度、办法事宜，《隆德县传统花灯及铁艺雕塑生产项目建设合同（送审稿）》《中药材加工项目建设合同（送审稿）》《宁夏隆德县达高食品有限公司生产车间搬迁合同（送审稿）》及《宁夏浩德纸业包装有限公司补贴资金事宜》《县融媒体中心公开招聘专业技术人员事宜》《划拨集体建设用地、2020第三批设施农用地、隆德县金良房地产开发有限公司土地变更事宜》《关于2019年度全县公务员（含参公管理人员）考核奖励的请示》。

【县委第二十三次常委会会议】 9月18日下午，县委书记袁秉和同志主持召开十四届县委2020年第二十三次常委会会议。会议传达学习习近平总书记视察安徽、吉林、山西、陕西、浙江、湖北、北京、云南等地重要讲话精神，习近平总书记在中央第七次西藏工作座谈会、经济社会领域专家座谈会、科学家座谈会上的重要讲话精神，在人民警察队伍授旗时的训词，学习全国抗击新冠肺炎疫情表彰大会、全区建设黄河流域生态保护和高质量发展先行区第二次推进会及全市建设黄河流域生态保护和高质量发展先行区观摩研讨会，学习陈润儿书记在督导西吉县脱贫攻坚座谈会上的讲话精神和全区脱贫攻坚推进会，学习全区贫困县（区）纪委书记工作例会；听取同意县级领导干部包抓软弱涣散和薄弱村党组织整顿工作情况汇报。研究同意：《隆德县2020年中国农民丰收节暨肉牛产业发展大会实施方案（送审稿）》《隆德县落实自治区固原市持续优化营商环境相关措施细化责任分工方案（送审稿）》《隆德县清流河（县城段）水生态综合治理工程建设方案（送审稿）》《隆德县西城片区附属用房征收与补偿实施方案（送审稿）》《关于实施隆德县污水处理厂污水处理提质增效项目事宜》《隆德县2020年政府购买公共法律服务岗位工作实施方案（送审稿）》《关于隆德县司法局采购执法执勤车的请示》《关于划拨国有建设用地的请示》《关于隆德县金良房地产开发有限公司补交土地出让金事宜的请示》《关于资金事宜的请示》《中共隆德县委落实全面从严治党主体责任清单》《中共隆德县委书记、副书记和常委工作分工》。

【县委第二十四次常委会会议】 9月30日下午，县委书记袁秉和同志主持召开十四届县委2020年第二十四次常委会会议。会议传达学习习近平总书记视察湖南重要讲话、在基层代表座谈会上的讲话、在第三次中央新疆工作座谈会重要讲话、在联合国成立75周年纪念峰会重要讲话、在教育文化卫生体育领域专家代表座谈会重要讲话、致中国延安精神研究会第六次会员大会贺信精神、自治区党委常委会会议暨应对新冠肺炎疫情工作领导小组第15次会议、全区促进民族团结进步工作会议、全区社区、校园、宗教、乡村、社团治理现场观摩推进会、关于转发自治区党委涉疆服务管理协调小组《关于印发〈关于进一步创造良好环境促进新疆少数民族群众在宁交融发展的实施办法的通知〉的通知》精神，学习自治区党委办公厅《关于国庆节、中秋节假期领导干部严格执行外出纪律的通知》；听取全县安全生产情况汇报。

【县委第二十五次常委会会议】 10月23日上午，县委书记袁秉和同志主持召开四届县委2020年第二十五次常委会会议。会议传达学习习近平总书记在2020年秋季学期中央党校（国家行政学院）中青年干部培训班开班仪式上的讲话、在深圳经济特区建立40周年庆祝大会上的讲话、在中央政治局第二十三次集体学习时的讲话、在第七个国家扶贫日对脱贫攻坚工作重要指示、赵乐际和杨晓渡同志在十九届中央第六轮巡视动员部署会上的讲话、《中共中央 国务院关于印发〈黄河流域生态保护和高质量发展规划纲要〉的通知》、学习《关于五起违反中央八项规定精神典型问题的通报》、市委政协工作会议。研究同意：《中共隆德县委员会贯彻落实〈中共宁夏回族自治区委员会贯彻《中国共产党政法工作条例》实施细则〉任务分工方案》《关于2021年全县第一批建设项目的请示》《隆德县2020年农村人居环境综合整治冬季战役专项行动方案》《关于隆德县综合医改实施方案的请示》《关于成立隆德县城乡供水服务公司的请示》《关于联财镇恒光村移民产业园区日光温室大拱棚处理的请示》《关于申请报废并采购执法执勤车辆事宜的请示》《隆德县钢化玻璃生产加工项目建设合同》《隆德县枸杞芽茶（菜）生产加工项目建设合同》《隆德县生物农药项目建设合同》《关于2020年第三批政府新增地方债券资金安排的请示》《关于2017—2018年农村人居环境整治资金安排的请示》；会议对近期重点工作进行安排部署，谋划好2021年验收考核工作，抓好安全生产、信访维稳工作。

【县委第二十六次常委会会议】 11月3日上午，县委书记袁秉和同志主持召开十四届县委2020年第二十六次常委会会议。会议传达学习党的十九届五中全会精神，习近平总书记在纪念中国人民志愿军抗美援朝出国作战70周年大会上的重要讲话，中央政治局常务委员会会议，中央政治局第二十四次集体学习和对推进农村土地制度改革、做好农村承包地管理工作重要指示精神，《中共中央关于印发〈中国共产党中央委员会工作条例〉的通知》，市委办《关于全面总结"十三五"科学谋划"十四五"开展专题研究工作的通知》，会议对近期重点工作进行安排部署；研究干部事宜。

【县委第二十八次常委会会议】 12月3日下午，县委书记袁秉和同志主持召开十四届县委2020年第二十八次常委会会议。会议传达学习习近平总书记在中央全面依法治国工作会议精神，在全国劳动模范和先进工作者表彰大会、在中央军委军事训练会议、在亚太经合组织工商领导人对话会、在金砖国家领导人第十二次会晤、在出席二十国集团领导人第十五次峰会第一阶段会议、在出席亚太经合组织第二十七次领导人非正式会议上的重要讲话精神，《中共宁夏回族自治区委员会关于新时代加强和改进人大工作的意见》，学习陈润儿书记在吴忠市《检查》上的批示；听取县人大常委会党组、政府党组、政协党组、法院党组和检察院党组工作汇报、脱贫攻坚成效核查情况通报及迎接国家脱贫攻坚成效考核准备情况的汇报、2020年全县禁毒工作汇报，关于赴福建、东莞、深圳、浙江、北京等地招商引资情况汇报、全县村（社区）"两委"换届情况汇报。研究同意：《隆德榜样发布厅实施方案（送审稿）》《关于成立隆德县村（社区）"两委"换届工作领导小组、工作组、指导组的请示》《隆德县村"两委"换届选举工作方案》《隆德县社区"两委"换届工作方案》《关于推荐全国河长制湖长制先进集体和先进个人的请示》《隆德县2020年工作总结及2021年重点工作》。

【县委第三十次常委会会议】 12月29日上午，县委书记袁秉和同志主持召开十四届县委2020年第三十次常委会会议。会议传达学习中央经济工作会议精神，自治区贯彻新时代党的组织路线加强领导班子建设暨培养选拔优秀年轻干部工作座谈会、全区推进基层整合审批服务执法力量改革现场会精神，《自治区党委办公厅人民政府办公厅关于做好2021年元旦春节期间有关工作的通知》，听取全县安全生产和食品药品安全工作情况汇报。讨论同意：《中共隆德县委员会关于制定国民经济和社会发展第十四个五年规划和二〇三五年远景目标的建议（讨论稿）》和《中共隆德县委十四届九次全体会议工作报告（讨论稿）》《政府工作报告（送审稿）》《隆德县人大常委会工作报告（送审稿）》《政协隆德县第十一届委员会常务委员会工作报告（送审稿）》《政协隆德县委员会2021年协商工作计划》《隆德县人民法院工作报告（送审稿）》《隆德县人民检察院工作报告（送审稿）》《关于县2020年国民经济和社会发展计划执行情况与2021年国民经济和社会发展计划草案的报告（送审稿）》《关于县2020年财政预算执行情况和2021年财政预算草案的报告（送审稿）》《隆德县贯彻落实〈自治区党委 人民政府 宁夏军区关于加强新时代退役军人工作的实施意见〉分工方案》《隆德县2021年城乡绿化实施方案》《隆德县2021年农业产业任务分配方案》、2021年全县第二批建设项目、划拨国有建设用地事宜、关于召开县委十四届九次全会、隆德县第十七届人大第五次会议和政协隆德县第十一届委员会第五次会议日程等相关事宜、《关于县第十七届人民代表大会第五次会议前补选缺额代表的请示》和《关于政协隆德县十一届委员会委员增补事宜的请示》。

全面深化改革委员会会议

【第五次会议】 2020年2月25日，县委书记、县委全面深化改革委员会主任袁秉和同志主持召开县委全面深化改革委员会第五次会议。会议传达学习中央全面深化改革委员会第十一次、十二次会议和自治区党委全面深化改革委员会第八次会议精神，安排部署当前全面深化改革各项工作。

【第六次会议】 2020年4月17日，县委书记、县委全面深化改革委员会主任袁秉和同志主持召开县委全面深化改革委员会第六次会议。会议传达学习自治区党委全面深化改革委员会第九次会议和市委全面深化改革委员会第二次会议精神，审议《隆德县委全面深化改革委员会2020年工作要点》，安排部署2020年隆德县全面深化改革各项工作。

【第七次会议】 2020年9月27日，县委书记、县委全面深化改革委员会主任袁秉和同志主持召开县委全面深化改革委员会第七次会议。会议传达学习中央全面深化改革委员会第十三、十四、十五次会议和自治区党委全面深化改革委员会第十次会议精神；听取新时代文明实践中心全国试点县建设情况、六盘山工业园区改革情况和县发改局、财政局、扶贫办、水务局牵头改革任务进展情况汇报，安排部署下一步全面深化改革有关工作。

财经委员会会议

【第三次会议】 2020年5月14日，县委书记、县委财经委员会主任袁秉和同志主持召开县委财经委员会第三次会议。会议传达学习中央财经委第五次、六次会议精神和《自治区党委办公厅　人民政府办公厅关于印发〈自治区高质量发展综合绩效年度考核方案〉〈自治区全面建成小康社会考核方案〉的通知》精神及市委财经委第四次会议精神，审议《中共隆德县委财经委员会2020年工作要点（送审稿）》，听取相关部门工作情况汇报，安排部署全县当前和今后经济工作。

【第四次会议】 2020年9月27日，县委书记、县委财经委员会主任袁秉和同志主持召开县委财经委员会第四次会议。会议传达学习中央财经委第八次会议精神、《自治区党委　人民政府关于建设现代化经济体系的实施意见》和《自治区党委办公厅　人民政府办公厅关于贯彻落实中央决策部署切实抓好当前经济工作的通知》；听取"十四五"规划纲要编制进展情况、全县重点项目建设进展情况和高质量发展综合绩效考核目标任务完成情况、全面建成小康社会主要指标完成情况及前三季度经济运行预测分析汇报，安排部署全县当前和今后经济工作。

扶贫领导小组会议

【第一次会议】 2020年1月22日，县委书记、县扶贫领导小组组长袁秉和同志主持召开隆德县扶贫领导小组2020年第1次会议。会议传达全国扶贫开发工作会议精神、自治区党委农村工作暨脱贫攻坚工作会议、全区扶贫办主任会议，研究讨论隆德县脱贫攻坚大普查工作方案，贯彻落实1月18日陈润儿书记在西吉县调研脱贫攻坚工作时强调精神。

【第二次会议】 2020年2月21日，县委书记、县扶贫领导小组组长袁秉和主持召开隆德县扶贫开发领导小组2020年第2次会议。会议传达自治区贫困人口产业发展外出务工意愿需求摸排工作部署视频会议精神，学习转发《国务院扶贫开发指导司关于做好产业、就业摸排工作有关事项的通知》，听取产业扶贫、"三查三补"等事项。

【第三次会议】 2020年3月6日，县委书记、县扶贫领导小组组长袁秉和主持召开隆德县扶贫领导小组2020年第3次会议。会议传达国务院扶贫开发领导小组应对新冠肺炎疫情决战脱贫攻坚电视电话会议及自治区扶贫开发领导小组2020年第1次会议暨全区脱贫攻坚"四查四补"工作会议和固原市扶贫开发领导小组2020年第1次会议精神，会议通报隆德县2019年农村环境卫生网格化管理工作情况，审议《隆德县关于全面开展脱贫攻坚"四查四补"大普查工作实施方案》和《隆德县2020年扶贫工作要点》。决定全县将利用两个月时间，集中开展查损补失、查漏补缺、查短补齐、查弱补强脱贫攻坚"四查四补"大普查工作。

【第四次会议】 2020年4月5日，县委书记、县扶贫领导小组组长袁秉和主持召开隆德县扶贫领导小组2020年第4次会议。会议听取各乡镇关于"四查四补"大普查工作进展情况的汇报、公安局汇报户籍问题处理、人社局汇报就业务工情况、农业农村局汇报基础母牛补栏、住建局汇报危房改造、医保局汇报基本医疗保险、扶贫办关于脱贫攻坚"四查四补"大普查工作总体情况的汇报，安排部署当前脱贫攻坚工作。

【第五次会议】 2020年4月15日，县委书记、县扶贫领导小组组长袁秉和主持召开隆德县扶贫领导小组2020年第5次会议。会议听取各乡镇各部门脱贫攻坚工作情况汇报；传达自治区党委第三巡视组巡视隆德反馈问题回头看相关精神；学习固原市关于"四查四补"工作进展情况会议精神。

【第六次会议】 2020年5月12日，县扶贫开发领导小组第一副组长、政府县长潘建宁主持召开隆德县扶贫开发领导小组2020年第6次会议。会议传达学习国家脱贫攻坚普查有关会议精神和自治区脱贫攻坚普查专题会议精神，研究《隆德县做好自治区脱贫攻坚普查准备工作方案》《自治区指导组调研隆德县脱贫攻坚反馈问题整改方案》，会议要求扎实做好脱贫攻坚反馈问题整改工作，脱贫攻坚"四查四补"要形成闭环。

【第七次会议】 2020年6月23日，县委书记、县扶贫领导小组组长袁秉和主持召开隆德县扶贫领导小组2020年第7次会议。会议传达学习习近平总书记视察宁夏重要讲话、全区脱贫攻坚重点工作推进会、固原市扶贫开发领导小组第3次会议精神；会议听取各乡镇关于"五类人群"一户一策政策落实情况，移民户籍迁转、院落拆除、人员"两头跑"等方面存在的问题，扶贫办关于隆德县脱贫攻坚"四查四补"发现的问题，2019年脱贫成效考核反馈问题整改情况，会议安排部署当前脱贫攻坚重点工作。

【第八次会议】 2020年7月14日，县委书记、县扶贫领导小组组长袁秉和主持召开隆德县扶贫领导小组2020年第8次会议。会议传达自治区党委书记陈润儿同志督战脱贫攻坚调研移民搬迁工作时的讲话；会议听取扶贫办关于易地扶贫搬迁完成情况及存在问题的汇报，自然资源局移民搬迁区生态恢复工作，扶贫办脱贫攻坚"四查四补"成效抽查工作情况，扶贫办、调查队关于隆德县脱贫攻坚大普查前期筹备工作，各乡镇关于脱贫攻坚"四查四补"成效抽查发现问题整改情况的汇报。

【第九次会议】 2020年9月3日，县委书记、县扶贫领导小组组长袁秉和主持召开隆德县扶贫领导小组2020年第9次会议。会议传达全国东西部扶贫协作稳岗就业工作座谈会精神；听取自治区党委第五巡视组反馈问题整改情况的汇报、财政局关于全县金融扶贫小额信贷逾期贷款清收和关于追加2020年全县建档立卡户新增贷款任务完成情况、扶贫办国家脱贫攻坚普查工作开展情况、扶贫办关于全县"三类人群"工作落实情况、各乡镇脱贫攻坚重点工作情况汇报；审议通过《国务院扶贫开发领导小组2020年脱贫攻坚督查反馈问题整改方案》。

【第十次会议】 2020年9月30日，县委书记、县扶贫领导小组组长袁秉和主持召开隆德县扶贫领导小组2020年第10次会议。会议传达固原市扶贫开发领导小组2020年第5次会议精神；听取各乡镇关于2020年度扶贫对象动态管理和信息采集工作情况、"三类人群"扶持措施落实及取得成效、自治区反馈隆德县扶贫数据质量问题整改完成情况、扶贫办关于自治区反馈隆德县扶贫数据质量问题整改完成情况、国务院扶贫开发领导小组2020年督查反馈问题整改完成情况、政法委关于隆德县小额扶贫信贷逾期贷款收缴情况汇报；会议审议通过《隆德县"大干100天"坚决打赢脱贫攻坚战实施方案》《隆德县2020年扶贫动态管理工作的请示》。

【第十二次会议】 2020年11月24日，县委书记、县扶贫领导小组组长袁秉和主持召开隆德县扶贫领导小组2020年第12次会议。会议传达2020年全区脱贫攻坚成效考核准备工作视频会议精神；会议听取各乡镇关于"大干100天"坚决打赢脱贫攻坚战专项行动进展情况，2020年国家脱贫攻坚成效考核准备工作情况，纪委、组织部、宣传部、教体局、财政局、人社局、住建局、交通局、水务局、农业农村局、自然资源局、卫健局、审计局、医保局、扶贫办关于"大干100天"坚决打赢脱贫攻坚战专项行动进展情况和2020年国家脱贫攻坚成效考核准备工作情况汇报，纪委监委关于对全县重点工作及巡视巡察督察反馈问题整改情况通报落实情况，公安局、扶贫办、财政局关于自治区脱贫攻坚专项巡视"回头看"反馈问题整改情况，扶贫办关于全县扶贫数据质量提升情况，2020年脱贫攻坚目标任务完成情况，2020年闽宁协作目标任务完成情况汇报，政法委关于隆德县扶贫小额信贷逾期贷款清收情况，住建局关于乡村麦场、废旧用品收购堆放点等重点场所排查整治情况汇报。

纪检监察

【"两个维护"】 把学习贯彻习近平新时代中国特色社会主义思想作为政治任务，用党的创新理论武装头脑、指导实践、推动工作。扛起疫情防控政治责任、担起监督保障之责，成立专项督导检查组，对乡镇、村组疫情防控开展全方位、无死角督查，对复工复产做好"六保"工作、落实"六稳"任务，跟进全程监督，处理疫情防控责任落实不力党员干部28人。

【执纪审查】 深化扶贫领域腐败和作风问题专项治理。贯彻中央纪委加强扶贫领域专项治理指导意见，对"四个不摘"政策落实、开展"四查四补"工作监督检查17轮次，督促整改问题41个。对2018年以来扶贫领域和作风问题的线索进行大起底，加大查办力度，推动线索清仓、问题清零。三年来共查处扶贫领域腐败和作风问题43起，适当处理17人，给予党纪政务处分46人，移送司法机关6人。开展民生领域损害群众利益问题的集中整治。近两年，全县共查处民生领域侵害群众利益问题4起，给予党纪政务处分6人。运用问题线索排查"起底"、交办问题线索"清零"、违纪违法案件"复核"、线索深挖彻查"除根"四项机制，深化扫黑除恶专项斗争。"打伞破网"取得成效，全县共查处涉黑涉恶腐败和"保护伞"问题83件，处理11人，给予党纪政务处分37人。

【作风建设】 把监督中央八项规定精神落实情况作为长期任务，盯重要节点，提前教育提醒，通过经常性监督检查与不定期明察暗访相结合，对顶风违纪问题严肃查处，防止"四风"反弹回潮。全县共查处违反中央八项规定精神问题1起，给予党纪处分1人。从严明政治纪律，整治形式主义、官僚主义，聚焦巩固脱贫成效和疫情防控，纠正重大决策部署不落实、不担当、不作为、基层摊派任务等方面开展专项督查2次，下发通报2期，督促11个部门（单位）限期整改。

【政治巡察】 围绕"三个聚焦"重点，完成3轮、16个部门（单位）党组织、2家国有企业巡察工作，共发现问题222个，移交问题线索6个，完成巡察全覆盖任务的95.5%。制定《关于进一步强化巡察整改工作的实施办法》，压实被巡察党组织整改主体责任及纪检监察机关和组织部门日常监督责任，推动全面、系统、彻底整改，县委前八轮巡察反馈问题整改率达98%。修改完善制度6项、清理废止制度5项，完成16条立行立改问题。

【监督职责】 出台《关于建立全面从严治党"五着力五推进"机制的实施意见》，规范权力运行，强化廉政风险防控，推动"两个责任"落实。全县共发现落实"两个责任"不力问题7个，适当处理4人，党纪政务处分3人。运用"四化四精准"监督法，紧盯"关键少数"和重点人群，更新完善441名副科级以上领导干部廉政档案，智能分析研判政治生态，加强对"一把手"和领导班子监督，回复党风廉政意见1519人次。对苗头性、倾向性问题及时处理。全县共提醒谈话、廉政约谈20人。运用"四种形态"教育帮助和处理干部177人次，其中第一种形态99人次、第二种形态58人次、第三种形态7人次、第四种形态13人次，占比分别为55.9%、32.8%、4%、7.3%。制定《隆德县纪委监委失实检举控告澄清工作办法（试行）》，为51名党员干部澄清正名，对49名受处分干部进行教育回访。

【监察改革】 坚持党对纪检监察工作的领导，完善《隆德县纪委监委派驻机构工作办法》等19项制度。制定"三书四会五台账"工作机制，选强配齐派驻机构干部，优化调整派驻监督范围，提升派驻监督质效。推进"三化"建设，建成县委机关、派驻机构、乡镇纪委检举举报平台，修订完善"三卷一书"监督执纪执法工作流程，开展"制度建设年"活动，制定制度31个，提升纪检监察工作规范化、法治化水平。推进乡镇纪委（监察办）规范化建设，出台《关于加强村（社区）勤廉监督室规范化建设的实施意见》，建成村（社区）勤廉监督室13个，推动全面从严治党向基层延伸。

【惩治腐败】 保持惩治腐败高压态势。全县纪检监察机关共受理信访举报190件，处置问题线索141件，适当处理40人，立案53件68人，给予党纪政务处分74人，严肃查处城关镇隆泉村党支部原书记高聪严重违纪违法案件。制定《隆德县纪委监委违纪违法典型案件"三书两会两报告"实施细则》，对严重违纪、违法案件，研究案发规律，深挖问题根源，制发纪检监察建议书41份，推动重点领域制度建设。开展"全区领导干部廉政警示教育周"活动、第四期"抵制腐败·共享和谐"警示教育宣传周活动，通过开设廉政讲堂、举办廉政主题演讲比赛、拍摄廉政微视频、通报典型案例等方式，推进以案为戒、以案示警、以案促改、以案正风。建成隆德县廉政文化教育馆和乡村廉政文化（警示）教育基地。

组织工作

【政治建设】 全面加强党员干部教育。把"不忘初心、牢记使命"主题教育作为加强党的建设的永恒课题和全体党员干部教育的终身课题，建立落实"不忘初心、牢记使命"制度。把开展"担当新使命、展现新作为"学习实践活动作为拓展主题教育成果的有效载体，组织全县各级党组织和党员干部积极参与学习实践活动。县委理论学习中心组围绕领导干部廉政警示教育、守好"三条生命线"、习近平总书记视察宁夏重要讲话精神等主题，开展学习研讨。6月15日，县委常委会召开会议，学习习近平总书记视察宁夏重要讲话精神；7月8日召开全县领导干部专题研讨会，集中学习研讨，全县各级党组织组织党员干部专题学习习近平总书记视察宁夏重要讲话精神，结合工作实际研讨交流，谈认识、谈体会、谈思路。

开展专题培训。实施习近平新时代中国特色社会主义思想教育培训计划，投入党费100万元支持乡村建成"云视讯+培训"教育平台，举办全县2020年新任乡村干部和驻村工作队决战决胜脱贫攻坚和巩固提升脱贫成果专题培训班、巡察干部业务能力培训班等；选派99名处、科级领导干部"走出去"参加区、市组织部门组织的学习习近平新时代中国特色社会主义思想、完善基层治理体系提升基层治理能力等专题培训班。8月5日至8月19日，分4期举办全县科级领导干部学习贯彻习近平总书记视察宁夏重要讲话精神专题培训班，围绕发展、脱贫攻坚、生态环境保护、改革开放等6个专题对全县429名科级领导干部和24名选调生全覆盖集中轮训。利用厦门大学对口帮扶资源，11月20日至26日组织50名政法系统干部到厦门大学开展为期1周的党的十九届五中全会精神专题培训。

开展专题宣讲。印发《关于认真学习宣传贯彻习近平总书记视察宁夏重要讲话精神的通知》，组织党员县级领导干部到联系乡镇讲党课、县直部门（单位）党组织主要负责人到帮扶村讲党课、乡镇党委班子成员到包扶村讲党课，开展十九届四中全会精神、全国两会精神、疫情防控知识、马克思主义民族观宗教观"百场万人"大宣讲和习近平总书记视察宁夏重要讲话精神等宣讲活动400余场次，选树宣传"我身边的战'疫'模范"先进集体60个、先进个人132人。抗击新冠肺炎疫情期间发动全县8292名党员，捐款126.3395万元。

开展排查解决发展党员违规违纪问题试点工作。排查出违规违纪发展党员278人，其中"异地入党"等4种类型82人，严重违反程序196人，处理53名违规违纪发展党员和71名乡镇、村党组织责任人。

开展乡镇党校建设试点。在沙塘镇、城关镇开展基层党校建设试点工作，沙塘镇党校作为全县首家乡镇党校，于6月28日上午举行揭牌仪式并开展抓党建促决战决胜脱贫攻坚专题培训，实现农村党员教育培训工作经常性。

【组织建设】 实施以"六项基本制度、三大三强、双评双定和两个带头人"为重点内容的"6322"工程。抓"三会一课"等基本制度落实，投入3200余万元用于基层党组织建设，建立"云视讯"智慧党建平台；为全县农村党组织选派297名第一书记和工作队员。开展"双评双定"活动，全县评定出5星级党组织1个、4星级党组织20个、3星级党组织114个。加强农村"两个带头人"队伍建设，全县培育致富带头人1119名，"二合一"村党组织书记70名，在城关镇杨店村建设全国红色美丽村庄。

发展壮大村级集体经济。整合资金1.5亿元，扶持105个村，发展集体经济，村均143万元。截至2019年底，累计实现净收益920万元，带动农户6358户，增加收入983万元，户均增收1546元；2020年村集体经济预期总收入可达到2600万元。学习自治区党委常委、组织部部长石岱同志8月24日在《关于隆德县集体经济发展典型案例的报告》上作"定位清晰、因地制宜，不搞一窝蜂，而打特色牌，很好，希望久久为功，力求实效"的批示；凤岭乡李士村、奠安乡新街村集体经济典型案例入选《全区村集体经济典型案例选编》，凤岭乡集体经济典型做法在9月7日全区乡村治理暨扶持壮大村级集体经济现场观摩推进会上做交流发言；6月19日固原市发展壮大集体经济现场观摩推进会在隆德县召开。青海省民和县、银川市贺兰县、石嘴山市平罗县等10多个区内外县区先后来隆德县观摩学习。

开展机关党建"三强九严"工程。健全完善基层党建组织体系和责任体系，全县50个直属机关和13个乡镇机关，创建"让党中央放心、让人民群众满意"模范机关。城市党建"四联四化"机制。联动责任，建立县、镇、社区三级联动体系和联席会议制度，协商处理社区事项，领导体制实现一体化。联建组织，设立1个"大工委"和10个"联合党委"，通过"1+10+113"的模式，把城关镇党委、社区党组织和113家驻社区单位组合起来，城市党建实现区域化。联享资源，统筹建设10个社区党群服务中心，基础保障实现规范化。联创和谐，实行15分钟"一站式"便民服务。落实非公企业和社会组织党建"五强五促"制度。调整配强非公经济组织和社会组织工委书记，配备3名兼职副书记。完善结对联系机制，安排14名工委委员直接联系26家非公企业和社会组织党支部，帮建队伍、帮建阵地、解决难题。选派28名党建工作指导员，帮助建立群团组织，新建浩荣门业、黄土地农业食品、杨氏泥塑3家党支部。先后撤销神农实业有限公司、得礼建材有限公司2个"空壳"党支部，从组织上规范全县非公企业和社会组织党支部的设置和运行。做到"四个预先"，调研摸底，预先掌握选情。村"两委"班子成员平均年龄为45.4岁，中大专及以上学历39人，占8.4%。集中分析研判，预先储备人选。挖掘和培育村级后备人才271人，确保每个村培养储备2～3名后备力量。开展集中整顿，预先化解问题。

【干部队伍建设】 树立选人用人导向，对在脱贫攻坚、疫情防控第一线、生态环境保护等工作中表现突出、担当负责的干部优先予以提拔重用、晋升职级。本年提拔重用科级领导干部62人，晋升职级222人，其中晋升四级调研员20人。提拔任用公安民警25名。对15名领导干部进行经济责任审计，对2名因疫情防控履职不力的乡镇党政主要负责人进行调整交流。委托县审计局对县水务局主要负责同志落实自然资源资产责任情况进行专项审计。落实"三个区分开来"和容错纠错及受处理处分干部教育管理使用办法，对49名曾受党纪政务处分的干部进行回访教育，对26名受问责和处分后表现优秀的干部予以职级晋升。全面保障和落实公务员职级晋升、扶贫驻村干部待遇保障及乡镇干部待遇补贴等制度。抓公务员平时考核工作，年兑付乡镇工作补贴资金2800万元，兑付干部平时考核奖5700万元。

【人才队伍建设】 依托7家农民田间学校和10个农村实用人才培训基地，培训科技示范户300户，培养储备青年拔尖人才、后备人才7名。推荐"六盘名校长"等44名。选派8名干部参加"西部之光"和"基层之星"研修。实施文化艺术人才培养行动。培养各级非遗传承人才58人。引进企业高层次管理人才、技术人才5名。申报研究中心、创新中心4家。人才专项资金纳入县级财政预算，县财政每年安排100万元人才工作经费。强化作风建设，提升职业形象。开展"老组工干部讲故事""最美组工人"选树等活动。

宣传工作

【新时代文明实践中心】 县委宣传部、文明办、民政局、团县委联合举办隆德县新时代文明实践学雷锋志愿服务项目大赛，表彰奖励一批志愿服务队伍。推动志愿服务项目。打造"六盘山红色书院故事会"志愿服务项目品牌，邀请县政协委员加入理论宣讲志愿服务队伍，开展政协委员红色讲堂，组织群众参观红色书院，讲述革命物件背后的故事，大力推广奠安乡"一人一梦想·一人一故事"新时代文明实践活动。

【抗疫宣传】 做好疫情知识普及、典型事例报道和舆情管控工作，其中《宁夏隆德县各级党组织和广大党员一线冲锋、一线阻击筑牢防疫堡垒》《宁夏隆德县新时代文明实践 为抗击疫情注入新的力量》《宁夏隆德县在疫情防控一线擦亮共产党党员先锋底色》《时刻准备着奔向前线》《下足"绣花功"拉紧"三返"防控线》《宁夏隆德筑牢群防群控严密战线》《宁夏隆德：让党旗在防控疫情斗争第一线高高飘扬》《隆德县汇集最大力量打赢疫情阻击战》等稿件在人民日报、新华社、光明日报、经济日报、中国日报等各级媒体刊载报道。疫情防控期间，各媒体共刊发涉及隆德县疫情防控的稿件信息216条：人民日报11条，新华社6条，光明日报4条，经济日报4条，中国日报10条，中国东盟报道4条，中国新闻网34条，人民法制网15条，宁夏日报27条，宁夏电视台3条，宁夏党建网1条，宁夏新闻网26条，固原日报21条，固原电视台10条，其他媒体刊载报道40条。《宁夏隆德：社火表演队变身"防疫宣传队"》《隆德县2200个乡村红马甲别样美》《隆德一个村庄的防疫故事》等8条被学习强国转载。

【精神文明建设】 隆德县人民法院、沙塘镇马河村创建第六届全国文明单位和文明村镇，隆德县二中成功创建全国未成年人思想道德建设工作先进单位，咸国平家庭和齐发智家庭分别被评为第二届全国文明家庭和自治区文明家庭。对6个2020年到届的自治区文明单位、文明村镇及文明校园进行重新申报，2019年隆德县在全区推动移风易俗树立文明乡风群众满意度第三方机构调查中得分位居全区第二。

【理论武装】 把县委中心组学习作为强化理论武装、强化意识形态工作的重要抓手，召开县委理论学习中心组学习15次。其中，集体学习会11次，举办专题辅导2期，研讨会1期，宣讲报告会1期，集体研讨1次。制定下发《关于认真学习宣传贯彻习近平总书记视察宁夏重要讲话精神的通知》《中共隆德县委办公室关于印发〈习近平总书记视察宁夏重要讲话精神宣传宣讲工作方案〉的通知》《关于印发〈贯彻落实陈润儿同志调研学习宣传习近平总书记视察宁夏重要讲话精神工作要求任务分工方案〉的通知》等文件，举办全县领导干部学习宣传贯彻习近平总书记视察宁夏重要讲话精神专题研讨班2期。县委常委会会议专题听取学习宣传贯彻习近平总书记视察宁夏重要讲话精神落实情况。全县各级党组织学习习近平总书记视察宁夏重要讲话精神420多场次。开展党的民族宗教政策、生态环保、脱贫富民政策等宣讲活动，开展文明实践志愿服务活动，共开展各类宣讲活动600余场次。

【舆论引导】 全年在中央及区、市主流媒体刊发新闻稿件859篇（条）。其中，新华社30篇（条），人民日报35篇（条），央视6篇（条），宁夏日报136篇（条），固原日报77篇（条），学习强国85篇（条），其他各级各类媒体刊发稿件490篇（条）。"决战西海固—脱贫攻坚看宁夏"主题采访活动，刊发隆德县李士村集体经济、隆德县中药材、人造花扶贫车间等报道45篇（条），"走向我们的小康社会"主题采访，刊发隆德县李士村集体经济、隆德县杨河乡串河养牛产业等报道12篇（条）。

【意识形态】 实施维护意识形态安全托底工程，落实意识形态工作责任制，加强意识形态阵地管理，加强对全县各类讲座、培训班审批备案和融媒体中心编审单的审核。疫情防控期间开展文化娱乐场所落实疫情防控措施检查3次，对全县各类喷绘、宣传牌、宣传栏开展检查2次。持续"扫黄打非"，抓好"正道""新风"集中行动和"清源""固边""净网""护苗""秋风"专项行动，开展集中检查3次。发放"护苗2020"专项行动海报1700余份。

【乡风文明】 利用元旦、腊八节等民俗活动，组织开展文化下乡活动5场次，举办隆德县团拜会、隆德县春节联欢晚会，隆德县花灯展大型文化活动3场。疫情防控期间文化工作者创作优秀抗疫作品18件，举办网上抗疫书画展7期，禁毒书画专题展1期，图书馆实行线下闭馆、线上开馆，线上阅读浏览量7万人次，阅读1600余册90万页，听书2000余册20万余分钟。举办"读联体"网上抗疫知识竞赛1期，100余人参加。县文联各协会共推送抗击疫情文艺作品（包括歌曲、绘画、书法、诗歌、剪纸、摄影、篆刻、小剧等）共计560件（幅）。发挥乡村"一约四会"作用，结合新时代文明实践，组织村民修订"村规民约"，革除婚丧嫁娶大操大办、铺张浪费等陈规陋习，褒扬善行义举，贬斥失德失范，引导广大群众持续推进移风易俗。结合乡村文明实践积分卡制度，建成"爱心超市"50个，通过积分兑换的形式引导群众积极参与文明实践，用小积分兑出乡风建设大文明。奠安乡贾凤娟、凤岭乡齐永新等3人被推荐为第五届固原市十大道德模范。

【社会主义核心价值观培育和践行】 以隆泉苑广场、三山公园等群众相对集中的文化广场为阵地，制作"道德模范"宣传牌200个，打造社会主义核心价值观主题街道2条、主题公园2座、主题广场2处，用身边的事教育身边的人，引导群众自觉践行社会主义核心价值观，引领道德文明新风尚。

【网络监管】 开展"清朗"网上扫黄打非、网络生态治理等专项行动，整治网上违法违规有害信息，维护属地网络意识形态安全。向各乡镇、各部门（单位）转办舆情106件，下发舆情督办单9份。对县融媒体中心、县检察院和卫健局3个单位因公众号出现政治类信息错误进行约谈，对发布不实信息、误导网民、扰乱网络传播秩序的一名微博用户进行约谈，并签订网络行为保证书。向公安机关移交涉赌网站3家，移交问题线索1条。向教体局移交线索1条。

【文化活动】 采用网上直播形式举办第二届宁夏固原梯田花儿节暨第五届清凉隆德行"万亩花海·大美隆德"网络文化旅游节活动，粉丝关注量达30万人次，游客数量达20万人次。在凤岭乡启动2020年度戏曲进乡村文艺演出活动，戏曲进乡村活动开展78场次，送戏下乡活动20余场次。实施广电惠民工程，农村建档立卡户和城市低保户有线电视入户率达90%。开展"书香飘万家·亲子共阅读"——竹林社区感恩母亲节活动、"赋活文化，赋能未来"、战疫"与爱同行"公共数字文化智能服务项目，开展"我是小小领读员"系列活动共22场次，参与人数700多人。

统战工作

【概况】 2020年县委听取民族宗教工作汇报5次，县统一战线领导小组召开会议2次，健全县、乡（镇）、村（社区）三级宗教工作网络化管理体系和责任落实机制，牵头制定基层宗教治理责任清单，明确35项重点工作和87条工作措施。解决人员编制3名，开展"民族团结月"、马克思主义民族观宗教观"百场万人"大宣讲、"五进"宗教活动场所等系列活动，全年累计宣讲210场次9500人。向各宗教场所累计发放"五进"宗教场所倡议书100余份。推进"拥护核心感党恩、同心携手奔小康"教育活动。

【宗教工作】 助力疫情防控。第一时间暂停开放宗教场所、暂停举办宗教活动，及时取消敬香祈福、传统庙会，全年没有发生聚集性疫情。经自治区民委评估验收，隆德县成功创建为全区第十批民族团结进步示范县，县文广局、张程乡中心小学、隆德县人造花工艺有限公司被自治区民委命名为第10批全区民族团结进步创建示范单位。

机构编制

【机构改革】 贯彻落实习近平总书记关于机构编制工作的重要指示批示精神。开展专题研讨4次，撰写调研报告2篇，县委机构编制委员会集中学习2次，举办全县领导干部《条例》培训1班次。共巡察乡镇、部门67个，规范机构编制管理。完成"五大领域"综合行政执法体制改革。完成市场监管、农业农村、交通运输、文化市场等领域综合执法改革；组建隆德县市场监管、农业综合执法、交通运输综合执法、文化市场综合执法大队。起草《关于全县事业单位改革调研评估工作总结》，找准改革面临的难点和问题，为推进改革打基础。全县党政群机关没有空编的，不得借调人员；对退休、调离、在职死亡的人员及时办理下编手续；非公务员身份人员不得调入行政机关，不再核定机关工勤编制，对现有工勤编制采取"退一减一"的管理方式。用活编制，满足需求。2020年公务员招录61名、事业单位招聘19名。实名管理，精准统计。以机构编制统计和实名制管理为手段，加强部门间数据比对梳理机构编制情况。通过系统导出至单位（部门核对完善）至编办审核再导入，对全县在编人员信息进行全面核对。摸清机构编制及人员底数。加强权力清单动态管理，依据"三级四同"的原则，将城乡建设系统19项行政职能划转至自然资源系统。动态调整后，隆德县行政职权事项共3243项。完成承接1213项"四级四同"事项要素的录入和流程绑定工作。督促配合县审批局做好政务服务事项进驻政务大厅工作，政务大厅已进驻1204项，进驻率达到99%，基本实现"一门办理"。采取"双随机、一公开"监管、重点监管、信用监管、"互联网＋监管"等方式工作。经自查，隆德县党政群机关和事业单位的名称、规格、挂牌机构名称、领导职数及其名称和机构编制台账完全一致，没有发现存在超审批权限设立、更名、升格、撤并等四种情形。

党校工作

【项目建设】 立项迁建新校区。新校区占地42亩、建筑面积11450平方米、投资6600万元。能容纳150人规模的学员食宿。开建学员餐厅和附属工程，共完成投资1100万元，县财政保障900万元工程款。

【教育培训】 开展规范培训，共举办各类培训班16期，培训人数3574人次。举办县内专题培训班7期1410人，其中，全县科级领导干部学习贯彻习近平总书记视察宁夏重要讲话精神专题培训班4期429人，全县2020年新任乡村干部和驻村干部决战决胜脱贫攻坚、巩固脱贫成果线上线下专题培训班1期850人，全县2020年新发展党员专题培训班2期131人。举办闽宁对口帮扶培训班3期，共培训1860人次（厦门大学干部80人，隆德县干部1780人）。其中，厦大党校教师党支部书记培训班1期27人，分期线上线下培训隆德县党政干部、教育卫生、企管人员1780人次；厦大经济学院脱贫攻坚暨党性教育培训班1期16人；厦大物理学院探寻闽宁协作新征程培训班1期37人。举办社会培训班6期304人次，宁煤集团6个所属煤矿党委，委托我校举办"传承红色基因·坚定理想信念"培训班。抓网络督学和理论宣讲。借助"宁夏干部教育网络培训学院"平台，抓全县处科级干部和公务员3个班次981人的网络培训。确保网络学习参学率为100%、结业率为100%。参与理论宣讲，全校8位干部教师先后深入12个部门和30个村，进行习近平总书记视察宁夏重要讲话精神和党的十九届五中全会精神理论宣讲。宣讲听众3000余人次。

党史档案

【档案工作】 9月份，县档案局联合县档案馆深入乡镇和县直部门、单位对档案工作进行督促检查，重点对各立档单位机构改革后档案处置工作进行检查，提出意见，履行监督管理和服务职责。接待查询单位和个人348人次，提供档案812卷件/次，复制档案2219页。全年完成对扶贫办、环保局、教体局、林业局、土地局、县委编办、住建局、审计局、社保局等单位各类档案的整理归档工作。精准扶贫档案580盒29500件，生态环境局污染源普查档案59盒430件，农业农村局文书档案229盒485件，教育业务及文书档案121盒3025件，社保业务档案513盒4875件，城建项目业务档案3500盒5820卷，全年共接收进馆4482盒26408件。

【党史工作】 编纂《中国共产党隆德县2020年大事记》。编写《红二十五军在隆德》《中国共产党固原历史第三卷》（隆德县部分）党史。组织完成《闽宁扶贫协作口述史实录》（隆德部分）、《闽宁扶贫协作文献汇编》（隆德部分）撰写任务，采访人员48名，采写稿件28份8万多字。

方志工作

【方志编修】 按常规编辑《隆德年鉴2020》，保证"一年一鉴，公开出版"的目标任务。收集本年度全县重大活动的图书资料，认真编审《隆德年鉴2019》，向区方志办和市方志办提供《宁夏年鉴》《固原年鉴》所需的县情资料与图片。组织撰写地情专题文章10余篇。编写《中国共产党固原历史第三卷》（隆德部分），初稿已经完成，为《固原文史丛书》供稿10篇，全部采纳并出版。参与《隆德县精准扶贫精准脱贫志》的编纂工作。

隆德县人大常委会

机构组成

隆德县第十七届人大常委会组成人员

主　任：王　勇

副主任：马国强　刘　玲（女）杨智军
　　　　柳国仁

委　员：马天智　王立军　车怀文
　　　　冯存虎（回）　李玉贤（女）
　　　　刘　伟　张建龙　马　嫣（女，回）
　　　　彭军娥（女）　田云飞　赵军维
　　　　张岁丑　郭永寿　刘　芳（女）
　　　　郭举国　鲍彪虎　张宏国
　　　　陈婉君（女）　孙小宁　王志忠
　　　　董丽芸（女）　杜彦兵　田　野
　　　　张显业

办公室主任：马天智

办公室副主任：马康斌

法制工作委员会主任：车怀文

财政经济工作委员会主任：刘　伟

教科文卫工作委员会主任：李玉贤

代表联络与选举工作委员会主任：王立军

【隆德县第十七届人民代表大会第五次会议】　隆德县第十七届人民代表大会第五次会议于2021年1月9日—12日在县行政中心召开，会期四天。参加会议总人数425人，其中人大代表162人，列席人员225人（含县政协十一届三次会议的全体委员）。会议听取和审议县人民政府工作报告；审查和批准县国民经济和社会发展第十四个五年规划和二〇三五年远景目标纲要草案；审查和批准县2020年国民经济和社会发展计划执行情况与2021年国民经济和社会发展计划草案的报告；批准2021年县国民经济和社会发展计划；审查和批准县2020年财政预算执行情况和2021年财政预算草案的报告；批准2021年县财政预算；听取和审议县人大常委会工作报告；听取和审议县人民法院工作报告；听取和审议县人民检察院工作报告；其他。

【隆德县第十七届人民代表大会第四次会议代表议案建议办理】　县第十七届人民代表大会第四次会议期间，人大代表提出并转交县人民政府办理的议案、建议共36件，其中议案3件、重点督办建议17件、建议16件。截至目前，36件议案、建议全部按时办结，并及时予以答复，办结率达100%。

【人大代表议案】 县十七届人大五次会议期间，共收到代表10人以上联名提出的议案、建议和意见53件。其中，议案20件、建议和意见33件，涉及水利类7件、交通类13件、农林类10件、财政类4件、教育科学文化卫生类3件、住建类6件、综合类10件。经大会议案审查委员会审查，并与县人民政府及其相关职能部门协商沟通，提出审查意见建议，列为代表议案办理的5件，列为重点督办建议办理的15件，列为代表建议办理的17件，不列为本次会议建议的16件。

人大常委会会议

【隆德县第十七届人大常委会第二十五次会议】 2020年5月20日，县十七届人大常委会举行第二十五次会议。县人大常委会主任王勇，副主任马国强、刘玲、杨智军及委员共26人出席会议。县人大常委会主任王勇主持会议并作了讲话。会议传达学习自治区党委书记、人大常委会主任陈润儿同志和自治区人大常委会副主任李锐同志在自治区党委纪念自治区人大设立常委会40周年暨人大工作座谈会上的讲话精神；听取和审议县人民政府关于贯彻执行《中华人民共和国传染病防治法》和《宁夏回族自治区人民代表大会常务委员会关于依法防控新型冠状病毒肺炎疫情坚决打赢疫情防控阻击战的决定》工作情况的报告、关于贯彻执行《中华人民共和国野生动物保护法》及自然资源管理工作情况的报告、关于应急管理工作情况的报告、"七五"普法及司法行政工作情况的报告，并对四个专项工作报告进行满意度测评；审议作出了《关于批准2020年新增地方政府债券资金安排的决定》；审议通过人事任免的议案，任命杨卫东为隆德县人民政府办公室主任，许学军为隆德县财政局局长，党君强为隆德县审计局局长，李麒才为隆德县医疗保障局局长，并组织新任职人员进行了宪法宣誓。

【隆德县第十七届人大常委会第二十六次会议】 2020年7月17日，县十七届人大常委会举行第二十六次会议。县人大常委会主任王勇，副主任马国强、刘玲、杨智军及委员共20人出席会议。县人大常委会主任王勇主持会议并作了讲话。会议传达学习习近平总书记视察宁夏重要讲话精神；听取和审议县人民政府关于贯彻执行《宁夏回族自治区城市房地产开发经营管理条例》及城乡建设和城市管理工作情况的报告、关于民政工作情况的报告、关于人力资源和社会保障工作情况的报告、关于市场监督管理工作情况的报告、关于医疗保障工作情况的报告，对会议审议的专项工作报告进行满意度测评；审议通过人事任免的议案，对医疗保障工作开展专题询问。

【隆德县第十七届人大常委会第二十七次会议】 2020年10月28日，县十七届人大常委会举行第二十七次会议。县人大常委会主任王勇，副主任马国强、杨智军、柳国仁及委员共21人出席会议。县人大常委会主任王勇主持会议并作了讲话。会议传达学习陈润儿同志在列席自治区人大常委会会议基层人大代表座谈会上的讲话精神；听取和审议县人民法院2020年上半年工作报告；听取和审议县人民检察院2020年上半年工作报告；听取和审议县人民政府关于2020年上半年国民经济和社会发展计划执行情况的报告；听取和审议县人民政府关于2019年全县财政决算和2020年上半年财政预算执行情况的报告；听取和审议县人民政府关于2019年度县本级预算执行和其他财政财务收支的审计工作报告；听取和审议县人民政府关于重点项目建设情况的报告；听取和审议县人民政府关于行政事业国有资产管理情况的报告；听取和审议县人民政府关于2020年新增地方政府债券资金安排事宜的报告；对会议审议的专项工作报告进行满意度测评；审议通过有关人事任免的议案；同意接受海丽辞去隆德县人民政府副县长职务，任命柳春梅为隆德县人民政府副县长；其他。

【隆德县第十七届人大常委会第二十八次会议】 2020年12月17日，县十七届人大常委会举行第二十八次会议。县人大常委会主任王勇，副主任马国强、刘玲、杨智军、柳国仁及委员共24人出席会议。县人大常委会主任王勇主持会议并作了讲话。会议听取和审议县人民政府关于脱贫攻坚工作情况的报告；听取和审议县人民政府关于贯彻执行《宁夏回族自治区生活饮用水卫生监督管理条例》及水务工作情况的报告；听取和审议县人民政府关于农业农村工作情况的报告；听取和审议县人民政府关于教育工作情况的报告；听取和审议县人民政府关于文化旅游广电工作情况的报告；听取和审议县人民政府关于交通运输工作情况的报告；听取和审议县人民政府关于2020年下半年预算调整（草案）的报告；对会议审议的专项工作报告进行满意度测评；通过关于补选隆德县第十七届人民代表大会代表的决定（草案）；审议通过有关人事任免的议案：免去辛四辈隆德县文化旅游广电局局长职务、宋保童隆德县扶贫开发办公室主任职务，任命辛学发为隆德县扶贫开发办公室主任及其他。

【隆德县第十七届人大常委会第二十九次会议】 2021年1月5日，县十七届人大常委会举行第二十九次会议。县人大常委会主任王勇，副主任马国强、刘玲、杨智军、柳国仁及委员共22人出席会议。县人大常委会主任王勇主持会议并作了讲话。会议听取和审议县人民政府关于退役军人事务工作情况的报告；听取和审议县人民政府关于审批服务管理工作情况的报告；听取和审议县人民政府关于审计整改落实情况的报告；听取和审议县人民政府关于县十七届人大四次会议代表议案、建议办理情况的报告；听取县人民政府关于县人大常委会审议意见办理情况的报告；对会议审议的专项工作报告进行满意度测评；通过关于召开隆德县第十七届人民代表大会第五次会议的决定（草案）；听取县十七届人大常委会代表资格审查委员会关于隆德县第十七届人民代表大会第四次会议以来代表变动及补选代表资格审查情况的报告；审议县第十七届人民代表大会第五次会议有关事项及其他。

人大常委会视察活动

【第一次视察】 7月9日视察组23人视察：隆德县医保中心、宁夏兴宇绿色粗粮加工有限公司、沙塘镇清泉村美丽村庄建设、恒光村水冲式厕所改造、渝河流域综合治理。

【第二次视察】 9月21日视察组23人视察：县人民法院、县水务局行政事业国有资产管理、残疾人康复中心综合楼建设项目、六盘山菌菇驯化示范基地建设项目、千峰兔业肉兔养殖加工基地建设项目。

隆德县人民政府

机构组成

隆德县人民政府组成人员

县　长：潘建宁

副县长：樊学双　马　龙　谢国玉
　　　　石永忠　祁　忠　陈国栋
　　　　柳春梅（2020年8月任）

县长助理：朱小珊

政府工作部门及负责人

政府办公室	主任	杨卫东
发展和改革局	局长	王　浩
教育体育局	局长	董玉科
科技局	局长	王东海
公安局	局长	石永忠
民政局	局长	魏耀军
司法局	局长	范宝平
财政局	局长	许学军
人力资源和社会保障局	局长	赵学斌
自然资源局	局长	刘永兴
住房和城乡建设局	局长	梁龙祥
交通运输局	局长	柳钰明
水务局	局长	魏先学
农业农村局	局长	陈作彬
文化旅游广电局	局长	空
卫生健康局	局长	齐海军
退役军人事务局	局长	柳志刚
应急管理局	局长	李耀国
审计局	局长	党君强
市场监督管理局	局长	张世科
统计局	局长	张广斌
扶贫开发办公室	主任	辛学发
医疗保障局	局长	李麒才
审批服务管理局	局长	魏　瑜
市生态环境局隆德分局	局长	王建平
六盘山工业园区管委会	主任	空

区、市直属单位

部门	职务	姓名
国税局	局长	马红军
供电局	局长	刘存德
调查队	队长	杜丁宁
气象局	局长	范晓华
烟草局	局长	赵文云
邮政局	局长	仇永宁

人　行	行　长	陶　勇	
建　行	行　长	陈永胜	
农　行	行　长	张　衡	
信用联社	理事长	李红星	
村镇银行	行　长	张根东	
邮政储蓄	行　长	陈利雄	
移动公司	经　理	田永刚	
联通公司	经　理	陈鹏鑫	
电信局	局　长	张云霞	
网络公司	经　理	杨　升	
人寿保险公司	经　理	刘　亮	
财产保险公司	经　理	刘　湘	
石油公司	经　理	郑建明	
新华书店	经　理	李艳果	

乡（镇）长

城关镇	镇　长	仇旭春	
沙塘镇	镇　长	赵忠宁	
联财镇	镇　长	刘小兵	
神林乡	乡　长	卜小强	
陈靳乡	乡　长	杨金福	
山河乡	乡　长	张旭东	
奠安乡	乡　长	李尚彪	
温堡乡	乡　长	赵　科	
凤岭乡	乡　长	杨平安	
好水乡	乡　长	温仲乐	
观庄乡	乡　长	薛须良	
杨河乡	乡　长	陈健祯	
张程乡	乡　长	李　铎	

常务会议

【**政府第六十一次常务会议**】 2020年1月18日，潘建宁县长主持召开县人民政府第六十一次常务会议。会议传达学习区市两会精神、《宁夏回族自治区危险化学品安全管理办法》《宁夏回族自治区防灾减灾救灾责任规定》、区市《关于进一步做好2020年节假日期间值班工作的通知》；听取历次政务会决定事项完成情况、区市县文件精神落实情况、各副县长专题会议确定事项完成情况、近期各行业领域安全生产检查整改工作汇报、安排春节期间安全生产、廉洁过节事宜；会议决定由住建局、应急管理局负责、学习《宁夏回族自治区治理货运车辆超限超载办法》，交通局、交警大队、运管局从即日起至2月24日前集中开展超载超速超员等交通违法行为专项整治；会议研究通过《隆德县现代农业产业融合发展示范园区建设方案》《隆德县关于进一步加强高中教育的实施方案》、宁夏康业投资有限公司补贴资金事宜。

【**政府第六十二次常务会议**】 2020年2月28日，潘建宁县长主持召开县人民政府第六十二次常务会议。会议传达学习2月26日习近平总书记主持召开的中央政治局常委会会议精神、《咸辉同志在自治区应对新型冠状病毒感染肺炎疫情工作指挥部第四次、第五次、第六次会议上的讲话》《咸辉同志在切实做好当前全区农业生产和脱贫攻坚工作电视电话会议上的讲话》精神；研究通过《隆德县2020年政府工作报告主要目标任务责任分工方案》《隆德县关于2020年县人大代表议案建议和政协委员提案建议责任分工方案（送审稿）》、全县2020年确定项目进展情况汇报、《隆德县2020年"四个一"林草产业示范推广项目实施方案（送审稿）》、土地事宜、《隆德县好兴公路杨河乡节点人居环境改善项目实施方案（送审稿）》、资金事宜。

【政府第六十三次常务会议】 2020年3月3日，潘建宁县长主持召开县人民政府第六十三次常务会议。会议传达学习国务院应对新冠肺炎疫情联防联控机制关于切实做好新冠肺炎聚集性疫情防控工作的紧急通知精神；通报关于全县解除隔离人员管控工作督查情况；研究同意关于应对新冠肺炎疫情期间支持六盘山工业园区稳定就业和企业发展若干措施。

【政府第六十四次常务会议】 2020年3月10日，潘建宁县长主持召开县人民政府第六十四次常务会议。会议传达学习习近平总书记在决战决胜脱贫攻坚座谈会上讲话精神、自治区党委2020年第12次常委会（扩大）会议、自治区政府"加强疫情防控这根弦不能松，经济社会发展各项工作要抓紧"座谈会和市政府常务会议、《关于转发〈同心县境外疫情防控工作主要做法〉的通知》《自治区应对新冠肺炎疫情工作指挥部办公室关于在全区统一推广使用防疫健康信息码的通知》和宁夏回族自治区应对新型冠状病毒感染肺炎疫情工作指挥部第十号公告精神；听取全县防疫健康信息码办理情况汇报。研究通过：《隆德县2020年"扶贫保"实施方案（送审稿）》《隆德县2020年村级扶贫车间建设及运营实施方案（送审稿）》、2020年第一批整合涉农扶贫资金事宜、关于提高隆德县城乡居民最低生活保障标准事宜、项目用地事宜、2020年村集体经济发展设施农用地事宜、《余家峡水库建设土地及地上附着物征迁补偿方案（送审稿）》、2020年地方政府一般债券资金安排事宜。

【政府第六十五次常务会议】 2020年3月31日，潘建宁县长主持召开县人民政府第六十五次常务会议。会议传达学习中共中央政治局会议精神；通报甘肃、河南、广东新增新冠肺炎确诊病例相关情况；安排部署隆德县当前疫情防控工作；学习自治区政府打赢污染防治攻坚战工作推进电视电话会议精神；听取全县扫黑除恶问题线索办理及反馈问题整改情况汇报。研究通过：《县委、政府及有关部门生态环境保护责任（送审稿）》《隆德县乡村振兴示范县建设工作实施方案（送审稿）》《隆德县2020年农村水冲式卫生厕所改造实施方案（送审稿）》《隆德县征收农用地区片综合地价工作方案（送审稿）》《隆德县国土空间总体规划工作方案（送审稿）》《隆德县渝河示范河湖建设任务责任分工方案（送审稿）》《张程乡小城镇建设实施方案（送审稿）》《联财镇张楼村人居环境综合整治实施方案（送审稿）》，将位于隆德县第一幼儿园南侧（原供销社住宅楼）的4.28亩国有存量土地，收回后划拨给县教育局作为隆德县第一幼儿园综合教学楼新建项目用地、资金事宜。

【政府第六十六次常务会议】 2020年4月23日，潘建宁县长主持召开县人民政府第六十六次常务会议。会议传达学习自治区双拥工作领导小组会议暨退役军人服务保障体系建设推进会议精神；听取历次政务会决定事项完成情况、区市县文件精神落实情况及各副县长专题会议确定事项完成情况汇报。研究通过：《隆德县2020年闽宁对口扶贫协作项目实施方案（送审稿）》《隆德县2020年扶持发展壮大村级集体经济项目实施方案（送审稿）》《隆德县2020年度大气、水、土壤污染防治和应对气候变化重点工作安排（送审稿）》、2020年生态环境质量和污染物排放总量考核奖补资金事宜、《隆德县工业炉窑大气污染综合治理实施方案（送审稿）》《隆德县耕地保护存在问题整改方案（送审稿）》、隆德县"互联网+农村供水工程"事宜、《隆德县中小学（幼儿园）"互联网+教育"校园网升级改造项目建设方案（送审稿）》、隆德县2020年农村一二三产业融合发展项目资金分配计划事宜、《隆德县科技型中小微企业风险补偿专项资金"宁科贷"实施方案（送审稿）》、土地事宜、隆德县特岗教师"五险一金"补缴资金事宜、六盘山工业园区有关资金事宜、2020年第二批财政专项扶贫资金分配事宜、资金事宜。

【政府第六十七次常务会议】 2020年5月20日，潘建宁县长主持召开县人民政府第六十七次常务会议。会议传达学习李文章同志在全国信访部门电视电话会议上的讲话精神；安排部署全国两会期间信访维稳工作；听取2020年区市县人大代表议案建议和政协委员提案建议办理情况汇报。研究同意：隆德县2020年度领导干部健康体检事宜、关于进一步严格规范隆德县政府投资建设项目竣工结算审核工作事宜、《隆德县2020年基础母牛健康养殖项目实施方案（送审稿）》《中药材加工及活性炭生产项目建设合同》和《中药材加工项目建设合同》事宜、隆德县人民医院PCR实验室建设事宜、土地事宜、拨付学校疫情防控工作专项经费事宜、发放2019年政府效能目标管理考核奖差额部分事宜、发放2020年民族团结奖事宜。

【政府第六十八次常务会议】 2020年6月2日，潘建宁县长主持召开县人民政府第六十八次常务会议。会议传达学习全区传达贯彻全国两会的会议精神。研究同意通过：《隆德县2020年脱贫攻坚补短板项目实施方案（送审稿）》《隆德县工行家属楼附属用房征收与补偿实施方案（送审稿）》、城关镇文化站划拨事宜、旅游业扶持奖励办法奖补资金兑现事宜、土地事宜、2020年第三批财政专项扶贫资金计划安排事宜、资金事宜。

【政府第六十九次常务会议】 2020年6月18日，潘建宁县长主持召开县人民政府第六十九次常务会议。会议传达学习习近平总书记视察宁夏重要讲话精神、陈润儿同志在自治区党委常委会（扩大）会议上的讲话精神、《关于深化统计管理体制改革提高统计数据真实性意见》《统计违纪违法责任人处分处理建议办法》和《关于防范和惩治统计造假弄虚作假督察工作的规定》精神，研究隆德县贯彻意见。研究通过：《隆德县全面落实"六保"任务工作方案（送审稿）》《隆德县"防疫有我，爱卫同行"城乡人居环境整治百日攻坚三年行动责任分工方案（送审稿）》、六盘山工业园区集中供能扩建项目事宜、巨能广场1#商住楼土地回收事宜、隆德县金良房地产开发有限公司土地用途调整事宜、农村人居环境整治资金事宜、资金事宜。

【政府第七十次常务会议】 2020年7月15日，潘建宁县长主持召开县人民政府第七十次常务会议。会议听取全县上半年安全生产、信访维稳工作情况汇报，历次政府常务会议决定事项完成情况，区市县文件精神落实情况及各副县长专题会议确定事项完成情况汇报，全县扫黑除恶专项斗争进展情况汇报；学习自治区党委第五巡视组对隆德县开展脱贫攻坚专项巡视"回头看"情况反馈会议精神。研究通过：《自治区党委第五巡视组对隆德县脱贫攻坚专项巡视"回头看"反馈意见整改工作方案（送审稿）》《隆德县高质量发展综合绩效考核目标任务责任分工方案（送审稿）》《隆德县全面建成小康社会考核办法（送审稿）》《隆德县突发环境事件应急预案（送审稿）》《隆德县辐射事故应急预案（送审稿）》、2020年第二批设施农用地事宜、土地事宜、2020年农村一、二、三产业融合项目建设及资金分配事宜、2020年抗疫特别国债资金安排事宜、2020年特殊转移支付资金安排事宜、2020年收回部分部门扶贫专项资金计划安排事宜、2020年革命老区资金安排事宜、2020年脱贫攻坚补短板财力补助资金安排事宜、2020年财政扶贫奖励资金计划安排事宜、2020年第三批新增地方债券资金安排事宜。

【政府第七十一次常务会议】 2020年8月12日，潘建宁县长主持召开县人民政府第七十一次常务会议。会议传达学习全区推进高质量发展重点项目建设现场观摩总结会议精神，中共固原市委四届八次全体会议、国务院第三次廉政工作会暨自治区人民政府廉政工作电视电话会议、全国安全生产电视电话会议和区、市安委会第三次全体（扩大）会议精神，学习全区法治政府建设推进电视电话会议精神；研究我县贯彻意见；听取全县法治政府建设情况汇报。研究通过：《隆德县推进黄河流域生态保护和高质量发展先行区建设实施方案（送审稿）》《隆德县城乡垃圾分类和资源化利用实施方案（送审稿）》《隆德县应急管理救援体系建设实施方案（送审稿）》《隆德县应急避难场所建设实施方案（送审稿）》《隆德县加强灾害事故应急指挥通信保障能力建设实施方案（送审稿）》《隆德县安全生产专项整治三年行动实施方案（送审稿）》、修订（废止）政府投资项目审计管理相关制度办法事宜、划拨集体建设用地事宜、兑付上药（宁夏）中药资源有限公司企业投资落地奖励资金事宜、2020年抗疫特别国债防疫资金安排事宜、2020年第三季度政府债券还本资金安排事宜、预发2020年政府效能奖事宜。

【政府第七十二次常务会议】 2020年8月27日，潘建宁县长主持召开县人民政府第七十二次常务会议。会议研究通过：《隆德县2020年政府购买公办幼儿园保育教育服务（民生实事）工作方案（送审稿）》、关于召开隆德县庆祝第36个教师节暨全县教育大会事宜、《隆德县使用中央财政支持应急物资保障体系建设资金实施方案（送审稿）》《隆德县传统花灯及铁艺雕塑生产项目建设合同（送审稿）》《中药材加工项目建设合同（送审稿）》《宁夏隆德县达高食品有限公司生产车间搬迁合同（送审稿）》、宁夏隆德浩德纸业包装有限公司补贴资金事宜、2020第三批设施农业用地事宜、隆德县金良房地产开发有限公司土地变更事宜、隆德县司法局采购执法执勤车事宜。

【政府第七十三次常务会议】 2020年9月16日，潘建宁县长主持召开县人民政府第七十三次常务会议。会议传达学习陈润儿同志在建设黄河流域生态保护和高质量发展先行区第二次推进会（隆德观摩点）上的讲话，宁夏建设黄河流域生态保护和高质量发展先行区第一次、第二次推进会议精神及固原市建设黄河流域生态保护和高质量发展先行区观摩研讨会议精神；听取2020年市县人大代表议案建议和政协委员提案建议办理情况，全县草畜产业、冷凉蔬菜产业、中药材产业、"四个一"林草产业谋划情况和工业经济发展情况汇报。研究通过：《隆德县落实自治区固原市持续优化营商环境相关措施细化责任分工方案（送审稿）》《2020年中国农民丰收节暨隆德县肉牛产业发展大会活动方案（送审稿）》《隆德县清流河（县城段）水生态综合治理工程建设方案（送审稿）》《隆德县西城片区附属用房征收与补偿实施方案（送审稿）》、关于实施隆德县污水处理厂污水处理提质增效项目事宜、《隆德县政府购买公共法律服务岗位工作实施方案（送审稿）》、划拨国有建设用地事宜、隆德县金良房地产开发有限公司补交土地出让金事宜、资金事宜。

【政府第七十四次常务会议】 2020年10月21日，潘建宁县长主持召开县人民政府第七十四次常务会议。会议传达学习全国、全区秋冬季森林草原防灭火工作电视电话会议精神；听取2020年市县人大代表议案建议和政协委员提案建议办理情况汇报、全县2021年第一批基本建设项目情况汇报。会议研究同意：《隆德县2020年农村人居环境综合整治冬季战役专项行动方案（送审稿）》《隆德县综合医改实施方案（送审稿）》《隆德县钢化玻璃生产加工项目建设合同（送审稿）》《隆德县枸杞芽茶（菜）生产加工项目建设合同（送审稿）》和《隆德县生物农药项目建设合同（送审稿）》、联财镇恒光村移民产业园区日光温室大拱棚处理事宜、成立隆德县城乡供水服务公司事宜、申请报废并采购执法执勤车辆事宜、2020年第三批政府新增地方债券资金安排事宜、2017—2018年农村人居环境整治资金安排事宜。

【政府第七十五次常务会议】 2020年11月5日，潘建宁县长主持召开县人民政府第七十五次常务会议。会议传达学习党的十九届五中全会精神，国务院、自治区及固原市疫情防控工作电视电话会议、习近平总书记关于安全生产重要论述和批示指示精神；听取全县1—10月份禁毒工作情况汇报。研究通过：《隆德县扶贫资产管理实施方案（送审稿）》《隆德县领导干部担任重点企业联络员制度（送审稿）》《隆德县企业评价部门服务优劣制度（送审稿）》《隆德县涉企行政执法检查登记备案制度（送审稿）》《隆德县优秀企业家绿色通道服务制度（送审稿）》《隆德县优秀企业家评选表彰办法（送审稿）》、五项制度、《隆德县社会救助对象管理实施办法（试行）（送审稿）》《隆德县2021年农村水冲式卫生厕所改造实施方案（送审稿）》《隆德县中长期青年发展规划联席会议制度（送审稿）》《隆德县参与宁夏有线电视网络整合发展实施方案（送审稿）》、拨付宁夏康业投资有限公司闽宁中小企业创业孵化园四期I区厂房建设补贴资金事宜、拨付县供热企业相关资金事宜、资金事宜。

【政府第七十六次常务会议】 2020年12月4日，潘建宁县长主持召开县人民政府第七十六次常务会议。会议传达学习《宁夏回族自治区消防安全责任制实施细则（修订稿）》精神，研究隆德县贯彻意见。研究通过：《隆德县2020—2021年冬春季大气污染综合治理攻坚行动工作方案（送审稿）》《隆德县2021年人行片区老旧小区改造工作实施方案（送审稿）》《隆德县人行片区附属用房征收与补偿实施方案（送审稿）》《凤岭乡村集体经济企业产品研发、精深加工、冷链配送中心建设方案（送审稿）》、划拨集体建设用地事宜、划拨国有建设用地事宜、拨付县城部分供热管网改造补贴资金事宜、宁夏易巨能实业有限公司2020—2021年度供暖燃煤差价补贴事宜、解决六盘山工业园区水土保持有关经费事宜、2020年抗疫特别国债预留资金安排事宜、资金事宜。

【政府第七十七次常务会议】 2020年12月23日，潘建宁县长主持召开县人民政府第七十七次常务会议。会议传达学习中央经济工作会议精神、自治区党委第十二届十二次全会精神、自治区第七次全国人口普查领导小组（扩大）电视电话会议精神、全国安全生产工作视频会议、自治区安委办关于认真贯彻落实自治区党委政府主要领导批示精神和关于两起交通事故的通报；通报全县安全生产风险隐患点排查整治情况，并安排全县安全生产工作。讨论通过：《政府工作报告（送审稿）》《2020年国民经济和社会发展计划执行情况与2021年国民经济和社会发展计划草案报告（送审稿）》《2020年财政预算执行情况和2021年财政预算草案报告（送审稿）》《隆德县贯彻落实〈自治区党委　人民政府　宁夏军区关于加强新时代退役军人工作的实施意见〉分工方案（送审稿）》《隆德县2021年农业产业任务分配方案（送审稿）》《隆德县2021年城乡绿化实施方案（送审稿）》，全县2021年第二批基本建设项目、划拨国有建设用地事宜。

县长办公会议

【第一次会议】 2020年3月7日，潘建宁县长主持召开2020年第一次县长办公会议。会议听取工业经济、商贸物流、农业生产、建筑工程、扶贫车间等领域复工复产情况汇报，全县农村劳动力就业摸排情况汇报，全县养殖业出栏及农产品销售情况汇报。

【第二次会议】 2020年3月15日，潘建宁县长主持召开2020年第二次县长办公会议。会议传达学习自治区党委应对新冠肺炎疫情工作领导小组第7次会议精神、区纪委《关于4起疫情防控工作中违反纪律、履职不力问题的通报》《自治区应对新型冠状病毒感染肺炎疫情工作指挥部关于宁夏防疫健康信息码申领情况的通报》及自治区领导同志在"推广使用防疫健康信息码存在问题及建议"上的批示精神；通报隆德县宁夏防疫健康信息码申领情况；听取脱贫攻坚"四查四补"大普查工作进展情况汇报，未脱贫户、脱贫监测户、边缘户"三类人群"精准扶持措施落实情况汇报，全县重点项目开（复）工情况汇报，全县农村劳动力转移就业工作情况汇报，村级扶贫车间复工复产情况汇报，全县肉牛出栏及补栏情况汇报。

【第三次会议】 2020年3月26日，潘建宁县长主持召开2020年第三次县长办公会议。会议听取全县脱贫攻坚"四查四补"大普查工作进展情况汇报；未脱贫户、脱贫监测户、边缘户"三类人群"精准扶持措施落实情况汇报；2020年金融扶贫小额信贷进展情况汇报、全县肉牛出栏、补栏情况汇报、农业产业计划任务落实情况汇报。

【第五次会议】 2020年4月27日，潘建宁县长主持召开2020年第五次县长办公会议。会议听取全县近期森林草原防火工作开展情况汇报、全县农村卫生厕所改造进展情况、新建扶贫车间开工及扶贫车间复工复产情况、金融扶贫贷款情况及逾期贷款清收情况的汇报；通报全县基础母牛补栏、产业计划任务落实及覆膜进展情况。

【第七次会议】 2020年6月18日，潘建宁县长主持召开2020年第七次县长办公会议。会议听取脱贫攻坚"四查四补"发现问题整改工作进展情况汇报、全县2014-2020年脱贫攻坚项目库建设情况、2020年扶贫项目进展情况、2020年扶贫资金支付情况、全县非常住户"一户一档"建立情况汇报、全县脱贫攻坚督查前期筹备情况汇报、全县水冲式厕所改造进展情况、全县安全住房新建和维修加固及土坯房拆除工作进展情况汇报。

【第八次会议】 2020年8月27日，潘建宁县长主持召开2020年第八次县长办公会议。会议听取国家脱贫攻坚普查进展情况汇报、自治区党委第五巡视组反馈问题整改情况、全县金融扶贫小额信贷逾期贷款清收和2020年全县建档立卡户新增贷款任务完成情况、全县"三类人群"帮扶工作落实情况汇报；研究通过《国务院扶贫开发领导小组2020年脱贫攻坚督查反馈问题隆德县整改方案（送审稿）》。

【第九次会议】 2020年9月6日，潘建宁县长主持召开2020年第九次县长办公会议。会议听取全面建成小康社会指标补短板强弱项工作进展情况汇报、全面落实"六保"任务工作进展情况、高质量发展综合绩效考核目标任务落实情况汇报。

【第十次会议】 2020年11月13日，潘建宁县长主持召开2020年第十次县长办公会议。会议传达自治区2020年脱贫攻坚成效考核准备工作视频会议精神；安排2020年脱贫攻坚考核工作；听取"大干100天"坚决打赢脱贫攻坚战进展情况汇报、2020年扶贫开发数据质量提升情况、脱贫攻坚项目库建设情况、全县金融扶贫小额信贷逾期贷款清收情况、闽宁对口扶贫协作考核准备情况、2020年脱贫攻坚考核对接情况汇报。

政协隆德县委员会

机构组成

政协隆德县第十一届委员会

主　席：王　升

副主席：毕世喜（回）　任小红（无党派）

　　　　任慧琴（女）

政协隆德县第十一届委员会常务委员（24名）

政协隆德县第十一届委员会委员（143名）

办公室

主　任：刘　彤

副主任：李继宏

提案和委员联络委员会

主　任：黄全成

副主任：陈　飞

经济委员会

主　任：蒙稳祖

副主任：马具良

教科文卫体委员会

主　任：张金禄

副主任：支占军

社会治理委员会

主　任：未配备

副主任：未配备

常务委员会会议

【第十七次常务委员会会议】 2020年1月4日举行，应到常委29名，实到23名，县政协主席王升主持会议，县政协副主席毕世喜、任小红、任慧琴出席会议。会议听取各组讨论情况，通过县政协十一届四次会议决议、常委会工作报告决议、提案审查委员会关于提案审查情况的报告、县政协2020年协商工作计划等草案。

【第十八次常务委员会会议】 2020年6月23日举行，应到常委29名，实到24名，县政协主席王升主持会议并讲话，县人民政府副县长谢国玉应邀参加会议，县政协副主席毕世喜、任慧琴出席会议。会议传达学习习近平总书记视察宁夏重要讲话精神和习近平总书记在全国两会期间重要讲话及全国两会精神。特邀县应对新冠肺炎疫情工作指挥部办公室通报常态化防控工作情况，听取县农业农村局、人力资源和社会保障局工作情况通报。委员们结合视察监督和情况通报对相关单位工作进行评议发言，提出提高渝河北源新增水浇地效益、建立脱贫成果巩固和防返贫动态机制等意见建议。

【第十九次常务委员会会议】 2020年8月26日举行，应到常委29名，实到26名，县政协主席王升主持会议并讲话，县政协副主席毕世喜、任小红出席会议。会议传达学习7月30日中共中央政治局会议精神、自治区第十二届委员会第十一次全体会议精神、中共固原市第四届委员会第八次全体会议精神、中共隆德县第十四届委员会第八次全体会议精神；听取县卫生健康局、教育体育局、市场监督管理局工作情况通报和县检察院、司法局工作情况介绍。常委们结合视察进行交流发言和监督评议并提出意见建议。

专门委员会工作

【提案和委员联络委员会】 县政协十一届三次会议以来，共收到提案108件，立案36件。县委和政府重视，领衔督办重点提案，加大督办力度，推动提案办理落实，提案办复率为100%。加强组织协调，形成提案工作合力，采取切实措施，提升提案质量，突出工作重点，加大跟踪督办力度，主动作为，提升提案工作服务水平，形成齐抓共办协调高效的提案工作机制。做好社情民意信息工作，先后向区、市政协报送社情民意信息14篇。在十一届四次全体会议上筛选一批优秀提案、提案办理先进单位予以表彰，激发委员、承办单位的工作热情，为提案工作注入新的活力。

【经济委员会】 围绕县委和政府中心工作，先后组织委员对隆德县脱贫攻坚"四查四补"、农村改厕工作、健康隆德建设工作等进行专题视察、调研、协商，形成有情况、有问题、有分析、有建议的调研视察报告6份，撰写理论文章9篇。

【教科文卫体委员会】 发挥文史资料"存史、资政、团结、育人"的作用，协助编辑出版《隆德县精准扶贫志》和创作"闽宁情深"相关作品。全年编发《政协工作简报》59期，在各级报刊和网站发表宣传稿件30余篇，较好地宣传委员履职成果，展示政协委员风采。进一步创新方法，把"委员红色讲堂"作为凝聚共识的重要抓手，2020年从宣讲形式、内容、方法等方面对"委员红色讲堂"工作进行深化和拓展，共开展宣讲活动24场次，受众1200余人次。

参政议政活动

【市政协来隆围绕全市营商环境支持民营经济各项政策落实情况开展调研】 2020年4月28日，市政协副主席王政权一行来隆围绕全市营商环境支持民营经济各项政策落实情况开展调研。调研组深入隆德县六盘山中药资源开发有限公司、宁夏新坐标服饰有限公司、宁夏黄土地食品有限公司开展实地调研并召开座谈会。县政协党组副书记、副主席毕世喜陪同调研。

【自治区政协来隆开展"以科技创新为引领，推动制造业高质量发展"专题调研】 2020年5月8日，自治区政协来隆开展"以科技创新为引领，推动制造业高质量发展"专题调研。调研组深入宁夏隆德人造花工艺有限公司、宁夏爱丽纳地毯有限公司、隆德县六盘山中药资源开发有限公司开展实地调研并提出意见建议。

【自治区政协副主席洪洋一行来隆调研】 2020年5月12日，自治区政协副主席洪洋带领自治区政协调研组一行，围绕"推进我区长城、长征国家文化公园建设"主题来隆实地调研。调研组一行先后实地察看红崖老巷子、好水乡红星村红二十五军军部旧址、红一方面军翻越六盘山时的古道小水沟，并详细了解红军在隆德县的活动情况。县委常委、县人民政府副县长马龙，县政协副主席任小红陪同调研。

【隆德县委政协工作会议召开】 2020年5月13日，隆德县委政协工作会议召开，学习贯彻党的十九届四中全会精神，全面贯彻落实中央和自治区党委政协工作会议精神，安排部署新时代加强和改进人民政协各项工作。县委为进一步加强和改进人民政协工作，结合隆德县实际，围绕学习习近平新时代中国特色社会主义思想、发挥人民政协专门协商机构作用、加强思想政治引领广泛凝聚共识、推进政协工作制度化规范化、建设高素质委员队伍、加强党对政协工作的领导六个方面，出台《中共隆德县委关于新时代加强和改进人民政协工作的五十条措施》。县委书记袁秉和同志从"坚定政治方向，在坚持党的领导上凝聚新共识；发挥独特优势，在服务改革发展上彰显新作为；紧扣中心工作，在增进团结民主上开创新局面；提升履职能力，在加强自身建设上展示新形象"四个方面对政协工作提出要求。

【王升同志深入凤岭乡指导薄弱村党组织整顿工作】 2020年6月2日上午，县政协主席王升同志深入凤岭乡齐兴村参加薄弱村党组织整顿工作会议，指导推进凤岭乡薄弱村党组织整顿工作。凤岭乡党委书记李龙君同志主持会议，乡全体村干部、第一书记和齐兴村帮扶单位负责人参加会议。

【自治区政协调研隆德县民族团结进步创建工作】 2020年6月17日，自治区政协副主席马力带领调研组来隆德县调研民族团结进步创建工作。调研组一行先后深入城关镇红崖社区、人造花工艺有限公司和杨河乡串河村，通过实地查看、听取汇报的方式，详细了解隆德县在（村）社区、企业民族团结进步创建工作中的经验和做法，并与相关负责同志深入交谈，听取创建工作中存在的问题及建议。市政协副主席马宝福、县政协主席王升、县委常委、政府副县长海丽陪同调研。

【市政协调研隆德县公共卫生疾控体系建设工作】 2020年6月23日，市政协副主席呼延俊杰带领调研组调研隆德县公共卫生疾控体系建设工作。调研组先后深入清凉社区卫生服务站、县疾病预防控制中心、沙塘镇卫生院，详细了解隆德县公共卫生疾控体系、重大疾病防控体系、维护生命周期健康体系和医疗卫生人才队伍建设情况，随后召开座谈会，听取相关情况汇报。县政协主席王升、县人民政府副县长祁忠、县政协副主席任慧琴陪同调研。

【自治区政协调研隆德县中药材产业发展情况】 为进一步加强宁夏和澳门在中药材产业领域的合作，促进宁夏中药材产业发展，2020年6月29日至30日，自治区政协组织中医、中药材专家、政协委员、中药材领域企业负责人、自治区政协港澳台侨和外事委员会等20余人，分两组分别对隆德县中药材产业发展情况进行调研。调研组先后深入葆易圣药业有限公司扶贫车间、上药（宁夏）中药资源有限公司，宁夏恒瑞元中药材科技有限公司，联财镇赵楼村、太联村中药材种植基地，神林大果榛子林下药材基地等，实地了解隆德县道地中药材品类、主要种植加工种类、质量标准认证、市场开拓、产品精细化加工、技术研发、原材料采购等情况，听取中药材产业对脱贫攻坚、第三产业发展作用的汇报，为自治区政协下一步开展区外调研和专题协商工作收集第一手资料。县政协主席王升陪同调研。

【市政协来隆调研农业产业化龙头企业发展及特色农产品深加工情况】 2020年7月14日，市政协副主席杨彦文一行带领部分市政协委员来隆调研农业产业化龙头企业发展及特色农产品深加工情况。调研组一行先后深入隆德县葆易圣药业有限公司、宁夏黄土地农业食品有限公司、六盘山中药资源开发有限公司进行实地调研，通过实地调研、听取汇报、座谈交流等方式，详细了解企业在特色农产品深加工、销售、固定资产投资、环保、经济效益等方面情况以及企业存在的问题和困难。县政协党组副书记、副主席毕世喜陪同调研。

【自治区政协来隆开展宁夏移民资料征集调研工作】 2020年8月5日，自治区政协一级巡视员武珅带队来隆开展宁夏移民资料征集调研工作，调研组一行深入沙塘卫生院等地开展实地征集调研并召开座谈会。县政协副主席任小红陪同调研。

【自治区政协重点提案督办调研组来隆德县调研】 2020年9月15日，自治区政协副主席李彦凯带领自治区政协重点提案督办调研组来隆德县，就自治区政协十一届三次会议第249号《关于支持建设六盘山生态经济区建设》重点提案进行督办调研。调研组采取实地查看、听取汇报等方式，先后调研城关镇咀头村2019年天然林资源保护工程、渝河流域环境综合治理和山水林田湖草综合治理项目。市政协主席马玉芳、县政协主席王升等陪同调研。

【自治区政协主席崔波调研隆德县政协工作】 2020年10月14日，自治区政协主席崔波莅临隆德县调研指导工作，听取隆德县委、县政协工作汇报，就进一步做好新时代基层政协工作进行座谈交流。崔波主席先后深入县政协"委员之家"综合功能室、六盘山工业园区、城关镇峰台社区红色书院、杨河牧业公司，通过实地查看、现场查看等方式，详细了解隆德县政协工作开展情况。崔波主席在"委员之家"还饶有兴趣地与开展书画笔会活动的界别委员互动交流，在城关镇峰台社区红色书院对"委员红色讲堂"融入县新时代文明实践活动的做法表示肯定。随后，崔波主席来到县政协机关创新工作办公室了解县委交办政协工作落实情况，翻阅政协牵头编写的《隆德县精准扶贫志》《闽宁情深》《情满六盘》等书稿，并召开座谈会。自治区党委常委、市委书记张柱，市政协主席马玉芳，县委书记袁秉和，县政协主席王升陪同调研。

民主监督活动

【市政协视察隆德县"163"政务服务模式运行管理情况】 2020年6月19日，市政协副主席杨彦文带领视察组视察隆德县"163"政务服务模式运行管理情况。视察组一行先后来到城关镇民生服务中心、县政务服务中心、沙塘镇清泉村民生服务代办点、凤岭乡李士村民生服务代办点，详细了解窗口设置、办理事项、办理流程等，并听取相关部门负责同志对政务服务模式运行和管理情况的汇报。县政协主席王升陪同视察。

【县政协视察山水林田湖草综合治理及乡村振兴战略实施等工作】 2020年6月23日，县政协主席王升带领部分政协委员，视察山水林田湖草综合治理、乡村振兴战略实施情况和社会保障等工作。视察组一行先后深入城关镇杨店村宁夏圣缘菌类专业合作社、星火村千峰兔业养殖园区、六盘山工业园区新坐标鞋服有限公司、沙塘镇中药材种植基地、神林乡庞庄村、杨河乡串河村等地，对山水林田湖草综合治理、乡村振兴战略实施情况等工作进行深入的视察，并对社会保障和疫情防控工作进行民主监督。县人民政府副县长谢国玉，县政协副主席毕世喜、任小红、任慧琴参加视察。

【县政协视察医疗卫生、全民健身、食品药品监管等工作】 2020年8月26日，县政协主席王升带领部分政协委员视察全县医疗卫生服务体系建设、全民健身、食品药品安全监督管理等工作情况。视察组一行先后来到神林乡观音千亩中药材规范化种植基地、沙塘镇和平村卫生室、上药（宁夏）中药材资源有限公司、县人民医院、城关镇西苑社区卫生服务站、县全民健身活动中心、汇德大酒店进行视察，并就县检察院、司法局工作情况进行民主监督。县政协副主席毕世喜、任小红参加视察。

【县领导督办政协重点提案建议办理工作】 2020年10月30日上午，县委书记袁秉和就县政协十一届四次会议1号提案《关于加快"5G基站"投运，推进智慧隆德建设的提案》和1号建议《关于对好兴公路沿线实施绿化的建议》进行督办。袁秉和一行先后来到好兴公路绿化现场、三山公园5G基站、县公交公司和中国移动隆德分公司，通过听取介绍、现场查看的方式，详细了解政协重点提案、建议办理情况。在召开的座谈会上，县发改局、自然资源局负责人就办理工作做了汇报，参加督办活动的县政协委员对重点提案、建议办理情况进行评议。县政协主席王升等一同督办。

【自治区党委第4督查组来隆督查】 2020年11月12日，自治区党委第4督查组来隆督查自治区党委政协工作会议精神和自治区党委《关于新时代加强和改进人民政协工作的实施意见》贯彻落实情况。督查组通过听取汇报、座谈交流、查阅资料等方式进行督查。县政协主席王升陪同督查。

学习交流活动

【县政协举办2020年度委员履职能力提升培训班】 2020年5月13日下午，县政协举办2020年度委员履职能力提升培训班，学习贯彻中央政协工作会议精神和自治区党委、县委政协工作会议精神，进一步统一思想，提高政协委员整体素质，促进新时代加强和改进人民政协工作各项任务全面落实。县政协主席王升主持培训。培训班邀请市政协党组成员、机关党组书记、秘书长、办公室主任张骞，作了题为《旗帜鲜明讲政治，着力在夯实政协机关干部和政协委员两支队伍思想政治基础再下新功夫》的讲座。围绕"在政治立场上当好合格政协干部和政协委员，积极履职尽责、当好尽责干部和委员；全面贯彻落实新要求；切实加强自身建设，认真履行职责"三个方面内容，进行深入浅出的讲解，进一步加深委员们对新时代人民政协理论政策的认识和了解。

【静宁县政协来隆考察城市供暖工作】 2020年6月12日，静宁县政协副主席潘钰、魏永红带队来隆调研城市供暖工作。调研组一行深入易聚能热力公司等地进行实地调研。县政协党组副书记、副主席毕世喜陪同调研。

【中卫市政协来隆考察文化旅游产业融合发展工作】 2020年6月17日至18日，中卫市政协副主席付成林带领考察组来隆德县考察文化旅游产业融合发展工作。考察组深入隆德县老巷子和魏氏砖雕进行实地考察。县政协主席王升、副主席任小红陪同考察。

【以赛促学 以学促干 隆德县政协举办"新时代新使命新样子"系列竞赛活动展现政协委员新样子】 隆德县政协把学习宣传贯彻习近平总书记视察宁夏重要讲话精神和"新时代新使命新样子"学习讨论活动相结合，2020年7月1日至15日举办"新时代新使命新样子"系列竞赛活动，以赛促学、以学促干，在竞赛活动中展现政协新样子。竞赛活动主要有"委员红色讲堂"宣讲比赛、"重走长征路"登山比赛、"颂歌新时代"歌咏比赛、"展示委员风采"书画作品评比以及篮球、乒乓球、羽毛球邀请赛和象棋、跳棋、扑克比赛等10项竞赛活动。县政协委员、受邀参赛人员共计200余人次参与竞赛活动。

【湖南省政协调研组一行来隆就"挖掘红色文化资源，丰富精品红色旅游内涵"开展专题调研活动】 2020年7月28日，湖南省政协文教卫体和文史委员会副主任杨湘川带领调研组来隆德县就"挖掘红色文化资源，丰富精品红色旅游内涵"进行专题调研。调研组一行先后到六盘山红军长征纪念馆、红崖老巷子进行实地调研。在讲解员的引领和介绍下，大家重温长征历史，聆听英雄事迹，通过一幅幅翔实的照片，一件件烈士的遗物，一个个生动感人的故事，深刻缅怀先烈们的丰功伟绩。区政协文化文史和学习委员会办公室负责人崔凯，市政协副主席、市总工会主席马宝福，县政协党组副书记、副主席毕世喜陪同调研。

【自治区政协观摩团来隆德县观摩指导工作】 2020年8月24日下午，自治区政协观摩团一行30余人来隆德县观摩指导工作。观摩团一行先后来到联财镇张楼村千亩设施蔬菜基地和渝河流域县城段，分别就冷凉蔬菜种植、生态农业转型发展、政府相关补贴政策、带动群众脱贫增收、渝河治理模式等进行实地观摩了解，并和相关部门负责人现场交流经验，结合实际工作寻找问题、提出意见，落实下一步工作思路。市委常委、市委统战部部长周文贵，市政协副主席杨志荣，县委副书记、县长潘建宁，县政协主席王升等陪同观摩。

【上海市政协调研隆德县公共文化建设情况】 2020年9月17日，上海市政协副秘书长、办公室主任袁鹰带领调研组调研隆德县公共文化建设及文化旅游产业发展情况。调研组先后来到县博物馆、隆德书院、六盘山长征纪念馆、红色教育基地、红崖老巷子等地，实地调研隆德县公共文化基础设施建设、政府购买公共文化服务、民营性文化企业发展、文化旅游产业融合发展等情况。自治区政协社会和法制委员会副主任谢治国、市政协副主席杨志荣、县政协主席王升陪同调研。

【吴起县政协来隆考察生态文明和森林公园建设工作】 2020年9月24日，吴起县政协副主席刘宏彦、刘瑞宏带领考察组来隆德县考察生态文明和森林公园建设工作。考察组采取实地查看、听取汇报等方式，先后考察六盘山红军长征纪念馆和红崖老巷子。县政协副主席任小红等陪同调研。

【辽宁省政协来隆考察"积极应对新冠肺炎疫情影响推动文化旅游产业持续健康发展"工作】 2020年9月26日，辽宁省政协副主席、党组成员许波带领考察组一行来隆德县围绕"积极应对新冠肺炎疫情影响推动文化旅游产业持续健康发展"进行考察。自治区政协文化文史和学习委员会专职副主任刘劲松，市政协副主席马宝福，县政协副主席任小红陪同考察。

【吴忠市政协考察隆德县生态保护工作】 2020年10月13日，吴忠市政协主席孙瑛带领考察团来隆德县考察生态保护工作。考察组深入龟山市民休闲森林公园和渝河流域综合治理区进行实地考察。市政协副主席马莲、县政协主席王升等陪同考察。

【永宁县政协考察隆德县生态保护工作】 2020年10月13日，永宁县政协党组书记、主席段伏林带领考察团来隆德县考察生态保护工作。考察组深入渝河流域综合治理区、红崖老巷子和县政协"委员之家"进行实地考察。县政协主席王升等陪同考察。

【广东省湛江市政协来隆开展考察】 2020年12月9日，广东省湛江市政协原副主席、湛江市政协提案工作研究会会长林家萍一行就推动政协提案工作提质增效来隆开展考察。考察组深入红崖老巷子、陈靳乡新和村对《关于支持隆德县创建全域旅游示范县的建议》进行实地考察。市政协副主席呼延俊杰、县政协主席王升陪同考察。

重要文件

【十一届四次会议常委会工作报告】 2019年工作回顾：2019年是中华人民共和国成立70周年，也是人民政协成立70周年。中共中央召开政协工作会议暨庆祝中国人民政治协商会议成立70周年大会，这在人民政协历史上是第一次，习近平总书记的重要讲话，为推动新时代人民政协事业发展指明了方向、注入了强大动力。自治区党委也召开了政协工作会议，出台了《关于新时代加强和改进人民政协工作的实施意见》。中央和自治区党委对人民政协工作的高度重视和明确要求让我们倍感振奋、深受鼓舞，进一步增强了我们奋进新时代、展现新作为的责任感和使命感。一年来，县政协常委会以习近平新时代中国特色社会主义思想为指导，深入学习贯彻中共十九大和十九届四中全会精神，深入学习贯彻中央和自治区党委政协工作会议精神，在中共隆德县委的坚强领导下，牢牢把握团结和民主两大主题，紧紧围绕县委和政府中心工作，认真履行政治协商、民主监督、参政议政职能，广泛凝聚共识，坚持发扬民主和增进团结相互贯通，建言资政和凝聚共识双向发力，坚持改革创新与提高质量有机统一，推动各项工作取得新进展，为我县实现脱贫退出、经济社会发展做出了积极贡献。一是坚持政治领航、思想铺路，思想政治基础更加牢固；二是坚持围绕中心、服务大局，政协履职成效更加显著；三是坚持紧扣主题、促进和谐，社会各界力量广泛凝聚；四是坚持从严从实、强化担当，政协自身建设全面加强。2020年工作部署：以习近平新时代中国特色社会主义思想为指导，深入贯彻落实中共十九大和十九届四中全会精神，深入贯彻落实中央和自治区党委政协工作会议精神，认真贯彻落实县委十四届五次、六次全会精神。坚持把加强思想政治引领、广泛凝聚共识作为履职中心环节，坚持建言资政和凝聚共识双向发力，发挥专门协商机构作用，健全和完善政协工作制度，把制度优势转化为履职效能，强化委员责任担当，持续推动工作创新，提升工作质量，为我县实现高质量发展、决胜全面建成小康社会贡献智慧和力量。一要突出思想政治引领，在凝聚共识上更进一步；二要突出发挥专门协商机构作用，在助推全县实现高质量发展上再进一步；三要突出委员责任担当，在发挥委员主体作用上更进一步；四要突出政协工作制度建设，在把制度优势转化为履职效能上更进一步。

【2020年度协商工作计划】根据《政协隆德县委员会年度协商计划办法》要求，经县政协主席会议研究，报请县委同意，确定了县政协2020年度协商计划，共4个协商议题。

【中共隆德县委书记袁秉和在政协十一届四次会议上的讲话】 2019年是中华人民共和国成立70周年，也是中国人民政治协商会议成立70周年。县政协自1961年成立以来，始终高举爱国主义、社会主义旗帜，坚持人民政协性质定位，认真履行政治协商、民主监督、参政议政职能，致力协调关系、汇聚力量、建言献策、服务大局，为改革发展稳定做出了积极贡献。特别是近年来，县政协深入学习贯彻习近平新时代中国特色社会主义思想，在县委的领导下，紧紧围绕全县脱贫攻坚、民生事业、生态环境保护、红色文化传承等方面，倾力贡献政协力量，谱写了协商议政新篇章。县政协党组在各专委会成立功能型党支部，政协常委会组织人员编辑出版《红二十五军在隆德》一书、创办"委员红色讲堂"等亮点工作得到了自治区领导的充分肯定和干部群众的一致好评。2020年是"十三五"收官之年，是全面建成小康社会决胜之年，也是我县推进高质量发展的关键之年。县政协和广大政协委员要深入学习贯彻习近平总书记重要讲话和自治党委政协工作会议精神，继续发扬人民政协光荣传统，牢记使命、履职尽责，以更大的勇气智慧、更强的责任担当，围绕全县中心工作，多建诤言、多献良策、多出实招，努力在全县改革发展实践中凝聚新力量、创造新业绩、展现新作为。一要坚持正确政治方向，把好"方向舵"，做"两个维护"的坚定践行者；二要坚持提高自身素质，练好"基本功"，做"担当作为"的模范实践者；三要坚持积极建言献策，当好"智囊团"，做"高质量发展"的积极推动者；四要坚持以人民为中心，架好"连心桥"，做"群众利益"的坚定维护者。

【县政协主席王升在县政协十一届四次会议闭幕会上的讲话】 会议期间，委员们听取并审议了十一届县政协常委会工作报告和提案工作报告，列席了县十七届人大四次会议，听取并讨论政府工作报告和其他报告，并给予高度评价。大家以饱满的政治热情、良好的精神状态、强烈的使命担当，紧紧围绕全县改革发展稳定重要问题和群众关心的实际问题，通过大会发言、提交提案、反映社情民意信息等方式积极建言献策，提出涉及全县经济建设、乡村振兴、社会事业、民生实事等方面的意见建议103条，确定立案34件。充分展现了新时代政协委员心系发展、情系民生、勇于担当、忠实履职的精神风貌。2020年是全面建成小康社会的决胜之年，是我县巩固提升脱贫攻坚成效、深入推进乡村振兴战略、确保与全国全区同步建成小康社会的决胜之年。刚刚闭幕的县委十四届六次全体（扩大）会议对2021年全县的思路目标、重点任务、方法路径作了具体的安排部署。广大政协委员要紧扣时代主题，紧跟县委步伐，紧紧围绕全县巩固脱贫攻坚成效、推进高质量发展、决胜全面小康社会的宏伟目标任务，以更加良好的工作状态、更加扎实的工作作风，着力在思想引领中聚心同向、在服务发展中聚智同进、在履行职能中聚力同为，为推进县委中心工作全面发展做出新贡献。努力推动新时代人民政协事业不断焕发新生机、增添新活力、创造新业绩、做出新贡献。一要坚定不移坚持中国共产党的领导；二要加强新时代政协党的建设；三要助推全县经济社会高质量发展；四要加强思想政治引领广泛凝聚共识；五要加强政协干部队伍建设。

法治　军事

政　法

【概况】 组织召开政法委员会全体会议4次，专题听取政法、扫黑除恶、平安建设等工作汇报30余次。全年县法院累计受理各类案件2927件，审执结2854件，结案率达97.51%。县检察院提起公诉69件107人，批准逮捕25件40人，办理公益诉讼案件42件，发出诉前检察建议48份。县公安局立刑事案件345起，治安案件352起，处理497人。县司法局办理法律援助案件450件，为受援人挽回经济损失1200万元。

【社会治理】 先后组织开展4轮风险隐患摸排工作，累计排查各类风险隐患65条，化解22条，化解并长期坚持43条。开展反邪教斗争，有效推动"法轮功"人员教育转化去存量工作。全县10名"法轮功"人员已全部教育转化，实现清零目标。处理"法轮功"现行案件1起，侦破公安部挂牌"6·18""门徒会"案件1起。

【疫情防控】 新冠肺炎疫情发生以来，全县政法机关履职尽责，全力维护疫情防控期间社会大局稳定。累计检查车辆29.9万余辆，人员43.2万余人次，核查中高风险地区来隆人员6190人，跟踪管控入境人员82人。排查化解涉疫矛盾纠纷53起，查处涉疫违法犯罪20起19人。对全县618家饭馆、宗教活动场所、旅行社等群众聚集场所实行暂时性关闭，避免群众聚集，防止交叉感染。

【扫黑除恶】 推进"六清"行动，谋划"六建"工作，抓线索案件核查办理，整治社会乱象，建立健全长效机制，确保打赢扫黑除恶专项斗争。累计核查问题线索432条，查结432条，查结率达100%。打掉涉恶团伙4个涉案40人，党纪政务处分17人。涉恶案件应执行黑财标的1086.38万元，执行到位74.48万元。清退出租车行业乱收费145万余元；查处违法违规运营车辆72辆，收缴罚款57.39万元；收缴违规挪用住宅专项维修金150.2万元，追罚拖欠农民工工资68万元；查处涉赌案件19起，收缴赌资1.24万元；查处涉黄案件6起；查获吸毒人员7名，破获贩卖、运输毒品刑事案件1起。下发"三书一函"25份，反馈单位整改率达

100%。消除行业监管漏洞，健全完善《住宅专项维修资金管理办法》等长效机制52个，推动扫黑除恶专项斗争常态化、规范化、法治化。

【平安建设】 命案、进京访、较大以上群体性事件、重特大案（事）件"四项"约束性指标零发生。全县全年累计排查矛盾纠纷2008件，化解1987件，司法确认624件。牵头对全县逾期金融扶贫贷款进行清收，累计收回贷款74户299.3万元。

【体制改革】 法院组建刑事审判、民商事审判等6个新型审判团队。检察院成立民事检察办案组、公益诉讼检察办案组。公安局完成人民警察执法勤务警员职务序列和警务技术警员职务序列改革套改，套改执法勤务警员118人、警务技术警员7人，按期晋升80人。司法局建成县社区矫正指挥中心，推动"智慧矫正"实战化应用。

公 安

【社会治安】 全县公安机关共接警5821起，同比上升1.2%，处警率达100%。全年共立各类刑事案件345起，同比上升22.5%，破案率同比上升22.1%。抓获犯罪嫌疑人204名，同比下降2.9%。受理各类治安行政案件352起，同比上升6.3%，结案率同比下降6.26%，共处理违法人员266人。共发生各类交通事故1298起，死亡7人，受伤119人，财产损失70.5万元，同比分别下降92.86%、36.36%、90%和95.86%。全年命案零发生。全年未发生有影响的重大案件、群体性事件、赴银进京集访和个人极端事件。

【疫情防控】 扎实开展联查联控。设立县级疫情查验点9个，出动306名警力，全天候开展查控工作。累计检查车辆28.6万辆次，人员42万余人次；与卫健部门协作，对重点地区来隆的6109人进行核查，集中隔离1026人。开展群防群控。观庄乡发生3名确诊病例，组织各方力量果断对红堡村进行全面封控，24小时盯守，以最快速度排查、隔离、消毒，艰苦奋战80余天，实现疫情"零扩散"。严打涉疫违法犯罪。共查处妨害疫情防控刑事犯罪案件1起，移送起诉1人，拒不执行紧急状态下疫情防控决定命令案件11起，行政拘留6人，罚款4人，警告1人，确保社会治安稳定。启动战时宣传奖励。对涌现出的3个先进集体、28名先进个人进行嘉奖，县公安局被上级公安机关记集体三等功一次、嘉奖一次，1人荣获"全区抗击新冠肺炎疫情先进个人"称号。

【打击犯罪】 共刑事拘留166人，逮捕36人，移送起诉117人。抓获网上逃犯23名。开展扫黑除恶"六清"工作，共受理线索218条，办结218条，办结率达100%；打掉涉恶团伙4个，起诉涉恶团伙犯罪嫌疑人22人，起诉九类涉恶犯罪嫌疑人20人。强化八类重大刑事案件防控侦破力度。破获"3·20"强奸、"4·18"抢劫等案件，实现现发八类案件全破；破获1988年张某某故意伤害致死案、1999年安某某故意杀人案，命案积案侦破工作位列全市第一；全年保持命案"零发案"，八类重大刑事案件发案数同比下降50%。严厉打击"盗抢骗"犯罪。盗抢骗侵财类案件立案104起，立案数同比下降9.6%，特别是入室盗窃、扒窃案件发案分别下降51.6%、33.3%。侦破公安厅督办

"4·03"系列盗窃案件,抓获犯罪嫌疑人15名,破获涉及宁夏三市七县(区)盗窃案件50余起,打掉销赃窝点5个,追回被盗电线电缆等赃物价值100余万元;在全市首创"集群作战"模式,联合兄弟县区对案件开展"集群作战"。破获"4·18"抢劫案,抓获8名犯罪嫌疑人,全年"两抢"案件破案率达100%。破获马某某系列诈骗等传统诈骗案件,破案率达66.7%,破案率比前三年同期高36个百分点。严打电信网络诈骗犯罪。破获"9·01"系列电信诈骗案件,抓获犯罪嫌疑人10人,串并涉及19个省市区30余起电信网络诈骗案件,涉案金额达500余万元;捣毁江西省南昌市新建区一个电信诈骗犯罪窝点,抓获犯罪嫌疑人8名,抓获缅甸北部某电信诈骗集团境内"水房"主要负责人胡某某等人,查扣涉案身份证8张、银行卡62张、手机8部、POS机24台,初步串并涉26省市电信诈骗案件48起,涉案金额640余万元。根据全国电信诈骗平台相关监测数据,及时劝阻12名群众被骗,止损金额超过20万元。电信诈骗案件破案绝对数54起,同比上升26.8个百分点。严打"黄赌毒""食药环"犯罪。共查处涉黄涉赌违法犯罪案件5起,打击处理31人(其中行政拘留9人,逮捕3人,罚款19人),罚款1.03万元,收缴赌资4306.2元、嫖资2.53万元;破获容留他人吸毒案件1起、批捕1人,查获吸毒人员1人;立涉及食品问题行政案件1起,核查上级下发的"食药环"案件线索10余起。严打经济犯罪。侦破"6·17"保险诈骗等案件4起,抓获犯罪嫌疑人11人。

【基层治理】 共受理各类治安行政案件310起,共处理199人,其中行政拘留46人(拘留不执行5人,并处罚款11人),罚款65人,警告1人,不予处罚1人,其他处理73人,移交其他部门13人。抽调警力137名,由包片民警牵头,组建109个工作组,对全县99个行政村、10个社区,按照村不漏户、户不漏人要求,逐村逐社区逐户进行分类排查,共采集数据12万余条并录入管控平台,为基层社会治理提供准确数据。红崖、隆观社区警务室被市公安局命名为全市基层治安治理"四建四强"工程社区(农村)警务示范点,在全市公安机关基层治理推进会上做经验交流。共排查化解各类矛盾纠纷412起,涉及人数842人。在全县科学设置22个规范化警务室、87个警民联系点,配备专职社区民警8名、协勤11名、109名警务专干,每个社区(村)实现1名正式民警、1名协勤、1名警务专干的"1+1+1"警务模式。服务企业复工复产。落实县局疫情防控期间护航企业复工复业,建成无人警局1个,完善宁警通、网上办事等平台,推动由"最多跑一次"向"不见面服务""不见面也能办成事"升级。助力打赢精准脱贫攻坚战。为帮扶村筹集发展资金10万余元,帮助发展村集体产业和改善人居环境。

【治安管理】 落实散装汽油、管制刀具、易制爆危化品的源头管控措施,对"三电"企业等重点要害部位进行拉网式检查,检查单位(部位)300多个(处),排查各类安全隐患48余处。对全县出租房屋等流动人口落脚点进行清理整治,签订《治安管理责任书》,发现治安隐患14个,全部整改到位,清查流动人口9016余人。协助省外公安机关核查各类枪支案件线索54条,破获公安部督办网络贩枪案件5起,抓获犯罪嫌疑人7名,缴获改装火药枪5把,弹丸100余枚。加强交通管理。共查处各类交通违法犯罪12788起,其中,醉酒危险驾驶33起、酒驾27起、无证驾驶89起；督促报废重点车辆402辆，约谈客货运企业3家，曝光客货运企业3家。排查出道路隐患点段24处，督促相关部门及时整改19处。共受理交通事故1298起，死亡7人，受伤119人，未发生一起一次死亡3人以上的重大交通事故。加强消防执法。共检查单位、村组、门市、商场等500家，发现整改隐患40处。

【法治建设】 严格执法监督。对2015年以来受理的34265起各类警情，3781起行政、刑事案件进行自查和互查，发现警情不规范、不详细等问题329条，应立未立案问题47条（待复核），其他问题60条。严格执法培训。为一线执法部门和办案民警采购《刑法应用一本通》《网络犯罪指导性案例实务指引》等法律工具用书140余本，利用"学习强国"、市局"e"学习平台组织开展网上在线学习。召开案件分析会30次、执法办案能力培训4次，组织旁听案件庭审10次。考评案件346起，纠正各类执法问题2000个，通报245期。

【政治建警】 坚持党建引领，学习习近平总书记关于公安工作的重要讲话精神，组织各部门、各支部开展多形式的落实从优待警。扎实推进警员职务序列改革工作，晋升三级高级警长1人，晋升四级高级警长12人，全局一级警长以下职级晋升工作全部调整到位。为民警辅警购买人身意外伤害保险，完成全警健康体检。启动战时奖励。对13名科所队长进行轮岗交流，对32名民警、6名事业编制警务人员进行岗位调整，选拔2名中层干部进入党委班子，提拔任用12名正科级干部、13名副科级干部。强化素质强警。在省级以上媒体发稿65篇，其中在中央级媒体发稿18篇，省级媒体47篇。做好经费保障。全年预算到位资金7305.68万元，投入234.8万元更换执法执勤车辆13辆、工具用车4辆。

检察院

【机构设置】

检察长： 黄占斌

副检察长： 梁生瑞 王 会

设办公室、政治部、第一检察部、第二检察部、第三检察部

【政治建检】 学习习近平新时代中国特色社会主义思想，领悟习近平法治思想和习近平总书记视察宁夏重要讲话精神。向县委和县委政法委汇报工作14次，县委主要领导作出批示4次，把党对检察工作的绝对领导落到实处。利用检察新媒体发布信息2721条，原创微信128条，在传统媒体发稿74篇，拍摄抗疫、扶贫等专题片、微视频6部。

【扫黑除恶】 以扫黑除恶专项斗争"六清"行动为抓手，做好检察环节扫黑除恶各项工作，提起公诉涉恶案件6件40人。严把案件质量关，依法对汪某、郭某某、马某某等三起涉恶案件及时提起公诉，如期实现"案件清结"目标。开展涉黑涉恶案件财产刑执行专项检察活动，推进"黑财清底"。落实"一案三查"工作制度，移送司法工作人员违法违纪线索2条。办理的全区首例涉恶案被固原市检察院荣记"集体三等功"。针对疫情防控期间泄露公民个人信息漏洞，发出预防性检察建议13份。发布疫情防控原创信息47篇。

干警为支持疫情防控工作捐款20500元。仅用一天时间对李银吉妨害公务案提起公诉，办理一案、震慑一片，维护疫情防控工作秩序。

【司法为民】 推动矛盾纠纷多元化解。落实各项接访制度，妥善处理群众来信来访17件17人。拓展多领域司法保护协作机制，办理公益诉讼案件25件。开展"携手清四乱、保护母亲河"专项活动，对渝河流域生态环境开展联合执法检查，落实"河长＋检察长＋警长"工作机制。与静宁县检察院召开六盘山脉跨区域生态环境和资源保护检察协作第二次联席会议，深化生态环境跨区域保护合力，守护隆德绿水青山。维护未成年人合法权益，护航未成年人健康成长。加强和创新未成年人检察工作，对全县13个乡镇67所中小学、幼儿园校园防范教育、安全保卫等方面进行全覆盖专项检察2次。开展"携手关爱，共护明天"检察开放日及邀请未成年人进机关等活动，办理涉及未成年人行政公益诉讼案件7件，民政救助案件2件3人，异地协助监督考察案件2件9人，异地观护帮教1件1人，办案数位居全区前列。抓基本民生保障，办理行政公益诉讼案件3件，提起刑事附带民事公益诉讼案件1件，保障人民群众"舌尖上的安全"。围绕公共安全领域办理"飞线"充电等公益诉讼案件20件。围绕窨井盖治理领域办理公益诉讼案件2件。

【执法办案】 从重从快办理影响社会稳定和人民群众安全感的刑事犯罪案件，共受理审查逮捕案件31件49人，经审查批准逮捕25件40人；受理审查起诉案件107件207人，经审查提起公诉70件105人。"在办案中监督、在监督中办案"，监督立案1件2人，监督撤案5件，纠正漏捕漏诉3人，提出抗诉2件，监督行政机关移送犯罪线索1条，发出《纠正违法通知书》4份，检察建议3份。落实"少捕慎诉"司法理念，依法作出不批准逮捕9人，决定不起诉36人，最大限度减少社会对立面。加大民事检察办案力度，促进司法执法公正。办理民事监督类案件32件，其中，生效裁判监督6件，审判活动违法监督案件8件，执行监督案件11件，支持起诉案件7件。针对生效裁判案件，发出再审检察建议1件；针对其他监督案件，发出检察建议7件。办理的1件民事检察监督案件入选全区民事检察优秀案例，2件被自治区检察院推荐报送最高人民检察院参评优秀案例。建立行政检察与公益诉讼检察之间协作配合机制，形成监督合力。推动实质性化解行政争议，办理行政非诉执行监督案件2件。按照"专业化监督与恢复性司法和社会化治理"相结合的公益保护理念，办理行政公益诉讼案件42件，发出诉前检察建议48份，督促3起失火毁林案件当事人"补植复绿"到位。办理的1件公益诉讼案例入围全区十大优秀公益诉讼案例。

【队伍建设】 主动接受监督，定期及时向人大、政协报告和通报工作5次，主动邀请人大代表、政协委员视察、调研、参与检察开放日活动和检察建议公开送达、不起诉公开审查等办案活动70余人次。公开程序性案件信息162条，公开法律文书95份，监控各类案件244件。抓实培训考核，以培训练兵为重要手段，以业绩考评为导向。组织干警参加各类脱岗培训、网络教育、业务讲座300余人次；推进检察队伍专业化建设。13名干警在全县廉政主题演讲赛、纪念抗战胜利70周年诗词朗诵大赛中获得优异成绩，1名班子成员被聘为自治区法官检察官遴选委员会和惩戒委员会法学专家库成员，7名干警受到区、市、县表彰奖励，2项调研课题被自治区法学会和自治区检察院立项。

法 院

【机构设置】

院　长：陈君礼

副院长：杨水鱼　孙志斌

设综合办公室、政治部、综合审判庭、审判管理办公室、刑事审判庭、立法庭、法警队、执行局、沙塘法庭

【扫黑除恶】 全年共受理各类案件2927件，同比上升8.52%，审执结2854件，同比上升12.36%，结案率达97.51%，同比上升3.33%，未结73件，同比下降53.50%，审判执行工作总体呈现出受理数、结案数、结案率上升，未结数下降的"三升一降"态势。结案均衡度为0.65，案件平均审理用时21.8天，法定审限内结案率、信息录入准确率、电子卷宗随案生成率、应公开刑事案件庭审直播率、网络查控措施期限内发起率、执行案件终本合格率达100%。

【审判执行】 面对疫情对经济社会发展造成的巨大冲击，快立快审中小微企业投融资、货物运输等与市场主体生产经营和人民群众生产生活息息相关的民事纠纷125件。以非诉程序引导19户建档立卡户分期偿还金融机构创业扶贫贷款110万元。通过调解分期履行、判决履行合同等方式审理案件130件，在保障合法债权前提下，帮助债务人走出困境。严惩扶贫领域犯罪，对骗取农村危房改造补助资金的李某某、徐某某判处刑罚，斩断伸向涉农资金的"黑手"。审结"三农"领域的承包经营、农村建房、相邻权、土地租赁纠纷等案件57件。坚持扶贫扶智相结合，筹资11万元帮助帮扶村修缮村级活动场所，打造法治文化公益宣传栏。加大产权保护力度，审结房地产开发、建设工程施工、买卖等合同纠纷案件775件，为各类市场主体创新创业营造公正高效的法治环境。审结涉公司、保险、股权等纠纷案件69件。立足审判职能防范化解金融风险，审结金融借款、民间借贷、融资租赁等民商事纠纷131件，对250余万元的高额利率不予支持，对民间借贷利率进行限额保护，防止金融资本"脱实向虚"，服务实体经济健康发展。开辟"绿色通道"，快立快审劳务、劳资纠纷案件121件，为劳动者追索劳动报酬共计271万余元。一次性化解涉及魏某某等31位农民工共计21万余元的劳务合同纠纷案件。审理人身损害赔偿、工伤赔偿、道路交通事故、提供劳务者受害责任等侵权案件59件，为70名受害当事人判付赔偿金665万元，维护当事人的合法权益。发放司法救助金50万元。深化速裁和诉前调解机制运用，妥善化解民生领域的物业、供暖等纠纷78件。

【平安建设】 受理刑事案件75件，审结73件，结案率达97.33%，共判处犯罪分子112人。开展扫黑除恶专项斗争，对被告人汪某、郭某某、马某某3件15人恶势力犯罪案件提前介入，依法快审快判，在全市法院中率先实现涉恶案件审理全部清零目标。综合运用判处财产刑、追缴、没收违法所得等措施，加大打财断血工作力度，判处罚金

115万元。保持对严重暴力犯罪和多发性侵财犯罪的高压态势，审结故意伤害、强奸等案件7件，审结盗窃、诈骗案件11件。防止发生在群众身边的微腐败，以贪污罪判处某村党支部书记王某有期徒刑3年。突出刑罚教育指引功能，对伪造身份证明骗取国家医保资金和伪造交通事故现场骗取保险公司保费的张某某和谢某某等6人分别以诈骗罪判处3年至2年6个月不等有期徒刑，用法治力量引导社会公众诚实守信、向善向上。推进以审判为中心的刑事诉讼制度改革，落实刑事案件"三项规程"，推进刑事案件律师辩护全覆盖，以证据不足宣告无罪1人。准确适用认罪认罚从宽制度，对社会危害不大、主观恶性不深、犯罪情节轻微的34名被告人，依法适用缓刑或免予刑事处罚，扩大教育面，减少对立面。

【执法办案】 会同有关部门对各类市场主体在任职资格、政府采购、项目扶持等方面进行联合审查，共审核各类信息785条，对7人在评先选优、经营许可、项目建设等方面进行限制。加大失信惩戒力度，曝光失信被执行人5批175人，限制高消费370人，拘留失信被执行人17人，以强硬措施维护司法权威。利用智慧法院建设成果，查封、冻结、扣划存款825万元。在公安机关的配合下，通过布控等措施执行19件久执未结的骨头案。启动涉民生和涉金融案件专项执行行动，执结金融借贷案件55件，执行到位金额1989万元，执结涉民生案件228件，为农民工兑付劳动报酬325万余元。善意、文明执行，引导被执行人自动履行执行义务，自动履行260件。全年共受理执行案件1034件，执结988件，结案率达95.55%，执行到位金额6725万元，执行工作"3+1"核心指标保持在全区基层法院前列。

【"一站式"服务】 全面升级完善诉讼服务中心功能，倾力打造诉讼与非诉讼有机衔接，司法与调解力量多元互动的多元化纠纷解决机制和平台。全年登记立案2770件，适用速裁程序审理案件677件，接待来信来访群众1100余人次。主动将多元矛盾纠纷化解工作置于全县社会治理大局。诉前委派化解矛盾纠纷904件，司法确认624件，一审民事案件受理数比2019年同期1574件下降25.79%，"委派调解"+"司法确认"成为我院诉前矛盾纠纷多元化解的名片。

司 法

【概况】 现有行政编制51人，实有48人，事业编3人，实有3人。局机关设综合室、全面依法治县工作室、法制工作室、普法工作室、人民参与和促进法治室、社区矫正工作室、公共法律服务管理室等7个股室，下派13个乡镇司法所。局党组成员3名，下设党支部1个，共有党员29名，其中退休党员7名。近年来荣获"全区'七五'普法中期先进单位""全区民族团结进步创建活动示范机关""2019年度人民调解宣传工作先进集体""中央专项彩票公益金法律援助项目贡献突出实施单位""全国先进司法所（沙塘司法所）""坚持发展'枫桥经验'实现矛盾不上交试点工作表现突出集体""全区维护妇女儿童权益先进集体"等荣誉称号。

【法治建设】 学习贯彻习近平法治思想。组织召开县委全面依法治县委员会第二次、第三次会议，就全面依法治县工作进行全面部署，提出具体要求。落实决策法定程序，对有关部门提交的5件事项进行合法性审查。修改完善21个行政执法主体的权责清单共3257项，并及时在县政务网进行公开。为305名持有行政执法证的人员分配平台账号，利用"互联网+"模式进一步公开行政执法过程。组织行政执法人员综合法律知识考试暨行政执法证件考试，共参考177人，通过164人，通过率达92.66%。组织律师对2个规范性文件进行合法性审查，向上级政府备案登记。落实行政机关负责人出庭应诉制度，2020年全县涉及行政诉讼案件共26件（含一审、二审），审结25件。

【基层治理】 紧扣"3·15""4·15"等时间节点，开展各类普法宣传活动40余场次，发放宣传资料2万余份，受惠群众1.2万人次。先后3次接受上级司法行政部门督导检查，通过"七五"普法工作总结验收。全县各级调解组织共排查调解各类矛盾纠纷907件，调解成功876件，调解率为100%，成功率达96.58%。强化社区矫正对象和刑满释放人员管理，开展《社区矫正法》学习宣传，印发宣传册500本，悬挂学习宣传横幅13条，组织社区矫正对象集中学习190人次，县司法局在全区社区矫正业务培训班上交流发言，全县累计接收社区矫正对象391人，累计解除321人，在册70人；刑满释放人员267人，其中，重点人员衔接率达100%，安置率达100%，帮教率达100%，全县社区矫正对象无一人脱管漏管。

【司法改革】 补齐小康律师短板。全县律师事务所2个、律师6人。帮助、指导考取律师资格证但未注册执业的13人注册成为公职律师、2人注册为公司律师、2人注册为法律援助律师。通过政府购买的方式共引进律师19名，全县共有执业律师39人，每万人拥有律师数大于2.3人。健全公共法律服务体系。筹措专项资金321万元，完成司法局指挥中心、13个乡级公共法律服务工作站、109个村（居）公共法律服务工作室信息化建设，在全区率先实现县乡村三级公共法律服务体系标准化、信息化。好水、沙塘、陈靳3个司法所被司法厅确定为标准化司法所（固原市共创建成功9个）。拓展公共法律服务职能。全年办理法律援助案件450件，其中，为民办实事诉讼案件270件，挽回经济损失1200万元。拓展公证业务，在全县13个乡镇、99个村，现场为群众办理基础母牛养殖管理协议公证，被司法厅2次通报表扬，写入宁夏公证协会第五届理事会2020年度工作报告。2020年共受理各类公证1520件（其中基础母牛补栏公证1227件），出证3649件（包括2019年基础母牛补栏公证出证3357件）。

人民武装

【机构组成】

主　任：袁秉和

副主任：张延民

委　员：6人

部　长：赵　敬

政治委员：张延民

副部长：殷嘉霖

【武装工作】 1月18日，在隆德县人武部四楼会议室，县委常委、人武部部长赵敬同志主持召开隆德县2020年人民武装工作会议，县委书记袁秉和、副县长谢国玉出席会议。县委书记袁秉和同志对开展好2020年武装工作提出明确要求,赵敬同志对2020年武装工作进行安排部署,殷嘉霖同志传达学习军(分)区党委扩大会议精神,表彰先进。

【军地维稳】 5月20日,在隆德人武部召开隆德县2020年度军地维稳联席会议,会议由县委常委、人武部部长赵敬主持,县委、县政府,县公安局、县消防大队等有关同志参加会议。会议通报全县维稳工作情况,研判当前形势,明确今后要继续深入贯彻以人民为中心的发展思想,提高认识、强化措施、加强军地配合、落实主体责任,持续保持高压态势,全力维护社会大局安全稳定。

【议军会】 8月13日,根据党管武装工作实际,为应对新形势新任务新要求,进一步加强党管武装工作,不断提高全县国防后备力量建设,结合人武部职能使命,在县委会议室召开2020年议军会议。会议学习《中央军委国防动员部贯彻〈军队基层建设纲要〉实施办法》。明确县级人武部、乡镇基层武装部为基层单位,是军委国防动员部系统行政编成的末端、遂行任务的基础、工作落实的一线,应按照《军队基层建设纲要》精神,抓好文件精神贯彻落实,统筹协调,多级发力、按级负责,形成权责清晰基层工作格局,全面提升县、乡两级武装部建设水平;研究审议乡镇人武部专项办公经费事宜。根据《军队基层建设纲要》和《省军区系统战备、训练、工作、生活秩序规范》要求,为加强基层武装部全面建设,考虑乡镇财政困难实际,给每个乡镇武装部拨付资金1万元,共计13万元,主要用于民兵整组、征兵宣传动员、基层武装部建设等开支。会议由县委书记袁秉和同志主持,县委常委、人武部部长赵敬同志及其他县委、县政府有关领导同志参加。

群团组织

隆德县总工会

【工会工作】 提升职工素质,在服务全县经济高质量发展上创造新业绩。举办家政服务技能培训2期65人,开展中小学幼儿教师岗位、税务系统岗位能手等4个行业技能大赛,指导基层工会开展各自行业的劳动竞赛活动,重点行业和规模以上企业参与面超过70%。推荐评选全国劳动模范1名,自治区劳动模范1名,市级劳动模范8名。建成自治区级职工书屋8个,申报"全国模范职工之家"1个,全区"模范职工小家"1个,培育申报创新亮点工作2项。推选节目《扶贫对象》参加全区"劳动者之歌"文艺汇演,获得优秀奖。开展扶贫济困活动。按照自治区总工会要求,核对筛查在档困难职工档案,实施动态管理。共有建档困难职工172人,全年申报救助困难职工(农民工)185人次,发放帮扶资金64.6万元。两节慰问困难企业2家,困难职工(农民工)、劳模142人,发放慰问金17万元,开设"工会班"1个50人,发放助学金13万元。疫情防控期间筹措资金6万余元,对5名赴鄂援助医护人员和14个省际、县际检测查验站(点)一线职工进行慰问。维护职工权益。启动工资集体协商"四季要约"行动,签订集体合同63份,覆盖企业101家,涵盖职工4353人。全县108家建会的企事业单位建立职工代表大会制度,25人以上企业职代会推行率在95%以上。开展劳动争议调解,聘请1名专职律师常年开展维权服务。接受来访来电职工群众56案56人次,已全部办结。组织651名职工进行助力复工复产健康体检,为在档的70名困难女职工进行"两癌"筛查。加强自身建设,结合工会信息化建设,采取"撤、并、改、整"的措施,抓组建工会和发展会员工作,新建工会组织169家,发展会员1540名,办理工会会员卡800多张,实名制录入工会组织267家、会员19085人。建成以服务环卫工人为主的"站、会、家"一体化工会户外劳动者服务(法律援助)站3处。

共青团隆德县委员会

【青年成长】 开展思想教育,加强青少年思想理论武装。在杨河乡红旗村、串河村及青年志愿者中开展宣讲活动6场次,组织全县各级团组织围绕主题团日活动开展学习活动9场次。开展学习习近平总书记来宁视察重要讲话精神专题学习会2场次。团县委组织各级团组织负责人和广大青年学习习近平总书记五四青年节寄语2场次，全县各级少先队组织开展学习习近平总书记致全国少年先锋队建队70周年贺信精神和习近平总书记给广大少年儿童"六一"国际儿童节寄语精神30余场次。加强"青年大学习"行动。全年共计学习4.2万人次。加强理想信念教育。全县各级团组织开展"青春心向党 建功新时代""传承雷锋精神""清明节网上祭英烈""纪念抗战胜利75周年""中国人民志愿军抗美援朝出国作战70周年系列活动""预防青少年违法犯罪"等主题系列活动100余场次。表彰"隆德县防疫优秀青年志愿者"41名，在区、市各类评优选先中，涌现出全国优秀共青团员柳建宁、全区优秀团干部王成志等一大批先进个人和集体。加强网络新媒体建设。加强团属媒体"青春隆德"微博、"隆德共青团"微信公众号建设，全年共发布消息900余条，覆盖群众25万人次。新建"隆德共青团"微信小程序，为后期开展各类宣传及业务工作提供新的平台，开通"隆德小希"抖音账号，加强关爱留守儿童、青年就业创业宣传工作。

【团组织建设】 巩固基础，抓支部建设。共有基层团支部364个，录入系统的团员总数为6033名。加强对各支部整顿力度，以各乡镇书记为负责人，各行政村（社区）为单位，摸清本支部团员底数，对年龄超过28岁的团员进行调整，配齐配强团支部班子。新成立非公企业团组织6个，社会组织领域团组织1个，集中打造葆易圣药业有限公司团支部、隆隆薯闽宁助残商贸中心团支部等16个示范带动效应强的基层团组织建设示范点。提升素质，抓人员建设。严控初中、高中团员数量不超过在校学生30%、60%的目标要求，2020年共发展团员700名。发挥功能，抓阵地建设。在隆德县青少年活动中心新建成"青年中心"1个。发挥已有4个"青年之家"、隆德县青年就业创业协会基地、七彩小屋、竹林社区红领巾研学基地等青年活动阵地作用，在隆德县葆易圣药业有限公司青年中心开展"创客未来"沙龙活动，在"隆隆薯"助残商贸中心开展助农助残直播带货活动2次。在青少年活动中心开展志愿服务、学习活动5次。在党建带团建及厦门大学的支持下，新建隆德县青年从"心"出发录播室，为线上开展主题团、队课提供平台；筹集社会捐赠100余万元，在竹林社区建立红领巾研学基地，建成隆德三小、凤岭小学、沙塘小学留守儿童研学基地、VR体验馆、青创培训基地，为广大青少年活动提供坚实平台和"身边的家"。规范运行，抓团务建设。集中打造城关镇团委、神林乡团委、沙塘镇团委、凤岭乡团委等一批示范带动效应强的基层团组织建设示范点。此外，重点打造沙塘镇街道村、清泉村，神林乡神林村，奠安乡新街村，温堡乡吕梁村，城关镇竹林社区、东关社区团建示范点，隆德一小、隆德二小、沙塘镇中心小学3个学校团队工作示范点，隆德县人造花工艺有限公司、宁夏黄土地食品有限公司、葆易圣药业有限公司、汇德酒店4个非公企业团建示范点。为隆德县九小、隆德三小及全县12个乡（镇）学区1-6年级建档立卡户、贫困家庭学生、留守儿童及部分优秀学生等共计6500人发放节日慰问礼包，资金共计160万元。开展留守儿童"微心愿"活动，筹集2万元资金，为全县20所乡村妈妈爱心驿站留守儿童购买书籍、学习用品等物资，为

300名留守儿童完成微心愿，让他们度过一个快乐的六一儿童节。推进希望工程贫困学生资助行动。开展"中国茅台·国之栋梁—2020希望工程圆梦行动大型公益助学活动"，为全县12名困难家庭大学生每人发放5000元助学金，共计6万元。开展"2020年希望工程·圆梦行动黄河银行资助"，为全县51名困难家庭大学生每人发放4000元助学金，共计20.4万元。开展2020春蕾计划助学金（续捐）助学关爱项目，共计资助隆德县普高教育集团困难家庭女高中生共79名，每人发放1200元，共计9.48万元。用2020闽宁山海协作助学金，为杨河乡红旗村30户建档立卡户小学生每人发放1000元学费，共资助3万元。浦发银行续捐受助学生30人，每人发放1000元学费，共计3万元。用"闽宁协作圆梦助学金"，为全县20名困难学生每人发放5000元学费，共计10万元。成立"闽宁—兴证圆梦奖助学金"项目，共计资助全县中小学生768名，其中，建档立卡户学生716名，共计25万元。全年争取区市项目和闽宁帮扶资金138.98万元，资助大中小学生1565名，其中，建档立卡户1302名。

隆德县妇女联合会

【政治建设】 围绕习近平总书记视察宁夏重要讲话精神、习近平总书记关于制止餐饮浪费行为重要指示批示精神、习近平总书记在中央政治局第二十一次集体学习时的重要讲话精神等先后组织集中学习15次。开展习近平总书记视察宁夏重要讲话精神宣讲18场、专题研讨交流活动1次。

【疫情防控】 疫情防控期间，选派两名同志到帮扶村温堡乡温堡村开展疫情期间外来人员排查摸底，村级卡点值守工作。选派三名同志到卡点值守小区御景鸿府商住楼小区24小时排查摸底，值班值守。印制《致全县广大妇女的一封信》等疫情防控宣传资料15000余份，悬挂宣传横幅、疫情防控通告等80余处，向广大妇女群众宣传疫情防控知识。"三八"国际妇女节期间，组织人员慰问援鄂一线人员家属、援宁医护人员及家属，慰问工业园区疫情期间复工复产的女工人。开展"我身边的战'疫'模范"推选活动，县妇联在"隆德县妇联"微信公众号推送、宣传抗疫"最美巾帼奋斗者"11人，抗疫"最美家庭"7个。

【妇女创业就业】 执行《关于做好当前和今后一个时期促进就业工作的实施意见》文件精神。历年累计发放妇女创业担保贷款13126户、106425万元；2020年发放妇女创业担保贷款1220户、16338万元，扶持1123人（次）农村妇女创业。组织开展"巾帼巧手脱贫"培训班3期，培训妇女234人（次），促进农村妇女素质提升。开展"美丽家园"建设活动，组织动员广大妇女积极参与农村人居环境整治行动计划，推选10个自治区"最美庭院"，申报1家"全国巾帼脱贫示范基地"。选送龙头妇女企业积极参加区、市、县各类线上、线下销售活动15场（次）。争取"城乡两癌贫困妇女救助"项目资金，救助7名"两癌"患病妇女，推广妇女"两癌""筛查+救助+保险+关爱"工作模式，帮助"两癌"患病妇女解决因病致贫返贫问题，全县累计筛查"两癌"妇女6000余人次。继续实施"双培"项目，发放"双培"项目资金5万元。

【文明家庭】 开展以"注重家庭、注重家教、注重家风"为主要内容的"好家风"系列活动，推选出表现突出、事迹感人、群众认可的全区"最美家庭""五好家庭""抗疫家庭"等7户。培育好家风，广泛开展家风家训宣传展示活动。组织全县13个乡镇妇联主席、最美家庭、最美庭院、好媳妇、好婆婆、五好家庭代表开展"五好家庭""最美家庭"故事分享会；在沙塘镇光联村，观庄乡观堡村、大庄村，固原市最美家庭代表、巾帼志愿者、观堡村妇联主席王雪琴同志讲述最美家庭故事。开展"爱润万家·好家风好家教好家训"巾帼志愿宣讲活动8场次，受益人数600余人。组织城关镇各村（社区）家庭教育骨干及部分巾帼志愿者30余人参加全区妇联举办的家庭教育骨干讲师线上培训班。在城关镇峰台社区、西苑社区、咀头村等建立"家风家训室"；在县文化馆建立廉政警示教育馆；在县人民检察院建立廉政长廊、未成年人法治教育基地。城关镇南凤嘉园社区被命名为"全国家庭亲子阅读体验基地"，城关镇咀头村被命名为"全国家庭教育创新实践基地"，每个基地每月开展1次"亲子活动"。5月15日国际家庭日，6月1日国际儿童节等节点，全县各个"妇女之家""儿童之家"按照相关要求自主开展活动。开展"厉行节约，反对浪费；光盘行动，从我做起"活动。组织全县13个乡镇妇联主席、最美家庭、最美庭院、好媳妇、好婆婆、五好家庭代表，在西吉县将台堡接受爱国主义、勤俭节约宣传教育。县妇联党组成员和温堡村"两委"班子一起，在温堡乡温堡村温堡小学举办"厉行节约，反对浪费；光盘行动，从我做起"宣传教育活动。

【妇儿维权】 以"禁毒宣传月""网络安全宣传周""民族团结月"等为契机，宣传妇女儿童维权工作12场次，发放宣传资料8000余份。组织承办区、市妇联举办的《宁夏妇女权益保障条例》、"和谐婚姻家庭大讲堂""反家庭暴力法 抵制高额彩礼""送法到家""护航春蕾"等巡讲活动7场，受益680余人。实施"两规划"，按照"两规划"达标指标不反弹，未达标指标按时限完成的工作思路，召开2020年隆德县妇儿工委工作会议及监测统计工作培训会议。

隆德县残疾人联合会

【概况】 截至2020年底，全县共有持证残疾人6964人。其中，一、二级重度残疾人4888人，三、四级2076人；肢体残疾2664人，视力残疾1689人，听力残疾1264人，言语残疾110人，精神残疾396人，智力残疾542人，多重残疾299人。

【扶贫助残】 开展脱贫攻坚"四查四补"，落实防止返贫监测预警和帮扶机制。聚焦"两不愁三保障"脱贫目标，开展"两摸底一核实"工作，对边缘易致贫户和脱贫不稳定户，加强预警监测，按照"缺什么补什么"的原则，因户因人施策，精准落实帮扶措施。为帮扶村拨付帮扶资金1万元，为残疾人帮扶衣服等物资700多件，共4万多元。实施"两项补贴"。经过申报、初审、复核，为全县符合条件的贫困重度残疾人发放生活补贴和护理补贴。全县有机动轮椅车的残疾人享受燃油补贴，每人发放260元。无障碍改造。自治区残联下达隆德县贫困残疾人无障碍改造设施78户，投入资金35.1万元。改造进出门无障碍坡道，通道硬化，安装扶手、移位机护理床、闪光音乐门铃、盲文电饭锅、电磁炉、报警闪光音乐电热水器等。根据自治区残联关于印发《全区开办就业年龄段残疾人意外伤害综合保险（圆梦护航保）实施方案》的通知（宁残联发〔2020〕37号）要求，对处于就业年龄段（女16周岁至54周岁，男16周岁至59周岁）、具有一定劳动能力、未办理"扶贫保"业务的1584名贫困残疾人，购买意外伤害综合保险（圆梦护航保），共计补贴资金7.92万元。开展集中托养。全年四个残疾人托养中心（县残疾人托养中心，陈靳乡残疾人托养中心，沙塘镇残疾人托养中心，观庄乡残疾人托养中心）寄宿制托养残疾人208人，其中建档立卡户128人。投资338万元，用于四个残疾人托养中心的建设维护和运营。依托隆德县人造花工艺有限公司、浩德纸业包装有限公司、隆德正观花灯工艺有限公司，成立残疾人就业扶贫基地，创建闽宁扶贫车间，为35名残疾人提供就近就地就业，每人每月增收300元至2000元不等；依托隆德县福利医院，为托养的残疾人定期开展康复训练和身体检查。利用闽宁扶贫项目资金打造"隆德县残疾人电商就业创业协会"电商服务平台。在残疾人辛宝同的带领下，电商协会团队已经实现2000余万元的营业额，创收400多万元。对全县2200余名建档立卡重度贫困残疾人给予600~2000元的入股分红，同时对因经济严重困难未能入股的630名残疾人直接分红200元。对101名贫困残疾人进行居家托养服务，改善残疾人居家生活条件，方便残疾人生活，促进残疾人脱贫，加快残疾人小康进程。新建隆德县残疾人康复中心工程，充实服务人才，配备服务设备和器材，共计投资1700万元。为满足残疾人就近康复的需求，在城关镇咀头村建成残疾人社区标准康复服务站，配套相关康复设备。按照残疾人需求，结合自治区残联下达辅具配发的指标任务，2020年共配发各类辅助器具2200件套。委托隆德县福利医院开展0~6岁贫困残疾儿童抢救性康复训练项目，提高训练效果，训练儿童共16名。邀请固原市精神病院专家来隆德县为240名精神病患者进行免费义诊服药，每人享受900元，投入资金21.6万元。筛查落实3名重度精神病人住院治疗，落实资金0.45万元，每人补贴1500元。为符合条件10名肢体残疾人安装假肢，造价3.6万元。开展残疾人实用技术培训，对有需求的残疾人及其亲属开展丝绫堆绣职业技能培训50人、电商技能培训50人、老式制香技术培训50人，刺绣手工艺培训50人，共计培训200人。扶持残疾人及家庭发展产业，为54名自主创业及灵活就业贫困残疾人发放补助10.8万元。2020年8月8日，中国残联副理事长程凯一行前来专题调研"隆德模式"，并安排中国残疾人艺术团于2020年9月13日—16日来隆德开展公益慰问演出。其间，艺术团团长邰丽华为"隆隆薯"残疾人电商品牌代言网络直播，开展助残乐购平台电商中心带货直播系列活动。受程凯副理事长委托，兰州大学谢冰雪教授一行9月23日—26日对"隆德模式"开展实地走访和专题研究。2020年10月12日，自治区残联办公室印发《关于在全区残联系统进一步推广"隆德模式"的实施方案的通知》。2020年11月，在人力资源和社会保障部全国人才交流中心举办的第四届"中国创翼"创业创新大赛上，"隆隆薯扶贫助残项目"荣获"创业扶贫专项赛"优秀奖。2020年12月11日，县残疾人托养中心电商协会负责人辛宝同参加国务院新闻办公室残疾人脱贫攻坚基层代表中外记者见面会。

隆德县科学技术协会

【科普推广】 县农业技术推广服务中心技术人员围绕新冠肺炎疫情防控、保护环境、保障健康、科学种植等知识进行科普知识宣传，解答农业种植技术难题。隆德县蔬菜种植总面积4万亩，其中，设施蔬菜1.5万亩。完成蔬菜穴盘育苗5000万株，品种为辣椒、番茄、甘蓝、芹菜等。县农业技术推广服务中心根据我县确定的产业项目和全县农业生产实际，从土壤养分、施肥技术、新品种引进、农业机械、种植技术、农药工械等方面进行大量试验研究。其中，2020年开展各种田间试验24项，对粮食、蔬菜78个品种进行示范展示。为准确掌握农田土壤墒情，在全县定点设立土壤墒情监测点5个，每月发布《农田土壤墒情信息》2期。针对隆德县主要作物常发性病虫害发生规律和为害特点，在全县不同区域设立病虫害监测点4个，针对外来侵入有害生物，设立监测点14个，定期进行监测病虫动态，每周发布1次病虫信息，为农业部门科学决策和农情调度等提供科学依据。

【科技教育】 建立以学校校长为引领，教育工作者广泛参与的科技辅导员志愿服务队。组织青少年参加全区科技创新大赛，参赛作品、获奖数量位居全区各县（区）前列。共获奖36项，其中，一等奖7个、二等奖12个、三等奖14个、优秀辅导员2个，隆德三小成绩突出，获"十佳科技教育创新优秀学校"的称号。在2020年全国科普日暨第五届宁夏青少年科学节活动上，隆德三小45名师生参加青少年创意编程与智能设计大赛复赛。组织40多名教师参加全区骨干科技辅导员培训班四次。隆德三小、隆德二中获"全国人工智能活动特色学校"的称号。组织开展第七届全区中小学科普剧竞赛活动，上报科普剧作品8部，全区获奖10部作品（隆德2部）。隆德二小《垃圾分类 健康生活》获全区一等奖，并受邀在2020年全国科普日暨宁夏科技馆第五届青少年科学节上参加展演。微创作品13部参加全区评选，全区获奖作品18部，（隆德二小、隆德三小分获一、二、三等奖）隆德县科协获"优秀组织单位"的称号。争取资金39.06万元，为隆德二中、杨河中学、联财中学后续开展科普教育创新活动提供支持。争取中国科技馆支持，为隆德二小、三小免费派发2020年秋季学期课程资源包《科技馆里的科学课》80个（宁夏第一批共2个学校全部给隆德）。

【科技志愿】 以基层群众需求为导向，组织卫生系统多支科技志愿服务队深入新时代文明实践站开展健康义诊、医疗咨询等科技志愿服务。2020年5月9日，健康服务志愿者在城关镇咀头村开展志愿服务活动，对群众在饮食、用药、作息、生活方式等方面进行健康教育和指导，为群众发放健康教育宣传册以及围裙、水杯等日常用品，针对一些腰背部不适的老年人在村卫生室进行平衡火罐、艾灸中医护理治疗，对村卫生室人员进行这两项中医护理操作流程、注意事项、适应证、禁忌证的培训指导。8月8日，联合固原市人民医院、隆德县中医院、沙塘镇卫生院，50多名医疗卫生健康志愿服务人员，在沙塘镇新时代文明实践所开展新冠肺炎防治知识、糖尿病的症状及饮食指南等健康卫生知识讲解，举办援鄂医护人员英雄事迹报告会，开展健康检查、艾灸盒穴位贴敷治疗，演示心肺复苏急救知识。隆德县陈靳乡卫生院科技志愿服务队的科技志愿者为基层群众讲解家庭医生签约及健康扶贫等相关医疗卫生类政策，并为参加人员开展测血压、测血糖等义诊咨询活动，发放《家庭医生签约服务手册》《慢性病患者健康管理服务手册》等科普宣传册230余份。隆德县沙塘镇卫生院科技志愿服务队在光联村、马河村、张树村采取分散入户服务模式，上门看望慢性病患者和健康扶贫大病人员，为他们测血压、血糖，提供个性化、面对面的健康知识宣传及咨询服务。科技志愿服务活动随访高血压患者226人、糖尿病患者69人、健康扶贫大病患者5人，共计300余名患者，参与群众500余人次。

隆德县工商业联合会

【服务非公经济】 深入企业调查研究，了解企业存在的困难和问题。做好全国工商联民营企业调查系统，将企业的实际情况反映出来。县工商联被全国工商联办公厅评为全国工商联2020年民营企业调查点工作基层先进单位。在隆德县两会上，工商联界委员提出的多条提案、建议列入政府督办序列，并得到及时办理。创新服务方式，搭建非公有制企业"走出去""请进来"交流合作平台，推荐全县非公企业参加区、市组织的系列活动，促进与区内外企业间交流合作。与西夏区和西吉县工商联分别结成友好工商联，组织非公企业观摩考察、互促互学。发挥工商联的桥梁纽带作用，搭建政府、银行、企业对接平台，加强与发改、司法、税务、金融等部门的联系协作，协调解决企业实际困难。

【诚信守法】 引导非公有制经济人士牢固树立守法是最好的保护、诚信是最大的金字品牌的理念，把构建"亲""清"新型政商关系贯穿到理想信念教育实践活动全过程，把守法诚信作为企业文化建设的重要内容。规范机关单位及工作人员涉企服务和交往行为，形成政商双方交往规范、良性互动、共促发展的政治生态。组织企业参加区工商联组织的法律培训和警示教育等活动，引导企业照章纳税、安全生产、保护环境，实行民主管理，杜绝商业贿赂，构建平安企业、和谐企业，增强企业家的安全感、稳定感和信任感。

【组织建设】 巩固"五好"县级工商联建设成果，抓已成立"四好"商会创建和新的商会筹建工作，加强隆德县花卉苗木园林商会等四个商会的阵地建设，充实工作内容，健全规章制度，为会员企业服务。准备和筹划对条件成熟的商贸物流、餐饮、文化旅游等成立行业商会，扩大隆德县商会组织的覆盖面，提高基层商会服务会员企业的能力和水平。选派商会会长参加区工商联在固原举办的培训班。抓好会员发展工作，壮大会员队伍，实现会员数量有新突破，促进会员质量有新提升。全年发展企业会员2家，个人会员4个，会员总数达195个。

【助力脱贫】 引导非公经济企业，助力全县精准扶贫工作，通过产业培育、就业扶贫、捐资助贫等多种形式，疫情期间全县非公企业积极捐款捐物共计400多万元，投身公益事业，助力隆德县疫情防控工作。

隆德县文学艺术界联合会

【文艺服务】乡土文艺人才培训。9月19日隆德县2020年乡土文艺人才书法、绘画、摄影培训工作全面启动。共有146名书法、绘画、摄影爱好者报名参加培训，夯实隆德县"中国现代民间绘画之乡""中国书法之乡"和"中国民间文化艺术之乡"等称号群众基础。完成县廉政文化教育馆布展作品征集评审工作。征集到书法、绘画和摄影作品共计280多件（幅）。举办"康业杯"首届书画展，共收到书法美术作品366件（幅），其中，书法作品195件，美术作品171幅。共有87件书法作品、61幅美术作品进入终评阶段，最终遴选出100件（幅）入展作品（含中小学生），其中25件书法作品和17幅美术作品分别获得一、二、三等奖。县摄影家协会组织会员参加各类采风活动80余次，拍摄千余幅反映祖国大好河山、民俗风情作品，部分优秀作品在国内有关网站、媒体获奖或发表。在宁夏第十届摄影艺术展览中入围2幅作品。2020年在宁夏日报客户端、宁夏新闻网、新消息报现场云、今日头条等新闻媒体刊发840余幅照片，其中产业扶贫410（组）幅、文化扶贫180（组）幅、行业扶贫80（组）幅、领导视察50（组）幅。在党报刊登120（组）幅，其中照片《脱贫路上见证人》在农业农村部社会事业促进司举办的全国农民"小康美景手机拍"摄影大赛中获得入围奖。承办"大美隆德"第三届全国摄影大赛。

【文化志愿】 春节期间，组织隆德县书法家30余人深入沙塘镇、城关镇、凤岭乡等乡镇举行"文艺进乡村·欢乐送百姓"送春联活动，为广大群众送春联1000余幅。新冠肺炎疫情防控期间，通过网络、微信和公众号等多种平台进行推送和宣传，抗击疫情文艺作品（包括歌曲、绘画、书法、诗歌、剪纸、摄影、篆刻、小剧等）共计960余幅（篇）。传承刺绣技艺，带动残疾人、妇女就业。县民间艺术家协会举办残疾人双面绣培训班1期30人次，举办隆德县妇女脱贫攻坚双面绣技能培训班1期54人次，举办残疾人丝绫堆绣技能培训班1期50人次，举办隆德县妇女脱贫攻坚丝绫堆绣技能培训班1期65人次。民协组织带领隆德县6名肢体残疾人参加"文化助残 放飞梦想"残疾人爱心之旅活动。10月9日今日头条、中残联、《宁夏日报》隆德县妇联分别报道田慧君传承刺绣技艺，带动妇女就业创业的事迹。魏氏砖雕和杨氏彩塑基地接待各地民协会员、非遗传承人来访约320人，累计接待调研、旅行团约6000人，组织技能培训2期，培训42人。为丰富基层群众的精神文化生活，县音乐家协会开展为期三天的秦腔、广场舞、声乐培训演出。全国第七个"扶贫日"隆德县专场文艺晚会在隆德县体育馆隆重上演。文化馆联合县音乐家协会成员，共同参与固原市延安精神进社区文艺演出。唱响主旋律、奋进新时代—沙塘镇农民大合唱比赛及决战决胜脱贫攻坚、全面实施乡村振兴—张程乡2020年中国农民丰收节等活动；同时，举办"隆德县2020年春节联欢晚会—春满隆德"及"隆德县2020年春节团拜会"大型文艺演出。在张程乡桃园村、城关镇红崖社区开展文化志愿者"送戏下乡"活动，在全县各乡镇开展文化惠民演出活动30余场，戏曲进乡村78场。固原市委宣传部、市文联、市书法家协会联合主办"致敬白衣勇士"书法作品捐赠活动，26人参与活动，征集作品38幅。向隆德援鄂医护白衣天使捐赠书法作品10幅；参与宁夏第十二届临帖展，获奖1人，入展7人。固原市原州区"双创杯"书画大赛，隆德县3人获优秀奖，11人入展。彭阳县"壹珍药业杯"书法篆刻作品展，一等奖1人，三等奖1人，提名奖3人。10月9日书协主席于晟被中国书法家协会评为公益活动先进个人。县美术家协会向隆德县医疗人员赠送美术作品10幅，并向县医院赠送集体创作的大型美术作品1幅。县戏剧家协会开展文艺自乐班70余场，组织戏曲下乡50场。开展秦腔爱好者培训班，人数超过20人。县舞蹈家协会带领成员参加隆德县"送戏下乡"惠民文艺演出，并组织参加全区群众文艺会演舞蹈决赛，选送舞蹈节目《传承》。

【六盘人家】 坚守文联工作主阵地，办好《六盘人家》文艺季刊，将《六盘人家》杂志办出特色。完成2020年度《六盘人家》的出版发行工作，为区内外文学爱好者和县委、县政府各部门、各单位、各中小学、县文联各协会理事赠阅3000余本。县文联、作家协会组织、征集、整理、编辑出版"第三次文代会·纪念隆德县文联成立十五周年暨《六盘人家》杂志创刊十周年"纪念专号。共刊出11位作者的纪念祝贺文章，同时刊出隆德县17位作者的小说、散文、诗歌作品。经多方联系对接，11月在全国具有"高原气质，文学固原"品牌的《六盘山》杂志隆重推介"隆德作品小辑"共15位作者作品，其中，3人小说、6人散文、6人诗歌入选。这是《六盘山》杂志自2009年以来第二次集中推出隆德县作者的作品。

【学习交流】 组织县书法家协会全体理事赴兰州观摩第五届西部书法篆刻展。5月，民协组织3名传承人参与修复国家级文物保护单位——须弥山石窟百年来的第一次壁画维修和保护工程。6月，组织会员参加"非遗进万家·文旅展风采"宁夏黄河流域非遗作品创意大赛，2人获得二等奖，1人获得优秀奖。9月，民协慧绣坊被华视传媒网授予2020年度宁夏回族自治区"十佳优秀企业"评选大赛示范单位，荣获季军。7月30日，成立全县青年书法夜校。9月底，举办隆德县乡土人才书法、美术和摄影培训第一阶段学习培训工作。邀请宁夏书法家协会主席宋琰、中国书法家协会会员潘志骞指导、授课；中国美术家协会理事、宁夏美术家协会副主席左力光，中国美术家协会会员、宁夏美术家协会副主席、固原市美术家协会主席虎西山，国家一级美术师、宁夏书画院专业画家梁永贵指导；宁夏摄影家协会主席吴建新，宁夏摄影家协会副主席张治军，宁夏摄影家协会副主席、固原市摄影家协会主席牛红旗，宁夏《新消息报》记者、宁夏摄影家协会会员季正指导摄影授课。9月30日，组织县美术家协会理事观摩学习平凉市庆祝中华人民共和国成立71周年暨第五届"平凉画家画平凉"美术展。作协组织会员12人参加县委、县政府《图说隆德》一书部分章节修改工作；组织3人参加"诗书原州大讲堂"第5讲活动；组织3人采写的报告文学刊载于第5期《六盘山》"脱贫攻坚报告文学"专号；组织6位会员参加"作家名刊名编面对面暨脱贫攻坚创作座谈会"。10月，作协会员20多人参加宁夏文学院"宁夏文联文学艺术网络培训班（隆德）"学习。隆德县女作家聂秀霞的散文诗集《一束光》由黄河出版传媒集团阳光出版社出版发行（散文诗集《一束光》是"塞上散文诗丛书"中的一种）。

经济发展

农业农村

【概况】 全县播种粮食作物26.3万亩（冬小麦4.5万亩，籽粒玉米10.4万亩，马铃薯8.5万亩、小杂粮2.9万亩），经济作物13万亩（蔬菜4万亩、中药材4万亩、油料5万亩），饲草作物14万亩（青贮玉米10万亩、多年生牧草3万亩、一年生禾草1万亩）。粮食总产量达8.14万吨，增长2.5%。种植业总产值5.65亿元。全县肉牛饲养量93010头，同比增长9.4%；存栏54210头，同比增长1.1%；出栏38800头，同比增长23%。羊饲养量100450只，同比增长7.9%；存栏53770只，同比增长15.6%；出栏46680只，同比增长3%。猪饲养量100020头，同比增长97%；存栏43720头，同比增长104%；出栏56300头，同比增长93%。家禽饲养量达450090只，同比增长14%；存栏157400头，同比增长18%；出栏292690只，同比增长13%。全年畜产品产量9994.6吨，同比增长17%，其中牛肉4811.2吨、猪肉4222.5吨、羊肉769.7吨、禽肉191.2吨、禽蛋1575.8吨，牧业总产值6.7亿元。

【产业富民】 按照"宜种则种、宜养则养"的思路，精准配套扶持政策，落实到户农业产业。制定《隆德县2020年农业产业任务分配方案》，明确种养殖业发展任务。全县农户种植冷凉蔬菜、中药材、马铃薯等农作物和优质牧草24.3万亩；完成畜禽、蜜蜂等补栏5.77万头（只、箱）。推进"四个一"示范带动。培育产业扶贫示范村10个，扶持龙头企业10家，培育扶持合作社40家、家庭农场7家。深化"三带四联"机制，通过土地流转、订单种植、入园务工、入股分红等模式，示范带动贫困户2342户发展产业。

【特色产业】 精准调优种养结构，特色产业扩量提质。围绕草畜、冷凉蔬菜、中药材等特色产业，做强基地、做大规模、做活市场，强力推进特色产业提质、扩量、增效。草畜产业扩规增量。全县种植优质牧草14万亩，补栏基础母牛2812头，实施"见犊补母"2万头，建成自治区级肉牛养殖示范村2个，58个村集中发展肉牛养殖，全县肉牛饲养量达9.3万头。新建宁夏宏博千头规模肉牛养殖场；宁夏千峰兔业有限公司，存栏种兔4000只。扩建杨河牧业肉牛养殖场；奠安新街肉兔繁育场，存栏种兔5280只。打造西北地区规模最大、配套最全、技术最先进的肉兔产业示范园区。按照"突出主导、多元发展、订单种植、错季销售"的发展思路，加快发展优质高效冷凉蔬菜产业。春茬集约化穴盘育苗5000万株；新建全钢架大拱棚1000亩，建成联财镇张楼村、沙塘镇和平村、观庄乡观堡村设施蔬菜基地3个3500亩；打造神林绿鲜、联财民安"四好"蔬菜园区2个2500亩；提升神林介实、温堡杜堡、沙塘十八里等永久性蔬菜基地（园区）15个，种植蔬菜10000亩，全县种植冷凉蔬菜4万亩。以粮食生产功能区为重点，实施高标准基本农田建设6.92万亩。推广玉米全膜双垄沟播技术，全县发展旱作农业24.62万亩。加快马铃薯繁育体系建设，建成马铃薯原种繁育基地3000亩、一级种薯繁育基地2万亩；打造好水乡后海村、水磨村等马铃薯种植示范村5个，全县推广种植马铃薯8.5万亩。种植蚕豆、糜子等小杂粮2.9万亩。全县种植油料作物5万亩。

【休闲农业】 实施休闲农业和乡村旅游精品工程，新建沙塘镇和平村、街道村休闲农业示范点，改造提升城关镇杨店村休闲观光园，全县共发展休闲农业经营主体71家，其中休闲农庄3家、休闲农业园7家、民俗村3家、非遗传承基地2家、农家乐56家。在隆张公路两侧、高速公路口县城段及陈靳乡新和村大田种植油菜1万亩，打造色彩农业带。国庆期间，全县共接待游客20余万人次，同比增长18%，直接营业总收入150多万元，同比增长9%。以"牛劲隆德、丰收六盘"为主题，在杨河乡成功举办第三届"中国农民丰收节暨肉牛产业发展大会"，充分展示全县肉牛产业及农业农村改革发展丰硕成果。加大休闲农业与乡村旅游精品景点宣传推介，组织企业参加区内外特色农产品线上线下展示展销活动。凤河醋厂、葆易圣药业等14家企业51个产品入选全国扶贫产品名单。

【品牌强农】 围绕草畜、冷凉蔬菜、中药材、马铃薯产业，实施农产品品牌提升行动，按照"统一品牌、统一设计、统一制作、统一包装、统一监管"的原则，企业、合作社统一制作包装，深入打造"六盘（隆德）肉制品、中药材、冷凉蔬菜、马铃薯、中华蜂蜜、小杂粮"等"隆字号"区域公用品牌，扩大品牌效应，推进特色农产品品牌升级。加大"两品一标"认证，完成黄土地（粉丝、粉条）2个绿色食品认证，腾发牧草（苜蓿）1个有机农产品认证。

【农业机械化】 发挥农机购置补贴政策引导作用，实施农业机械化转型升级行动，推进现代农业高质量发展。依托腾发牧草、瑞平马铃薯专业合作社，主推机械化精量播种、收获为主的全程机械化生产技术，在神林乡岳村建立苜蓿全程机械化科技示范园区1000亩，辐射带动全县苜蓿全程机械化生产1.9万亩；主推马铃薯起垄覆膜、膜上覆土等技术，在好水乡后海村建立马铃薯全程机械化科技示范园区1000亩，辐射带动全县马铃薯全程机械化生产3.6万亩。加快推进农业机械化由耕种收环节向秸秆捡收打捆、残膜捡收、有机肥施用、植保、烘干等绿色高效农机化全程发展，全年主要农作物耕种收综合机械化水平达65.8%。

【农业绿色发展工程】 推进农药化肥零增长行动,大力推广测土配肥、有机肥替代化肥等技术措施,减少化肥施用量,提高化肥使用率,开展测土配方施肥技术35万亩,有机肥替代化肥技术0.6万亩;残膜回收2500吨,残膜回收率达95%。推进畜禽粪污市场化运作管理,畜禽粪污有机肥加工转化6万吨,腐熟还田14万吨,畜禽粪污资源化利用率达85%。加大农作物秸秆饲料化、肥料化等综合利用,秸秆综合利用率达85%。

【农村产权制度改革】 巩固提升农村集体产权制度改革试点县评估验收成果,建成农村集体经济组织104个,赋码登记104个,确认成员身份3.14万户、11.34万人;71个村(社区)完成经营性资产份额量化改革、33个村(社区)股份制改革试点,2020年被农业部确定为第二批全国农村集体产权制度改革试点工作经验交流单位。稳步推进农村土地"三权分置"改革。全县入股土地面积8427.43亩,其中,土地股份合作社12家6458.5亩、农民专业合作社1家117.8亩、村经济合作社1家1851.13亩。通过"自主经营"和"内股外租"的形式,与企业、合作社、家庭农场和专业大户合作,推动土地规模化经营。创新推进农村"两权"抵押贷款试点工作,隆德县财政注入担保抵押贷款风险基金150万元,县农业银行和农村信用联社紧密协作,办理土地承包经营权抵押贷款100家640万元,发放他项权证100个。

【发展壮大村集体经济】 出台《隆德县2020年扶持发展壮大村集体经济实施方案》《隆德县扶持发展壮大村集体经济项目实施方案》《隆德县扶持发展壮大村级集体经济项目管理办法》等文件,按照"一个好班子作中坚,一项好产业作支撑,一个好机制保运转"的思路,整合村集体经济发展资金4180万元,注入未享受项目资金的48个村(12个社区),支持发展村集体经济。创新"535"村集体经济运营管理机制,即"产业经营型、服务创收型、加工增值型、资产收益型、乡村旅游型"五种产业发展类型,建立"联村发展、自主经营、村企合作"三类运营模式,健全"资金管理、收益分配、监督管理、考评激励、责任追究"五项管理机制,推进村集体经济驶入"快车道"。新培育农民专业合作社10家、家庭农场20家,累计培育农民专业合作社404家、家庭农场231家,注册商标43枚,其中争创国家、区、市及县级示范社累计16家,家庭农场累计11家。

【农村产业服务】 加大新型农业经营主体农业特色优势产业发展贷款推荐,分批推荐发展特色优势产业合作社、家庭农场等新型农业经营主体54家,推荐贴息贷款4270万元,实际贷款1600万元。以技术指导、农资供应、测土配方、统防统治、农机作业、信息服务等综合性、一站式服务为基础,加快推进农业社会化服务体系建设。新建凤岭乡李士村、联财镇张楼村农业社会化综合服务站,提升盛源、亨宇农业社会化综合服务站,创建亨宇二星级农业社会化综合服务站,不断拓展服务范围,创新服务方式,提供现代农业产前、产中、产后全程服务。大力推广农业生产托管服务试点工作,组织审定农业生产托管服务组织12家,开展多种托管模式,完成托管服务面积1.3万亩,引领小农户与现代农业发展有机衔接。

【农业执法监管】 按照中央和自治区要求,深化农业综合执法改革，制定《隆德县农业综合执法体制改革方案》，整合组建执法队伍，理顺职责关系，层级职责，加强队伍建设，规范执法事项，全面落实行政执法公示制度、执法全过程记录制度、重大行政执法决定法制审核制度及行政执法责任制，创新执法机制，强化执法保障，着力构建权责明晰、上下贯通、指挥顺畅、运行高效、保障有力的农业综合行政执法体系。围绕重点市场、企业（经销店）、重点品种，切实履行农业综合执法职责，深入开展春秋季农资打假"春雷""绿箭"专项行动，加强农业投入品监管，检查农药、种子、化肥、兽药、饲料等经营企业（门店）364家（次），查处农产品质量和兽药案件4起，抽检农畜产品83份，兽药饲料、化肥14份，检测合格率为100%。加强秸秆禁烧、非法种植毒品源植物执法监管，营造良好的社会发展环境。

【动物防疫】 按照"政府保密度、业务部门保质量"的要求，累计免疫牛羊猪口蹄疫35.95万头（只），猪瘟11.2万头，高致病性禽流感、鸡新城疫33.85万头，小反刍兽疫11.83万只，应免畜禽免疫密度达到了100%。产地检疫畜禽4.19万头（只、羽），检疫申报受检率达100%；屠宰检疫生猪9499头，抽检"瘦肉精"监测1595份，非洲猪瘟检测1637份，合格率达100%。加大狂犬病、布病、人畜共患病防控，紧急开展牛结节皮肤病免疫，加大设卡堵疫力度，强化养殖环节畜禽监管，全力构筑疫情防控安全屏障，保障草畜产业健康发展。

【农机免费管理】 落实农机具购置补贴政策，补贴农机具1059台，受益农户759户。深化农机化免费管理，检验拖拉机联合收割机5700台（辆），审验拖拉机驾驶员1050人，查纠各类违法违章行为94起。创建平安农机示范村10个、示范农机社3个、示范户100户，营造了安全就是最大效益的良好氛围。

【新品种新技术】 以辣椒（亨椒）、番茄（毛粉系列）、茄子（华星大红袍）、黄瓜、甘蓝、娃娃菜等为主导品种，推广水肥一体化、蚯蚓生物、秸秆生物反应堆等优新技术，建成蔬菜新品种新技术展示园区100亩，展示蔬菜新品种10类72个品种，推广生物反应堆技术示范面积300亩。建立马铃薯绿色高质高效技术模式示范基地1200亩，青贮玉米全膜双垄沟侧播技术示范面积720亩，旱作节水农业技术集成创新核心示范区1个、农作物病虫害专业化统防统治及绿色防控示范区1个。继续推进农作物种业提升工程，在沙塘良种场开展国家、自治区各类区域试验、生产试验15组106个品种，建成农作物新品种展示示范区80亩。强化农业技术培训与服务。按照"科教兴农、人才强农、新型职业农民固农"的战略要求，围绕草畜、中药材、冷凉蔬菜及特色种养业，依托高素质农民、农村实用人才等培训，举办高素质农民培训班10期，培训人员480人，完成新型农民培育5期258人，农村实用人才培训4期200人。

科 技

【概况】 2020年，全社会R&D经费投入1800万元，占GDP的比重达到0.56%；技术合同成交额670万元，占GDP的比重达到0.19%；有研发活动的规模以上工业企业占比83%。引导企业加大科技投入，做好企业研发费用加计扣除、企业研发后补助政策的宣传和落实，建立以需求为导向的科研项目申报机制。为进一步壮大隆德县科技型企业队伍，加大科技型中小企业培育力度，科技局围绕科技型中小企业认定申报工作，组织企业参加科技创新政策解读培训，积极开展走访服务。全县现有国家高新技术企业1家，国家科技型企业1家，2020年新申报高新技术企业1家；申报自治区科技型中小企业4家，固原市科技型中小企业10家，申报成功8家。

【科技项目申报】 构建"以需求为导向的项目形成机制"，引导企业挖掘科技项目需求。2020年共征集科技创新需求24项，其中，申报技术创新需求调查17项、重点科技创新需求7项。组织申报固原市2020年研发项目16项，报2020年科技金融专项2项，自治区重点研发项目10项，已评审5项。申报固原市高新技术领域一般科技项目5项，已评审4项，申报固原市研发类科技项目16项。构建"产、学、研"合作机制，促进科技成果转化。引导企业与科研院校通过校企合作、院企合作，签订协议和技术合作等方式积极开展各类科技合作与交流，切实解决企业发展难题与人才需求等问题。借助厦门大学对口帮扶，邀请各类专家、教授赴隆德县开展医疗、法律、中药种植等人才培训19场次共计3060人。

【科技创新平台建设】 隆德县已获批自治区技术创新中心5个，星创天地2家，众创空间1家。2020年成功申报自治区工程技术研究中心1个，新增自治区科技创新中心2个，加强科技人才队伍建设。围绕草畜、中药材、冷凉蔬菜等特色优势产业，落实科技特派员制度，不断壮大科技特派员人才队伍，全县现有在册科技特派员120名，其中，国家级优秀科技特派员1名，国家级劳动模范1人。

【科普宣传和科技服务】 开展各类科普与科技创新宣传。利用科技扶贫下乡和"科技活动周"，借助六盘山道地中药材专家服务基地、"星创空间"等科技宣传服务平台，开展科技进学校、进农村、进机关、进社区，积极普及科技、科普知识，全年开展宣传活动2场次，发放宣传资料5000余份。全年举办"新型经营主体带头人（中药材种植大户）和脱贫带头人培训班"及"自治区科技项目申报培训班"等各类讲座、技术培训班3场次，培训技术人员40人次、药农300人次，开展现场技术咨询、指导15场次，指导与服务1000余人。依托"三区"人才，围绕草畜、蔬菜等特色产业开展科技服务。全年共选派科技特派员55名，创办、领办中药材种植加工营销企业，引进新品种5个，示范推广新技术9项，开展科技培训6场次，培训农民300人次，培育科技示范户150户、产业致富带头人30名。

【中药材特色优势产业】 坚持"建设高原绿岛，打造六盘药库"的思路，采取"企业（新型经营组织）＋科技＋基地＋农户"的模式，开展GAP基地建设和加工企业GMP认证，构筑种植、加工、营销和研发为一体的中药材产业新格局，推动中药材产业高质量发展，使之成为助力脱贫攻坚、乡村振兴、实现农民增收的新引擎。建成联财2000亩义草引种试验种植基地和1000亩芍药、黄芩种植基地，神林1500亩黄芩和3000亩黄芪规范化育苗种植基地，沙塘3000亩中药材试验示范基地（其中金银花、丹参等穴盘种苗移栽试验600亩）等千亩规范化种植基地6个，育苗工厂1个，带动全县中药材规范化种植4万亩。

自然资源

【耕地保护】 落实耕地保护目标责任制，严格实行建设用地占补平衡，形成县、乡、村三级耕地保护体系，构建起数量、质量、生态"三位一体"耕地保护格局，确保全县耕地保有量52.8万亩和永久基本农田42.3万亩的保护目标。按照"一分造，九分管"理念，落实耕地、矿产、林木资源管护制度，加大征占用林地审批、森林防火和林木病虫鼠害防治等工作力度，严厉打击私挖乱砍、偷牧毁林、林区用火等行为，加强护林员队伍建设，全面实行承包管护责任制，确保营造一片、管护一片、成活一片，有效巩固生态林业建设成果。

【自然资源确权登记】 开展第三次全国国土调查、农村宅基地"两权合一"确权登记和河湖岸线确权等工作。"三调"各项技术指标达到标准要求，通过国家验收；完成农村宅基地确权发证37667宗。

【生态修复治理】 完成营造林7.85万亩，其中，人工造林1.85万亩，退化林分改造2.5万亩，补植补造3.5万亩；栽植云杉、樟子松、刺槐、桦树等各类苗木1310万株。完成凤岭乡朱庄河流域生态修复工程，实施陡坎生态修复、湿地生态修复、河堤修复、生态造林8.5公里、516亩，栽植各类苗木148万株。抢抓中央和自治区实施天然林保护、"三北"防护林和400毫米降水线精准造林工程等政策机遇，坚持山、水、林、田、湖、草系统治理，加快生态治理与修复步伐。坚持"科学规划，点面结合，适地适树，造管结合"，多林种、多树种持续推进，建立高效稳定的生态防护林体系和森林生态系统，提高了流域内水土保持和水源涵养能力。

【城乡绿化】 完成28个品种苗木（花草）补植补种29.7242万株，养护乔木41035株、灌木5545株、绿篱10.47万平方米、草坪300.1万平方米。完成312国道县城段绿化带内垂柳栽植230株，渝河路南侧地被菊栽植72亩。在农村房前屋后发展庭院经济97户161.5亩，栽植早酥梨、花椒、红梅杏等果树7270株；完成"312"国道、隆庄、隆张、桃桃、好兴沿线绿化美化1930亩，栽植经果林和草花；完成村庄节点绿化美化600亩，其中13个美丽村庄280亩、44个农村庄点320亩，形成花草搭配、林灌结合、色彩丰富的花草景观线。全面实施乡村振兴战略，推进城乡环境综合整治，按照"科学规划、配套完善、村容整洁、发展产业、乡风文明"的要求，高标准、高质量完成县城和乡村绿化美化工程，坚持挖大坑、栽壮苗、浇透水、重管护，构建环城、环镇、环村、环路、环水、环园林网，不断提升城乡绿化档次和水平，形成布局合理、功能完善、景观优美的生态系统，为城乡居民创造良好的生产生活环境。

【林草产业发展】 通过"政府主导、企业示范带动、合作社和农户参与"模式，积极开展林草引种、试验、驯化，并选择性状相对稳定、适应性较强、前景比较广阔的大果榛子、核桃等树种逐步推广，完成"四个一"林草种植24.96万亩，其中，"一棵树"4万亩、"一株苗"0.2万亩、"一枝花"0.76万亩、"一棵草"20万亩。按照固原市委、市政府关于"四个一"林草产业试验示范工作的决策部署，加强组织领导，强化推进措施，以理念科学化、种植规范化、管理精细化为目标，坚持先行先试，打破传统栽植模式，引进"一棵树、一枝花、一株苗、一棵草"新品种，扎实有效地推进试验示范点建设，着力提升产业发展质量。按照"公司+合作社+基地+农户"的模式，积极发展特色经果林和林下经济，优先使用贫困户苗木和劳力，加快脱贫攻坚步伐。

【空气环境质量】 全县环境空气质量优良天数比例达到98.9%，PM10和PM2.5平均浓度分别达到$35\mu g/m^3$和$15\mu g/m^3$，综合指数连续多年位列全区前列。

【水环境质量】 2020年均达到Ⅱ类标准，高于国家Ⅲ类考核要求1个标准，渝河水质一直保持稳定并持续向好发展。峰台区控监测点位水质平均达到Ⅱ类标准，高于国家Ⅲ类考核要求1个标准；4个集中式饮用水源地水质优良率达到100%。连续多年保持土壤环境不受污染。

【蓝天碧水净土行动】 按照"土不下山、泥不出沟"的治理原则，聚焦"五水同治"，系统推进水污染防治、水生态保护和水资源项目建设。2020年，争取专项资金1740万元实施隆德县农村饮用水源地环境治理和规范化建设工程、隆德县六盘山工业园区一期排污管网建设项目和县城集中式饮用水源地水质自动监测站建设项目等水污染防治项目。推进工业污染防治、城镇生活污水治理、排污口监管等工作，切实保障水生态环境安全。严格执行《隆德县打赢蓝天保卫战三年行动计划》，推进"四尘"治理，县城建成区内严禁新建35蒸吨/小时以下燃煤锅炉，其他地区严禁新建10蒸吨/小时以下燃煤锅炉；对注册登记的12家散煤销售网点煤质进行全面抽检12批次，合格率为100%。严格落实建筑施工工地"6个100%"抑尘措施，新增建筑工地5处、拆迁工地1处，累计巡查检查工地80余次；继续推广"以克论净"精细化管理，积极争取中央专项资金574万元，采购多功能清扫车和喷雾降尘车各4辆，运用"机械深度洗扫+人工即时保洁"的环卫工作机制，机械化清扫面积达78万平方米，道路清扫保洁工作常态化管理；全面推进移动源污染防治，印发《隆德县非道路移动机械摸底调查和编码登记工作实施方案》，完成非道路移动机械编码登记工作；制定《隆德县重型车辆绕城行驶方案》；划定重型车辆绕城行驶路线，继续推进老旧车辆淘汰工作，淘汰老旧车辆81辆。投资500万元建设完成隆德县六盘山工业园区固废贮存处置场，实现工业园区一般工业固废规范化处置。

水 利

【概况】 2020年规划总投资26899万元，其中2020年投资23042万元，已完成投资18637万元。2020年新增自来水入户236户，全县饮水安全覆盖率达到100%，自来水普及率达到100%，农村自来水入户率达到99.9%，建档立卡户自来水入户率达到100%，供水保证率在95%以上，水质达标率在90%以上。更换智能物联网水表13746户，进一步提升全县"互联网+人饮"管理水平，为全县群众提供更加便捷的用水服务。2020年新增水土流失治理面积51.23平方公里，治理小流域面积15平方公里；全县水土流失治理面积达到485平方公里，治理程度达到78.2%。隆德县渝河被水利部确定为全国17个示范河湖建设试点河湖之一，并于11月11日通过水利部验收，为全区乃至全国河湖治理提供"隆德经验"和"渝河样板"。国务院办公厅5月8日发布通报指出：隆德县河长制湖长制工作推进力度大，河湖管理保护成效明显，在2020年安排中央财政水利发展资金时适当倾斜，给予1000万元奖励，用于河长制湖长制及河湖管理保护工作。宁夏回族自治区河长办于7月6日发文，将隆德县河湖长制工作作为典型经验在全区推广。深化小型水库管理体制改革示范县创建成效明显，7月9日水利部验收组对创建工作进行验收，验收组对隆德县创建工作给予高度评价并通过验收；水利部办公厅8月13日函文通报隆德县桃山水厂被评定为2020年度全国农村供水规范化水厂，为全国农村水厂规范化建设管理提供了样板。

【水利基础设施建设】 重点水利水保项目建设有序推进并按期完成。坚持防疫复工两不误，按照全县2020年项目建设挂图作战时间推进表有序推进，完成隆德县余家峡水库工程、隆德县城区供水管网改造二期工程等11个单项工程，总投资达到23042万元。

【河长工作制】 深入推进河长制工作保河畅、岸绿、水清。以渝河示范河湖建设为契机，坚持多元共治、三级联管，河道岸线治理、水污染治理效果明显。全县7条主要河流水质均稳定达到Ⅲ类以上，国控渝河峰台段源头断面水质达到Ⅱ类标准、联财恒光出境断面水质达到Ⅲ类标准，高于国家规定的Ⅳ类标准。

【饮水安全】 以脱贫攻坚"四查四补"为契机，进一步加强农村饮水安全工程运行管理，农村供水保证率在95%以上，自来水入户率在99.9%以上（新分户及遣返户根据需求，按照自来水改造项目进行通水）。农村水厂及水源地水质实行月检制，农户水井水质实行年检制，水质检测报告按时送达村委会公示，保障农村群众吃上"干净、卫生、放心"的自来水。

【防汛抗旱】 筑牢水旱灾害防御根基保安全度汛。严格落实水旱灾害防御责任，逐库逐坝落实行政责任人、技术责任人和巡查责任人，责任层层压实，确保各个环节有人抓、落得实。制定库坝隐患排查台账，制定整改措施，落实资金206.98万元，对30座水库进行维修养护。编制完成40座小型水库运用调度方案，对防洪运用标准和各种控制运用水位、防洪调度方式进行合理确定，明确超标准洪水防御应急措施，确保防汛蓄水两不误。

城乡建设

【概况】 坚持以人民为中心的发展思想，担当新使命、展现新作为，聚焦扛起先行区建设时代重任，聚焦做好"六稳"工作，落实"六保"工作任务，推进以人为核心的城镇化，完善农村基础设施建设，为建设黄河流域生态保护和高质量发展先行区、继续建设经济繁荣民族团结环境优美人民富裕美丽新宁夏做出隆德贡献。2020年8月和12月，隆德县分别被住建部评为"全国农村垃圾分类和资源化利用示范县"和"全国污水处理示范县"。

【疫情防控】 为积极应对新冠疫情防控严峻形势，根据隆德县医疗资源实际情况，住建局主动履职，承建总建筑面积为466平方米的县医院隔离病房，将沙塘公租房144套房屋改造成紧急隔离点，修建隆张路、隆庄路、312国道毛家沟等五处县城主要道路防疫监测点，为神林乡服务区监测点修建卫生厕所2座，在各监测点配备桌椅、修建卫生间等配套设施，为金东宾馆、龙城酒店以及润济宾馆等隔离点的外围修建隔离通道。为县污水处理厂配备防护服30套、护目镜10个、口罩800个及消毒液1吨，增加对出水水质检测频次，增加消毒试剂投加量，保障污水处理厂出水水质达到一级A排放标准；为供热公司捐赠护目镜及洗手液、测温仪35个、84消毒液2500斤、口罩1200个、防护服4套，协调供热公司运煤人员集中体检，办理县城出入证；为帮扶村温堡乡新庄村和温堡乡先后筹集口罩9240个、棉大衣120件，为新庄村监测点配发水壶、电暖器等生活必备物资5套。

【老旧小区改造】 贯彻落实《关于全面推进城镇老旧小区改造工作的指导意见》文件，全面推进城镇老旧小区改造工作，推动惠民生扩内需，促进经济高质量发展。2020年对西海子、原工行、淀粉厂3个老旧小区进行改造，实施屋面维修、路面整修、外墙保温、下水道清淤等工作，老旧小区改造已经全面完成。

【城市基础设施】 对龙城世家A区、B区沿文化街、宁安路路边建筑屋顶进行改造，通过改造，达到"青砖黛瓦白墙，翘角飞檐古朴"目标，使其符合隆德县城市总体规划和老城区街区特色；实施武装部营院围墙等改造项目，拆除及恢复围墙126平方米，路面、坡道拆除及维修40.4米，工程已全面竣工；实施三山公园彩色道路及健身广场维修工程，铺装人行道180平方米，更换维修路沿石560米，修补破损景观石及彩色步行台阶等，工程已全面竣工；用沥青混凝土修补红崖社区东侧公路、加油站出入口等共计2600平方米，工程已全面竣工。

【污水检测】 强化县污水处理厂水质监测力度。县污水处理厂采用A2/O工艺加药絮凝处理工艺，日均进水量达到7000立方米，县污水处理厂各项监测指标均能达到《城镇污水处理厂污染物排放标准》（GB18918-2002）一级A标准限值的要求。固原市生态环境局监测站、县生态环境局聘请第三方机构、宁夏善水环境水务有限公司每月分别对污水处理厂出水水质进行检测，出具检测报告，确保出水水质稳定达到一级A标准。

【污水治理】 将污水收集管网建设作为补短板的重中之重，合理规划污水收集管网，确保污水收集能力。主要采取"集中+分散"的方式，根据各村地理位置，因地制宜、因村因户施策，分类治理农村生活污水。对距县城较近的陈靳乡清凉村、新兴村敷设污水管网11公里，实施隆德县六盘山工业园区一期排污管网建设项目，敷设管网2.3公里，将沿线城关镇峰台村、三合村生活污水集中收集在县污水处理厂处理；为联财镇联财村、观庄乡石庙村、大庄村，温堡乡杜堡村4个村敷设污水管网40公里，就近纳入乡镇污水处理站处理。在人口相对集中、条件较好的联财镇赵楼村、张楼村，观庄乡田川村，好水乡红星村，张程乡张程村5个村庄采用A2/O+MBR工艺全地埋式一体化方式，建设污水一体化处理设备。在奠安乡景林村、温堡乡吴沟村、沙塘镇清泉村、观庄乡石庙村、杨河乡串河村、张程乡桃园村、马儿岔村、五龙村，陈靳乡民联村，联财镇恒光村、张楼村等11个村敷设排污管网，配建75立方米大型化粪池进行集中收集处理。对温堡乡、杨河乡、张程乡等居住分散的农户，结合农村水冲式卫生厕所改造，为每户建设单独的三格化粪池，配备吸污车定期清运。已建成神林乡污水处理站、联财镇污水处理站、温堡乡污水处理站、杨河乡污水处理站、观庄乡污水处理站5个乡镇级污水处理站和赵楼村、田川村2个村级污水处理站，在充分考虑农村居民生活污水水量和水质变化的同时，兼顾畜禽养殖、乡村旅游等相关产业产生的污水水量和水质变化，确定经济合理的建设规模。联财镇、观庄乡、温堡乡和杨河乡污水处理站，受到居住人口、养殖业的影响，采用MBR（地埋式一体化）处理工艺，处理能力为500立方米/天；神林乡污水处理站，采用MBR处理工艺，处理能力为300立方米/天。结合美丽小城镇建设，修建凤岭乡、张楼村污水处理站，年底投入使用，使农村生活污水治理与水环境治理、生态环境改善等有效衔接。

【改厕工作】 结合污水管网敷设工作，大力推进农村卫生厕所改造工作，制定《关于印发隆德县2020年农村水冲式卫生厕所改造实施方案的通知》（隆政办发〔2020〕22号）文件，确定室内一体式、室内隔断式、室内外联通式3000户改厕任务，由住建局牵头，农业农村局负责城关镇、沙塘镇、陈靳乡、奠安乡、温堡乡、凤岭乡6个乡镇的水冲式厕所改造工作，住建局负责神林乡、杨河乡、张程乡、好水乡、联财镇、观庄乡、山河乡7个乡镇的水冲式厕所改造工作。

【精准扶贫户住房改造】 为确保2020年6月前既有增量危房全部改造完成、新增危房动态清零，确保决战决胜脱贫攻坚"两不愁三保障"贫困群众住房安全有保障目标实现，经排查，全县有45户农户安全住房存在问题，需新建或加固维修。5月底，45户安全住房新建和维修加固已全部竣工；6月15日达到入住条件，已组织人社、审计、扶贫等相关部门对经各乡镇自验的住房进行验收，县人民政府将拨付资金179.3万元对已验收的房屋兑付资金。建设抗震宜居住房33户，其中，好水乡建设10户、城关镇建设23户；县危房改造领导小组办公室下发《关于全县抗震宜居农房改造建设验收的通知》，组织审计、财政、自然资源等部门人员对好水乡、城关镇自验后的房屋进行验收。

【农村人居环境整治】 结合城乡人居环境整治百日攻坚行动，督促各包抓部门、各乡镇深入开展村庄清洁行动，做好村庄"五清两改一绿化"工作，明确农户房前屋后"三包"责任，对各乡镇村内街巷及路边、河边、田边、坑塘沟渠等进行环境卫生整治。累计投入人力4.9万人次，机械4383台次，清理生活垃圾5995.5吨，清理村庄沟渠1037条，清理乱堆乱放6045.8吨。落实网格化管理体系，根据人员变动，各乡镇及时对三级网格保洁人员进行调整，并将调整后的花名册上报县城乡环境综合整治领导小组办公室。进一步明确网格清扫保洁"无生活垃圾、无污水倾倒、无黑臭水体、无乱贴乱画、无乱堆乱放、无乱搭乱建"的"六无"标准，做到垃圾日产日清。结合县电视台"直击现场"栏目，对农村环境卫生网格化管理工作中出现的垃圾乱堆、污水乱倒等不文明现象进行曝光。2020年，县农村环境卫生网格化管理领导小组办公室共检查督查8次，下发《网格化管理通报》8份，13个乡镇处罚二级网格长8人共800元，通报批评二级网格长6人，约谈二级网格长1人；考核奖励保洁人员390人31754元，处罚362人26836元，通报121人（其中护林员24人、公益性岗位94人，其他保洁员3人），辞退公益性岗位保洁员10人。

【农村生活垃圾分类和资源化利用】 2020年8月21日隆德县被住建部评为"全国垃圾分类和资源化利用示范县"。住建局牵头制定《隆德县城乡垃圾分类和资源化利用实施方案》，探索建立"两次六分、四级联动"治理模式，99个行政村划定三级保洁网格1247个，聘用乡村保洁员1334名，投入资金1000万元，在观庄乡前庄村、凤岭乡李士村等6个村建立垃圾分类收集点，全县配备分类垃圾桶2400个。坚持"因地制宜、分类推进"原则，根据全县乡镇、村组布局，科学化、合理化设置硬件设备，从农户—行政村—乡镇—县城，统筹设置大小远近适中的垃圾回收、存放、分选、加工、处理设施和容量功能匹配的收集、转运设备，为城关镇、陈靳乡等7个乡镇配备3立方米环保垃圾箱650个，购置大型压缩车2辆、小钩臂车8辆、三轮车12辆。县城市公共服务中心根据各乡镇区域村庄分布、回收量等情况，合理规划垃圾收运路线，每天出动垃圾收运人员30余人，车辆20余辆，收运处置生活垃圾16400吨，农村生活垃圾进行收运的行政村比例达到100%。

【小城镇建设】 抓好张程小城镇建设，完成交通路网、外立面改造、排水管网等项目建设，大力整合环境整治等项目资金，构建基础设施长效管护运行机制，推进小城镇基础设施提档升级，打造示范小城镇。张程小城镇完成通信管网敷设、电力通信管线、乡政府外立面改造及道路、人行道铺设硬化工程。

【美丽乡村建设】 建设恒光、杜堡等7个美丽村庄，在原有规模基础上有序改造提升，推进村庄道路建设，合理设置村庄照明设施，大力实施绿化美化、敷设排水管网等工程，美丽村庄建设全面完成。

【房地产市场发展】 现有房地产开发企业10家，其中，隆德县房地产开发企业2家，均为三级资质；外县房地产开发企业8家，二级资质1家、三级资质6家。房地产市场处于相对平稳上升的发展时期，各类楼盘销售情况良好，2020年，一手房交易288套。其中，住宅交易205套，交易面积2.35万平方米，交易总额8954万元；商服交易83套，交易面积1.55万平方米，交易总额11267万元。二手房交易170套，1.59万平方米。其中，住宅交易145套，交易面积1.35万平方米，交易总额4164万元；商服交易24套，交易面积0.22万平方米，交易总额1252万元。租赁房屋备案54件。在做好疫情防控的同时，精心谋划经济发展，制定《隆德县建筑施工领域开（复）工工作方案》，有序安排重点项目按期开（复）工，确保房地产项目安全生产有序进行。房地产续建项目3个，山水陇庭总投资2亿元，建筑面积4.6万平方米，主体建设已完成，进入室内外粉刷阶段；隆兴明瑞花园总投资5亿元，建筑面积9.8万平方米，2幢商铺正在进行主体建设，其他楼体主体已完成，进入室内外粉刷阶段；南凤嘉园二期建设项目，新开工3幢11层，主体已建成，正在进行基础设施建设。

【规范房地产开发经营】 结合扫黑除恶专项斗争，切实整顿和规范房地产开发企业，严厉打击侵害群众利益违法违规行为，制定《隆德县2020年整顿规范房地产市场秩序实施方案》《隆德县建筑市场和房地产市场领域扫黑除恶专项斗争集中整治实施方案》，组织全县10家房地产开发企业、4家中介机构、15家物业服务企业召开了专题会议，对整顿和规范房地产市场秩序工作进行统一部署。开展房地产市场专项检查4次，各房地产开发企业均能规范开发经营，按预售许可批准的范围预售房屋，未发布虚假广告、诱导欺骗消费者，不存在虚假房源价格信息、恶意炒作、哄抬房价、扰乱市场秩序、合同欺诈、非法集资等违法违规行为。在隆德县城规划区内进行房地产开发经营、从事新建商品房预售、新建商品房销售和存量房销售的房地产开发企业，均可通过隆德房产资源网进行签约、备案，实行网上审批业务。

【物业服务管理】 隆德城现有住宅3049幢，17680户，建筑面积160.73万平方米，其中成套住宅664幢，17268户，建筑面积150.70万平方米。现有物业服务企业15家，物业从业人员308人，管理25个住宅小区，12425户，建筑面积100.3万平方米。2020年初，县住建局物业办会同巡防大队对全县25个住宅小区电梯、二次供水及地下空间等共用部位开展重点督查，对中央名都、御景鸿府廉租住房小区物业企业下发整改通知单，要求企业对楼梯卫生差、机动车辆乱停乱放等问题进行限期整改。通过专项整治、奖优罚劣，物业服务行为明显规范，物业服务纠纷明显减少。物业服务企业签订目标管理责任书25份，发放《不参与非法集资承诺书》50份。开展消防安全、环境卫生专项检查4次，在各个小区标注消防通道和消防标志。加强投诉办理。物业管理办公室及时介入调处物业管理过程中出现的矛盾纠纷，并聘请法律顾问，签订了长期合同，依法依规解决问题，切实维护业主权益和社会稳定，共解决各类纠纷投诉50起。

【公共租赁住房审核】 为进一步建立健全公平、公正、公开的公共租赁住房动态管理机制，规范隆德县公共租赁住房档案管理工作，对全县6352套公租房住户档案进行全面审核，清退不符合保障条件的住户，6352套公租房住户信息已经全部登记结束。

【工程质量监管】 2020年监督新建、续建房屋建筑工程及市政基础设施工程62项，总建筑面积20.78万平方米，受理特殊建设工程消防设计审查申请受理凭证10份，办理建设工程验收消防备案复查意见书8份，办理建设工程消防验收意见书6份，建设工程验收消防备案抽查率达100%，验收合格率达100%。评选宁夏兴宇绿色粗粮建设项目办公楼、宁夏兴宇绿色粗粮建设项目粗粮加工车间、隆德县人民医院综合楼三个单体建设工程为固原市"六盘杯"。坚持"安全第一、预防为主、综合治理"方针，同各建筑施工企业签订了《建筑工程安全生产目标责任书》《隆德县建筑工地扬尘治理目标责任书》各30份，共检查30个建筑工地，发现安全隐患18项，下发建设工程质量安全整改通知书19份、工程质量安全停工通知书4份、项目经理（建造师）不良行为扣分通知书4份。对未到岗履职的项目经理下发不良行为扣分通知书4份。宁夏吉兴建筑工程有限责任公司项目经理扣信用分3分，宁夏常博建设发展有限公司项目经理扣信用分3分，宁夏英利达建筑工程有限公司项目经理扣信用分9分，宁夏华瑞星建筑景观工程有限公司项目经理扣信用分9分。

交通运输

【项目建设概况】 新（改）建7条80.9公里农村公路，实施城乡客运一体化及安全生命防护工程建设项目，总投资2.78亿元。

【好兴公路】 好兴公路隆德段全长23公里，计划总投资1.5亿元，按二级公路技术标准建设，分两个标段实施，一标段9.5公里、二标段13.05公里，于2019年3月初开工建设，6月底全部建成通车。

【S313线新庄至杨坡（宁甘界）段公路改建项目】 S313线新庄至杨坡（宁甘界）段公路（隆威公路）全长19公里，计划总投资5800万元，设计路基宽7.5米、路面宽6.5米，按三级沥青公路技术标准建设，于5月中旬完成招投标并开工建设，10月底建成通车。

【农村公路建设项目】 新建农村公路5条38.9公里，计划总投资4000万元，均按四级水泥公路技术标准建设。其中，野鸡岘至观堡公路6.9公里、杨家磨至谢寨公路10.2公里、中梁三组至红堡三组公路3公里、冯碑八组至李士一组公路13.2公里、前庄至后庄公路5.6公里。于4月中旬陆续开工建设，10月30日前全部建成通车。

【城乡客运一体化建设项目】 新建一座1256.5平方米车辆检测中心，购置公交智能化4G视频网络监控系统及机动车检测设备，建设新能源公交车充电识别系统2套、240kW充电桩10台，对渝河农村客运停车场、公交车停车场进行绿化、改造、翻修，投资1585万元。

【安全生命防护工程建设项目】 新建丰台至宋湾等26条农村公路安全生命防护工程，安装连续式防护装置（波形护栏）49.55公里，投资1405万元，于3月份开工建设，6月底全部建成投入使用。

【农村公路养护】 按照农村公路实际情况，对养护工程分两批实施。先后完成隆张公路K19+340处挡土墙应急抢修、唐通公路K3+900处的护坡处治、张公路边沟维修、三穆公路路面维修等工程，维修城郊、凤岭公路站及路面坑槽修补等养护工程。日常养护整修路肩边坡8.3万米，清理边沟4.1万米，清理塌方1.6万立方米，疏通涵洞淤塞1300立方米，清除路面及两侧堆积物350处共3100立方米，路面灌缝865平方米。

【路域环境整治】 对县乡道路共计231公里进行全面整治（其中省、县道3条106公里，乡道15条125公里），主要从修补路面病害、清理边沟、整修路肩和边坡三个方面开展整治工作。其中，县省道路路面病害修补5100平方米，清理边沟46公里，整修路肩边坡及清除杂草52公里，路面病害维修3000多平方米。乡道边沟清理完成20条18公里，路面病害维修5000多平方米。

【水毁维修工程】 投入1500多万元，对农村公路较为严重的水毁路段进行及时抢修，主要对隆张、隆泾、张联、桃沙、神杨等农村公路76处水毁路段进行修复，消除了水毁带来的安全隐患。

【农村公路路政管理】 加强路政管理，结合全县法治宣传活动，发放路政管理、超限超载治理传单500多份，刷写墙体标语480平方米；依法审批"挖掘公路埋设管线"涉路工程4项；严查侵害公路违法行为，查处纠正各类路政案件41件，清除路障15处77平方米，路政案件查处率达100%。

【道路运输管理】 按照"管行业必须管安全、管业务必须管安全、管生产经营必须管安全"和"谁主管、谁负责"的原则，构建起"党政同责、一岗双责、齐抓共管、失职追责"的责任体系。督促落实企业主体责任，严格落实全员岗位责任，着力构建企业风险管理和隐患排查治理机制，大力推动企业安全生产标准化建设。监督企业落实动态监控主体责任，保持车辆运行实时在线，确保动态监管与运输监管的有机融合。开展"打非治违""警运联动"等专项整治活动，对重点区域、地段采取灵活多变稽查方式，加大对违法违规车辆查处力度。建立落实年度安全生产监督检查计划，确定重点监管领域和监管对象，严格执法内容和程序，强化突击检查和日常督查，依法依规严厉打击安全生产违法行为，确保全县道路运输安全生产形势总体平稳，无安全生产责任事故发生。

【交通扶贫】 开展脱贫攻坚"四查四补"工作，制定《交通运输局关于全面开展脱贫攻坚"四查四补"大普查工作实施方案》，按照任务分工，全面开展查损补失、查漏补缺，巩固交通扶贫成果。全县13个乡镇、99个行政村全部通沥青水泥公路，全县行政村、自然村通硬化路率均达到100%。全县农村客运车91辆，线路33条；城乡公交72辆，线路19条，行政村通客车率达到100%。同时，为进一步方便群众出行，先后在全县99个行政村开通了"全微通"农村客运服务平台，进一步保障了群众出行需求。

【疫情防控】 交通局以"保运保通保畅"为目标，强化联防联控，把保障交通物流运输畅通和交通秩序恢复各项工作做实做细，为疫情防控和经济社会发展"交通先行"提供有力交通运输保障。制定下发《隆德县交通运输局新型冠状病毒感染的肺炎联防联控实施方案的通知》《关于做好新型冠状病毒感染的肺炎疫情联防联控工作的通知》等文件。共设置查验点8处，其中，高速公路收费站1处、普通国省干线2处、农村公路5处，并在每个防控点均设置减速带，确保人员车辆安全。县交通运输系统协调固原公路执法分局、隆德高速公路收费站、县运管所、公路段共计抽调一线执法人员55人，与县公安局、卫健局、交警大队、市场监督管理局、农业农村局等单位抽调人员组成联防联控检测组，24小时对进入隆德境内的车辆、人员、活禽活畜等进行检测（测体温、消毒）。加大应急物资保障力度，全力做好防控工作。抽调10辆公交车、11辆皮卡车、3辆公务车随时待命，确保联防联控工作顺利开展。

精准扶贫

【组织领导】 持续强化责任落实，保持攻坚态势不减。始终将脱贫攻坚作为第一民生工程，不断健全和完善体制机制，切实压实脱贫攻坚责任。严格落实"中央统筹、省负总责、市县抓落实"和"五级书记抓扶贫"的要求，制定下发《2020年脱贫攻坚责任书》，全面压实乡镇、部门脱贫攻坚责任。11个县级专项工作组各负其责，持续发力推进脱贫攻坚工作。严格落实"五级书记遍访贫困对象"要求，县乡村三级书记遍访贫困对象全覆盖，县委常委会、县政府常务会、县扶贫开发领导小组会、县长办公会专题研究脱贫攻坚工作40余次，全面促进脱贫攻坚责任落实。

【精准帮扶】 严格落实"321"包扶责任（县级领导联乡联村最少包扶3户贫困户、部门联村科级干部最少包扶2户贫困户、一般党员干部最少包扶1户贫困户，且每个责任人包扶不超过5户），全县2761名干部帮扶贫困户全覆盖，各帮扶单位共落实帮扶资金5957.1万元，全部用于贫困户产业发展和农村基础设施巩固提升，帮扶工作群众满意度达到99.8%。不断强化扶贫队伍管理，调整第一书记和驻村工作队员40人，严格落实第一书记考勤考核制度，切实压实帮扶责任。

【闽宁协作】 紧盯闽宁两省区2020年扶贫协作协议、闽隆两县对口帮扶框架协议、闽宁第24次联席会议等确定的目标任务，不断拓宽领域、创新模式，不断加强合作交流，两县党政领导开展互访交流31次。争取项目资金4560万元，以产业合作、劳务协作、携手奔小康为重点，组织实施项目10类15项35个，巩固提升闽宁示范村6个、培育特色产业园区3个、扶持壮大村集体经济组织6个、贫困村基础设施巩固提升及产业培育7个、新建农村扶贫车间7个。闽宁协作已从单纯的政府援助发展为多层次、宽领域、全方位的协作，成为东西部扶贫协作和对口支援的成功典范。2020年7月3日，中共中央宣传部授予闽宁对口扶贫协作援宁群体"时代楷模"称号。

【中央单位定点扶贫】 厦门大学按照"群众所需、厦大所能"的原则，主动融入闽宁协作大局，充分发挥自身优势，投入帮扶资金2744.8万元，不断加大智力产业扶贫、医疗扶贫、消费扶贫等方面的扶持，推进园区建设、公共服务设施建设等方面取得新突破，定点帮扶扎实推进、成效显著。

【党建促脱贫】 牢固树立"围绕扶贫抓党建、抓好党建促脱贫"理念，不断健全组织体系、建强骨干队伍、创新工作载体、完善制度机制，以实施"6322"工程为重点，培养、储备村级后备干部264名，确保每个行政村有2~3名年轻储备干部。采取"走出去"与"请进来"相结合的方式，做到第一书记、帮扶责任人、村干部培训全覆盖。

扎实开展"双评双定"活动，落实"两学一做"学习教育常态化制度化，巩固"不忘初心、牢记使命"主题教育成果，开展"担当新使命、展现新作为"学习实践活动，利用"三会一课"、主题党日等，积极教育引导农村党员深学实做、以学促做、知行合一，在脱贫攻坚一线当先锋。加强致富带头人队伍建设，围绕特色产业，发展壮大农村致富带头人1051人，带动2532户贫困户发展产业，实现稳定脱贫。

【产业扶持】 将产业作为巩固脱贫成果的根本抓手，制定《关于进一步规范产业扶贫补贴政策完善减贫带贫机制的实施意见》《隆德县2020年产业振兴工作方案》等政策文件，按照"因地制宜、因势利导、科学规划、合理布局"的原则，扶持建档立卡户种植冷凉蔬菜3196亩、中药材586亩、玉米5.58万亩、马铃薯9372亩、豆类5130亩，补栏基础母牛1112头、二元母猪548头、养蜂1583箱，进一步夯实贫困户产业基础。

【产业示范带动工程】 持续推进"四个一"示范带动工程，2020年培育产业示范村10个、龙头企业10家、专业合作社10家、家庭农场10家、致富带头人150名，全县产业示范村达31个、龙头企业达19家、专业合作社达36家、致富带头人达1051名，辐射带动全县肉牛饲养量达8.5万头，种植大田中药材3万亩，种植蔬菜4万亩，全县8942户贫困户通过发展产业脱贫致富，特色产业对农民增收的贡献率在38%以上。

【就业扶贫】 克服疫情影响，推进复工复产，建立稳岗补贴机制，新建农村扶贫车间10个，全县扶贫车间数量达49个，带动1410名农村劳动力在家门口稳定就业，其中贫困户560人；累计安排3088名农村劳动力在公益性岗位和生态护林员岗位上就业增收。完成各类培训6560人，组织贫困户劳动力跨地区和就近就业14374人，其中，省外务工2269人，区内县外5053人，县内务工7052人，完成2019年任务12541人的114.6%。

【金融扶贫】 落实"两免一贴一保"的金融扶持工程，完成小额信贷2.05亿，累计为贫困户发放金融扶贫贷款8.03亿元，存量贷款3.16亿元，切实解决贫困户发展产业资金短缺难题。落实"扶贫保"政策，实现贫困户大病补充医疗保险、家庭意外伤害保险、产业保险等"扶贫保"全覆盖，发展致富零风险。

【移民搬迁】 制定《隆德县"十三五"易地扶贫搬迁产业发展方案》，加大移民产业、就业等扶持力度。建立"村集体＋移民"的产业发展模式，通过村集体收益分红，带动182户"十三五"移民稳定发展。通过商品住房补贴、廉租住房补贴等方式，解决44户"十二五"劳务移民"多代多人"住房困难问题，全面完成"十二五"县外劳务移民土地确权。

【提升社会保障能力】 以教育扶贫、健康扶贫、社会救助为抓手，积极探索，不断创新，健全完善救助体系，提升社会救助能力。持续加大控辍保学力度，落实各级各类教育扶贫政策，实现6105名贫困户家庭学生教育资助全覆盖，全县适龄儿童义务教育入学率和巩固率均达到100%，未出现因贫辍学学生。全面落实"一降一高四个全覆盖"、先诊疗后付费等健康扶贫政策，深化家庭医生签约服务、上门跟踪体检等措施，加大医疗救助力度及商业健康保险兜底，确保贫困人口年度住院医疗费用实际报销比例不低于90%，或当年住院自付医疗费用累计不超过5000元，有效减轻贫困户就医负担。加大医疗保险征缴力度，全县建档立卡贫困户基本医疗保险参保率达100%。推进农村低保制度与扶贫政策有效衔接，建成全区第一家综合性残疾人托养中心和3个乡级残疾人托养机构，共托养残疾人208人。成立残疾人电商创业协会，通过"入股分红"模式带动特困残疾人脱贫。建立"一认定双保障多兜底"机制，通过产业带动、金融扶持、社会保障等多种方式，保障双保障兜底户107户284人。通过农村敬老院、老饭桌等，妥善安置617名建档立卡特殊人员。

【提升公共服务水平】 制定《隆德县2020年脱贫攻坚补短板项目实施方案》，对照"两不愁三保障"要求，采取"扶贫专项资金＋行业部门整合资金"相结合的模式，投入资金8169.80万元，全面实施脱贫攻坚补短板项目，进一步完善农村基础设施、壮大村集体经济、提升公共服务能力和改善农村人居环境。全县99个行政村文化广场、电商服务中心、文化体育设施、标准化卫生室、经济合作组织等基本公共服务配备齐全，网络宽带、自然村通讯信号、广播电视户户通等全覆盖。

【贫困户识别】 持续深化"四个10户"精准识别比对机制，在全县精准摸排因疫情影响存在致贫风险的边缘户129户497人、有返贫风险的监测户110户401人、未脱贫户49户163人，制定《隆德县"三类人群"精准扶持方案》，因户因人精准施策，对其在疫情防控期间的生产生活情况进行实时监测，全面落实产业、就业、低保、医疗等扶持政策，确保不落一户、不少一人。49户163人未脱贫户收入全部达标，稳定实现"两不愁三保障"及饮水安全，117户448人边缘户和100户351人监测户消除致贫返贫风险。剩余12户49人边缘户和10户50人监测户因自身发展力不足尚未消除风险。

【开展"四查四补"】 制定《隆德县关于全面开展脱贫攻坚"四查四补"大普查实施方案》《隆德县"大干100天"坚决打赢脱贫攻坚战实施方案》，围绕疫情，对外出务工返乡人员和移民就业情况的影响、农村环境综合整治、扶贫政策落实等33个方面开展查损补失、查漏补缺、查短补齐和查弱补强。在各乡镇、部门开展自查自纠的基础上，在全县抽调340名综合素质高、业务能力强的干部，组成4个专项普查组，由4名县级领导担任组长，按照"县不漏乡、乡不漏村、村不漏户、户不漏人"的原则，全面开展大普查及自查自纠工作。共排查整改农产品滞销、基础牧畜补栏慢、扶贫手册更新不及时等方面的问题6343个，进一步巩固提升脱贫攻坚成果。

【消费扶贫】 制定《隆德县深入开展消费扶贫助力打赢打好脱贫攻坚战的实施方案》，开展"消费扶贫月"活动，印发"百企参与万人同行"消费扶贫行动倡议书，发动全社会积极参与消费扶贫。组织认定消费扶贫企业21家，认证消费扶贫产品108个，对进入全国消费扶贫产品目录的产品（中药材、米面、禽畜肉蛋及苜蓿等），通过"扶贫832消费平台""电商平台"、广东东西部扶贫协作产品交易市场（宁夏馆）和银川市贵州大厦中国消费扶贫宁夏馆进行销售，发挥闽宁协作优势，建成闽侯县闽宁协作农特馆和厦门大学精准帮扶特色产品直营中心，共完成销售额1.78亿元，其中，认定产品销售额1.24亿元。

【扶贫资金监管】 制定《隆德县统筹整合使用财政涉农资金实施方案》，在因需而整的前提下共整合涉农扶贫资金31335万元，支付30185.34万元，支付率达96.33%。落实扶贫资金支付月通报制，扶贫专项资金支付率达97.79%。落实"三级审核、三级备案、一个平台监管"的"331"信息公开机制，扶贫项目、资金公示公告率达100%。紧盯中央及自治区巡视反馈的共性和个性问题，照单全收、举一反三，按照"责任到领导、责任到部门、责任到人"的原则，制定整改方案，建立问题、责任、时限"三个清单"，细化落实整改措施，开展整改落实，所有问题全部高质量整改到位。开展历年反馈问题整改"回头看"，确保各类问题全面销号、整改到位、不留死角。

【扶贫扶志】 持续提升贫困户内生动力。常态化开展农村劳动力技能培训、职业教育和创业培训等，增强贫困农户脱贫本领。充分利用"八小时"以外的早晚时间，通过新时代文明实践中心、微信公众号、新闻媒体等多种平台，宣讲脱贫政策，宣传法律知识，倾听群众心声，强化贫困群众脱贫光荣意识，培养农民自觉学法、守法的意识。扎实开展"法治扶贫"，评选表彰"光荣脱贫户""致富光荣户""优秀致富带头人"，通过新时代文明实践中心、讲习所传达党的声音，传授致富技能，进一步激发群众脱贫致富内生动力。

产业发展

【投资项目建设】 发挥重点项目对经济社会发展的支撑和拉动作用，全年谋划基本建设项目84项，总投资32.5亿元，其中，城乡供水工程县城段至好水段连通工程等75项已完工，累计完成投资22.3亿元，总体形象进度达到96%。千峰兔业养殖园区建设项目等30项列入自治区重大项目，完成投资3.2亿元；县残疾人康复中心等20项列入市级工业重点项目，完成投资8.8亿元；园区四期建设项目等3项列入全市高质量发展重点项目，完成投资2.23亿元。创建、实施的隆德县中药材国家农村产业融合发展示范园项目被国家发展改革委、农业农村部等七部委认定为第二批国家农村产业融合发展示范园。克服疫情带来的不利影响，加快重点项目开工复工，全县累计完成全社会固定资产投资21.1亿元，其中，县内投资15.9亿元、房地产3.8亿元、厅局反馈1.4亿元，全年完成固投27.16亿元。

【工业经济运行】 着力促进工业扩增量、促转型、增效益，创新、绿色发展理念进一步增强。以工业园区为平台，实施中小企业孵化园四期Ⅰ区基础设施建设和工业园区集中供能改造项目；推进工业技改升级，申报争取资金852万元，实施六盘山中药智能化提取、爱丽纳地毯中低端羊绒及涤纶汽车坐垫技术改造、黄土地研发中心及生产线提升改造等20项技术改造项目；加大科技创新扶持力度，积极申报认定葆易圣药业、六盘山中药、爱丽纳地毯分别为2020年自治区"专精特新"入库培育企业、示范企业和成长标杆企业；新引进金誉生物、德世花灯等9家企业落地园区，扶持西北药材、黄土地进入规上企业行列。全年实现工业增加值1.39亿元，增长14%。

【商贸服务】 开展电商节、助商惠民购物节，举办营销大赛等多种消费提振举措，社会消费水平逐步从一、二季度的疫情冲击中恢复，全县实现社会消费品零售总额6.8亿元，同比增长5%。电子商务带动传统商贸、助力特色产业发展的能力进一步增强，通过举办全县首届"筑梦六盘"新媒体营销大赛、"大爱隆德·丰收隆德"电商助农系列活动，网络平台、自媒体等多渠道宣传，挖掘包装冷凉蔬菜、剪纸、土蜂蜜、粉丝、手工艺品、砖雕等一批适合网销的名优特商品，规划打造了"塞上六盘""六盘优粮"等一批电商品牌商标，全县特色农产品网络销售额已达到1600万元，较2019年同期增长30%以上。

【招商引资】 坚持以"强化产业招商、推进延链落地、创新招商方式、优化营商环境"为重点，聚焦构建四大现代产业体系，狠抓项目落地、创新招商方式、加大政策扶持、完善工作机制、优化营商环境，努力在引进项目质量、投资结构上取得新突破，2020年度招商引资"走出去"11次，对接洽谈金誉生物科技等项目23项，"请进来"客商38批次，落地建设杏仁加工及活性炭生产、肉兔、肉牛养殖、菌菇驯化基地等一批潜力大、成长性好、竞争性强的产业项目，累计到位资金21亿元，同比增长10%，有力推动重点产业补链、延链、强链。

【价格监审监测】 做好价格监测，利用全县4个价格监测点实时了解蔬菜米面粮油等生活物资价格动态，确保监测质量，做好分析预警；做好农产品调查，完成6种农产品24个调查户的农调数据收集上报工作，算清种植、养殖成本账；做好价格认定工作，共受理业务20件，金额145.43万元；做好城乡居民、非居民用水、农业灌溉用水成本监审。

【粮食与物资】 全面落实粮食购销、流通统计、价格监测工作，有序开展粮食市场规范化监督检查，落实粮食安全生产责任制，粮食应急保障体系进一步完善。2020年全社会粮食购销经营者购销小麦3740吨，同比下降7.5%；蚕豆3200吨，同比持平；玉米2.1万吨，同比增长10%；杂粮75吨，同比持平。采取"周询价、月分析"的调查方式及时采集粮食市场价格信息，全年粮食市场平稳运行，无打白条、拖欠农民粮款的案件发生。

【疫情防控】 按照隆德县应对新冠肺炎疫情工作领导小组安排部署，在全力配合疫情防控的同时，全力保障疫情应急物资储备和生活必需品保供稳价，维护正常的经济社会秩序。疫情防控期间，部署动员各方力量，通过各种渠道累计协调捐赠、采购、调拨口罩45.8万个、橡胶手套1.9万双、防护服1.2万套、消毒液62吨、酒精4300瓶、红外线测温仪410个、水银体温计5000个、救灾棉帐篷133顶、棉衣399件，确保隆德县防疫救灾物资储备充足。

【工业园区概况】 六盘山工业园区管委会荣获"固原市巾帼建功先进集体"称号；人造花被国家科技部认定为"宁夏回族自治区2020年第一批高新技术企业"，人造仿真花被认定为"2020年自治区制造业行业领先示范产品"；黄土地、兴宇粗粮被认定为"2020年度自治区技术创新中心"；湘隆科技获得"宁夏电商应用创新案例20强"第18名。园区企业实现工业总产值4.5亿元，同比增长31.3%。入园企业60家，解决就业2213人，其中建档立卡户442人，残疾人63人。园区新建项目9个，总投资0.63亿元。园区把项目建设作为经济发展的有力支撑，为项目建设扫除障碍、创造条件。围着企业转，跟着项目跑，提供保姆式服务。园区固废填埋场、园区一期排污管网、集中供能续建一期项目、香雪换热站项目、孵化园四期I区建设等项目均已完成。工业园区农副产品深加工项目（6家退城入园食品企业）：迪百特厂房钢结构安装、泽棋食品厂房钢结构安装、宏利粮油厂房钢结构安装、南凤粮油厂房钢结构安装、永兴粮油钢结构安装、忠恒鑫墙板与屋面板安装，均按期完成。

服务保障

财　政

【收支预算执行】　全县公共预算总收入完成329675万元。其中：一般公共预算收入8900万元，返还性收入4713万元，一般性转移支付收入223409万元，专项转移支付收入58905万元，2019年结余2014万元，预算稳定调节基金121万元，地方政府一般债券转贷收入31568万元。2020年全县公共预算总支出完成329675万元。其中：一般公共预算支出319742万元（个人工资性支出67702万元，占支出总额的21%；事业发展及公务性支出251770万元，占支出总额的79%），增长7.2%，上解上级支出65万元，债务还本支出7668万元、下降3.8%，结转下年2370万元。

【政府性基金预算】　政府性基金总收入完成10312万元。其中：政府性基金收入196万元，上级补助收入9539万元，调入资金371万元，2019年结余206万元。政府性基金支出完成10312万元。

【社会保险基金预算】　社会保险基金收入完成36546万元，增长14.9%。其中：失业保险基金收入265万元，工伤保险基金收入164万元，城乡居民基本养老保险基金收入6180万元，机关事业单位基本养老保险基金收入18052万元，上级补助收入2121万元，2019年结余9764万元。社会保险基金支出完成36546万元。其中：失业保险基金支出577万元，工伤保险基金支出425万元，城乡居民基本养老保险基金支出4690万元，机关事业单位基本养老保险基金支出17023万元，上解上级支出96万元，年终结余13735万元。

【政府债务】　政府性债务余额为198888.1万元。其中：一般债务149981.1万元，占债务余额75.4%；专项债务48487万元，占债务余额24.4%；政府负有担保责任的债务420万元，占债务余额0.2%。2020年自治区下达隆德县政府性债务限额为207982万元，政府负有偿还责任的余额为198468.1万元，未突破限额标准。债务率为59%，负债率为62.2%。

【收支管理】　全县地方一般公共预算收入完成

8900万元。争取上级各类转移支付资金318640万元，保障重点建设项目资金需求。全县一般公共预算支出完成319472万元，确保"三保"支出零风险，财政保持平稳运行。

【保障基本民生投入】 进一步调整优化支出结构，大力压减一般性支出，全力保障与人民群众生活息息相关的教育、医疗、养老、社保等领域，继续加大民生项目投入力度。实施隆德一小教学楼等学校基础设施提升工程，"互联网+教育"有力促进教育教学优质均衡发展。建成了"互联网+医疗健康"基层医院"智医助理系统"，基本医疗保障和公共卫生服务水平进一步提升。发放创业贷款2.26亿元、各类救助资金17000万元。发放各类产业补贴资金4040万元。安排9200万元发放机关事业单位养老保险金；安排5400万元用于疫情防控支出；安排6400万元用于发放职工平时考核奖；安排980万元用于特岗教师"五险一金"配套；安排870万元用于农村安全住房保障；安排485万元用于企业职工民族团结奖；安排2800万元用于乡镇干部乡镇补贴提标；安排1750万元用于2019年度供暖燃煤差价补贴等。民生保障支出共计224000万元，占全部支出的70%，就业、保民生取得良好成效。

【项目投资】 投入农村综合改革资金5414.8万元，修建"一事一议"硬化道路28公里，安装太阳能路灯4560盏，"四查四补"维修水毁道路10公里、护坡28处等。发放金融扶贫贷款2.16亿元。投入2810万元扶持农户发展草畜产业、中药材等特色种养业。

【债务管控】 完善债务管控体系。严格落实《隆德县政府债务风险预案》《隆德县债务化解方案》，按照"谁举债、谁负责、谁偿还"的原则，划清举债主体责任，加强债务管控，通过调整支出结构、压减一般性支出、严控"三公"经费、争取自治区再融资债券和专项补助资金、盘活政府存量资产等措施，化解存量债务11698万元，确保政府债务控制在合理区间。

【涉农资金管理】 坚持精准扶贫、精准脱贫基本方略不变，紧紧围绕"两不愁三保障"脱贫标准，通过产业提升、就业、健康、教育、金融、综合保障等途径精准扶持，脱贫攻坚工作取得了显著成就。2020年拨付各类扶贫资金38979万元，其中，扶贫资金31335万元，整合其他财政涉农资金7644万元。协调县内各金融机构加大对建档立卡贫困户扶贫小额贷款发放力度，为4587户建档立卡贫困户发放扶贫小额贷款21503万元，完成自治区下达19000万元任务的113%，用于建档户发展产业。完成10个金融扶贫示范村建设任务，确保村民提现、缴费及信息查询等服务。积极组织运用政府采购政策支持脱贫攻坚工作，完成832个贫困地区农副产品网络销售平台预留采购份额186.3万元，完成164万元任务的113.6%。

【财政管理水平建设】 全面落实事权与支出匹配改革，认真贯彻落实《隆德县事权与支出责任实施方案》，严格落实中央及自治区事权与支出责任匹配，筹措财力保障教育、医疗卫生、交通领域等县级财政支出保障的重点民生项目。全面落实减税降费政策，切实减轻企业负担。严格落实《隆德县贯彻落实减税降费工作总体方案》，扎实推进减税降费各项工作，全年减税降费3031万元。开展预算绩效评价，提高资金使用效益。对2019年度住建局、交通局、就业局等单位实施的8个项目3.6亿元进行财政绩效评价，对2020年民政局、住建局、农业农村局等13个部门108个项目5亿元进行财政绩效评价，县直部门预算绩效评价覆盖面达到100%。严格政府投资项目审核。完成北莲池至后庄公路修建、县城小区雨污分流等21个项目招标控制价审核工作，报审金额25233万元，审减929万元，审减率3.68%。完成2020年旅游公厕、海子岔至庙湾公路建设等12个项目结算审核工作，报审金额5167万元，审减金额292万元，审减率5.65%。共节约资金1221万元。

【财政监管】 依法执行预算管理。把财政监督检查贯穿于财政资金安排使用全过程。对2020年度会计制度执行情况进行4次专项检查，提高预算单位财务管理能力，确保会计信息真实合法。为盘活存量资金，加快资金支付进度，发挥资金使用效益，组织对全县74个预算单位两年以上存量资金专项检查，共收缴存量资金3254万元。

审 计

【概况】 组织实施审计项目31个，包括署定、区定项目和县内重点项目，内容涉及政策落实跟踪审计、"三促进""三大攻坚战"专项审计、财政审计、领导干部经济责任审计以及民生审计等；共提交审计报告46份、综合报告1份、审计信息4份，4份审计信息均得到审计事项主管部门认可；向县纪委监委移送重大违纪违法问题线索1个，为国家增收节支和挽回损失2035.68万元，推动有关单位建立健全规章制度8项。围绕"六稳""六保"部署要求，以促进财政资金提质增效、促进优化营商环境、促进就业优先3个专项审计为内容，组织实施了重大政策措施落实情况跟踪审计，促进推动经济高质量发展。

【重点项目重大资金审计】 以推动精准扶贫精准脱贫政策落实、巩固脱贫攻坚成果、强化资金使用绩效为目标，配合西安特派办做好隆德县扶贫资金专项审计和审计发现的问题整改落实督促检查工作；对2020年脱贫攻坚补短板项目19个工程进行了全过程跟踪审计，及时发现和纠正影响工程建设的问题，规范项目管理，提高项目投资效益；对隆德县2020年扶贫资金（含闽宁资金）拨付进度进行跟踪核实，涉及扶贫项目79个，扶贫资金27540万元。以推动加快生态文明体制改革，促进领导干部履行自然资源资产管理和生态环境保护责任为目标，组织实施水务局现任领导干部自然资源资产审计项目1个，清凉河生态治理工程、渝河县域段生态景观长廊段建设项目决算审计项目2个，渝河流域山水林田湖草综合治理项目库坝及供水管网连通工程、水土保持工程跟踪审计项目2个，重点关注环保责任落实和相关政策、资金及项目绩效情况，推动抓好源头防控，加快形成绿色发展方式。始终关注财政"保工资、保运转、保基本民生"政府性债务、金融等方面存在的薄弱环节和风险隐患，重点关注隆德县负有担保责任的隐性债务，确保守住不发生系统性风险底线。

【预算执行审计】 对隆德县65个一级预算单位的2019年财务电子数据进行了采集、转换、分析，针对疑点进行核实并就核实结果上报审计厅；完成县本级预算执行、3个单位的预算执行和其他财政财务收支审计；对全县54292万元直达资金转移性收入支付进度进行了跟踪核实，切实提高预算管理绩效，清理盘活沉淀资金和资产，把钱用在刀刃上。

【领导干部经济责任审计】 以促进领导干部依法作为、主动作为、有效作为为目标，落实"三个区分开来"重要要求，坚持实事求是，聚焦权力运行和责任落实，客观反映问题，准确界定责任，审慎作出评价；将领导干部经济责任审计（结果）报告和有关问题的整改情况抄送县委组织部门和纪委监委，存入被审计领导干部个人档案和廉政档案，督促被审计单位主要负责人切实履行职责，促进权力规范运行和反腐倡廉。全年共完成14个单位15位领导干部任期经济责任审计。其中，任中审计7个，离任审计7个；向县纪委监委抄送审计报告15份，审计决定7份；向县委组织部门抄送审计结果报告14份。

【民生项目资金审计】 组织实施隆德县城镇保障性安居工程资金投入和使用绩效审计、新冠肺炎疫情防控资金和捐赠款物跟踪审计，组织对隆德县2019年度营养改善计划资金管理使用情况进行专项审计，对全县农村卫生厕所改造提升项目进行跟踪审计，查处政策落实不到位、资金分配不合理、侵害群众利益等问题，推动民生特别是困难群众基本生活得到有效保障和改善。

【审计整改】 根据审计项目报告，设置审计整改台账，明确整改责任部门、整改要求和整改时限；对县内统一组织的审计项目，实行审计组长负责制，对上级审计机关实施的审计项目，由局法规审理办公室负责跟进，督促各被审计单位限期完成整改，就整改责任单位报送的整改报告及相关佐证材料进行核查、汇总。2020年，审计局针对审计署对自治区党政主要领导同志经济责任审计和自然资源资产离任审计涉及隆德县问题和审计署2019年度中央预算执行和其他财政收支审计涉及隆德县问题整改工作进行了指导、督促、检查，并形成了整改台账资料；针对固原市审计局移送县人民政府处理的审计事项，持续跟进，检查、审定了核查报告和相关佐证，并形成了台账资料；针对审计署西安特派办和自治区审计厅对隆德县贯彻落实重大政策措施情况专项审计中发现的问题，坚持"边审边改"，指派一名分管领导全程协助、指导各被审计单位在审计期间采取有效措施落实整改；先后提请县人民政府召开2次专题会议和1次常务会议，安排部署审计整改工作，听取审计整改结果汇报。

【提升审计质量】 全面贯彻落实《审计署关于进一步完善和规范投资审计工作的意见》和《审计署办公厅〈关于进一步完善和规范投资审计工作的意见〉贯彻落实中常见问题解答》文件精神，向县人民政府常务会议就进一步严格规范隆德县政府投资建设项目竣工结算审核工作做了汇报，经县委常委会会议审定，决定由财政部门承接原审计部门履行的政府投资建设项目招标控制价、竣工结算审核职能；对县政府出台的政府投资项目管理办法、制度中存在直接规定以国家审计结果作为工程结算依据或强制规定招标文件、合同必须约定以国家审计结果作为工程结算依据的文件经报请县政府法制办进行了废止，切实纠正隆德县投资审计工作中存在的"以审代结"和监督"越位"问题。

市场监管

【执法改革】 强化食品安全属地管理责任，制定出台《中共隆德县委 隆德县人民政府关于深化改革加强食品安全工作方案》；县人民政府制定《隆德县市场监管领域部门联合"双随机、一公开"监管工作方案》，并组织实施；完成市场监管综合行政执法改革。

【疫情防控】 坚决贯彻习近平总书记对新冠肺炎疫情的重要指示和李克强总理批示精神，全面落实区、市、县防控工作部署，全力做好疫情防控和市场监管工作；认真落实"一严格六必须两严禁"要求，严密管控农贸市场、超市、药店、宾馆的防控措施落地见效；在做好疫情防控的前提下，有序推进复工复产，统筹推进新冠肺炎疫情防控和经济社会发展工作；充分运用动产抵押登记职能，破解企业融资难题，共办理企业动产抵押登记4件，为企业融资312万元。

【食品安全监管】 开展复学、学校食堂评估验收及中高考期间食品安全专项检查，共检查餐饮服务单位350家，下发整改通知书18份。根据食品经营风险特点开展食品经营风险分级管理评定工作，合理确定食品经营风险等级，实施不同频次的监管，已经评定675家，达100%。对全县农村食品经营户进行为期1个月的专项督查，共检查食杂店353家，对124家销售"三无"和过期食品的经营者依法立案查处。以渝河市场为重点，开展食品集中交易市场专项治理工作，实现经营环境干净整洁、布局合理、食品与非食品分区经营、进货查验、索票索证制度得到全面落实，确保食品来源可查，去向可追。开展食盐市场质量安全检查，共检查经营门店200余家，发现问题食盐5起，现场封存不符合碘含量标准的食用盐40公斤，责令下架4起，查处经销过期食盐案件1起，罚款1000元。开展冷链食品风险排查及核酸检测工作，共采集核酸检测样本163批次，全部为阴性，销毁进口海产品99.5斤、进口冷冻猪肉648斤。开展食品安全抽检工作，完成区、市下达的食品安全监督抽检任务300批次，不合格5批次；快速检测340批次，不合格5批次；抽检餐饮具210批次，不合格2批次；"你点我检"食品抽检39批次，全部合格。

【药械安全监管】 对全县41家药品经营企业、22家县乡医疗机构、15家个体诊所和121家村卫生室的药品、医疗器械经营使用情况进行了全面监督检查，限期整改药店6家；对国家药监局通报44批次停止销售和193批次假冒化妆品在辖区内120余家化妆品专、兼营店进行全面排查，未发现通报的情形；完成流通环节基本药物目录抽样20批次，国药采集药物抽样5批次，中药饮片专项抽样20批次，全部合格；督促涉药单位上报药品不良反应病例报告45例、医疗器械不良事件2例；对辖区内5家麻精药品使用单位和41家零售药店进行了监督检查，确保特管药品质量安全；开展农村和城乡接合部药店诊所、村卫生室和疫苗专项检查，未发现过期药品及疫苗存储不当等问题；开展药品零售企业执业药师"挂证"行为和处方药未凭处方销售专项整治，未发现执业药师"挂证"和处方药未凭处方销售行为。

【特种设备安全监察】 对全县特种设备使用单位进行监督检查，共检查锅炉使用单位4家14台，电梯使用单位7家46台，起重机械使用单位3家11台，压力容器使用单位6家5187个（只），存在安全隐患6家，限期整改；加强电梯维保单位管理，对3家电梯维保单位进行现场核查，符合现场救援和维保要求；落实企业安全主体责任，"三落实两有证一检验一预案"落实到位。

【质量提升】 开展安全戴安全帽等劳动防护用品专项整治，对全县流通领域安全帽安全带等劳动防护用品进行拉网式排查；严厉查处销售假冒伪劣电线电缆的违法行为，共检查销售企业13家，对2家台账建立不规范的经营户，限期整改；开展防疫物资产品质量和市场秩序专项整治行动，严厉查处防疫物资领域制售假冒伪劣商品、非法经营等犯罪活动，检查经营户213家，未发现违法经营行为；开展车用汽柴油质量监督抽查，共抽检汽柴油4批次8个样品，合格2批次，对不合格的产品及时立案查处；对隆德县4家检验检测机构的制度体系建立、人员管理、设备设施等情况进行分类评价核查，确定A类机构3家、B类机构1家；开展定量包装商品净含量抽查，共抽查120批次，合格113批次，对不合格的7批次进行查处。

【企业年报公示和消费维权】 应年报企业1622户，已报企业1541户，年报率达95%；共受理各类消费者投诉36件，全部办结。2020年，共立案查处各类违法案件174件，罚款12.2万元。

审批服务

【概况】 "一门、一窗、一网"服务模式全面开启，线下办事"只进一扇门"。按照"成熟一批，划转一批"的原则，有序推进行政审批事项相对集中办理，已将县市场监督管理局等9个部门的51项行政许可事项划转到审批局进行集中办理，人员已配备到位。全县承接"四级四同"事项1385项，集中进驻1337项，事项进驻率达96.5%。与群众生活密切的水电暖等公共服务事项全部进驻大厅，并在县政务大厅一层设置联办窗口，优化水电暖报装时间，实现市政报装"一站式"办理，水电暖已在工改系统进行办理，已办理8件。县政务大厅民生服务类事项全部实现了"一窗受理"，对市场准入、项目审批、不动产登记、户籍户政四类进行区域分类，实行分类"一窗受理"，进驻县政务大厅办理事项的"一窗"无差别受理率在80%以上。乡（镇）民生服务中心全面开始实行"一窗受理，集成服务"，有效解决群众办事排队等候、窗口忙闲不均问题。线上"一网通办"能力增强。按照一体化在线服务平台建设标准要求，组织34个部门承接梳理"四级四同"事项1385项，并将全部事项通过宁夏政务服务网、隆德县政府网、"我的宁夏"政务APP、"智慧隆德，阳光政务"微信公众号同源发布。2020年，90%以上事项实现了"网上可办"，80%以上的事项可"不见面"办理。根据《固原市人民政府办公室关于印发固原市2020年政务服务工作要点》，制定《隆德县"163"政务服务系统建设方案》，在县域内完成了"163"政务服务系统接入，开始实行"一个窗口、一张表单、综合受理、分类审批"的政务服务新模式。

【审批服务标准化】 隆德县共有1个县级政务大厅、6个县级办事分厅、13个乡（镇）民生服务中心、109个村社区民生服务代办点，形成全县"1+6+13+109"审批服务格局。县财政先后共投资200多万元对原政务服务大厅进行升级改造。县政务大厅共两层，面积1700平方米，大厅设置56个办事窗口，有咨询导引台、志愿者服务台、自助办事服务区、免费复印打印区、自助办事服务等功能区，还改造建成24小时自助办事服务大厅（自助购水机、ATM、社保等惠农政策查询机6台），为政务服务不打烊提供保障。全县共有13个乡（镇）民生服务中心和109个村（社区）民生代办点。按照《关于隆德县乡（镇）民生服务中心、村（社区）民生服务代办点"三规范、七统一"标准化建设的实施意见》要求，对全县乡村两级服务中心和代办点从硬件和软件建设进行了再改造、再提升。大厅设置退役军人、现役军人、军属和残疾人办事绿色通道，优先服务退役军人、现役军人、军属和残疾人623人次；开启代办帮办和延时预约服务，印发《隆德县政务服务中心企业投资项目审批代办服务实施办法》，并将"隆德县企业服务代办事项及代办人员表"对外公示，已代办帮办、延时预约服务群众1976人次；"政证到家，服务到家"政务快递送业务全面上线，自服务上线以来，已发出403件政务快递。借助新一轮全区"四级四同"事项梳理，按照统一标准，承接梳理出与群众生活密切相关的审批服务事项123项，并对事项指南、流程等进行公开公示，除75项公安系统事项因专业网站办理外，乡（镇）民生服务中心普遍可以办理事项达到48项，真正方便群众办事，改变之前群众办事"多头跑""乱跑乱问"的情况。

【审批服务改革】 隆德县2020年被确定为全区"一件事一次办"试点县之一，以企业、群众眼中的就医、就业、上学等为主题，梳理隆德县第一批"一件事一次办"目录清单，编制情景式办事指南，线下窗口受理办理"一件事"48件。在大厅设立"立项用地规划许可""工程建设许可""施工许可""竣工验收"联办窗口，政府和社会投资工程建设项目审批时间由"7090"压减至"65"个工作日，印制《隆德县一般既有建筑（含老旧小区）改造项目审批流程图（试行）》等6类工程建设项目审批流程图，全县所有符合条件的工程建设项目都已在全区工程建设项目审批管理系统办理。通过工改系统审批项目47件，为各类企业发展创造宽松的环境，企业开办和注销涉及的银行、税务、社保、刻章全部进驻大厅，企业开办实现1个工作日办理完结。实行容缺后补、告知承诺等便利措施。全县共办理"先照后证"企业96户；全程电子化登记的企业37户，简易注销34户。

统 计

【概况】 全县完成地区生产总值34.98亿元，比2019年增长6.5%，其中，第一产业完成增加值6.66亿元，第二产业完成增加值7.42亿元，第三产业完成增加值20.90亿元。完成固定资产投资27.16亿元，比2019年下降5.0%。完成社会消费品零售总额10.7亿元，比2019年下降4.0%。完成财政一般预算收入8600万元，比2019年下降15%。完成城镇居民人均可支配收入26520元，比2019年增长6%；农村居民人均可支配收入11170元，比2019年增长8.0%。

【统计预测预警分析】 着力提高统计预测预警能力，绘好服务科学发展的晴雨表。建立健全对GDP、工业增加值、固定资产投资等重要指标的统计预测预警体系，结合当前数据，对全年指标进行预测警示，全面分析完成全县目标任务存在的困难和问题，提出对策建议。密切关注经济走势，跟踪监测投资、消费、工业等主要经济指标，每月在区局反馈数据后第一时间，认真撰写经济运行形势分析，及时、准确反映各行业经济发展中出现的新情况和新问题，提出有价值的咨询建议。定期发布统计公报，服务社会公众，有效地满足各级党委政府，各类经济体和社会公众的需求。

【统计年报】 开展工业、能源、贸易业、服务业、劳动工资、房地产、建筑业等各专业的年定报工作。严把基层数据的审核和评估，做好统计定期报表工作，严格执行制度，抢抓时间效率，做到随报随审，出现问题及时解决，力求各项统计数据真实准确。通过细致有效的工作，统计年报和定报的各项统计数据都客观地反映了区域经济的运行状况，为县委、县政府和有关部门决策提供了重要依据。

【统计督察反馈意见整改】 县委第15次常委会、政府第69次常务会议上，分别就自治区统计局关于深入学习贯彻执行《关于深化统计管理体制改革提高统计数据真实性意见》《统计违纪违法责任人处分处理建议办法》和《关于防范和惩治统计造假弄虚作假督察工作的规定》文件精神进行传达学习，制定隆德县贯彻落实意见。要求各乡镇、各部门召开党委（党组）会及全体职工会议，及时传达学习《意见》《办法》《规定》，做好本乡镇、本部门统计自查工作。要求全县各级领导干部要从牢固树立"四个意识"、讲政治讲大局的高度，深入学习贯彻习近平总书记等中央领导同志关于统计工作重要讲话指示批示精神，深刻领会，准确把《意见》《办法》《规定》主要内涵和精神实质。

【统计法律法规及统计法治知识教育和培训】 要求各乡镇、各部门将统计法律法规知识列入党组会、局务会和职工专题会议学习培训内容。5月底，县统计局组织全体干部职工进行统计法制知识考试，提升全体干部职工法治意识。6月11日、12日，县统计局先后举办5000万元以上固定资产投资项目统计业务培训班和规模以上工业统计业务培训班，就统计法律法规和统计报表制度进行深入讲解。充分发挥微信公众号、政务公开平台等宣传媒体作用，开展形式多样、内容丰富的普法宣传活动。筹措资金，由专业人员收集、整理印制《隆德县统计法律法规知识口袋书》200本，下发各部门、各乡镇及报表企业，加大对法律政策的宣传解读，在微信公众号"隆德统计"设专栏公开统计违法行为举报联系方式及地址。

【统计数据质量核查】 5月份，县统计局对2020年第1季度报表数据进行质量抽查，共抽查4家规模以上工业企业、3家建筑业企业、1家房地产企业、3家限额以上住宿餐饮企业、1家规模以上服务业企业。6月份，按照国家要求对1—5月数据进行核查，对2家与增值税纳税申报表不一致的工业企业限期整改。

【人口普查】 按照区、市普查办的统一部署，在打赢疫情防控阻击战的同时，采取多项措施，有序推进全县第七次全国人口普查工作。完成"三级"普查机构组建、普查经费落实；完成普查指导员、普查员选调，分期分阶段对"两员"进行培训；完成普查区划分、建筑物标绘和普查摸底登记工作；完成摸底数据与公安数据的比对等工作。制定《隆德县第七次全国人口普查进度安排》《隆德县第七次全国人口普查宣传工作方案》，开展第七次全国人口普查宣传工作；制定《普查办公室工作规则》《成员单位职责》等制度，为全县第七次全国人口普查工作规范化、制度化提供组织保障。组织全县800多名普查员、普查指导员完成普查宣传、普查小区划分、普查区电子地图绘制、建筑物标绘、摸底登记、数据比对、正式入户登记等工作，各项工作进展顺利。

【数据监测】 完成规模以下工业、限额以下批发零售和住宿餐饮业抽样调查和妇儿监测、全面建成小康社会短板监测、生态移民监测等常规专项统计调查工作和地区生产总值历史数据修订。

安全生产

【概况】 全县各领域未发生较大安全生产事故，常态化疫情防控和经济社会发展总体形势平稳有序。争取中央和自治区救灾资金230万元、救灾实物630件（套）；县财政整合各类资金1800万元，用于地质灾害隐患点整治和水毁道路维修等，有效保障群众生命财产安全。

【安全生产学习部署】 把习近平总书记对安全生产、防灾减灾救灾的重要指示批示精神作为做好安全生产工作的基本遵循，制定印发《关于深入学习贯彻落实习近平总书记关于安全生产重要论述和指示批示的通知》，编印《习近平总书记关于安全生产重要论述和指示批示摘编》，及时在县委常委会、政府常务会和县安委会例会上传达学习，进一步增强思想自觉和行动自觉，强化红线意识和底线思维。及时传达学习并坚决贯彻落实党中央、国务院和区市县党委、政府关于安全生产和防灾减灾救灾的各项决策部署，印发《隆德县安全生产工作要点》《隆德县安全隐患排查整治工作方案》《隆德县安全生产专项整治三年行动总体方案》等，督促各乡镇、县直各有关部门履行"属地管理"和"行业管理"职责，深入开展各行业领域安全生产大检查，狠抓隐患排查和整改落实，强化风险防控措施，及时有效防灾减灾救灾，确保全县安全形势总体稳定。及时传达学习全国其他地方发生的较大安全生产事故教训，抓紧开展相关领域的安全隐患排查整治工作，做到"一方出事故，多方受教育；一地有隐患，全国受警示"。

【安全生产培训】 督促企业自主制定符合企业实际的隐患排查清单，明确排查隐患时间和整改责任人。结合推进安全生产"百千万"工程培训，先后组织全县工贸企业负责人和安全管理人员210人次参加安全生产技能提升培训，有效增强了企业安全风险防控能力。协调发改等部门采购防疫物资，价值460万元，调拨各类防疫物资和生活用品6.3万件（套），有效保障疫情防控需要。开展企业复工复产评估检查23次，现场督促整改隐患46处；组织开展安全生产技术指导工作79次，指导企业制定安全生产应急预案，有效提高企业员工安全事故应急处理能力。

【隐患排查治理】 促使重点行业领域安全形势大转变。深入开展人员密集场所、居民小区、旅游景点、高风险点建筑、易燃易爆场所、城乡接合部和彩钢板建筑等相关场所消防安全专项治理行动。检查各类单位（场所）568家，发现火灾隐患或违法行为397处，督促整改火灾隐患或违法行为385处，下发《责令改正通知书》219份，办理行政处罚案件10起，临时查封3起，罚款3.2万元。采取计划执法与双随机执法相结合、专项执法与联合执法、部门执法检查与企业自查自纠相结合等方式，开展安全监管执法48次，检查各类企业62家次，发放限期整改指令书15份。制定《隆德县安全生产隐患排查整治工作方案》，探索建立重点领域安全生产隐患排查整治"四个一"工作机制（一月一排查，一月一汇总，一月一整改，一月一清零），每月20日前对全县各乡镇、各行业领域安全生产隐患进行大排查，建立隐患排查台账，逐项整改销号，对于乡镇、部门无法整改的隐患和问题，汇总上报县安委会研究解决。各乡镇、各行业领域共排查整治安全隐患226处。制定《隆德县安全生产专项整治三年行动总体方案》，确定"1+2+9+6"的方案体系，成立工作专班；按照"四个突出"（突出思想引领、突出落实企业主体责任、突出风险防控和隐患排查治理、突出体制机制建设）的总体要求，落实"2020年排查整治、2021年集中攻坚、2022年巩固提升"的安排，扎实推进安全生产专项整治三年行动。结合实际，梳理提出16个方面、75项重点任务、180条作战路径，明确作战目标、责任领导、牵头部门、责任单位及完成时限；各乡镇、各行业部门积极主动开展工作，取得了阶段性成效。

【应急体系建设】 开展企业安全生产标准化创建工作，全县13家危险化学品经营企业参与创建，已通过初期评估工作；组织开展公益性消防安全培训15期，培训2000余人。在完善各专项应急预案的基础上，组织各乡镇和各牵头部门对31个专项应急预案再修订、再完善，不断提高应急预案的针对性、实效性和可操作性。先后在红崖社区、工业园区和陈靳乡清凉村举办防灾减灾和安全生产应急演练，参演人数1000余人。制定《隆德县应急管理救援体系建设实施方案》《隆德县应急避难场所建设实施方案》等，在乡镇、村（社区）设立应急管理站（室）；各乡镇、各重点行业部门组建应急救援队伍26支、712人；县城、乡镇和各行政村全部设置了应急避难场所，有效提高了全县综合防灾减灾能力。

【安全生产宣传】 利用时间节点，深入开展宣传教育活动造声势。利用"安全生产月""防灾减灾日""11·9消防宣传日"等节点和春节、两会、清明节、劳动节、国庆节、开斋节等重要时段，组织各乡镇、各部门深入开展安全生产、消防安全和防灾减灾宣传教育活动。通过悬挂横幅、摆放展板、发放宣传资料、播放消防宣传片、现场讲解安全知识、演示消防器具使用方法等方式，大力宣传安全生产、消防安全和防灾减灾方面的法律法规和政策要求，在全县上下形成"人人讲安全、行行抓安全、共同促安全"的良好氛围。

民生事业

教育体育

【概况】 学前教育毛入园率达到88.2%，小学六年巩固率达到100%，初中三年巩固率达到100%，高中阶段毛入学率达到94.62%，残疾儿童毛入学率达到114%，义务教育阶段辍学学生为0。2020年，教育系统共获得市级以上各类表彰奖励共44项，其中省部级8项、厅局级27项、市局级9项。教育扶贫案例《共圆读书梦，一个都不少》入选全国教育扶贫典型案例，隆德二中、三小被中国科协青少年科技中心、中国科协科普活动中心评为2020年度"全国青少年人工智能活动特色单位"，隆德二中在"说出你的中国梦"——青少年儿童心理健康提升活动中被中国发展基金会评为优秀学校组织单位，高级中学、观庄中学、隆德一小被教育部评为2020年全国青少年校园篮球特色学校，隆德县传统剪纸进校园实践案例入选第二届"非遗进校园"优秀实践案例。

【教育基础设施建设】 实施新建、改扩建及维修改造工程，总投资10951.45万元，新增校舍总面积20970平方米。实施"七校八楼"建设，扩建隆德一幼综合楼，新建隆德一小教学楼、隆德二小教学楼、联财中学教学楼和宿舍楼、杨河小学学生宿舍楼、观庄小学学生宿舍楼，翻建隆德中学3号教学楼；提升高中教育基础能力，维修改造隆德中学、职业中学校园校舍，为高级中学购置通用技术教室2间、微机室2间，建设职业中学"互联网+教育"无线网络；建设幼儿园消防水池，为一幼、二幼等12所幼儿园建设消防水池；实施中小学改厕项目，改建前庄小学、观庄中学、联财小学等12个厕所。

【教师能力提升培训】 坚持覆盖全员，突出骨干教师和学科带头人培养。以"国培计划"、区市组织的各类专题培训等为平台，积极开展教师培训培养工作，累计培训教师6384人次，内容涉及师德师风建设、中华优秀传统文化、创新素养、思想政治理论、教师心理健康、校园疫情防控等近20个模块。加强县域内教师交流支教工作。从隆德中学、二中、四中、一小、一幼等学校选派16名教师前往观庄、杨河、张程、联财等乡镇中小学、幼儿园进行支教工作，选派城区优秀教师37人次参加三区人才计划，充实乡村教育教学力量。

【控辍保学工作】 落实"一二三四五"工作机制，即紧紧围绕义务教育无辍学学生"一个目标"，建立县、乡、村党政一条线，教育行政部门、学校一条线的"双线制"，落实政府保入学、政府与学校保巩固、学校保教育质量的"三保制"，完善县领导包乡镇、乡镇干部包村组、教体局干部包学校、村组干部包学生的"四包制"，实行县长、教体局局长、乡镇长、校长、村委会主任问责的"五长制"，补齐残疾儿童送教上门管理、县外居住适龄儿童少年入学管理、休学学生管理三项管理短板，全县义教阶段无辍学学生。

【"互联网+教育"建设】 出台《隆德县"互联网+教育"工作考核评价实施方案》，将教育信息化工作常态化纳入教育督导，加大在学校年度考核中的权重。争取资金884万元，建设隆德一小、二中"互联网+教育"标杆校，为温堡中心小学、城关小学等13所义务教育学校建设"在线互动课堂"30间，并配备多媒体设备。争取农行隆德支行出资2700余万元，升级改造全县中小学（幼儿园）校园网，实现全县校园网络光纤接入率100%，职业中学接入带宽1G，其他城区学校接入带宽500MB，乡镇及农村学校接入带宽200M，逐步实现"实名认证、可管可控"校园无线网络覆盖。进一步加大多媒体教学设备应用力度，提高优质数字教育资源和信息技术工具的应用水平，初步形成了具有县域特色的"134+X"办学模式，促进"线上线下"交互融合。

【教育扶贫】 围绕"不让一名学生因家庭经济困难而失学"目标，全面落实"免、补、助、贷、奖"政策，落实各类助学资金2152.58万元，惠及学生10.62万人次。其中，学前教育"一免一补"及"学前两年资助"资金105.85万元，惠及幼儿1848人次；义务教育"两免"、生活补助等资金1557.24万元，惠及学生4.73万人次；普通高中"一免一助"等资助资金254.96万元，惠及学生3228人次；职业中学"一免一助"及"9+3"专项资助资金234.03万元，惠及学生3798人次；精准扶持家庭经济困难大学生5人，资金0.5万元。规范实施营养改善计划，全面做好常态化疫情防控下的营养改善计划工作，全力保障师生的饮食安全和身体健康。出台《隆德县教育体育局新型冠状病毒感染的肺炎疫情防控期间食品安全工作应急预案》等文件，召开专题会议，进一步落实疫情防控形势下食品安全责任和措施，严把食堂准入、原料采购、食品贮存、清洗消毒、安全用餐、食品留样"六个关口"，规范流程管理，确保生产、流通、食用过程的卫生安全。做好教育扶贫工作，对标中央"六个精准"和"两不愁三保障"要求，开展"四查四补"工作。精准扶持"三类人群"，对全县49户未脱贫户、脱贫监测户、边缘户中未享受资助政策的22名学生，自筹资金12875元，按照国家和自治区标准进行资助。

【乡村体育健身设施】 为沙塘镇、温堡乡等7个乡镇的锦华村、夏坡村等13个村组配备篮球架10副、室外乒乓球台10副、健身器材5套，进一步夯实群众健身设施设备基础。

卫 生

【概况】 全县共设床位869张,每千人拥有床位5.02张,每千人拥有执业(助理)医师2.6人。全县门诊27.81万人次,住院1.39万人次,孕产妇死亡率为0%,婴儿和5岁以下儿童死亡率下降到5.89‰,出生缺陷发生率为58.9/万,计划免疫接种率在95%以上,传染病报告发病率为34.99/10万,突发公共卫生事件1起,及时报告率和处置率达到100%。获自治区健康宁夏建设领导小组"健康宁夏"建设考核二等奖及"自治区爱国卫生运动先进集体"的称号。2020年7月被全国爱国卫生运动委员会命名为"国家卫生县城"。

【疫情防控】 累计报告新冠肺炎确诊病例3例,全部治愈出院,自2月12日后,无新增确诊病例报告。

【健康扶贫】 所有建档立卡户核准患病人员6288户9135人,已救治9120人,救治率99.84%,个人自付8.92%,县域内就诊率达93.97%。

【医疗服务】 成立县医疗质量管理控制中心等1个专业委员会和6个质控中心,依托县人民医院建设危重孕产妇救治中心、新生儿救治中心、胸痛中心,急诊急救能力进一步加强。积极推进"互联网+医疗健康"建设,为全县所有基层医疗机构配备"智医助理系统",进一步规范了基层诊疗过程,提升了基层诊疗水平。深化远程诊疗服务,开展远程心电诊断438例、放射诊断100例、远程会诊683例。

【卫生基础设施建设】 70%的村卫生室设有中药柜,所有村卫生室都能提供中医药服务。加强妇幼卫生网络建设,不断完善以乡镇卫生院、村卫生室为基础,县妇幼保健院为核心,县级综合医院为技术支持的妇幼卫生服务体系,加强妇科、产科、儿科能力建设,提高服务能力和水平。完成县妇幼保健院整体迁建,建筑面积4441.3平方米,配备四维彩超、全自动生化分析仪等先进医疗设备。依托县人民医院建设危重孕产妇、新生儿急救中心,开展产、儿科医师岗位培训,进一步提升医疗机构救治能力和水平。加大母婴保健法律法规的执行力度,严格母婴保健技术服务机构和人员准入,加大执法宣传力度。积极开展免费妇幼卫生服务项目,为妇女和儿童健康保驾护航。建成县人民医院住院综合楼、核酸检测实验室,维修改建县人民医院传染科楼、发热门诊和发热病人隔离区,新建社区卫生服务站2个、标准化村卫生室21所。为县人民医院购置价值1193万元的核磁共振仪1台、价值131.4万元的肾透析仪8台,为县妇幼保健院配置价值348.6万元的四维彩超1台。

医疗保障

【医疗保险征缴】 对标2020年医疗保险征缴任务,召开2020年度基本医疗保险征缴暨业务培训会,与各乡镇签订工作责任书,与公安、民政、残联、扶贫办等部门建立联席会议机制,核准县参保缴费人口数据,分类建立台账,逐一筛查缴费情况,实行倒排查销号制和周通报制。通过线上、线下结合的方式,加强医疗保险政策宣传,引导群众积极参保。全县基本医疗保险参保154008人，完成户籍人数156023人的98.7%，其中县内参保缴费136101人（居民124356人，职工11745人），完成市局下达的2020年缴费任务132900人的102.4%。

【医疗保障扶贫】 通过部门联动、全覆盖核查、倒排销号三项措施，确保特殊人群应保尽保，全部参保。建档立卡贫困人员39006人，低保对象21325人、中重度残疾6342人、边缘户496人、特困供养475人、低收入高龄老年人1836人、重点优抚对象131人和1831名"十三五"县内移民，除不属于参保范围人员外，均已参保缴费，参保率缴费率均达到100%。开展"三项清零"工作。排摸符合办理门诊大病条件的贫困人口4279人，集中办理门诊大病审批4193人；排查建档立卡新生儿1501人，给予2020年度城乡居民医疗保险退费174人4.35万元；排查跨省异地就医直接结算人员医疗救助、财政兜底应报销未报销1214人次，补报医疗救助、财政兜底资金111.47万元。

【医保优惠政策】 给承担发热病人隔离观察的隆德县人民医院预付医保基金150万元；为全县89家各类企业1106名参保人员减征医疗保险费84万元；将新冠病毒核酸检测项目纳入医疗保险支付范围；对疫情防控所需的药品和医用耗材，允许各医疗机构根据防治工作需要直接议价采购，应急使用；组织开展严厉打击对医用耗材哄抬物价、趁机涨价等行为；推行不见面和邮寄办理等医疗保险业务办理方式，减少人员流动。疫情期间共完成新冠肺炎疫情及发热门诊费用结算238人次4.58万元。

【医保基金监管长效机制】 开展医保定点医疗机构规范使用基金行为专项治理工作，印发《隆德县医保定点医疗机构规范使用医保基金行为专项治理工作方案》，对自查工作开展不力的医疗机构主要负责人进行约谈。同时聘请医疗专家，对全县各医疗机构进行检查抽查，共扣回违规医保基金56.74万元。加强定点零售药店的监督管理。对全县34家定点零售药店串换药品、以药易物、刷社保卡套取医保基金行为进行全覆盖稽核检查，督促其规范经营。

【医疗保障经办服务】 将面对参保人员的工作全部下沉到窗口实行"一站式"办理。县医保局进驻政务大厅综合窗口，经办政策咨询、信息查询、跨省异地备案、住院费用零星报销受理等业务，绝大部分业务即时受理即时办。"生冷硬"等服务态度得到明显改善，全县医保办事流程及手续更加精简、规范，提升了服务质量和水平。为全县城乡居民报销住院医疗费用11092人次2752.4万元，职工住院报销1293人次396.16万元，门诊统筹及门诊大病支付168431人次495万元。

【医保领域重点改革】 深化医保支付方式改革。在全市分值付费全面启动后，邀请区市专家举办2次专题培训，50多人次参加。并于2020年1月份全面实行按病种分值付费工作，形成按病种分值付费为主，按人头、按床日等多元复合医保支付方式。推进药品集中带量采购工作。加强国家药品集中采购优惠政策宣传，组织做好全县定点医药机构中选药品购销协议签订、采购、使用及货款结算等工作。逐步完善医疗服务项目及价格管理。配合自治区推进治理医疗服务价格制度改革。

【医保政策宣传】 结合新冠肺炎疫情防控和4月份医保基金监管集中宣传月活动，充分利用隆德电视台、隆德政务网、隆德发布等新型媒体加强不见面业务办理、医保缴费政策、医疗保险法律、法规和欺诈骗保典型案例等宣传。同时，开设"隆德医疗保障"微信公众号，并在政务大厅播放宣传动漫，在定点医疗机构和零售药店设置LED宣传标语，印发医疗保险宣传手册3万册、宣传彩页3万张、宣传海报25000张、缴费通告600张，下发各乡镇、村组、社区，进行政策宣传，群众医保政策知晓率普遍提高。

文　化

【文化活动】 巧抓时间开展各类文化活动，弘扬社会主旋律。采取网上直播形式举办"第二届宁夏固原梯田花儿节暨第五届清凉隆德行'万亩花海·大美隆德'网络文化旅游节活动"，粉丝关注量达到30万人次，游客数量达到20万人次。在凤岭乡启动2020年度戏曲进乡村文艺演出活动，戏曲进乡村活动开展78场次，送戏下乡活动开展20余场次。开展新时代文明实践活动，配合县委宣传部开展了"纪念中国人民抗日战争暨世界反法西斯战争胜利75周年"诗词朗诵大会和"新时代文明实践活动——雷锋志愿服务项目创投大赛"并分获优秀奖和银奖。

【图书馆建设】 图书馆充分发挥思想教育职能，把握正确方向。实行线下闭馆、线上开馆服务，丰富广大读者防疫期间精神文化生活。充分利用微信公众号平台，与博看、超星、国图协会联合，推出疫情防控好书推荐及移动数字图书馆线上阅读服务，开展新型冠状病毒肺炎防控知识竞赛线上答题活动，在做好疫情防控工作宣传的同时，活跃线上阅读的氛围。线上阅读浏览量7万人次，阅读1600余册90万页，听书2000余册20万余分钟。举办"读联体"网上抗疫知识竞赛1期，100余人参加。在第25个世界读书日，开展《中华人民共和国图书馆法》知识竞赛，在提升馆员业务素质的同时，也使更多读者了解了《中华人民共和国图书馆法》，活跃线上活动氛围。闭馆期间组织全体馆员参加中国图书馆学会组织的在线讲座，提升馆员业务能力。2020年6月1日—5日，图书馆组织全体工作人员，对全县图书馆、便民书吧及农家书屋进行了图书抽查清理，未发现非法出版物。

【文化扶贫惠民工程】 开展"2020年庚子鼠年春节系列活动"图书展板巡展、"书香飘万家·亲子共阅读"——竹林社区感恩母亲节活动、"赋活文化，赋能未来"、战疫"与爱同行"公共数字文化智能服务项目；持续开展"我是小小领读员"系列活动共22场次，参与人数700多人；开展"四点半课堂"公益服务，引导孩子们完成语文、数学、英语课后作业；开展"与爱同行　关爱老人"新时代文明实践志愿服务活动，在全社会营造尊重老人、关爱老人的良好氛围。

【非遗文化交流】 在"5·18"国际博物馆日、自然和文化遗产日活动中，隆德、盐池两县在国家级非遗项目、自治区级非遗传承基地魏氏砖雕展示馆开展了互观互学非遗交流展示活动，先后参观了陈靳乡新和村高台马社火、隆德花灯、人造花工业园区等传承基地，高台马社火、泥塑、砖雕、剪纸、刺绣、农民画、社火脸谱、戏剧等30余名非遗传承人现场进行了展示和交流学习。通过散发传单、悬挂横幅、秦腔展演等形式，对"非遗"技艺和传承保护政策法规进行广泛宣传，让全社会直观了解非遗保护的相关知识，促进社会各界更加深入了解、认知隆德丰富多彩的非物质文化遗产，进一步营造全社会共同关心、支持、参与文化遗产和文物保护的良好环境，推动广大民众文化遗产保护的意识，铸牢意识形态阵地。

【文化执法】 按照疫情防控指挥部的要求，第一时间给全县旅游景区（景点）、KTV、网吧、宾馆、农家乐等场所下发了停业公告，并不定期地进行巡查检查。严格落实安全生产工作责任制。随着疫情缓解，旅游景区陆续开放，坚持把安全生产和消防工作落实到每一个环节，开展安全隐患大排查，把风险隐患消灭在萌芽之时，确保全县文化旅游市场安全有序运行。发挥执法合力，主动协调应急、公安、市监、卫生等部门做好联合检查，对人员聚集场所、星级旅游饭店、3A级旅游景区等进行拉网式检查，发现隐患及时解决。重点做好旅游景区、农家乐、KTV、网吧等场所的安全隐患排查工作，做好复工前的安全检查，确保安全有序开放。

【创建国家公共文化服务体系示范区】 为凤岭乡等6个乡镇文化站、25个村综合文化服务中心电子阅览室配备计算机桌凳等设施设备，打通公共文化服务"最后一公里"。对陈靳乡等16个乡村文化舞台进行封闭改造，提升乡村文化舞台的使用功能。试点建成以县级文化馆、图书馆为总馆，凤岭乡文化站、红崖社区综合文化活动中心分馆，村综合文化服务中心为服务点的总分馆服务体系，推动公共文化服务向基层延伸。完成广电惠民工程入户300户，城乡网络覆盖率超过95%，有线电视入户率超过60%。

【文化创作活动】 举办"同心共圆中国梦"隆德春晚和以"文旅大集·欢乐大年"为主题的隆德腊八节民俗活动。在疫情防控期间，非遗传承人采用各类形式，创作30余项作品，助力打赢疫情防控阻击战；图书馆开展《博看书苑》《战疫书柜》《博看有声》《博看朗读》《读联体》《超星读书》《QQ阅读》《中国大百科全书》《微信图书馆》等在线阅读模块，做到线下闭馆、线上开馆，做到文化服务"不打烊"，丰富文化活动的内容和内涵，浏览量达到36.5万人次，阅读时长48.4万分钟，视听120.9万分钟。

【文物保护】 利用"5·18"国际博物馆日、自然和文化遗产日，组织人员在县城、乡镇街道、学校、村庄进行文物知识宣讲。通过悬挂横幅、制作展板、发放宣传材料、知识讲座等方式对广大人民群众进行文物知识的宣传和普及，对人们走进文物、了解文物，保护和传承文化遗产开拓了新途径、新方法。对全县21处已公布的文物保护单位进行全方位重点安全巡查，对全县未公布的文化遗存进行安全督查。全县文物保护单位保护状况良好，无田野文物盗掘现象发生。完成上齐遗址、车路沟遗址、周家嘴头遗址、梁堡遗址的文物保护碑更换、重植。与甘肃文博服务中心合作完成了《隆德博物馆可移动文物预防性保护方案》和《国家文物保护利用示范区创建申请书》，现已将保护方案上报自治区文物局等待项目审批通过。

【文化产业发展】 制定出台《隆德县全域旅游发展规划》《隆德县文化产业发展规划》和《隆德县文化旅游产业发展扶持政策》等文件。重点扶持泥塑、砖雕、人造花、剪纸、刺绣、花灯等产业，实现规模化生产。为激发文化消费市场的活力，泥塑、砖雕、固原有礼等文化产业，研发满足消费市场的伴手礼、随身礼品，销量良好，花灯产品专利已申报。通过多措并举，文化产业稳步推进，全县文化产值达4200万元。

【全域旅游】 编制完成《隆德县旅游攻略》和"十四五"规划，加快推进全域旅游发展，引领全域旅游示范县创建工作，提升隆德文化旅游业吸引力和竞争力，助推隆德社会经济繁荣发展。2020年争取项目资金777万元建设旅游厕所13座：第一批旅游厕所建设项目（7座），共投资400万元，全部完成建设任务并移交使用；第二批旅游厕所建设项目（6座），投资377万元，已全部竣工并交付使用。完善旅游标识系统，共投资201万元，安装42块旅游标识牌。

【旅游安全】 为重点做好疫情防控工作，扎实开展市场监管工作，针对疫情指挥部各种文件要求，积极配合，把旅游安全工作作为重中之重，与日常工作相结合，组织工作人员对所辖范围内涉旅企业进行安全检查24次，重点对景区（景点）、农家乐经营场所、娱乐场所进行分片区设专人全面排查，营造良好、安全稳定的旅游环境。全县旅游业直接性营业收入460万元，旅游社会总收入1.55亿元。

退役军人事务

【服务保障体系】 1个县级退役军人服务中心，13个乡镇、99个行政村、10个社区退役军人服务站全部挂牌运行工作，人员全部到位。办公场所，严格按照文件要求统一布置，实现"五有"和"全覆盖"的目标要求。

【移交安置工作和就业创业】 对于符合政府安置条件的5名退役士兵及时进行安置，安置率达到100%。举办2020年退役士兵职业技能培训，对30名新退役士兵进行挖掘机驾驶技术培训，举办专场招聘会，20人达成就业意向。

【优抚对象服务】 结合春节、八一建军节等重大节日开展送"喜报"和"情系边海防官兵"慰问活动，共走访慰问现役军人、困难退役军人100余人次，发放慰问金及慰问品20余万元。每月及时发放优抚资金，确保党和国家的各项优抚政策落到实处。为全县579名优抚对象及60岁以上农村退役士兵共计发放生活补助金235.3万元，价格补贴资金5.93万元；为2019年12名高原兵发放奖励金24万元；为87名困难退役军人发放医疗救助金3.4万余元，发放门诊费10.24万元，组织疗养5人；组织全县128名重点优抚对象进行免费体检。

【革命烈士纪念活动】 开展"致敬·2020清明祭英烈"和"烈士纪念日"网上祭扫活动，大力营造热爱祖国、尊崇英烈的社会氛围，在"隆德发布"、"隆德广电"等公众号发布倡议书，号召广大人民群众在疫情防控特殊时期，通过网络祭奠的方式,来表达对烈士的缅怀之情,同时联合团委、教体局在全县中小学集中开展祭扫活动,参与人数500余人次。

【退役军人事务管理】 开展隆德县退役军人事务系统"思想政治工作年"活动,建立退役军人党员管理台账和联系机制,配合实施退役军人"村官培养工程",培养一批"兵支书""兵委员";开展退役军人诉求大调研、大排查、大走访活动,排查各类历史遗留问题,精准梳理各类退役军人群体利益诉求,同时制定常态化联系退役军人制度,通过与重点优抚对象"结对子",深入了解退役军人实际情况,听取联系对象的意见建议,做到常态化联系困难帮扶。

【退役军人服务保障机制】 成立隆德县退役军人服务中心,乡镇、村、社区成立退役军人服务站。乡镇服务站站长全部由副科级领导担任,并配备一名专(兼)职工作人员;各村(社区)服务站站长由村(社区)党支部书记担任,做到人员到位、责任明确。县级服务中心面积100平方米,按照"一厅、四室、六窗口"标准进行规范化建设,办公设备配备齐全。乡镇设立面积不少于30平方米的退役军人接待室,便民中心设立工作窗口;村(社区)设立不少于16平方米的退役军人接待室。

【退役军人建档立卡】 做到一人一档、分类建档。完成退役军人个人信息登记表、"三属"(烈士遗属、因公牺牲军人遗属、病故军人遗属)信息登记表、现役军人家属信息登记表。全县信息采集总人数2522人,其中,军队转业干部34人、退役士兵1926人、残疾军人28人、烈士遗属35人、现役军人499人。开展光荣牌悬挂工作,全县共悬挂光荣牌2473人次。制定常态化联系帮扶困难退役军人制度,对全县重点优抚对象进行结对帮扶。

【荣誉激励】 八一建军节举办"双拥专场晚会",大力营造拥军优属和崇军的社会氛围;牵头成立隆德县国防教育志愿服务队。在烈士纪念日及清明节期间开展公祭活动,悼念逝者,缅怀英烈,开展书画、文艺进军营活动,不断推动军民融合发展。开展全县"最美退役军人""最美军嫂"选树活动,评选出"最美退役军人"7名、"最美军嫂"2名。组织慰问军分区、驻隆部队、重点优抚对象和军属,发放慰问金10万元。

民 政

【概况】 截至2020年底,全县有城乡低保对象13919户19999人(农村低保11241户15217人,城市低保2678户4782人);有重度残疾人4632人、生活困难残疾3655人、高龄老人1890人、孤儿158人、特困供养人员805人(分散供养471人,集中供养334人,集中供养率为41.49%)。共发放社会救助资金1.22亿元,其中,低保资金8670万元(农村低保资金5800万元),临时救助资金1078万元,残疾人护理补贴460.2万,生活补贴448.6万,孤儿养育资金108万元,特困津贴720万元,高龄津贴769万元。有社会福利院等7所敬老院,其中,第三敬老院和第二老年活动中心为公办民营机构。先后建成72个农村社区服务站、95个农村老饭桌、38个农村幸福院、7个城市社区日间照料中心、3

所互助养老院。在县社会福利院投入资金进行无障碍设施改造，建成"医养结合"服务中心。

【低保保障制度兜底脱贫】 提高农村低保兜底保障水平。从2020年起，提高城乡居民低保保障标准。将城市低保A类由560元／人·月提高到600元／人·月、B类由480元／人·月提高到520元／人·月、C类由380元／人·月提高到410元／人·月；将农村低保A类由400元／人·月提高到500元／人·月、B类由320元／人·月提高到400元／人·月、C类由210元／人·月提高到245元／人·月。扩大低保保障范围。对受疫情影响导致家庭困难的城乡居民、城镇失业人员满足条件的及时纳入低保范围，做到应保尽保。深化低保审批全县下放乡镇工作，实现低保审批和监督职能的有效分离，定期或随时抽查低保审批服务情况，随时调整纠正工作中的偏差，破解民政部门监管难题。规范社会救助资金监管。按照自治区民政厅、财政厅、银保监会《关于进一步加强社会救助资金监管工作的实施意见》文件精神，从2020年7月起，县民政局、财政局不再将社会救助资金（除临时救助备用金）划拨各乡镇，确保"钱权分离"。深化两项政策衔接。通过农村低保制度与扶贫开发政策的有效衔接，形成政策合力，将贫困人口全部纳入社会保障范围。依托驻村（居）干部、村（居）干部、社区网格员，将符合条件未实现"两不愁三保障"的农村低保对象、特困人员按规定纳入兜底保障范围，实现应保尽保。实行低保渐退机制。对已脱贫的建档立卡户人均收入超过低保标准的对象给予12至18个月以内的低保渐退期，低保渐退期内收入或就业稳定的，到期后给予清退。

【临时救助制度】 贯彻落实《宁夏回族自治区临时救助办法》和《宁夏回族自治区临时救助工作规程》，发挥好临时救助在脱贫攻坚中的应急、过渡、衔接、补充作用，简化优化临时救助审核审批程序，提升临时救助时效性，加强临时救助和低保政策衔接。发放临时救助资金1078万元，妥善解决城乡困难群众突发性、临时性生活困难。

【特困人员救助供养】 切实做好残疾人两项津贴发放工作，严格落实困难残疾人生活补贴和重度残疾人护理补贴两项制度。发放残疾人护理补贴460.2万、生活补贴448.6万。推动建立孤儿基本生活养育自然增长机制。2020年起，社会散居孤儿津贴标准由每人每月737元提高到937元，每人每月增加200元；将农村特困人员的供养标准由原412元／人·月提高到520元／人·月。共发放孤儿养育资金108万元、特困津贴720万元、高龄津贴769万元。

【疫情期间生活保障】 疫情发生后，第一时间对养老机构进行封闭式管理，自1月25日开始，7所养老机构全面实行封闭式管理，严禁所有人员出入，并由民政局统一管理。民政局领导每人包干2~3所养老机构，协调处理各养老机构存在的实际问题，指导各养老机构开展疫情防控工作。做好物资保障和疫情防控相关人员生活保障，提前与物资供应超市联系，安排职工专门跟随配送，确保各卡点工作人员和隔离人员的基本生活保障。积极与各乡镇协调做好预检分诊点工作人员生活保障，安排各卡点人员到就近的老饭桌或者餐馆就餐，并指定专人作为联络人，协调处理工作人员生活保障问题。与餐饮单位联系，为县城各卡点及隔离点工作人员和隔离人员送去三餐，解决工作人员后顾之忧。做好疫情防控期间困难群众生活救助工作，对全县分散供养对象、留守老人、留守儿童和困境儿童等基本生活状况进行全面摸底调查。采购面粉、大米等生活必需品进行上门派送，切实保障疫情防控期间"一老一小"等困难群体的基本生活。同观庄乡党委、政府开展疫情防控慰问活动，为居家隔离及生活困难群众和疫情防控查验点工作人员送去米、面、油等基本生活用品，进一步夯实新冠肺炎疫情防控保障基础，增强广大群众战胜疫情的信心和决心。

【社会服务】 健全农村留守人员关爱服务体系。新建老年养护院及6所农村老饭桌，进一步提高养老服务能力，加大养老机构覆盖面，为全县3.2万60岁以上的老年人购买老年人意外伤害综合保险，发挥商业保险在养老保障中的作用。加强农村留守儿童关爱保护。推广使用全国农村留守儿童和困境儿童信息系统，指导105名留守儿童督导员进一步提升业务水平以更好地服务留守儿童。

【基层社会治理】 推进基层政权建设，全力做好换届工作。向各乡镇印发了村民委员会换届选举工作手册和选举规程，并根据村（居）民委员会组织法和选举规程，严格换届程序，严格法律法规。逐一摸排现任村"两委"干部的基本情况和存在问题，对换届前"两委"班子情况、村干部思想状况等进行调研，做到换届人选心中有数、影响选举的问题心中有数，为村"两委"换届选举工作的平稳进行和顺利开展打好坚实基础。成立村级"两委"换届选举工作领导小组，派9名干部，赴各乡镇全程参与，具体指导村级"两委"换届选举工作，进一步督促各镇（办）严把人选条件，严格程序步骤、严守换届纪律，确保换届选举工作平稳推进。全县13个乡镇104村均已顺利完成换届选举。

【社会组织建设】 发挥社会组织参与社会治理的重要作用。提升基层社会治理水平，坚持村（社区）干部人选县级联审机制和党组织书记县级备案管理制度，规范村（社区）"两委"换届选举。加快社区工作者职业体系建设，引导社区干部担当作为。加强社会组织党的建设，推进党的组织和党的工作有效覆盖，引导社会组织自觉承担社会责任、强化服务功能、提升服务质量。持续推进村（社区）减负增效，提高基层服务人员待遇。深化社会组织管理制度改革，稳妥推进社会组织直接登记，深化行业协会商会与行政机关脱钩改革。落实政府购买服务、财政税收优惠等政策措施，探索社会组织孵化培育和奖励制度，支持社会组织承接政府公共服务事项，参与基层社会治理。

劳动就业

【概况】 以创新工作机制、稳定和扩大就业、完善社会保障体系、深化人事制度改革、构建和谐劳动关系等工作为重点，求真务实，开拓创新，在第四届"中国创翼"创业创新大赛宁夏赛区选拔赛中，隆德县积极参与，成为参赛项目最多、获奖最多的县（区）。辛宝同参赛的《宁夏隆隆薯闽宁助残商贸中心》获得全区一等奖，刘武参赛的《六盘山道地中药材·防治"新冠肺炎"新贡献新作为》获得二等奖。由宁夏回族自治区商务厅、宁夏回族自治区财政厅主办的"成就2020

全民电商节"宁夏电商创新应用案例20强荣誉发布,隆德县推荐的隆德县六盘山工业园区企业宁夏湘隆科技有限公司荣誉上榜,是固原市唯一入围的电商企业。

【"铁杆庄稼保"工作】 在全区率先产生第一批154名农村转移就业人员"铁杆庄稼保"保单,并在全区"铁杆庄稼保"工作交流会上进行交流发言。多次组织各乡镇召开工作推进会,加快推进落实"铁杆庄稼保"政策,让转移就业劳动力吃上"定心丸",没有后顾之忧。全县共购买"铁杆庄稼保"19183人,完成下达任务16500人的116.26%。

【就业创业政策落实】 疫情防控期间,隆德县按照"点对点、一站式"原则,做好外出务工人员"出家门、上车门、下车门、进厂门"暖心服务工作,定点向福建、深圳、新疆等地输送务工人员1365人,其中,福建方向164人(建档立卡124人),点对点服务交通补贴31万元。出台《隆德县人民政府办公室关于印发隆德县应对新冠肺炎疫情期间支持六盘山工业园区稳定就业和企业发展若干措施的通知》(隆政办发〔2020〕19号)文件,县财政拨付370万元,帮助六盘山工业园区企业复工复产。对1201名务工人员发放交通补贴36.03万元,其中,复工补贴4974人次,99.48万元,复工员工免费体检费用3.3万元。发放稳岗补贴56.7万元、厂房补贴42.93万元,减免供热补贴16.55万元,带动了城乡劳动力就地就近就业并促进了县域经济的快速发展。

【劳动就业】 坚持把疫情防控与稳就业工作作为最大政治任务和民生工程,着眼"一人就业,全家脱贫",多渠道拓宽劳动力就业门路,确保在疫情防控期间稳定就业、增收有路。出台《关于进一步支持六盘山工业园区稳定就业岗位和企业发展的若干措施》(隆政发〔2020〕19号),加大支持创业孵化载体运营扶持力度,进一步激发园区企业就业活力,为工业园区企业发放30万元运营补贴;对新入职稳定就业6个月以上的建档立卡户每人给予4800元补贴(普通户3000元补贴),为复工返岗职工每人发放300元的返岗交通生活补贴;依托县内各类扶贫车间、县内重点项目,吸纳贫困户劳动力就地就业,已向工业园区各复工企业输送务工人员1110人(其中建档立卡户228人);完善基层治理体系,提高基层治理能力。加大公益性岗位购买计划,对难以转移就业的建档立卡贫困劳动力托底安置就业,购买公益性岗位1020人(城岗120人,农岗900人)。通过多种措施,切实解决就业困难人员就业问题,疫情防控期间全县转移就业4.1万人(县外转移2.5万人,县内转移1.6万人),实现工资性收入7.6亿元,城镇新增就业1495人。

【技能培训】 根据市场用工需求和城乡劳动力培训意愿,以建档立卡贫困人口为重点,大力开展劳动力素质提升工程培训,扎实推进全县劳动力职业技能培训全覆盖,实现劳动力素质提升培训与精准脱贫的有效对接。开展劳动力素质提升培训5247人(建档立卡贫困户劳动力2432人)。支持创业带动就业。积极鼓励贫困群众自主创业致富,优先解决贫困群众在创业过程中融资难问题,免费为其开展创业培训和创业指导。发放创业贷款236户3615万元。开展创业培训210人,创业指导服务236人。加大失业保险稳岗返还力度。为符合条件的46家企业，发放失业保险稳岗返还补贴50.98万元，惠及职工1215人。

【全民参保】 城镇职工基本养老、失业和工伤保险参保人数分别达到9348人、5096人和12960人，分别完成目标任务的98.4%、99%和108%；城乡居民基本养老保险参保70330人，完成目标任务的103%。为全县18617名建档立卡贫困人员代缴养老保险费。按照国务院办公厅《关于印发降低社会保险费率综合方案的通知》的要求，落实降低社会保险费率政策，企业职工基本养老保险单位缴费比例从20%下调至16%，并且将阶段性降低失业保险、工伤保险费率政策延长至2020年年底。为全县108家企业累计减免养老保险、失业保险费单位缴费部分610.56万元、319.98万元，为89家企业累计减免工伤保险费单位缴费部分28.9万元。实施被征地农民参加养老保险，按照"先保后征，应保尽保"的原则，参保率和征缴率均达到100%。现已办理参保登记手续2320人，核定且缴费2056人，478人已享受被征地农民养老金待遇，征缴养老保险费12097万元，发放养老金3006.5万元。

【社会保险待遇】 城乡居民基本养老保险享受待遇19374人，认证16405人，发放0.32亿元；机关事业单位基本养老保险享受待遇2484人，认证2263人，发放2.52亿元；企业职工基本养老保险享受待遇4087人，认证3115人，发放0.98亿元。

【劳动保障监察执法】 开展"六个率"（建设项目在办理施工许可证之前，必须缴纳农民工工资保证金，落实劳动合同签订与备案、分账管理、实名制管理等规定，按工程进度落实不低于22%的进度款拨付）专项检查，切实维护劳动者的合法权益。共开展专项检查6次，涉及13个建设工程领域项目的1700名劳动者；农民工工资保证金账户余额1682万元；农民工工资银行支付率为98%，实名制管理率、农民工工资与工程款分账管理率、22%进度款拨付率均为100%。受理劳动争议仲裁案件共7件，已办结7件，结案率达100%。完成企业劳动合同签订636份，签订率达99%。贯彻落实《中华人民共和国劳动保障法》《保障农民工工资支付条例》，规范用人单位劳动用工行为，对全县26家用人单位开展检查，涉及职工人数共362人，有效地规范了隆德县用人单位劳动用工行为，维护了劳动关系和谐稳定。共接待投诉来访者43人次，为46名劳动者追发拖欠工资84万元。切实维护受伤职工的合法权益，调查取证工伤事故27起。

【人才建设】 做好人才开发和人事管理服务，为全县经济社会发展提供人才智力保障。完成3988名机关事业单位人员晋级升档审批工作，调整1340名工作人员乡镇补贴。坚持"人才向基层一线流动"的原则，通过公开招聘形式，补充基层一线事业单位工作人员。2020年招聘事业单位工作人员38人。按照事业单位工作人员考核等相关规定，完成2019年度55个事业单位4083名人员考核备案。落实职称评审向基层倾斜的政策要求，引导各类人才向基层集聚。为5家企业推荐、评定专业技术职称18人，为67名事业单位人员评定初级职称。现有自治区青年拔尖人才6人、自治区青年后备人才1人、六盘名师2人。有2人分获"马云乡村教师计划"奖和"马云乡村校长计划"

奖，1人被教育部授予"全国优秀教师"荣誉称号。2019年确认固原市"六盘名师"培育对象8人，"六盘名校长"培育对象6人。

【评先选优】 贯彻落实《事业单位工作人员奖励规定》（人社部规〔2018〕4号），做好隆德县事业单位工作人员推荐评选和奖励工作。全县推选出110名模范个人，其中自治区49名、固原市61名，推选模范集体40个，其中20个自治区集体、20个固原市集体。在全县事业单位中开展脱贫攻坚专项奖励工作，全县确定给予记功奖励的集体1个（由相关单位推荐），记功奖励个人4名，嘉奖集体7个，嘉奖个人19名。

表彰奖励

2020年全县效能目标管理考核奖

一、乡镇（13个）

第一组（7个）

优秀等次（3个）：城关镇　沙塘镇　温堡乡

良好等次（4个）：杨河乡　观庄乡　联财镇
　　　　　　　　　神林乡

第二组（6个）

优秀等次（2个）：凤岭乡　张程乡

良好等次（4个）：好水乡　陈靳乡
　　　　　　　　　奠安乡　山河乡

二、县委部门（单位）、群团组织及人大、政协机关（18个）

优秀等次（7个）：县委办（政研室）　组织部
　　　　　　　　　宣传部（网信办、融媒体中心）
　　　　　　　　　纪委监委（巡察办）　政法委
　　　　　　　　　人大办　政协办

良好等次（11个）：统战部　妇联　团委
　　　　　　　　　残联　编办　工会
　　　　　　　　　科协　党校　工商联
　　　　　　　　　档案馆　文联

三、县政府机关单位（26个）

综合经济管理部门（9个）

优秀等次（4个）：政府办　水务局
　　　　　　　　　农业农村局　发改局

良好等次（5个）：财政局　住建局　扶贫办
　　　　　　　　　交通局　自然资源局

社会管理服务部门（17个）

优秀等次（7个）：卫健局　教体局　公安局
　　　　　　　　　人社局　民政局　司法局
　　　　　　　　　统计局

良好等次（10个）：文广局　城市公共服务中心
　　　　　　　　　科技局　审批服务管理局
　　　　　　　　　医保局　审计局　市监局
　　　　　　　　　机关事务服务中心
　　　　　　　　　应急管理局　退役军人事务局

四、区〈市〉属单位（20个）

优秀等次（7个）：生态环境局　税务局　供电局
　　　　　　　　　信用联社　农行　人行
　　　　　　　　　村镇银行

良好等次（13个）：气象局　建行　调查队
　　　　　　　　　移动公司　电信公司

邮政公司　邮储银行
烟草局　人寿保险公司
人保财险公司　网络公司
新华书店　联通公司

观庄乡人民武装部
城关镇人民武装部

五、人武部、六盘山工业园区管委会

按照自治区督检考办结果，人武部、六盘山工业园区管委会参照自治区考核结果确定为良好等次。

二、练兵备战先进单位（3个）

卫生健康局　民政局
宁夏交投高速公路管理有限公司隆德收费站

三、练兵备战先进个人（5人）

人武部职工	苏　斌
民兵应急连基干民兵	张彦虎
民兵应急连基干民兵	杨泽州
沙塘镇武装干事	周长俊
好水乡人民武装部部长	马敦海

▶ 2020年全县武装工作先进单位和先进个人

一、基层建设先进单位（3个）

温堡乡人民武装部

▶ 隆德县2020年获奖情况一览表

序号	奖项名称	颁奖单位	颁奖时间	文号依据（名称和文号）	奖励等级	备注
1	全国巾帼脱贫示范基地	全国妇联	2020年6月	妇厅字〔2020〕47号全国妇联办公厅《关于命名2020年度"全国巾帼脱贫示范基地"的通知》	省部级	
2	全国家庭教育创新实践基地	全国妇联	2020年5月	妇厅字〔2020〕35号全国妇联办公厅、教育部办公厅《关于命名"全国家庭教育创新实践基地"的通知》	省部级	
3	全国家庭亲子阅读体验基地	全国妇联	2020年4月	全国妇联家庭和儿童工作部《关于命名第二批全国家庭亲子阅读体验基地的通知》	省部级	
4	自治区家庭工作先进集体	自治区妇联	2020年9月	宁夏新闻网"宁夏'五好家庭''最美家庭'名单揭晓，看看谁上榜了"	厅局级	

续表

序号	奖项名称	颁奖单位	颁奖时间	文号依据（名称和文号）	奖励等级	备注
5	隆德县荣获全区青贮饲料质量评鉴三等奖	自治区畜牧工作站	2020年9月		厅局级	颁发奖牌
6	自治区级畜禽养殖标准化示范场	农业农村厅	2019年12月	2019年度畜禽养殖标准化示范场验收结果公示获奖奖牌	厅局级	颁发奖牌
7	隆德县荣获全国卫生县城称号	全国爱国卫生运动委员会	2020年7月29日	全爱卫发〔2020〕1号全国爱卫关于命名2017—2019周期国家卫生乡镇（县城）的决定	先进集体	
8	全区抗击新冠肺炎疫情先进集体（隆德县人民医院）	宁夏回族自治区党委政府	2020年9月	奖牌	先进集体	
9	获2019年度健康宁夏建设考核二等奖	自治区健康宁夏建设领导小组	2020年1月16日	宁健组发〔2020〕1号 自治区健康宁夏建设领导小组关于兑现2019年度健康宁夏建设考核以奖代补资金的决定	二等奖	
10	获2019年度健康固原建设目标管理二等奖	固原市健康固原建设领导小组办公室	2020年4月29日	固健组发〔2020〕1号 关于表彰2019年度健康固原建设目标管理考核绩效先进集体的决定	二等奖	
11	全区爱国卫生工作先进集体	宁夏回族自治区爱国卫生运动会	2020年1月	奖牌	先进集体	
12	"人口老龄化国情区情下"暨"老年健康西部行"项目最佳组织单位（隆德县卫生健康局）	宁夏回族自治区老龄健康服务中心	2020年6月	奖牌	最佳组织单位	

续表

序号	奖项名称	颁奖单位	颁奖时间	文号依据（名称和文号）	奖励等级	备注
13	宁夏护理学会"通讯报道最佳宣传奖"（隆德县人民医院）	宁夏护理学会	2020年5月	荣誉证书		
14	教育扶贫案例《共圆读书梦，一个都不少》入选全国教育扶贫典型案例	教育部脱贫攻坚工作领导小组办公室、北京师范大学中国扶贫研究院	2020年3月	https://ccprr.bnu.edu.cn/tzgg/90134.html	省部级	县教育体育局
15	2020年度"全国青少年人工智能活动特色单位"	中国科协青少年科技中心、中国科协科普活动中心	2020年6月	http://www.cyscc.org/News/noticeView.aspx?AID=246006 《关于公布2020年度"全国青少年人工智能活动特色单位"的通知》（科协青发〔2020〕15号）	省部级	隆德二中
16	2020年度"全国青少年人工智能活动特色单位"	中国科协青少年科技中心、中国科协科普活动中心	2020年6月	http://www.cyscc.org/News/noticeView.aspx?AID=246006 《关于公布2020年度"全国青少年人工智能活动特色单位"的通知》（科协青发〔2020〕15号）	省部级	隆德三小
17	2020年全国青少年校园篮球特色学校	教育部	2020年10月	http://www.moe.gov.cn/jyb-xxgk/s5743/s5745/A17/202009/t20200925-490760.html 《关于2020年全国青少年校园篮球、排球、冰雪体育传统特色学校等认定结果的公示》	省部级	观庄中学
18	2020年全国青少年校园篮球特色学校	教育部	2020年10月	http://www.moe.gov.cn/jyb-xxgk/s5743/s5745/A17/202009/t20200925-490760.html 《关于2020年全国青少年校园篮球、排球、冰雪体育传统特色学校等认定结果的公示》	省部级	隆德一小
19	2020年全国青少年校园排球特色学校	教育部	2020年10月	http://www.moe.gov.cn/jyb-xxgk/s5743/s5745/A17/202009/t20200925-490760.html 《关于2020年全国青少年校园篮球、排球、冰雪体育传统特色学校等认定结果的公示》	省部级	高级中学

续表

序号	奖项名称	颁奖单位	颁奖时间	文号依据（名称和文号）	奖励等级	备注
20	全区青少年模拟政协提案征集活动评审最佳提案（中学中职组）	共青团区委	2020年2月	《全区青少年模拟政协提案征集活动评审结果的情况通报》	厅局级	职业中学
21	第一批自治区文明校园	自治区精神文明建设指导委员会	2020年4月	《关于继续确认的自治区文明城市、文明行业、文明村镇、文明单位、文明校园暨新命名的第十八批自治区文明村镇、文明单位和第一批自治区文明校园的通报》（宁文明委〔2020〕5号）	厅局级	隆德二中
22	第一批自治区文明校园	自治区精神文明建设指导委员会	2020年4月	《关于继续确认的自治区文明城市、文明行业、文明村镇、文明单位、文明校园暨新命名的第十八批自治区文明村镇、文明单位和第一批自治区文明校园的通报》（宁文明委〔2020〕5号）	厅局级	隆德一小
23	2018年全区青少年校园足球和学校体育项目绩效评价优秀等次	教育厅	2020年4月	《自治区教育厅办公室关于限期整改2018年全区青少年校园足球和学校体育项目绩效评价发现问题的通知》（宁教办函〔2020〕50号）	厅局级	县教育体育局
24	全区五四红旗团支部（团总支）	共青团区委	2020年4月		厅局级	普高教育集团高二年级团总支
25	第35届宁夏青少年科技创新大赛十佳科技教育创新优秀学校	区科协 教育厅 科技厅 生态环境厅 区团委	2020年5月	《关于公布第35届宁夏青少年科技创新大赛获奖名单的通知》（宁科协发普字〔2020〕30号）	厅局级	隆德三小
26	自治区100所创新素养教育领航学校（幼儿园）培养建设对象	教育厅	2020年5月	《自治区教育厅关于完善评价体系全面推进创新素养教育工作的通知》（宁教基〔2020〕95号）	厅局级	隆德一幼

续表

序号	奖项名称	颁奖单位	颁奖时间	文号依据（名称和文号）	奖励等级	备注
27	自治区100所创新素养教育领航学校（幼儿园）培养建设对象	教育厅	2020年5月	《自治区教育厅关于完善评价体系全面推进创新素养教育工作的通知》（宁教基〔2020〕95号）	厅局级	隆德二幼
28	自治区100所创新素养教育领航学校（幼儿园）培养建设对象	教育厅	2020年5月	《自治区教育厅关于完善评价体系全面推进创新素养教育工作的通知》（宁教基〔2020〕95号）	厅局级	隆德一小
29	自治区100所创新素养教育领航学校（幼儿园）培养建设对象	教育厅	2020年5月	《自治区教育厅关于完善评价体系全面推进创新素养教育工作的通知》（宁教基〔2020〕95号）	厅局级	张程小学
30	自治区100所创新素养教育领航学校（幼儿园）培养建设对象	教育厅	2020年5月	《自治区教育厅关于完善评价体系全面推进创新素养教育工作的通知》（宁教基〔2020〕95号）	厅局级	隆德二中
31	自治区100所创新素养教育领航学校（幼儿园）培养建设对象	教育厅	2020年5月	《自治区教育厅关于完善评价体系全面推进创新素养教育工作的通知》（宁教基〔2020〕95号）	厅局级	张程中学
32	宁夏首届幼儿体育大赛体育道德风尚奖	教育厅	2020年6月	《关于2019年宁夏回族自治区学生体育竞赛获奖名单及比赛成绩的通报》（宁教体卫〔2020〕19号）	厅局级	隆德四幼
33	宁夏首届小学生阳光体育羽毛球比赛体育道德风尚奖	教育厅	2020年6月	《关于2019年宁夏回族自治区学生体育竞赛获奖名单及比赛成绩的通报》（宁教体卫〔2020〕20号）	厅局级	隆德二小
34	第二届宁夏大中专校园马拉松接力赛全程马拉松接力赛中职组第一名	教育厅	2020年6月	《关于2019年宁夏回族自治区学生体育竞赛获奖名单及比赛成绩的通报》（宁教体卫〔2020〕21号）	厅局级	职业中学

续表

序号	奖项名称	颁奖单位	颁奖时间	文号依据（名称和文号）	奖励等级	备注
35	第二届宁夏大中专校园马拉松接力赛半程马拉松接力赛中职组第五名	教育厅	2020年6月	《关于2019年宁夏回族自治区学生体育竞赛获奖名单及比赛成绩的通报》（宁教体卫〔2020〕22号）	厅局级	职业中学
36	2019年度教育工作先进单位（创新奖）	教育厅区政府教育督导委员会办公室	2020年7月	《自治区教育厅 自治区人民政府教育督导委员会办公室关于表彰2019年度教育重点工作和政府履行教育职责评价工作先进单位的通报》	厅局级	县教育体育局
37	宁夏社会科学普及教育基地	宁夏社会科学界联合会	2020年7月		厅局级	隆德一小
38	自治区毒品预防教育师范学校	自治区禁毒委员会	2020年7月		厅局级	隆德四中
39	自治区民族教育优秀教学成果评选优秀组织奖	教育厅	2020年8月	《关于公布民族教育优秀教学成果评选结果的通知》（宁教民〔2020〕149号）	厅局级	县教育体育局
40	第十批宁夏民族团结进步示范区示范单位	自治区民族事务委员会	2020年9月	https://mp.weixin.qq.com/s/EvXKVF1_I04YMu01fr0LsA	厅局级	张程小学
41	第三批五星级基层党组织	自治区教育工委办公室	2020年9月	《关于公布全区教育系统第三批五星级基层党组织和培养对象评定结果的通报》（宁教工委办〔2020〕5号）	厅局级	隆德二中党总支
42	第三批五星级基层党组织	自治区教育工委办公室	2020年9月	《关于公布全区教育系统第三批五星级基层党组织和培养对象评定结果的通报》（宁教工委办〔2020〕5号）	厅局级	隆德一小党总支

续表

续表

序号	奖项名称	颁奖单位	颁奖时间	文号依据（名称和文号）	奖励等级	备注
43	宁夏第五届青少年科学节电子制作科技活动小学组团体总分第二名	PEW国际电子创新大赛（中国）组委会、宁夏青少年科技辅导员协会	2020年9月		厅局级	隆德三小
44	宁夏第五届青少年科学节电子制作科技活动电路创新制作团体小学低段拼装组第一名	PEW国际电子创新大赛（中国）组委会、宁夏青少年科技辅导员协会	2020年9月		厅局级	隆德三小
45	宁夏第五届青少年科学节电子制作科技活动优秀组织单位	PEW国际电子创新大赛（中国）组委会、宁夏青少年科技辅导员协会	2020年9月		厅局级	隆德三小
46	固原市第二届"和教育杯"中小学电脑制作大赛活动优秀团体奖	固原市教育体育局	2020年1月	《关于公布第二届"和教育杯"中小学电脑制作大赛活动获奖名单的通知》（固教体函〔2020〕47号）	市局级	隆德一小
47	固原市第二届"和教育杯"中小学电脑制作大赛活动优秀团体奖	固原市教育体育局	2020年1月	《关于公布第二届"和教育杯"中小学电脑制作大赛活动获奖名单的通知》（固教体函〔2020〕47号）	市局级	隆德二小
48	固原市巾帼文明岗	固原市妇女联合会	2020年3月	《关于表彰2019年度固原市三八红旗手（集体）和城乡妇女岗位建功先进集体（个人）的决定》（固妇发〔2020〕4号）	市局级	隆德二中英语教研组
49	民族团结进步创建活动示范学校	固原市民族团结进步创建活动领导小组	2020年5月		市局级	张程小学
50	2019年度市级安全管理规范化学校（园）	固原市教育体育局	2020年10月	《关于命名2019年度市级安全管理规范化学校（园）申报2020年度市级安全管理规范化和消防安全标准化学校（园）的通知》（固教体函〔2020〕201号）	市局级	联财中学

续表

序号	奖项名称	颁奖单位	颁奖时间	文号依据（名称和文号）	奖励等级	备注
51	2019年度市级安全管理规范化学校（园）	固原市教育体育局	2020年10月	《关于命名2019年度市级安全管理规范化学校（园）申报2020年度市级安全管理规范化和消防安全标准化学校（园）的通知》（固教体函〔2020〕201号）	市局级	隆德二小
52	2019年度市级安全管理规范化学校（园）	固原市教育体育局	2020年10月	《关于命名2019年度市级安全管理规范化学校（园）申报2020年度市级安全管理规范化和消防安全标准化学校（园）的通知》（固教体函〔2020〕201号）	市局级	杨河小学
53	2019年度市级安全管理规范化学校（园）	固原市教育体育局	2020年10月	《关于命名2019年度市级安全管理规范化学校（园）申报2020年度市级安全管理规范化和消防安全标准化学校（园）的通知》（固教体函〔2020〕201号）	市局级	隆德四幼
54	2020年宁夏固原市"我爱足球"青少年足球邀请赛体育道德风尚奖	固原市足球协会	2020年10月		市局级	隆德三小
55	全区第十批民族团结进步示范县	自治区民委	2020年12月	《关于命名隆德县为"全区民族团结进步示范县"的决定》（宁民委发〔2020〕48号）	厅局级	
56	全区第十批民族团结进步示范单位	自治区民委	2020年12月	第十批民族团结进步示范区示范单位公示资料	厅局级	
57	隆德县荣获全国农村生活垃圾分类和资源化利用示范县	住房和城乡建设部办公厅	2020年8月1日	《住房和城乡建设部办公厅关于公布2020年农村生活垃圾分类和资源化利用示范县名单的通知》，将隆德县认定为"2020年农村生活垃圾分类和资源化利用示范县"，向全国推广学习经验和做法	厅局级	

续表

序号	奖项名称	颁奖单位	颁奖时间	文号依据（名称和文号）	奖励等级	备注
58	杨河乡工会被评为自治区模范职工之家，正在申报创建国家级模范职工之家	自治区总工会		奖牌	厅局级	
59	杨河乡创建自治区民族团结创建示范乡	自治区民委				
60	2019年全区共青团系统中获得县区考核一等奖	自治区团委	2020年1月	2019年宁夏共青团工作考核结果		
61	隆德县青年柳建宁荣获全国优秀共青团员荣誉称号	共青团中央	2020年5月	《共青团中央关于表彰"全国优秀共青团员""全国优秀共青团干部""全国五四红旗团委（团支部）"的决定》中青发〔2020〕8号		
62	隆德县总工会经审规范化工作考核	自治区总工会	2019年10月22日	《关于2018年全区经审工作规范化建设考核情况通报》（宁工审发〔2019〕10号）	一等奖	
63	理论调研征文	自治区总工会	2020年1月8日	《关于2019年度全区工会理论调研征文评选结果的通报》（第1期）	二等奖	
64	隆德四中2019年评为全区禁毒示范校	自治区禁毒委	2020年8月4日	《关于命名2019年度自治区毒品预防教育示范学校和社区戒毒社区康复示范点的决定》（宁禁毒委〔2020〕11号）	自治区级	颁发荣誉奖牌
65	隆德县公安局高速公路出口检查站荣获新冠肺炎疫情防控阻击战成绩突出集体	公安厅	2020年6月28日	《关于对新型冠状病毒感染肺炎疫情防控阻击战中成绩突出集体和个人的嘉奖令》（宁公奖字〔2020〕4号）	厅局级	文件

续表

序号	奖项名称	颁奖单位	颁奖时间	文号依据（名称和文号）	奖励等级	备注
66	隆德县公安局荣获全国两会安保工作成绩突出集体	公安厅	2020年6月22日	《关于对圆满完成2020年全国两会安保工作成绩突出集体和个人的嘉奖令》（宁公奖字〔2020〕8号）	厅局级	文件
67	公安厅贺电	公安厅	2020年2月8日	公安厅贺电（"4.03"系列跨区域盗窃案）	厅局级	公安厅贺电（"4.03"系列跨区域盗窃案）
68	公安厅贺电	公安厅	2020年3月19日	公安厅贺电（"1988.1.25"故意伤害致死案）	厅局级	公安厅贺电（"1988.1.25"故意伤害致死案）
69	集体三等功	固原市公安局	2020年4月22日	《关于给在新冠肺炎疫情防控工作中成绩突出的市公安局治安管理支队等集体和李金辉等个人记功嘉奖的命令》（固公奖字〔2020〕4号）	市局级	颁发荣誉奖牌
70	嘉奖	固原市公安局	2020年2月11日	《关于对在新型冠状病毒感染的肺炎疫情防控工作中成绩突出集体和个人嘉奖的命令》（固公奖字〔2020〕2号）	市局级	颁发荣誉奖牌（隆德县公安局）
71	嘉奖	固原市公安局	2020年2月11日	《关于对在新型冠状病毒感染的肺炎疫情防控工作中成绩突出集体和个人嘉奖的命令》（固公奖字〔2020〕2号）	市局级	颁发荣誉奖牌（隆德县公安局神林检查点）
72	嘉奖	固原市公安局	2020年2月11日	《关于对在新型冠状病毒感染的肺炎疫情防控工作中成绩突出集体和个人嘉奖的命令》（固公奖字〔2020〕2号）	市局级	颁发荣誉奖牌（隆德县公安局交警大队）
73	战疫模范	自治区党委、自治区人民政府	2020年9月30日	吕彦斌同志荣获"宁夏回族自治区抗击新冠肺炎疫情先进个人"称号	自治区级	颁发荣誉证书
74	通过公安高级执法资格考试				国家级	公安局3人通过

隆德县2020年创新亮点工作一览表

序号	亮点工作名称	申报证据简要描述
1	陈润儿、咸辉带队在隆德县观摩黄河流域生态保护和高质量发展先行区推进情况	9月15日,自治区建设黄河流域生态保护和高质量发展先行区第二次推进会在固原召开,自治区党委书记、人大常委会主任陈润儿,自治区党委副书记、自治区主席咸辉带领区直各有关单位、各市县(区)负责人来隆德县进行现场观摩,实地感习近平生态文明思想给隆德带来的翻天巨变、展现的实践伟力,学习隆德县在生态保护、生态修复、生态治理上的好经验、好做法,进一步坚定信心、鼓舞士气,努力建设黄河流域生态保护和高质量发展先行区
2	隆德县农村集体产权制度改革试点典型经验在全国推广	2018年3月隆德县被原农业部确定为全国农村集体产权制度改革试点县。两年来,通过加强统筹管理、形成改革共识,加强宣传学习、营造改革氛围,开展清产核资、厘清资产家底,把握政策界限、认定成员身份,科学设置股权、准确量化股份,创建集体组织、搭建运营载体等7项措施,取得了健全村集体经济组织、赋予经济组织成员合法权益、发展壮大村集体经济、分项改革发展成果、增强基层组织领导力等显著成效。探索建立了"资源变资产、资金变股金、农民变股东、收益有分红"的改革模式,结束了全县村集体经济"空壳村"的历史,成功探索出了"社员受益"与"集体创收"双赢的新路子,实现了强村富民的目标。自治区党委农办《宁夏乡村振兴要情》(第四期)刊发《科学规划谋改革 试点先行促增收》典型材料;自治区党委办公厅《综合信息》(第63期)刊发了题为《隆德县深化集体产权制度改革促进村集体经济发展》典型材料;2020年4月14日《农业农村部办公厅关于开展学习第二批全国农村集体产权制度改革试点典型经验活动的通知》,将隆德县列为第二批全国农村集体产权制度改革试点典型单位,供全国各地学习借鉴
3	隆德县凤岭乡李士村"乡风文明建设"优秀典型案例在全国推广	隆德县凤岭乡李士村积极响应党的号召,以"三个建设"完善乡村自治体系,以讲、帮、乐、树、行"五种形式"建设农民精神家园,以农村人居环境整治、基础设施建设、草畜产业发展、村集体经济发展"四个推进"丰润农村发展主体,让乡风文明飞入寻常百姓家。2020年4月24日,《农业农村部办公厅关于推介首批全国村级"乡风文明建设"优秀典型案例的通知》,将李士村典型案例《文明乡风飞入寻常百姓家》,列为首批全国村级"乡风文明建设"优秀典型案例,向全国推介宣传
4	隆德县人民医院成为固原市首家具备核酸检测能力的县级公立医院	2020年隆德县人民医院全体职工齐心协力,攻坚克难,迎战新冠肺炎保健康、坚守岗位显担当、提升诊疗促发展。在抓好疫情防控的同时,使医院综合服务能力稳步推进,实现了常态化疫情防控和医疗秩序有序平稳向前发展的双赢局面。(隆德县人民医院PCR实验室顺利通过生物实验室检测验收,成为固原市首家具备核酸检测能力的县级公立医院,7月15日,自治区卫健委办公室公布了隆德县人民医院为第五批具备新冠病毒核酸检测能力的医疗机构)
5	隆德县凤岭乡李士村乡村治理典型经验在全国推广并被中央农办等5部委列为"全国乡村治理示范村"	隆德县凤岭乡李士村认真贯彻落实中央关于推进乡村治理体系和治理能力现代化的决策部署,创新做法,以"三个建设"完善乡村自治体系,以"五种形式"建设农民精神家园,以"四个推进"丰富农村发展主体,全村在和谐稳定、欣欣向荣的康庄大道上昂首迈进,释放出乡村治理的无穷活力。2019年12月24日,中央农办、农业农村部、中宣部、民政部、司法部《关于公布全国乡村治理示范村镇名单的通知》,将李士村认定为"全国乡村治理示范村",向全国推介宣传,学习其典型经验做法

续表

序号	亮点工作名称	申报证据简要描述
6	全市扶持发展壮大集体经济现场观摩推进会在隆德召开,隆德县"535"运行管理机制得到肯定	隆德县按照"一个好班子做中坚、一项好产业做支撑、一套好机制保运转"的总体思路,探索建立了五种发展类型(即产业经营型、资产收益型、服务创收型、加工增值型、乡村旅游型)、三类经营模式(即自主经营、联村经营、村企联营)、五项管理机制(资金管理机制、收益分配机制、监督管理机制、考评激励机制、责任追究机制)的"535"经营管理模式,提升村集体经济组织服务功能,实现集体资产"活"起来,集体资金"用"起来,集体组织"强"起来,集体成员"聚"起来。通过"535"经营管理模式,增强了村党组织服务功能,推动了特色产业提质增效,带动了农民群众增收致富,探索了产权制度改革路子。2020年6月19日,固原市扶持发展壮大村集体经济观摩推进会在隆德县举行,观摩了串河、桃园、街道、新街、吕梁、于河、李士7个村的集体经济发展情况,隆德县村集体经济"535"经营管理模式得到了市委领导的肯定
7	隆德县"一村一年一事"工作经验在全区乡村振兴"一村一年一事"行动现场推进培训会上作交流发言	隆德县贯彻落实自治区党委、政府开展乡村振兴"一村一年一事"行动的决策部署,围绕乡村特色产业发展、基础设施改善、公共服务提升、乡村社会治理、农村改革五个方面确定"一村一年一事"行动事项。通过强化组织抓保障、统筹协调聚合力、整合项目筹资金、严格考评树典型四个做法,加快推进乡村振兴战略"一村一年一事"行动事项建设。2020年7月24日,在全区乡村振兴"一村一年一事"行动现场推进培训会上,隆德县就"一村一年一事"工作做法作交流发言
8	隆德县凤岭乡扶持壮大村集体经济在全区乡村治理暨扶持壮大村集体经济现场观摩推进培训会上作交流发言	隆德县凤岭乡打造循环发展、一村一品的1.0版;打造抱团发展、提质增效的2.0版;谋划破壁发展、助力振兴的3.0版。通过3个版本,以村集体经济发展为突破口,决战决胜脱贫攻坚,助力实施乡村振兴。2020年9月7日,在全区乡村治理暨扶持壮大村集体经济现场观摩推进培训会上,隆德县凤岭乡就扶持壮大村集体经济作交流发言
9	隆德县在全区召开的农村改革培训会上就发展壮大村集体经济作交流发言	隆德县坚持把发展壮大村集体经济列为农业农村改革重点工作,通过加强领导"增合力"、建立组织"强保障"、整合资金"促发展"、试点改革"打基础"、创新模式"强管理"等做法,使得基层组织领导能力增强,村经济组织进一步健全,赋予集体成员合法权益,集体经济不断发展壮大,农民从收益中分享红利。2020年6月18日,在全区农村改革培训上,隆德县就发展壮大村集体经济作交流发言
10	隆德县2019年度农业机械综合保险在全区受到通报表扬	隆德县农业机械化推广服务中心为进一步推进农机保险政策实施,充分发挥政策性农机保险在保障农民利益、防范农机作业风险中的作用,通过加强组织领导、政策调整、选择农机保险机构、加强宣传培训等措施,开展农机保险工作。2020年8月7日,在宁夏回族自治区农业农村厅 中国人民财产保险股份有限公司宁夏分公司《关于对2019年度开展农业机械综合保险先进单位给予表扬的通报》(宁农(机)发〔2020〕6号)中,隆德县农业机械化推广服务中心受到表扬

续表

序号	亮点工作名称	申报证据简要描述
11	隆德县在农业农村部生态总站召开的农村人居环境整治技术服务与提升项目总结交流会上作研讨交流发言	2019年农业农村部生态总站选择基础较好的李士村作为全国农村能源综合利用示范提升试点，进行设计并重点对传统土炕加以改造，配备沐浴室取暖设施及庭院光伏路灯，维修维护农村能源设施设备，打造"多能互补、综合利用"的农村能源综合利用特色示范村。2020年9月23日，在农业农村部生态总站召开的农村人居环境整治技术服务与提升项目总结交流会上，隆德县作研讨交流发言
12	隆德县在全区三类县农村"厕所革命"推进会议上作交流发言	2020年，隆德县牢固树立"小厕所、大民生"的理念，坚持把农村厕所改造工作作为一项政治任务和民生工程，通过"高位推动，形成合力；制定方案，明确任务；强化宣传，营造氛围；科学规划，全面落实；加强监督，狠抓质量；强化督导，严格考核"六个方面，举全县之力，高质量全面完成3000户农村厕所改造任务。2020年5月13日，隆德县在召开的全区三类县农村"厕所革命"推进会议上作交流发言
13	隆德县李士村、张楼村在全区农业农村重点工作培训观摩会上作为观摩点，并交流发言	隆德县全面贯彻落实中央、区、市农业农村暨脱贫攻坚工作会议精神，以实施乡村振兴战略为总抓手，以农业增效、农民增收为目标，立足草畜、中药材、冷凉蔬菜、马铃薯特色优势产业，调优种养结构、调大经营规模、调强加工能力、调长产业链条，加快推动农业产业布局区域化、生产标准化、经营规模化、发展产业化，努力实现从卖原料向卖产品、小产业向全链条、创品牌向创标准转变，形成与市场需求相适应，与资源禀赋相匹配的现代农业产业体系，打响"六盘·隆德"区域公共品牌。2020年6月15日，隆德县协助举办全区农业农村重点工作培训观摩会，隆德县凤岭乡李士村、联财镇张楼村作为观摩点，并作交流发言
14	全区农机化重点技术推进暨培训交流活动在隆德县部分地区六人行，隆德县作交流发言	隆德县农机化推广工作全面贯彻中央、区、市关于农机化发展的决策部署，以服务乡村振兴战略、满足农民对机械化生产的需要为目标，以农机农艺融合、机械化与信息化融合、农机服务模式与农业适度规模经营相适应、机械化生产与农田建设相适应为路径，推动农业机械化向全程全面高质高效转型升级。2020年8月20日，全区农机化重点技术推进暨培训交流活动在隆德县神林乡、联财镇等地举行，同日下午，隆德县就本县农机化推广工作等情况作交流发言
15	隆德县观庄乡大庄村马铃薯绿色高质高效技术模式示范基地作为全区山区绿色高质高效与特色粮油作物技术培训会上的观摩点，进行交流学习	隆德县马铃薯绿色高质高效模式示范点是按照统一品种、统一播种、统一肥水管理、统一病虫害防治、统一机械作业的"五统一"技术标准建立。示范点通过新品种、新技术、新模式的引进、试验、示范、集成及推广，加快科技带动作用，实现农业生产规范化、标准化、集约化，推进了农业产业化和现代化进程，为隆德县产业发展提供了技术支撑。2020年8月6日，隆德县观庄乡大庄村马铃薯绿色高质高效技术模式示范点作为全区举办的山区绿色高质高效与特色粮油作物技术培训会上的观摩点，在全区进行交流学习

续表

序号	亮点工作名称	申报证据简要描述
16	隆德县凤岭乡李士村旱作农业示范区作为宁夏中南部地区粮食产业高素质农民领军人才线下培训的观摩基地	隆德县凤岭乡李士村旱作节水农业示范园区,主要示范旱作雨养区青贮玉米抗旱栽培技术,展示青贮玉米优良品种。示范基地把项目建设与产业扶贫相结合,通过项目资金的扶持、抗旱节水技术的示范推广,推动草畜产业发展,增加农民收入。2020年9月6日,隆德县凤岭乡李士村旱作农业示范区作为宁夏中南部地区粮食产业高素质农民领军人才线下培训的其中之一观摩点,进行观摩学习
17	全国排查解决发展党员违规违纪问题试点县	隆德县就全国排查解决发展党员违规违纪问题试点工作做法和经验,在7月8日全区排查整顿农村发展党员违规违纪问题工作会议上作了交流发言
18	全国2020年度推动红色村组织振兴建设红色美丽村庄试点村	中共中央组织部、财政部《关于开展推动红色村组织振兴建设红色美丽村庄试点工作的通知》(组通字〔2020〕16号),将城关镇杨店村确定为全国2020年度推动红色村组织振兴建设红色美丽村庄试点村
19	乡(镇)党校建设试点县	隆德县被自治区党委组织部确定为全区乡(镇)党校建设试点(全区共3个县区),7月2日,宁夏党建网对隆德县乡镇党校试点工作开展情况进行了报道
20	集体经济发展典型案例受石岱部长肯定性批示	自治区党委常委、组织部部长石岱同志在《关于隆德县集体经济发展典型案例的报告》上作了"定位清晰、因地制宜,不搞一窝蜂,而打特色牌,很好,希望久久为功,力求实效"的批示
21	就公务员管理工作在全区公务员工作推进会上交流发言	就公务员管理工作在5月18日召开的全区公务员工作推进会上作了交流发言
22	《全区村集体经济典型案例选编》隆德县入选2例	凤岭乡李士村、奠安乡新街村集体经济典型案例入选《全区村集体经济典型案例选编》
23	就凤岭乡集体经济典型做法在全区交流发言	就凤岭乡集体经济典型做法在9月7日全区乡村治理暨扶持壮大村级集体经济现场观摩推进会上作了交流发言

续表

序号	亮点工作名称	申报证据简要描述
24	全市发展壮大集体经济现场观摩推进会在隆德县召开	6月，固原市发展壮大集体经济现场观摩推进会在隆德县召开
25	全市延安精神进社区现场会在隆德县召开	9月28日，全市延安精神进社区现场会在隆德县召开，县延安精神研究会和城关镇分别作了经验交流
26	2020年全区健身气功功法技能提高培训班在隆德县举办	8月11日，2020年全区健身气功功法技能提高培训班在隆德县体育馆举办。培训活动以健身气功。大舞、太极养生杖、导引养生功十二法为主要内容。活动中，自治区健身气功功法技能提高培训班学员演练了健身气功。太极养生杖和大舞。隆德县武术协会50多人集体表演了健身气功。八段锦和健身气功·六字诀，队员平均年龄在60岁以上，表演动作整齐划一，博得现场观众阵阵掌声。自治区社会体育服务中心社体科科长张自武等出席培训活动，各市县区、宁夏大学、宁夏医科大学、宁夏师范学院等区内高等院校，各健身气功协会共80余名学员参加了培训。培训活动展现了隆德县体育工作取得丰硕成果，宣传和扩大了隆德县的影响力和知名度
27	全区2020年"全民健身日"全国百城千村交流展示系列活动在隆德县举行	8月13日，由国家体育总局气功管理中心、自治区体育局主办，自治区社会体育服务中心、隆德县教育体育局承办的2020年"全民健身日"全国百城千村交流展示系列活动在隆德县体育馆顺利举行，这也是继2020年全区健身气功功法技能提高培训班圆满结束之后，隆德县承办的又一全区重大体育活动。活动中，安排了大型健身气功展演活动，向全区推送了隆德县群众体育活动的亮丽名片。自治区社会体育服务中心主任邓晓燕等出席了展示系列活动，自治区健身气功功法技能提高培训班学员和隆德县13个健身运动组织的500多名全民健身爱好者共同参加了活动。《中国体育报》对2020年"全民健身日"全国百城千村交流展示系列活动隆德站开展情况做了宣传报道，新体育网、东方体育网等媒体做了转载报道
28	隆德县广泛开展全民健身助推脱贫攻坚	隆德县教育体育局结合新时代文明实践和脱贫攻坚"四查四补"活动，带领机关支部党员和新时代文明志愿者，先后多次赴帮扶脱贫村好水乡三星村、张银村助力决战决胜脱贫攻坚。活动期间，县体育中心工作人员和志愿者为脱贫户宣传科学建设知识，对广大群众进行握力、平衡、肺活量、身高、体重等多个项目测试，并对体质测试成绩经过科学综合分析出具健康报告，指导受测者进行科学健身。现场宣传健身知识，为群众免费解答有关体质、健身等方面的问题，使其能够了解自身健康状况，对隐藏的疾病早发现、早预防、早治疗。广泛开展全民健身运动和进行国民体质监测活动，是隆德县落实"精准扶贫"全民健身工程的重要举措。通过维修健身设施、改善体育场地环境、监测国民体质等措施，不断推动全民健身活动的开展，将有力地带动人民群众健身热情，掀起全民健身浪潮，提高人民群众身体素质和生活质量，促进社会和谐和文明进步，助力全县脱贫攻坚，为打赢"脱贫攻坚战"营造良好氛围。5月27日，《中国体育报》"全民健身"栏目对此做了专门报道

续表

序号	亮点工作名称	申报证据简要描述
29	隆德县"空中课堂"架起家校战疫"连心桥"	疫情阻隔上学路,"空中课堂"展溢彩。2020年,突如其来的新冠肺炎疫情将全县2万余名学生阻隔在家三个多月,使其不能到校上课。这对教育工作是一场极大的挑战和考验,为确保疫情防控期间学生停课不停学,隆德县积极动员组织全体教师通过"空中课堂"给学生送教送课,做到疫情防控期间学生管理、教师教学、学生学习、家校互动等各方面工作"一样不缺",学生教学"一个不少"。疫情防控期间,隆德县依托"互联网+教育"架起的"空中课堂",开展县级直播课15期988节课程共1.9万分钟,受益学生2.23万人,让学生足不出户就能享受到优质教育资源,真正架起了家校沟通共同战疫的"连心桥"。隆德县"空中课堂"保障学生居家"线上开学"的工作,先后通过优酷网、腾讯网、搜狐网等媒体平台进行了宣传报道
30	义教路上一个都不能少	控辍保学永远在路上,隆德县始终坚持"咬定青山不放松"的韧劲,坚决落实贫困户家庭适龄少年儿童不接受义务教育不脱贫的要求,确保实现教育阻断一批目标,建立"一二三四五"工作机制,认真核实每一名适龄少年儿童就读情况,摸清未到校学生详细信息,补齐残疾儿童送教上门、县外居住适龄儿童少年入学、休学学生管理"三个短板",加快清除"存量",严格控制"增量",实现了辍学清零和新增为零"两个目标",义务教育阶段辍学学生为0。教育扶贫案例《共圆读书梦,一个都不少》入选全国教育扶贫典型案例
31	隆德县教育系统"五个持续"统筹做好疫情防控工作确保教育教学秩序正常	为深入贯彻落实区市县疫情防控工作新部署新要求,继续保持群防群控、联防联控、严防严控高压态势,隆德县教育系统一手抓疫情防控,一手抓教育教学,确保统筹协调,两不误。一是持续保持疫情防控高压态势,时刻保持"战时"状态,坚持严防死守;二是持续抓好疫情防控措施落实,建立完善了学校疫情防控"两案八制",对开学后防疫工作进行科学指导和规范要求;三是持续做好线上教学服务指导,办好"空中课堂";四是持续加强教师学生日常管控,建立教职工活动轨迹"日报告"机制和外出报备制度,人员离宁返隆后,必须做核酸检测;五是持续推进疫情防控督导检查,建立局领导联系包抓学校机制,坚持问题导向,通过常查常改、立查立改、追责问效等方式,压紧靠实防控措施和责任。隆德县教育系统防疫工作先后在人民日报客户端、新华央广网、中新网、华兴网、光明网、腾讯网、新浪网、宁夏新闻网、隆德县人民政府网等媒体进行了宣传报道
32	隆德县教育系统党员干部踊跃捐款、坚定支持疫情防控工作	新冠肺炎疫情防控以来,隆德县教育系统广大党员和教职工积极响应党中央号召,踊跃捐款支持新冠肺炎疫情防控工作。全县教育系统各支部(总支)892名党员共捐款167170元,1899名非党员教职工和学生捐款235570.1元,还有64名党员干部和职工通过武汉市慈善总会、县红十字会等机构捐款10052.6元。隆德县教育系统踊跃捐款支援战"疫"的行为经人民网、央广网、新华网等媒体做了宣传报道

续表

序号	亮点工作名称	申报证据简要描述
33	隆德县民族团结进校园工作成效显著	近年来，隆德县各学校紧紧围绕社会主义核心价值观，以"铸牢中华民族共同体意识"为主题，紧扣"中华民族一家亲，同心共筑中国梦"的总目标，针对儿童、少年、青年不同年龄阶段学生特点，坚持弘扬中华优秀传统文化，组织开展中华历史文化、爱国、爱社会主义教育，切实提高师生民族团结意识，取得了明显成效。隆德二中被国家民委评为民族团结示范校，一小和四中被自治区评为民族团结示范校。2020年8月，在自治区民族教育优秀教学成果评选活动中，隆德县在全区120项获奖成果中，共荣获3个一等奖、4个二等奖、7个三等奖，隆德县教育体育局荣获优秀组织奖。2020年9月，张程小学被自治区民族事务委员会评为第十批宁夏民族团结进步示范区示范单位
34	隆德县举办首届校园科技创新展	10月14日至18日，"创意校园·挑战未来"隆德县第一届校园科技创新展在县全民健身活动中心顺利举办。本届校园科技展为期五天，旨在全面贯彻落实国务院制定的《全民科学素质行动计划纲要》，加快推进新课程改革，扎实推动创新素养建设，丰富校园文化生活，深化学校科技教育，提高青少年科学素养，努力打造学校科技特色品牌。科技创新展共布设30个展位，展出科技小制作、小发明及自制教玩具等作品5000余件，所有展位由学校结合各自校园文化特色布设，所有展品全部由师生自己动手创作，彰显了县域科技文化教育特色。布展期间，举行了航空强国逐梦蓝天航空科普展、学校科技科普优秀作品展、青少年科学幻想绘画作品展、科普剧展演竞赛、纸飞机趣味游戏等系列活动，各校通过航模飞行表演秀、机器人活动、绘画、科普剧等形式，充分展示学校科技教育成果。科技展活动被推送到"学习强国"平台，做了宣传报道
35	民族团结进步创建之花在隆德县尽情绽放——全区民族团结进步示范县创建典型材料	隆德县开展民族团结进步示范县创建以来，坚持以习近平新时代中国特色社会主义思想为指导，深入学习贯彻习近平总书记关于民族工作的重要论述和视察宁夏重要讲话精神，高举各民族大团结旗帜，发扬"不到长城非好汉"的长征精神，自觉履行守护民族团结生命线的政治责任和主体责任，坚持把民族团结进步事业作为关系全县经济社会发展的战略任务，健全完善创建体制机制，积极搭建创建平台载体，始终把民族团结进步创建的出发点和落脚点放在加快推动发展上，持续推动创建工作向纵深拓展。扎实开展民族团结进步"八项行动"，强化宣传教育，深挖红色资源，传承爱国主义精神，构建各民族共有精神家园，凝聚民族团结进步正能量
36	宁夏隆隆薯闽宁助残商贸中心引领"青"字创业品牌	宁夏隆隆薯闽宁助残商贸中心为隆德县青年就业创业亮点工作。2020年受到中央电视台、新华网、央广网等权威媒体报道，中国青年报在《宁夏团组织助力高质量发展》中报道隆德"共青团小店"工作

乡镇概览

城关镇

【脱贫攻坚】 坚持摘帽不摘责任、摘帽不摘政策、摘帽不摘帮扶、摘帽不摘监管。聚焦短板弱项，精准发力，严格落实扶贫动态监测机制，健全返贫风险预警防范机制。2020年，城关镇脱贫1户3人，全镇建档户434户1766人全部实现脱贫摘帽，与全国同步建成小康社会。

【发展壮大村集体经济】 三合、吴山将村集体资金和土地入股到本村种、养殖合作社，村集体收益达到5万元。三合村集中连片种植青贮玉米1000亩；六盘山外围阴湿区杨店村发展林下菌菇基地1000亩；咀头、吴山等种植马铃薯种薯1000亩；红崖张士种植以秦艽为主的中药材500亩；隆张公路沿线种植油菜花300亩；规划建成宁夏象山肉兔繁育园区一处。

【文化旅游产业】 借助全域旅游政策，依托红军长征胜利之山——六盘山，提升景区沿线26户农家乐品质与服务，市场化运营红崖老巷子景区，借助全国乡村旅游重点村——红崖村这张名片，成功举办丰富多彩的节庆活动2次，吸引周边群众来老巷子旅游消费，促进一二三产业融合发展。

【劳务就业创业】 实用人才培训1500人次，涉及种养、家政、电焊等；红崖社区人造花扶贫车间务工人数达到242人次，解决了移民群众就业难的问题；通过城乡低保审核等约束性措施，联系闲散劳动力、老年人和留守妇女就近到工业园区、扶贫车间务工，多途径拓宽增收渠道。

【城乡人居环境整治】 实施农村人居环境整治，推进网格化管理向精细化管理转变，对峰台、杨店村容村貌、基础设施进行改造提升，峰台社区建成峰台书院、卫生厕所改造368户，在咀头村试点生活垃圾分类收集处理，取得了良好效果。

【棚户区改造】 按照"整体规划、分片实施、公益性建设先行"的原则，坚持"两复核、三公示"征迁模式，对南门农机公司等片区逐步实施棚户区改造征迁。

【社会综合治理】 整合资源，积极调动离退休干部和热心公共事业群体，深化"三网合一"管理机制，充分利用"331"监管平台，切实发挥村（居）监会的监督职能，拓宽村（居）务公开监督渠道。充分发挥矛盾纠纷排查化解"125"工作机制，解决好群众反映强烈的突出问题。

【安全生产】 加强安全生产"一岗双责、党政同责"监督管理制度建设，确保责任到位、落实到人。主动履行对消防安全、食品安全、道路交通安全、森林草原防火安全的监督检查工作，排除安全隐患，保障安全生产态势平稳。

【乡风文明】 利用"四联四化"工作机制创新开展工作，广泛开展讲理论、讲政策、讲文化、讲法治、讲道德、讲技能等活动；依托文化广场、农家书屋、主题公园等平台，广泛开展文化活动；发挥村"一约四会"作用，让群众自发推荐行动的榜样，选树群众身边好人、先进典型；以村爱心传递站为依托，实行月评选季奖励年表彰模式，让广大群众学有榜样，赶有标杆。

【保障民生】 做好低保审批权下放试点成果的巩固提升工作，落实好城乡最低生活保障制度，完善"一门受理、六步办结"审批程序，确保动态管理下的困难家庭应保尽保，不符合低保条件的人员应退尽退；做好"三留守"人员关爱服务及特殊人群社会救助兜底工作；提升退役军人的关心、服务、救助和管理能力；做好失地农民养老保险办理、"两费"收缴及大病医疗救助等工作。

陈靳乡

【概况】 陈靳乡坚持以习近平新时代中国特色社会主义思想为指导，紧紧围绕决战脱贫攻坚、决胜全面小康，稳步推进基础设施建设、产业培育发展、民生保障改善、社会综合治理各项工作，保持经济社会发展良好态势。农民人均可支配收入达到9901.2元，增长1.2%。

【疫情防控】 面对突如其来的新冠肺炎疫情，始终坚持把人民群众的生命安全和身体健康放在第一位，率先设立排查卡口，打赢疫情防控的人民战争、总体战、阻击战，取得了"零病例、零感染"的重大胜利。向疫情重灾区捐款33175元，为各执勤点捐赠物品400余件。同步推进流行性出血热疫情防控和狂犬病防治工作，确保公共卫生安全，积极动员群众累计接种流行性出血热疫苗一、二剂次1635针，犬只接种疫苗198剂。

【脱贫攻坚】 把脱贫攻坚作为一项重要政治任务和重大政治责任来抓，扎实开展"四查四补"，排查整改问题。对已经脱贫的贫困群众，坚决做到"四个不摘"，持续巩固脱贫攻坚工作成效。推进"三带四联"帮扶机制实施，动态监测户1户4人，"两不愁三保障"及饮水安全全面保障到位，脱贫户和边缘户无一返贫或致贫。完成脱贫攻坚普查任务。

【特色产业】 发展特色产业，积极推进一、二、三产业融合发展和产业转型升级。传统种养业提质增效，全面推广旱作节水农业，全乡种植中药材600亩、蚕豆1350亩、青贮玉米2910亩、油菜花1429亩；恒瑞元中药材科技有限公司被宁夏回族自治区科学技术厅评为科技型中小企业。草畜产业稳步提升，基础母牛补栏210头，全乡肉牛饲养量达到650头。

【劳务产业】 实施农村劳动力实用技能培训工程，培训劳动力220人次，取得资格证的有180人次，劳务输出1534人次。

【乡村旅游】 引导新和村、清凉村发挥各自优势，发展乡村旅游产业，在新和、清凉沿线种植油菜花2200亩，在新和村新建特色民宿20座、自行车线路2.6公里，全年累计接待游客4万人次，旅游纯收入60万元。

【人居环境】 开展农村人居环境综合整治工作，推进农村改厕工作，完成改厕660余户，已全部通过验收。扎实落实"河长制"工作机制，对辖区内河道、水源坚持规范化、常态化管护，严厉打击污染水体行为，保护绿水青山；大力实施乡村绿化美化工程，彻底整改"三乱"现象，加强对护林员、乡村保洁员等公益性岗位人员考核，督促其履行职责，保持公路沿线、乡村主干道干净及村庄干净整洁。

【民生保障】 坚持把保障和改善民生作为践行以人民为中心的发展要求，把实现人民群众对美好生活的向往作为工作责任，扎实推进各项事业发展。2020年全乡困难户累计纳入低保491户599人，发放临时救助资金19万元、救灾资金7万元，把极度困难户全部纳入保障兜底序列。支持陈靳学区全面落实义务教育阶段学生营养早餐、免费午餐计划，全面落实困难学生信用助学贷款、雨露计划等教育惠民政策，全乡无义务教育阶段辍学学生。做好老饭桌、幸福院、残疾人托创中心的运营管理，有效解决全乡单老户、五保户等特殊人群的吃饭问题。组织动员群众缴纳养老保险、医疗保险，基本医疗卫生服务和新型农村合作医疗实现全覆盖，两险参保率超过98%，建档户收缴率达100%。

【社会治理】 开展移风易俗工作，坚决遏制铺张浪费和大操大办红白事等陈规陋习，社会风气逐步向好向善，陈靳乡被评为2020年度全市民族团结进步创建活动示范乡镇，新和村、清凉村和陈靳村均被隆德县命名为县级"文明村"；建立矛盾纠纷调解台账，全年共排查化解纠纷30多起，以"零容忍"态度开展扫黑除恶专项斗争，认领各级反馈问题4个，组织专题讲习讲座32场次。治理陈靳村滑坡点1个，安置受滑坡威胁群众6户23人。

山河乡

【疫情防控】 面对新冠肺炎疫情，设立9个查验站，抽调90余名党员干部群众坚守防控一线，全乡党员干部群众积极配合政府做好疫情防控各项工作，踊跃捐款捐物计2万余元，展现了山河干部群众同心共战疫情的生动画面。统筹抓好疫情防控和经济社会发展各项工作，全面开展流行性出血热疫情防控和狂犬病防治工作，确保了人民群众生命健康安全。

【脱贫攻坚】 落实"四个不摘"工作机制，调整帮扶责任人12名，全面落实帮扶措施。做好脱贫攻坚大普查工作，深入核查常住建档立卡贫困户134户、"十三五"县内移民58户，永宁、灵武移民260户，确保贫困人口"两不愁三保障"全部实现，"三类人群"16户49人扶持政策全面落实到位。开展脱贫攻坚"四查四补"工作，累计查找整改各类问题242条，接通因院落置换、长年外出返回等原因的8户农户自来水，有效补齐各方面存在的短板不足。落实2020年2户未脱贫户各项扶贫措施，达到脱贫退出标准，全乡134户建档立卡贫困户全部脱贫退出，通过国务院省际交叉考核。利用多种途径提高贫困群众收入和致富能力，全年共开展贫困劳动力技能培训50人次，45人取得职业技能资格证书；乡务工人数385人，审核发放就业补贴3.71万元；争取并安排公益性岗位21人、护林员41人。

【农村集体经济】 争取中央、自治区专项资金和县扶贫资金340万元，采用联村经营等模式，大力发展蚕豆炒制、肉兔、肉牛养殖等产业，村集体经济销售收入突破130万元。山河村村集体经济发展成绩突出，被隆德县农业农村局推荐为固原市发展壮大村集体经济示范村，"范家峡"牌六盘干果大礼包被评为隆德县电商十佳明星产品；二滩村肉牛存栏30头，王庄村肉兔饲养量达3200只。举办全乡第一届电商节，山河村开通淘宝、幸福隆德网店、开发"豆子熟了"微信小程序，实现线上收入12.02万元，村集体经济注册的山河村电商服务站被县发改局、扶贫办评为隆德县优秀村级电商服务站点20强第1名。采用代耕、代种、代管、代收等方式扶持二滩、石碑、菜子川等村农户种植马铃薯1000余亩，建成菜子川村占地1000平方米的马铃薯储藏窖1座。

【生态保护】 全年新建卫生厕所51座，安装太阳能路灯96盏，新建过水桥1座。拆除移民院落52户，回购移民院落19户，置换安置住房条件较差农户7户。扎实做好森林防火工作，将山头、坟头防火管理落实到人，全年未发生一起森林火灾，确保山常绿。全面完成农村"互联网+人饮"工程改造，严格落实"河长制"，实行河长AB制管理、月通报制度，确保水常清。认真开展"防疫有我，爱卫同行"城乡人居环境整治百日攻坚三年行动，动员党员和公益性岗位500余人次，落实环境整治网格化管理制度，常态开展农村环境综合整治。

【民生保障】 全乡建档立卡户"两险"参保率达到100%，家庭医生签约服务率达到100%。全年累计发放临时救助资金746人20万元、救灾资金120人3.3万元、残疾人两项补贴65人15万元、高龄津贴17人4.8万元、特困人员分散供养28人18.8万元、低保216人88.2万元、孤儿津贴4人3万元。兑现退耕还林资金280.6万元、农资综合补贴8.2万元，全乡特殊人群实现高质量应保尽保。4个行政村老年饭桌运行良好，为40多位孤寡老人解决吃饭难题。

【社会治理】 开展扫黑除恶专项斗争，严厉惩治各类黑恶势力和社会乱象，严格落实"六清""六建"工作和"125"矛盾化解机制，社会治安持续向好。探索民风建设新途径，利用新时代文明实践站，开展移风易俗宣传教育，持续深化"一约四会"制度，强化安全生产责任落实，完善执法监管体系，安全生产形势稳定。

【政府自身建设】 完成秋冬季征兵任务，并对5名现役军人家属、16名退役军人进行慰问。高质量办理人大代表建议，办结率达100%。坚决落实党风廉政建设责任制，完成巡视组反馈问题整改落实，从严整治"四风"问题，"三公"经费持续下降，精简政府会议和文件，规范政府"331"监管平台运维管理，落实政府开放日等公开措施。启动人民调解一站式服务试点，信访事项办结率达100%。

奠安乡

【概况】 统筹推进疫情防控和经济社会发展，紧紧围绕决战脱贫攻坚、决胜全面小康，补短板、强弱项、抓重点、攻难点，取得了显著成绩。全乡实现农业总产值6610万元，同比增长6%；农村居民人均可支配收入9400元，增长8%。2019-2020年农村人居环境整治工作连续被评为优秀等次，"一人一故事·一人一梦想"新时代文明实践活动被区市县多家主流媒体宣传报道，村集体经济肉兔养殖园区接受了全市村发展壮大集体经济观摩团观摩学习，司法所邱鹏举同志的抗疫先进事迹被司法部、《宁夏法治》等采访报道，新街村村民贾凤娟被评选为全县"孝老爱亲"道德模范并提名为全市道德模范，景林村、张田村肉牛养殖场培育出全县"牛王"。

【疫情防控】 新冠肺炎疫情来袭，按照县委、政府安排部署，组建工作专班，制定紧急预案，设立11个查验站，组织96名党员群众投身防疫一线，85名乡村干部值守42个日夜，举全乡之力打赢疫情防控阻击战。同步推进流行性出血热疫情防控、狂犬病和牛结节防治工作，确保奠安公共卫生安全和人民身体健康。

【脱贫攻坚】 统筹推进产业扶贫、就业扶贫、健康扶贫、教育扶贫、金融扶贫，全力开展"四查四补"工作和"大干100天"行动，对所有常住户进行了全覆盖走访核查，发现377条具体问题，全部进行了彻底整改。全年劳务输出600余人次，兑付就业补贴10.59万元，安排公益性岗位108人、护林员85人，落实职业教育贫困学生"雨露计划"138人次。"一收入、两不愁、三保障"不断提升，剩余2户8人贫困人口2020年度全部脱贫，群众对脱贫攻坚工作认可度超过90%。2020年7月，顺利通过国家脱贫攻坚大普查，12月份通过国家脱贫成效考核，高质量打赢脱贫攻坚战。

【产业发展】 修复抚育紫花苜蓿1000亩、新种200亩；免费发放一级脱毒种薯48.75吨，扶持农户种植马铃薯560亩；补贴发放农膜2113卷，支持农户种植玉米1400亩；养殖中蜂232箱；饲草调制1437吨，基础母牛补栏13头，落实见犊补母116户。为470户1844名建档立卡贫困人口购买意外伤害险等扶贫保险产品，做到建档立卡贫困户"扶贫保"全覆盖。累计向符合贷款条件、有贷款意愿的贫困户发放贷款3582.3万元，覆盖79%的贫困户，争取农村综合改革扶持项目资金310万元，用于扶持发展壮大村集体经济，马坪、雷王、梁堡三村村集体经济项目落户新街肉兔养殖园区，运营半年来创收105万元，产业的支撑作用明显提高。农业收入在农民纯收入中的比例不断提高。

【民生保障】 补齐基础设施和基本公共服务领域短板，修建水冲式卫生厕所80户，安装太阳能路灯210盏。全乡建档立卡户基本医疗保险、大病医疗保险、人身意外保险参保率达100%，家庭医生签约服务率达100%。贫困人口合规医疗费用合理报销，无一户因病返贫。动员居民养老保险参保763人，医疗保险个人缴费3867人，农村居民购买大病商业保险575人。发放临时救助资金334户、1256人、21.22万元，救灾资金342户、1412人、17万元，残疾人津贴29.1万元，高龄津贴24.7万元，特困人员分散供养27人\18.09万元，低保津贴173.4万元，孤儿津贴3人、1.16万元。全乡135名建档立卡贫困户家庭学生教育资助全覆盖。支持保障7个老年饭桌正常运行，群众生活得到全面保障。

【生态保护】 贯彻"绿水青山就是金山银山"的发展理念，扎实推进"蓝天、碧水、净土"保卫战。组织85名生态护林员参与森林资源防火管护，有力保障辖区森林草原安全；加强河长管理、实行月通报制度，乡村河长巡河513次；推行村级环境整治网格化管理，常态化开展农村环境综合整治；开展规模养殖场面源污染治理专项排查整治5次，乡村人居环境持续改善。

【社会治理】 推行矛盾纠纷排查"125""411"工作机制，开展人民调解一站式服务试点工作。常态化开展涉黑涉恶和社会乱象排查摸底，不断扩大扫黑除恶专项斗争成果。加大宣传教育力度，推行普法考试制度，大力推进《民法典》普法工作。加强排查摸底，实行精准管控，有效治理黄赌毒问题。启动实施安全生产专项整治三年行动，加大道路交通等重点领域安全整治力度。

温堡乡

【概况】 统筹推进疫情防控和经济社会发展，紧紧围绕决战脱贫攻坚、决胜全面小康，补短板、强弱项、抓重点、攻难点，全力以赴抓"六保"、促"六稳"，保持全乡经济社会各项事业持续健康发展。全乡人均纯收入10500元。先后荣获"抗击新冠肺炎疫情全区基层先进党组织"、宁夏军区"武装部基层规范化建设固原市第一名"、"全区人口老龄化国情区情下基层最佳组织单位""2020年度固原市十佳政务微信"、全县"发展壮大村集体经济先进集体"、"肉牛养殖先进乡镇"、全县"党管武装先进单位"、"2020年度讲好隆德故事最佳新媒体"等荣誉称号。

【疫情防控】 在全乡各村主要出入门设立33个检测卡点，发动党员群众600余人投身防疫一线，严防疫情输入。全面摸清2541名外来人员信息，对湖北武汉等重点地区的168人实行居家管控，做到疫情防控靶向精准、行动迅速、措施得当。在全县率先向群众发放温堡乡应对新冠肺炎疫情防控工作的倡议书、一封信，签订"四包一"责任清单，同时利用"飞地温堡"微信公众平台、村民微信群等广泛宣传疫情防控知识，有效发动全乡群众共同参与疫情防控，构筑起群防群控、严防严控、联防联控的坚固防线，确保全乡疫情防控形势稳定。

【精准扶贫】 全面落实中央、区、市、县各项脱贫攻坚工作决策部署，严格落实"321"帮扶责任，常态化开展"四查四补"、脱贫退出"十项清零"工作，健全全乡防返贫监测和帮扶机制，将易致贫、易返贫人口纳入动态管理，全面提升现行标准下脱贫成果。靠实压紧脱贫责任，继续发挥产业扶贫激励、民政兜底保障政策，持续补齐各村水、电、路、网等基础设施短板，做到扶贫政策不变、力度不减。加大政策保障力度，严格落实扶贫动态监测，持续完善"扶贫云"系统，及时更新贫困人口户籍变动、医保参保、病患灾害、义务教育等基本情况，严格落实医疗、教育、就业等保障措施，确保全乡未发生因病、因学、因灾等返贫问题。强化劳务保障，与县工业园区、福建等企业联系，开展点对点劳务输出，缓解疫情对群众外出务工影响，全乡劳务输出5356人，确保困难人群稳定就业增收。

【特色产业】 坚持农业农村优先发展，大力推进草畜、冷凉蔬菜等特色优势产业发展，不断提高农业产业效益。全力推进草畜产业发展，全乡农户补栏基础母牛305头，"见犊补母"1337头，种植地膜玉米22000亩（青贮玉米5000亩）、苜蓿3000亩。大力发展冷凉蔬菜，杜川、杨坡、吴沟、杜堡种植蔬菜2000亩。全面发展生猪及林下鸡养殖，生猪出栏量达到1.2万头，养殖林下鸡2.5万只。

【发展村集体经济】 整合前进、杜堡等村集体资金，注入吕梁、杜川村集体经济合作社，扩大肉牛养殖规模，村集体肉牛养殖达到500头，全乡村集体经济收入519万元，纯收益达到177万元，新庄、吕梁村获得全县发展村集体经济"十强村"荣誉称号。

【乡村旅游】 依托杨坡村文化旅游基地和新庄"盘龙山庄"休闲农业示范基地，全面发展乡村旅游业，杨氏彩塑艺术馆全年接待突破5000人次，"盘龙山庄"休闲农业示范基地实现旅游接待9.6万人次，农副产品销售收入860万元。

【基础设施建设】 全面补齐各村水、电、路、网等基础设施短板，完成桃威公路温堡段改扩建工程，安装太阳能路灯1300盏，铺设自来水管网84公里，改造电网1850户。建成杨坡村公共卫生厕所，新建农村水冲式厕所412户，敷设排污管网6公里，全乡水冲式卫生厕所覆盖率达到常住农户的89%，农户改厕积极性和满意度不断提升。

【农村人居环境综合整治】 为各村居民点配备新型垃圾箱230个，持续推进农户"门前三包"制度，发动党员、群众，整合公益性岗位、志愿者等各方力量，常态化开展农村环境日常保洁，村容村貌明显提升，人居环境显著改善。

【生态环境】 严格落实河长制，关停3家沿河机砖厂，查处整改2起养殖场违规排污问题，打击河道违规采砂5起，完成夏坡村河道清淤300米。定期组织各乡村级河长、巡河员对河道垃圾进行清理，甘渭河河道环境持续改善。持续推进退耕还林补植补造工作，加大森林草原防火宣传管控力度，全乡森林覆盖率不断增加，完成夏坡、吕梁1200亩高标准农田建设，初步形成"山绿"与

"民富"并进发展的局面。

【民生保障】 坚持把增进民生福祉作为发展的根本目的，持续完善最低生活保障审核审批程序，织密民政兜底保障网络，全乡累计432人享受残疾人生活津贴，479人享受残疾人护理津贴，270人享受高龄津贴，1374户、5430人享受临时救助，1860户、2540人享受农村低保，取消不符合享受条件的低保对象116户、198人，开展计划生育政策奖扶、特扶91人，困难群众政策保障全面落实到位。

【社会治理】 持续加强和创新社会治理，建成吴沟、杜堡两个新时代文明实践站，广泛开展新时代精神文明实践活动，全乡4户农户被评为县级文明户。持续推进"平安温堡"建设，充分发挥"125"和"411"矛盾纠纷化解机制，排查化解各类矛盾纠纷277件，办理"12345"便民服务热线131条，满意度达到97.71%，全年未发生越级访和集体访事件。开展"安全生产大检查"6次，签订责任书600余份，检查各类生产经营单位120家（次），查处整改安全生产隐患10处，整改率达100%。

凤岭乡

【概况】 统筹推进疫情防控和经济社会发展，紧紧围绕决战脱贫攻坚、决胜全面小康，补短板、强弱项、抓重点、攻难点，坚定高质量发展不动摇，紧抓"六稳""六保"工作不放松，保持了经济持续健康发展和社会大局稳定。全乡农民人均可支配收入达到9885元，比2019年增长11%。

【疫情防控】 加强疫情防控重点人群的排查和隔离管控，建立1户、4书、5张表的"145"工作制度，严格执行居家隔离"四包一"监管措施，创新检查点"十有六步法"，对全乡进行全方位管控。通过制作卡点宣传展板、新增宣传广播、悬挂宣传横幅、张贴宣传海报、印发宣传公告和一封信的形式，营造户户知晓、人人重视、积极配合、主动防范的良好氛围。参与到一线防控疫情的党员干部209名、志愿者86人、民兵30人、退伍现役军人10人，社会各界力量积极响应、解囊相助，捐款7万余元，捐物千余件，诠释了"一方有难，八方支援"的社会主义精神。

【脱贫攻坚】 全乡上下凝心聚力巩固拓展脱贫攻坚成效，围绕"两不愁三保障"目标，严格落实区市县关于脱贫攻坚各项决策部署，扎实开展"四查四补"，持续补齐基础设施和民生短板。全力做好脱贫攻坚大普查、"扶贫大干100天"等专项工作。持续发放小额金融扶贫贷款，扶持农户发展草畜产业。新建提升3个扶贫车间，新增公益性岗位50个，保障脱贫监测户和边缘户稳定就业，采取有效措施，未脱贫4户10人实现稳定脱贫，全乡建档立卡贫困户实现全面脱贫，高质量打赢脱贫攻坚战。

【特色产业】 大力发展草畜产业，全乡种植玉米1.3万亩，其中，青贮玉米0.98万亩，在卜岔、李士、齐兴等村推广种植水果玉米600亩。补栏新品种牛600头，全乡牛存栏量达到5000头。在齐兴、于河、卜岔、齐岔建成4个百头肉牛养殖场。

【发展壮大村级集体经济】 按照"打响一个品

牌、打磨多颗珍珠、开发研学课程、串起一条项链、打造网红基地、建强基层组织堡垒"的发展思路，打造"六盘山下、凤岭八珍"特色优质农产品品牌。新建李士村农业综合服务站，集中展示和销售全乡8个村集体经济特色农产品。与第三方营销企业合作，参与开展了直播带货活动，举办了"六盘山下、凤岭八珍"特色农产品发布会，进一步提升品牌影响力和知名度。2020年全乡村集体经济经营性收入达到498万元，实现纯收入120万元。李士村党支部书记齐永新同志荣获"全国劳动模范"称号。

【乡风文明】 生态环境持续向好，绿化美化主干道20公里，完成薛岔等垃圾分类试点4个，建立分拣利用新机制。坚持农村环境卫生整治常态化，实施"网格化管理"，实行"村在网中、户在格中、人在其中"的覆盖格局，推行"网有人管，格有人领，活有人干"的管理制度，成立村级环境卫生考核小组，严格落实保洁人员月考核和年考核制度，李士村和薛岔村被评为全区农村人居环境整治示范村。依托新时代文明实践站，开展学习贯彻党的十九届五中全会精神、习近平总书记视察宁夏重要讲话精神、马克思主义民族观宗教观、反邪教、脱贫富民等实践活动100场次，参与人数达到5000人次。

【基础设施建设】 新建运行卜岔、巩龙、薛岔、齐兴、齐岔5个老年饭桌，实现村村有老年饭桌，使80多名孤寡老人方便用餐。完成于河、冯碑、齐兴、李士污水管网铺设工程，新建卫生厕所343座，提升改造卫生厕所136座，极大改善人居环境。配合建成李士至冯碑农村公路13.2公里、村组道路硬化8公里。落实推行"163"政务服务模式，完成8个村便民服务室的建设。

【民生保障】 落实"雨露计划"政策，享受补助学生157人，补助资金47.1万元。落实"两免一补"教育扶贫政策，确保适龄儿童应读尽读。发放妇女创业贷款1100余万元，农村劳动力转移就业3689人，建成县文化馆凤岭分馆。坚持完善农户"大病管理"机制，推行家庭医生签约服务，签约医生服务实现贫困户全覆盖。

沙塘镇

【概况】 统筹推进疫情防控和经济社会发展，紧紧围绕决战脱贫攻坚、决胜全面小康，补短板、强弱项、抓重点、攻难点，改革创新，务实进取，全力以赴抓好产业振兴、民生改善、乡风建设、环境治理等重点工作，保持经济社会发展良好态势。2020年全镇农民人均可支配收入从2019年的11375元增长到11943元，增长5%，全镇人民安居乐业、农村经济强力推进、社会事业健康发展。

【疫情防控】 成立疫情防控工作领导小组和应急指挥部，建立联防联控工作机制。在重要路口设置21个查验点，354名党员干部和群众轮流实行24小时值班。做好疫情防控宣传工作，累计发放新冠肺炎预防手册2000余份，张贴通知公告1500余张，发放《致广大群众一封信》4000余份，悬挂宣传横幅200余条。组织广大党员干部积极捐款，累计捐款8.94万元。加强重点人员信息核查和监测管理，对高风险区返隆人员果断进行筛查隔离。广大干部群众坚守一线，构筑起了群防群控、严防严控、联防联控的坚固防线。同步推进流行性出血热疫情防控和狂犬病防治工作，确保公共卫生安全。

【脱贫攻坚】 2020年，全镇脱贫攻坚工作以"四查四补"为抓手，全面查找和补齐脱贫攻坚工作中存在的问题和短板弱项，积极构建防贫减贫和持续增收长效机制。共排查发现4类10个方面212个问题，存在的问题全部整改完成。完成1077户建档户档案资料的重新规范整理和云系统数据核对工作，确保账实相符。以35户114人"三类人群"为重点，因户因人分类精准施策，持续加大帮扶和政策扶持力度，使"三类人群"在产业发展、住房保障、政府兜底等方面实现保障和发展。深化与闽侯县廷坪乡、小箬乡东西部对口协作，深化互访交流机制，全面落实闽宁协作工作任务。

【产业发展】 全镇冷凉蔬菜及设施瓜果种植面积达到3800亩，中药材种植面积稳定在2500亩，持续扩大张树、锦屏、锦华、光联村肉牛养殖规模，全年调制青贮玉米饲草2200吨，全镇肉牛年饲养量突破3000头。11个村村集体经济实现全覆盖，其中7个产业经营型、2个加工型、2个乡村旅游型。清泉村改造提升生态移民拱棚100幢，种植辣椒100亩、皱叶紫甘蓝25亩。和平村与街道村集中连片抱团发展，建成集特色种植、农事体验、观光采摘、休闲垂钓于一体的乡村旅游示范点，探索出村集体经济发展的新模式。全镇村集体经济收入达130余万元，带动农户就业达数百人，实现了强村与富民的有效统一。

【人居环境改造】 加大基础设施建设投入力度，补齐农村基础设施短板。全年巷道硬化10.7公里，新建农村水冲式厕所184户。全面落实网格化管理制度，建立196人的常态化环境网格保洁队伍。成立镇环境卫生督察组，每周对各行政村网格化环境管理工作督查一次，对脏乱差现象进行曝光和通报。对各行政村实行周检查、月总结、半年观摩和年终考核制度，强化日常管理考核，实行有效奖惩制度。开展312国道沿线环境卫生整治活动，围绕312国道和许沟、锦屏、马河等村组道路沿线绿化亮化，在农户门前庭院种植景观花、大果榛子、早酥梨和蔬菜等，形成"三园"特色庭院经济。建成清泉村农村垃圾分类示范点，按照"两次六分"的模式，实现农村生活垃圾治理从日常卫生保洁向生活垃圾分类延伸。积极配合县住建局完成清泉村美丽村庄建设，打造"新型城镇化"，着力改善农村环境。

【民生保障】 打造全区退役军人服务站示范点，扎实做好服务管理工作，切实维护退役军人的合法权益。扎实推进农村医疗保险和城乡居民养老保险收缴工作，建档立卡贫困户"两险"参保率实现全覆盖。开展农村低保入户核查工作，全面落实孤寡老人、残疾人等特殊人群救助政策，按照程序取消不符合政策要求的189人农村最低生活保障对象资格，并及时调档7人，新增137人，享受临时救助1247人，共计98.6万元，切实做到精准施保。全年开展实用技能培训200人次，转移就业补贴惠及912人，发放金额47.8万元。疫情防控期间农村劳动力转移就业4594人。沙塘镇中心卫生院建成固原市首家数字化预防接种门诊，承担全县新冠肺炎疫苗接种工作，基础医疗水平大幅提升。

【基层治理】 推进扫黑除恶长效机制建立和成果巩固提升，深化"平安沙塘"建设。2020年，成功化解到访及各村排查初信初访矛盾36件，对群众反映的合理诉求全部解决到位，共处理"12345"政府热线转办件69件，办结率达100%。开展安全生产专项整治三年行动，签订各类安全生产责任书200余份，全年开展"安全生产大检查"24次，排查整治安全隐患14个。建成沙塘镇新时代文明实践所和街道、马河新时代文明实践站，组建志愿服务队伍22余支，注册志愿者220人，组织开展文明实践活动200余场次。成功举办"唱响主旋律，奋进新时代"农民大合唱比赛，唱出了脱贫攻坚的精气神。建成街道、锦华、锦屏"爱心超市"，建立"积分卡"制度，引导群众主动参与，实现自治、法治、德治"三治融合"的乡村治理新模式。清泉村、马河村荣获"全国文明村镇"称号，清泉村被评为全区农村人居环境整治示范村，建成全县第一所乡镇党校，沙塘镇新时代文明实践站接受自治区党委宣传部、党委组织部等各级观摩，自治区党委组织部基层党员管理调研座谈会在我镇召开。街道、许沟被评为全县壮大村集体经济"10强村"，街道、和平乡村旅游项目作为壮大村集体经济发展新模式接受全市壮大村集体经济观摩团现场观摩，和平村成功举办"2020年农民丰收节暨首届乡村旅游节"，推动全镇农业农村工作更上新台阶。荣获2020年隆德县新时代文明实践学雷锋志愿服务项目创投大赛银奖，被评为新闻宣传工作先进集体。

神林乡

【概况】 全年完成农业总产值1.75亿元，增长6.5%，农民人均可支配收入达到10843元，增长8%。辛平村被评为全国旅游重点村，神林乡荣获"自治区'扫黄打非'进基层示范点"称号，兴鸿旺牧业被评为自治区级畜禽养殖标准化示范场，常鲜果蔬专业合作社荣获"自治区巾帼创业创新基地"称号，双村被评为隆德县发展壮大村集体经济"10强村"。

【疫情防控】 全面落实习近平总书记"坚定信心、同舟共济、科学防控、精准施策"的总要求，严格落实自治区党委"五个凡是""三个全面""三防三控""四个实行"的工作要求，坚持"外防输入，内防反弹"，扎实做好外来人员摸排、重点人员集中隔离和居家隔离工作，认真落实好常态化疫情防控各项措施。组织悬挂宣传横幅83条，张贴宣传标语60条，发放宣传彩页1200张，张贴疫情防控告知书98份，张贴宣传海报600份。摸排各地各类返乡人员1827人，建立在家户籍人员4266人、本乡户籍未返乡人员3029人、本乡户籍返乡人员730人、外县户籍来乡人员707人等四类人群的数据台账，隔离管控重点对象126人。设立固定体温检测查验点21处，组织志愿者和党员156人进行蹲点防守，签订居家隔离告知书和温馨提示126份，为2700人办理健康通行证，"我的宁夏"APP防疫健康信息码累计申报7763人。多渠道筹集口罩等医用防护物资15000余件（套），争取抗疫特别国债资金31.3万元，全部投入防控一线。组织人员对村组巷道、广场等人员密集场所进行全面清扫、每天消毒，号召群众做好个人卫生，严防病源扩散蔓延。同步推进流行性出血热疫情防控和狂犬病防治工作，确保公共卫生安全。

【精准扶贫】 开展"四查四补"和"大干100天"坚决打赢脱贫攻坚战行动，全面建立各类问题清单，同步建立整改台账，逐条逐项整改销号。1户2人未脱贫人口实现稳定脱贫。建立401户1241人"一户一档"和15户52人"两类人群"台账，加强对脱贫监测户和边缘户精准管理和帮扶工作，实现稳定增收。对16户卫生极差户安排专人定期打扫，确保卫生干净整洁。完成建档立卡贫困户稳岗就业1344人，占全乡建档人口的50%。完成扶贫云信息系统基础信息维护和项目库数据录入。以"零问题、零反馈"的优异成绩高质量完成脱贫攻坚成效省际交叉考核工作。

【特色产业】 全乡农户种植冷凉蔬菜2400亩、玉米4868.29亩、马铃薯993.6亩、蚕豆948.8亩，牛存栏924头。新建杨野河1700亩一级种薯繁育基地、观音2000亩道地中药材种植基地。新建庞庄村农资营销部、辛平村饲草料加工厂、神林村农资营销部、杨野河村肉牛养殖场，巩固提升双村大红灯笼扶贫车间，各村村集体经济收入实现零的突破，杨野河村集体经济收入达到30万元。

【环境整治】 扎实推进"蓝天、碧水、净土"保卫战。严格落实河长制，集中开展河库"清四乱"行动，推进畜禽粪污、作物秸秆和农用残膜综合利用。全面推进农村环境综合整治，集中整治院落门前屋后乱堆乱放现象，投入挖机1000台次、三轮车2000辆次、人员5000人次，倾倒垃圾2000余吨。充实乡村保洁员队伍，新增公益性岗位14人、生态护林员8人。实施神林乡小河子综合治理工程，修建排洪渠2650米。完成312国道及桃桃公路神林段绿化美化218亩。新建水冲式厕所103座，完成双村一组新农村46户污水管网改造工程。建设高标准农田2600亩，初步形成"山绿"与"民富"并进发展的局面。

【民生保障】 统筹落实各项惠民政策，发放临时救助资金38.8万元、救灾资金21万元，享受低保631户773人，残疾人护理补贴330人、残疾人生活补贴258人、五保供养47人，及时退出低保46人，新增低保79人。发放妇女创业贷款1200万元、务工补贴40万元、交通补贴3.9万元。建成乡级综合文化站和神林村综合文化服务中心。

【政府效能】 全面开启"一门一窗一网"政务服务模式，"163"政务服务系统成功接入并上线运行。及时公开政务信息40余条、涉农惠农信息500余条。新建新时代文明实践站2个，创建全国示范性退役军人服务中心（站），建成村级公共法律服务站5个，启动人民调解一站式服务试点，排查化解各类矛盾问题137起，调处化解率达100%。

联财镇

【概况】 2020年7月顺利通过国家脱贫攻坚普查，11月接受国家东西部协作和省际交叉考核验收，实现现行标准下农村贫困人口全部脱贫（724户2848人）、贫困村全部出列（2015年太联村、2016年赵楼村、2017年张楼村和联合村），全镇摘帽。联财镇荣获"全区妇女创业贷款先进乡镇"称号，赵楼、恒光两村荣获"全区人居环境整治示范村"称号。自来水入户率、安全饮水保障率、生活用电和广播电视入户率达到100%；全镇村组道路硬化、动力电、网络宽带实现了全覆盖，6个行政村组织健全且均有可稳定增收的支柱产业。全年农村居民人均可支配收入达到11320元，同比增长9%。

【疫情防控】 抽调镇村干部、卫生院、派出所、司法所精干力量以村为单位成立6个疫情防控工作组，在全镇设置17个查验卡，同时全面开展对外来人员、常住人员和户籍地在隆人员"地毯式"大排查、全覆盖"大起底"，做细做实"以房管人"大摸排。按照"早发现、早报告、早隔离、早治疗"的防控要求，对疫情重点地区来隆28人及疫情严重地区来隆196人及其密切接触者和其他省区（包括宁夏）与确诊病例、疑似病例密切接触人员采取"四包一"居家隔离管控责任到户措施。

【产业发展】 全镇种植蔬菜4860亩、玉米790亩、中药材600亩、蚕豆287亩，完成秋季、春季覆膜17418亩；基础母牛补栏176头，中华蜂188窝。不断做大做强特色优势产业，确保有发展能力的贫困户有1~2项可稳定增收的致富产业。为促进蔬菜产业提质增效，发展壮大村集体经济，在张楼村投资2100万元，新建大跨度拱棚9幢、全钢架大拱棚800幢，配套50亩露天蔬菜种植试验田和1500吨气调贮藏库。配套建成农业综合服务站，以技术指导、技术服务、副产品加工、销售等为主要内容，带动本村及周边务工50多人，使本村失地农民变成产业工人，促进全村、辐射带动全镇蔬菜产业提质增效。

【精准扶贫】 贯彻落实"四个不摘"要求，完成720户2882人脱贫任务。全面开展"四查四补"（查弱补强、查短补齐、查漏补缺、查损补失），对照"两不愁三保障"目标查漏补缺，对照基本公共服务、基础设施完善查短补齐，对照产业发展、农民增收查弱补强。组织贫困户劳动力跨地区和就近就业3389人（省外务工520人、区内县外务工1017人、县内务工1852人）。建立长效机制防返贫。按照"4个10户"精准比对机制，强化因户因人精准扶持，扎实开展精准识别精准退出动态调整工作，有效防止返贫致贫风险。2020年，精准摸排因疫情影响存在致贫风险的边缘户10户32人、返贫风险的监测户10户33人，通过项目政策措施扶持，使9户28人边缘户和9户30人有返贫风险监测户消除致贫返贫风险。推进问题整改和作风建设抓落实。紧盯中央和自治区巡视、脱贫成效考核、督查等各类反馈问题，坚持"问题导向、照单全收、举一反三、逐项销号、整改到位"细化落实整改措施，确保高质量完成各类问题整改。对历年来扶贫领域各级各类督查检查反馈问题整改情况开展"回头看"，切实增强整改工作的自觉性和坚定性。

【劳务培训】 完成贫困户劳动力技能培训1335人，使全镇贫困户中有劳动能力的家庭每户有1~2人接受技能培训，实现"培训1人，就业1人，脱贫1家"的目标。设置146名生态护林员、环境保洁员等公益性岗位，就地就近安排卫生保洁和生态管护工作，实现就业和增收双赢。扶贫车间稳就业。建成恒光农副产品购销加工等扶贫车间6家，带动留守妇女、有基本劳动能力的残疾人等227人在"家门口"就业，人均月收入1500元以上，实现挣钱顾家两不误。

【金融扶贫】 按照"政银联动、风险共担、多方参与、合作共赢"模式,落实免担保、免抵押、贴息的金融扶贫小额信贷政策,发放小额信贷1520万元,有效解决贫困户发展产业资金短缺难题。

【社会保障】 完善社会救助为主体,社会帮扶为辅助的综合保障体系,将符合农村低保条件的困难群众全部纳入农村低保范畴,做到"应保尽保"。同时,为所有贫困户购买意外伤害险、大病医疗补充险和特色种植养殖险等扶贫保险产品,做到建档立卡贫困户"扶贫保"全覆盖,有效抵御发展风险。通过义务教育阶段"三免一补"、高中学生免除学杂费、中职学生"两免一补"、高职及以上学生"雨露计划"等途径,实现全镇1410名学生(建档立卡贫困学生602人、非建档立卡学生808人)教育资助全覆盖,减轻家庭教育负担。

【环境整治】 创新"户分类,村保洁"的生活垃圾治理模式,构建二级网络、三级网格,对全镇各村的主干道路、文化活动广场、河道和巷道等重点场所卫生全覆盖保洁,落实"以克论净,深度保洁"的考核办法,全面提升环卫保洁工作规范化水平。建立河长制,落实河湖日常保洁巡查主体责任,河长每周巡河次数不少于1次,巡河员每日巡河次数不少于1次,建立工作台账,形成"一河一策""一人一网"管理模式。以积分制为载体,搭建起"最美家庭"奖励与"爱心超市"商品兑换购桥梁,通过积分奖励方式用先进典型引领身边群众,打造乡村治理新模式,焕发乡风文明新气象。强力推进农村"厕所革命"创新模式,按户落实三种改厕模式,全镇改厕1487户,实现农村水冲式厕所普及率超过85%。以村庄节点绿化美化亮化为重点,开展点线面结合的环境打造提升工程。在辖区内312国道沿线村组巷道两侧种植绿化树木和各类花草,实现房前屋后花团锦簇,不断提升村容村貌,着力打造农村人居环境整治样板镇。

好水乡

【疫情防控】 落实县委和政府各项决策部署,成立新冠肺炎疫情防控工作领导小组,按照疫情联防联控机制要求,果断实施防控各项措施,举全乡之力打响疫情防控阻击战。紧急设立8个查验点,抽调160余名党员、干部投身防疫一线,坚持24小时值班值守,外防输入,内防扩散,安全守护200多天。全乡党员主动交纳特殊党费3.8万余元,全部用于疫情防控。同步推进流行性出血热疫情防控和狂犬病防治工作,确保公共卫生安全。

【精准扶贫】 严格按照"三个落实"和"四个不摘"工作机制,进一步巩固提升脱贫质量。持续深入开展"四查四补"和"大干100天坚决打赢脱贫攻坚战"行动,克服疫情影响,查清漏洞缺项,找准问题短板,通过清查摸底、普查登记、集中审核、问题整改等方式,建立"一个台账管理,一个出口下单,一个归口销号"的"三个一"管理机制,以管用的办法进行全面整改提升。建立健全精准扶持机制,采取产业扶持、稳定就业、强化保障、教育医疗等综合措施,重点关注未脱贫户、脱贫监测户和边缘易致贫户，2020年全部稳定达到"两不愁三保障"脱贫标准，顺利通过国务院脱贫攻坚大普查验收。全乡6个贫困村全部脱贫出列，530户1911人贫困人口全部脱贫，建档立卡贫困户人均可支配收入稳定超过国家现行标准，脱贫攻坚取得了决定性胜利。

【产业发展】 坚持将发展产业作为实现稳定脱贫、农民逐步致富的关键。把草畜产业作为农业发展的基础产业、精准脱贫的核心产业和农民致富的首选产业强力推进，全乡种植地膜玉米6000亩（青贮玉米3900亩）、各种优质牧草1500亩；新增基础母牛126头，发展养殖大户和规模养殖场，打造草畜产业发展带。全面推广马铃薯良种繁育，在水磨、后海和张银集中连片种植马铃薯一级种薯4000亩，全乡推广种植良种马铃薯5000亩，打造"马铃薯种薯良种繁育基地"。发挥扶贫车间带动作用，后海村纸品包装扶贫车间务工12人（贫困户9人），中台村一次性餐具加工扶贫车间务工14人（贫困户4人）。引导农户以土地承包经营权入股合作社、村集体经济，流转农户土地3554亩，有效解决土地撂荒问题，实现农户"多元"收入。

【发展壮大村集体经济】 采取联村发展模式、自主经营模式、股份合作模式，全乡共投入发展资金816.92万元，用于发展种养殖业，收益达到53.15万元，实现各村集体经济收入稳定超过5万元的目标。

【技能培训】 累计各类劳动力技能培训500多人次（建档立卡贫困户培训250多人次）、实用技能培训3期180人次，贫困户务工技能和科学种养能力不断增强，就业质量逐步提高，实现了每户农户至少有1人真正掌握1门就业技能，促进农民工多渠道转移就业。通过劳动力技能培训提升，全乡务工人数达到2000余人（建档立卡贫困户务工人员540余人）。

【环境整治】 组织各村环境保洁员、公益性岗位和护林员123人，机械101台次，每月开展20天以上环境卫生清理活动，定期对村组道路、村庄周围的乱堆乱放的杂物、垃圾等集中进行清理整治；全面加强道路绿化和村庄美化，绿化道路16公里，补植补造和修枝抚育各村村组行道树16.5公里；完成危房改造24户，人居环境明显改善。全面推进卫生厕所改造工程，改造提升2018年卫生厕所400户，新建卫生厕所459户，新建红星、永丰、水磨村级公共厕所3座，全乡人居环境更加清洁美丽。

【小城镇建设】 实施工程项目1700万，全面完成好水街道道路照明、外立面改造、公共服务排污等8大工程，新建文化广场、农贸交易大棚和一体化污水处理站，建成了功能齐全的美丽街道，乡村旧貌换新颜。

【社会保障】 确定保障对象709户889人；发放重度残疾人生活补贴205人25万元、护理补贴180人17万元；发放救灾款和临时救助资金53.8万元，惠及农户773户2678人；全乡建档立卡户基本医疗保险、大病医疗保险、人身意外保险参保率达100%，家庭医生签约服务率达100%，贫困人口无一户因病返贫。居民养老保险参保1595人，医疗保险征缴5971人，困难群众的生产生活得到较好保障。

观庄乡

【概况】 围绕决战脱贫攻坚、决胜全面小康,稳步推进基础设施建设、产业培育发展、民生保障改善、社会综合治理各项工作,保持经济社会发展良好态势。农民人均可支配收入达到10700元,增长11.5%。

【疫情防控】 面对新冠肺炎疫情,始终坚持人民至上、生命至上,果断采取外防输入、内防扩散、强化保障等各项措施,举全乡之力打赢疫情防控阻击战,有效保护人民生命安全和身体健康。设置疫情查验点23个,870名党员干部和志愿者投身"战疫"一线,累计排查、登记进出人员1.3万余人次、车辆8000余辆;因户因人分类施策,落实居家隔离"四包一"责任制度,累计对588户2829人从严实施居家隔离措施;强化后勤保障,认真落实隔离群众生活必需品代购、配送制度,保障隔离群众基本生活,消除居家隔离后顾之忧。同步推进流行性出血热疫情防控和狂犬病防治,积极动员群众累计接种流行性出血热疫苗一、二剂次4236针,犬只接种疫苗1374剂。

【精准扶贫】 在整改脱贫攻坚"回头看"排查问题的基础上,开展"四查四补",对照脱贫标准查找漏洞,解决漏统、漏项、漏扶、漏管"四漏"问题489条,补齐公共服务、基础设施、基层治理等方面的短板。扎实开展扶贫云系统数据质量维护工作,累计维护各级反馈问题2614条、各类数据3200余条,有效强化脱贫攻坚成果数据支撑。建立健全防返贫预警监测机制,动态管理边缘易致贫户12户36人、脱贫不稳定户16户78人,经分类施策,边缘易致贫户消除致贫风险10户30人,脱贫不稳定户消除返贫风险14户66人。

【产业发展】 坚持思路、方向不变,下大气力扩大产业规模,提升产业质效,草畜、马铃薯、油菜籽特色产业发展水平显著提升。种植青贮玉米1.5万亩、优质牧草2023亩,调制饲草1.8万吨,实施"见犊补母"2229头,补栏基础母牛288头,全乡肉牛饲养量达到5297头,肉牛养殖产业对农民增收的贡献率大幅提升。种植马铃薯1.2万亩,平均亩产5000斤,最高单产突破8000斤,平均每亩纯收益2000元,马铃薯既丰收又增收;沿六盘山西麓隆张公路沿线种植油菜7100亩,打造彩色农业景观带,有效带动旅游产业新发展。

【发展壮大村集体经济】 探索村集体经济联村发展模式,整合观堡、林沟、阳洼、红堡、姚套5村项目资金430万元,建成阳洼五村联营养牛场,饲养肉牛132头,发展态势良好。改建中梁养牛场,扩大后庄肉牛养殖规模,新建前庄草莓采摘棚,建成大庄农资超市,全乡村集体经济发展逐步步入正轨。

【基础设施建设】 实施村级基础设施巩固提升项目,改造观堡至姚套、中梁至田滩、前庄至后庄通村公路18.2公里,建成前庄旅游环山路6.8公里,拓宽铺沙田间道路6公里,修建巷道、田间道路排水渠22公里,安装太阳能路灯480盏,动力电入户314户,完成前庄、田滩等6个村自来水管网改造提升,村级基础设施进一步完善。持续推进"厕所革命",新建水冲式厕所463户,累计改造卫生厕所2194户,改造率达66.3%。

【环境整治】 实施环境卫生综合整治春季和秋冬季战役，落实环境卫生网格化管理制度，集中整治农村环境卫生难点、痛点问题，人居环境持续改善。前庄村荣获"全区人居环境整治示范村"称号。394户拆除土坯房，消除安全隐患。全面落实"河长制"，治理河道垃圾点4处。

【民生保障】 发展民生事业，坚定不移强化民生基本保障，不断增强人民群众幸福感、获得感。落实教育惠民政策，全年共有514名学生享受助学贷款、"雨露计划"、燕宝基金等扶持；落实控辍保学，无义务教育阶段辍学学生。推进健康扶贫，205名贫困户享受大病救治优惠政策，家庭医生签约服务实现贫困户全覆盖，一般户签约率达到75%。全面完成"两险"收缴任务，养老保险、医疗保险参保人数分别为6802人和15654人，居民养老认证率达100%，建档立卡贫困户"两险"和"全家保"参保实现全覆盖。审核取消不符合规定享受低保312户、326人，新增低保89户、94人，全乡低保1529户、1988人。落实社会保障各项政策，共计发放临时救助、重度残疾人生活补贴、高龄津贴等各类社会保障资金898.77万元，残疾人托养中心入住55人，特困群体生活保障得到全面加强。培训农村劳动力252人次，安置公益性岗位85人，发放就业补贴695人38.03万元、扶贫小额贷款575户2875万元、妇女创业贷款152户1695万元，稳就业、保增收工作扎实有效。解决遗留退耕还林1000亩，兑付1290亩集体和个人的所有国家级公益林生态补偿资金。

【社会治理】 持续开展扫黑除恶专项斗争，宣传发动群众，深入摸排问题线索，整治社会乱象，累计排查化解矛盾纠纷25件，解决重点信访问题5件，群众信访事项办复率达100%。圆满完成"七五"普法验收工作，扎实推进新时代文明实践中心建设试点工作，建成观庄乡新时代文明实践所和大庄、前庄、石庙新时代文明实践站、爱心超市，组建乡村两级志愿服务队28支，累计开展环境卫生清洁、产业结对帮扶、移风易俗、社会综合治理系列文明实践活动156场次，荣获全县首届志愿服务项目大赛二等奖。

【安全生产】 强化安全生产责任落实，排查整改森林草原防火、道路交通安全等领域隐患70条，完成后庄、大庄、石庙3处滑坡点整治和红堡、中梁、后庄道路水毁工程，关停大庄、红堡、倪套砖厂，有效保障人民群众生命财产安全。

杨河乡

【概况】 围绕决战脱贫攻坚、决胜全面小康，稳步推进基础设施建设、产业培育发展、民生保障改善、社会综合治理各项工作，保持经济社会发展良好态势。农民人均可支配收入达到13249元，增长10.5%。

【疫情防控】 成立以支部书记、两委干部为骨干，以党员、入党积极分子为中坚力量的疫情防控战时党支部、党员志愿者队伍，召开疫情防控专题工作会议23次，利用网格化管理方式，开展地毯式排查，推动组建167个网格工作群，成立检测点临时党支部6个，设立防控劝导点5个、卡点9处。动员党员群众为疫情防控捐款捐物，共计捐款5.798万元，捐赠各类物资价值3万余元。

推进流行性出血热疫情防控和狂犬病防治，积极动员群众累计接种流行性出血热疫苗一剂2170次针、二剂987次针，犬只接种疫苗576剂，猫接种疫苗153剂。

【精准扶贫】 开展"四查四补"同步跟进问题整改，对核查出的384条问题，及时建立问题台账和整改台账，明确时限，逐条整改销号，实现问题整改全清零。通过安置公益性岗位113名、村集体合作社务工124人，拓宽增收渠道。对建档立卡贫困户医疗保险和养老保险，逐户逐人盯对，参保率达到100%，对非建档立卡户医疗保险和养老保险，多措并举加大催缴力度。着力推进各级各类问题整改，确保问题整改到位。采取低保兜底等综合措施，7户32人未脱贫人口稳定脱贫，贫困人口人均可支配收入达到10600元，实现了全乡贫困人口全部脱贫。

【草畜产业】 坚持思路不变，方向不变，扩大产业规模，提升产业质效。全乡种植地膜玉米5.4万亩，完成饲草青贮23万吨，实施"见犊补母"8115头，补栏基础母牛190头，牛饲养量达到4.8万头，户均饲养量达到24头，其中，养牛收入占人均纯收入的60%以上。完成宏博牧业千头标准化肉牛养殖场建设及杨河牧业肉牛标准化养殖场改扩建，建成百头规模养殖基地12个，建成并投入使用穆沟村、玉皇岔村集体经济养牛合作社，5个村村集体经济收入均达到了5万元以上，发展态势良好。完成高标准农田建设2.42万亩。饲草种植实现半机械化耕作，形成以西门塔尔品种为主的万头肉牛繁育基地。

【基础设施建设】 实施村级基础设施巩固提升项目，修建巷道12公里，安装太阳能路灯691盏，完成串河移民点排污管网改造3400米，全乡5个行政村均实现了通水泥路、安全饮水、宽带网络、通信信号、广播电视全覆盖，村级基础设施进一步完善。持续推进"厕所革命"，新建水冲式厕所184户。

【环境整治】 深入实施环境卫生综合整治春季和秋冬季战役，落实环境卫生网格化管理制度，集中整治农村环境卫生难点问题，人居环境持续改善。38户拆除土坯房，消除安全隐患，补齐全乡村容村貌最大短板。落实"河长制"工作机制，对辖区内河道、水源坚持规范化、常态化管护，有力防治河道污染破坏，保护绿水青山。

【民生保障】 落实教育惠民政策，全年共有76名学生享受"雨露计划"等扶持；落实控辍措施，无义务教育阶段辍学学生。推进健康扶贫，24名贫困户享受大病救治优惠政策，家庭医生签约服务实现贫困户全覆盖，一般户签约率达到100%。全面完成"两险"收缴任务，养老保险、医疗保险参保人数分别达到1403人和10427人，居民养老认证率在95%以上，建档立卡贫困户"两险"参保实现全覆盖。审核取消不符合规定享受低保104户127人，新增低保36户95人，全乡低保户达1280户1864人，共计发放临时救助、重度残疾人生活补贴、高龄津贴等各类社会保障资金936万元，特困群体生活保障得到全面加强。培训农村劳动力300人次，新增安置公益性岗位42人，发放就业补贴14人9800元、扶贫小额贷款497户

2410.1万元、妇女创业贷款112户1200万元，稳就业、保增收工作扎实有效。

【社会治理】 做好新时代民族宗教工作，荣获"2020年创建民族团结示范乡镇"称号。深化平安杨河建设，启动实施安全生产专项整治三年行动。持续开展扫黑除恶专项斗争，深入摸排问题线索，大力整治社会乱象，专项斗争成果得到巩固。累计排查化解矛盾纠纷138件，解决重点信访问题9件，群众信访事件办结率达100%。

【乡风文明】 扎实推进新时代文明实践中心建设试点工作，建成杨河乡新时代文明实践所和杨河、串河、红旗村新时代文明实践站，组建乡村两级志愿服务队13支，累计开展扶贫政策宣讲、环境卫生清洁、产业结对帮扶、移风易俗、社会综合治理系列文明实践活动84场次。

【政府效能】 以"一约四会"为抓手，强力推进民风建设，共表彰勤劳致富、卫生示范、好公婆好儿媳等模范户9户，大力弘扬尊老爱幼、夫妻和睦、邻里和谐、劳动光荣等传统美德，全面促成民族团结、宗教和顺的和谐稳定良好局面。深入开展"担当新使命、展现新作为"学习实践活动。完成乡村两级便民服务中心改造提升，公开政府信息123条。全面完成第七次全国人口普查。认真履行党风廉政建设"一岗双责"，树立"底线"思维，坚持把纪律和规矩挺在前面，强化监督执纪问责，深入整治"四风"。

张程乡

【概况】 统筹推进疫情防控和经济社会发展，紧紧围绕决战脱贫攻坚、决胜全面小康，补短板、强弱项、抓重点、攻难点，全力以赴抓"六保"、促"六稳"，保持经济社会发展良好态势。全乡农民人均可支配收入从2019年底的9383元增长到2020年的10321元，增长10%。张程乡八个村全部被命名为"平安村"；张程乡荣获"中国体育彩票杯"隆德县第三届农民篮球争霸赛冠军，荣获"隆德县肉牛养殖先进乡镇""隆德县2020年新闻宣传工作先进集体"称号，荣获2020年隆德县"纪念中国人民抗日战争暨世界反法西斯战争胜利75周年"诗词朗诵大会三等奖、荣获2020年隆德县新时代文明实践学雷锋志愿服务项目创投大赛铜奖；李哈拉村荣获"固原市肉牛养殖示范村"称号。

【疫情防控】 成立疫情防控工作领导小组和应急指挥部，建立联防联控工作机制。设立5个工作组，在9个重要路口设置13个查验点，95人轮流实行24小时带班值班制。做好疫情防控宣传工作，引导广大群众团结一心共同抗疫。累计发放新型冠状病毒肺炎预防手册1500余份，张贴通知公告1000余张，发放一封信3000余份，悬挂横幅116条。组织广大党员干部积极捐款，支持相关肺炎疫情防控工作，累计373名党员捐款3.93万元。同步推进流行性出血热疫情防控和狂犬病防治工作，确保公共卫生安全。

【精准扶贫】 以"四查四补"为抓手，在巩固历年脱贫成果的基础上，扎实开展国务院脱贫攻坚普查和脱贫成效巩固工作，全面查找和补齐我乡脱贫攻坚工作中存在的问题和短板弱项，积极构建防贫减贫和持续增收长效机制。全年共召开扶贫领导小组会议18次、乡村干部会议24次，专题研究脱贫攻坚工作。完成了605户建档户档案资料的重新规范整理和云系统数据核对工作，确保了档案账实相符。以53户187人"三类人群"为重点，因户因人分类精准施策，持续加大帮扶和政策扶持力度，使"三类人群"在产业发展、住房保障、政府兜底等方面实现了保障和发展。

【产业发展】 依托区位优势和产业惠农政策，坚持草畜产业全域发展理念，不断促进农业增效、农民增收。连片种植地膜玉米5.5万亩，从甘肃张掖、武威外调优质基础母牛（补栏）398头，"见犊补母"4866头，调制青贮玉米饲草6.98万吨，全乡牛饲养量突破3.8万头，存栏2.2万头，草畜产业收入占农民人均纯收入的70%以上。积极探索和试行村集体经济"联村抱团"发展模式，李哈拉、崔家湾、赵北孝三村，杨袁、张程两村联合发展壮大村集体经济，建成李哈拉村、杨袁村肉牛养殖园区并投入使用。

【基础设施建设】 加大基础设施建设投入力度，补齐农村基础设施短板。硬化村组道路13公里，田间道路拓宽铺沙和汛期水毁维修75公里，修建排洪水渠18.5公里，地质灾害险点整治兼排洪渠维修新建20处。全年改造危房41户，新建农村水冲式厕所350户。

【环境整治】 健全网格化管理制度，坚持包抓帮扶、督查评比、奖先罚后，将工作任务落实到人，督查问题整改到位，全面清理整治庄点、巷道、沟坡、渠摆及垃圾死角，严格工作督导，切实传导压力，进一步促使农村人居环境综合整治工作常态化。坚持推进畜禽粪污、作物秸秆和农用残膜综合利用。积极配合县住建局建设张程小城镇，完成了集市两侧现有营业门店房修建和改造提升工作，整体提升了乡政府驻地基础建设水平，改善了人居环境。

【民生保障】 推进新型农村合作医疗保险和城乡居民养老保险收缴工作，建档立卡贫困户"两险"参保率实现全覆盖。开展农村低保入户核查工作，全面落实孤寡老人、残疾人等特殊人群救助政策，按照程序将不符合政策要求的250人取消农村最低生活保障资格，及时调档83人，新增34人，切实做到精准施保。累计发放妇女创业贷款1200万元、各类救助资金51.24万元，农村劳动力转移就业50人，确保疫情防控复工复产和民生基本保障。

【乡风文明】 新建乡级文化站和桃园等村新时代文明实践站，开展各类丰富多彩的新时代文明大讲堂和文明实践活动48次，主动与厦门大学对接开设新时代文明实践"云课堂"，注重扶贫与扶智、扶志相结合，持续引导贫困户从"输血"到"造血"的转变。

【社会治理】 全乡共处理到乡来访及各村排查初信初访矛盾37件，成功化解37件，对群众反映的合理诉求全部解决到位，共处理"12345"政府热线转办件12件，办结率达100%。积极开展安全生产专项整治三年行动，强化应急管理，健全安全生产应急预案，全年开展"安全生产大检查"24次，排查整治安全隐患14个。

附 录

2020年隆德县国民经济统计公报

2020年隆德县国民经济运行稳健向好 主要目标完成好于预期 "十三五"规划圆满收官

2020年,面对新冠肺炎疫情冲击、市场供需失调、内生动力不足等影响,隆德县委、县政府坚持以习近平新时代中国特色社会主义思想为指导,坚持稳中求进工作总基调,团结带领全县人民同舟共济、众志成城、攻坚克难,坚决贯彻落实中央、区、市决策部署,统筹推进疫情防控和经济社会发展各项工作,补短板强弱项,扎实推进"六稳"工作,全面落实"六保"任务,疫情防控成效显著,生产生活秩序全面恢复,全县经济运行稳健向好,经济社会发展主要目标完成好于预期,"十三五"规划圆满收官。

根据自治区统计局反馈的统一核算数据,2020年,全县完成地区生产总值354755万元,按可比价计算,比2019年增长7.7%。增速比1—3季度回升0.8个百分点,比2019年回升1.7个百分点。分产业看,第一产业完成增加值77947万元,增长4.5%;第二产业完成增加值68167万元,增长24.0%;第三产业完成增加值208641万元,增长3.6%。三次产业对经济增长的贡献率分别为12.3%、59.0%、28.7%,分别拉动经济增长1.0、4.5、2.2个百分点。

一、农业经济运行稳中有进

2020年,全县预计完成农林牧渔业总产值181603万元,比2019年增长4.8%,增速比1—3季度回升3.6个百分点。其中,种植业产值108068万元,增长10.9%;林业产值10946万元,增长39.3%;畜牧业产值54505万元,增长4.6%。完成农林牧渔业增加值83109万元,增长4.2%,增速比1—3季度回升3.0个百分点。农业经济对全县经济的贡献率为12.5%,拉动经济增长1.0个百分点。一是粮食生产丰收。全年粮食作物播种面积27.35万亩,粮食产量8150万公斤,比2019年增长2.2%。二是畜牧业生产平稳。全年末生猪饲养量53259头,下降10.0%;肉牛饲养量80462头,增长9.4%;全年肉类产量7978吨,增长4.9%。

二、工业生产快速增长

在中药材饮片加工企业生产高速增长的拉动下，全县工业经济实现了快速增长。2020年，全县完成工业增加值13929万元，比2019年增长17.1%。其中，规模以上工业完成增加值6583万元，增长24.5%。工业对全县经济增长的贡献率为10.8%，拉动经济增长0.8个百分点。

三、固定资产投资下行压力较大

2020年，全县完成固定资产投资215357万元（不含农村投资），比2019年下降12.6%，下滑幅度比1-3季度扩大8.2个百分点。其中，县内500万元以上项目完成投资162707万元，下降3.1%；房地产开发完成投资37537万元，下降25.5%；厅局级完成投资15113万元，下降46.1%。

四、消费需求略有回升

2020年，全县实现社会消费品零售总额102743万元，比2019年下降7.8%，降幅比1-3季度缩小0.8个百分点。其中，批发零售贸易业94128万元，下降6.9%；住宿餐饮业8615万元，下降16.7%。

五、物价水平平稳

2020年，居民消费价格总水平（CPI）比2019年上涨1.8%，工业生产者出厂价格（PPI）比2019年下降3.1%。

六、城乡居民收入稳步增长，城乡收入比不断缩小

根据城乡一体化住户调查显示，2020年，实现城乡居民人均可支配收入14706元，比2019年增长9.6%。其中，城镇居民可支配收入25972元，增长3.8%；农村居民人均可支配收入11595元，增长12.1%；城乡居民收入比为2.24（以农村居民收入为1），比2019年缩小0.18。

七、财政保障能力增强

2020年，全县完成财政一般预算收入8901万元，比2019年下降12.1%。其中，税收收入4707万元，下降7.0%；非税收入4194万元，下降17.2%。完成财政一般预算支出320150万元，增长7.5%。其中，民生支出282852万元，增长6.9%。

八、金融市场运行良好

据金融部门统计显示，截至12月末，全县金融机构各项存款余额587620万元，比2019年增长9.4%。各项贷款余额312337万元，增长12.0%。完成金融业增加值19037万元，增长7.7%，金融业对全县经济的贡献率为6.1%，拉动经济增长0.5个百分点。

总体来看，2020年，全县经济保持了稳中有进、进中提质的良好态势，民生保障成效显著，脱贫攻坚取得决定性胜利，"十三五"规划圆满收官，全面建成小康社会胜利在望。但也要看到，疫情变化和经济发展中的不确定、不稳定因素较多，经济发展仍面临不少困难和挑战。蓝图已绘就，起航正当时，2021年，我们要以习近平新时代中国特色社会主义思想为指导，全面贯彻落实党的十九届五中全会精神和中央经济工作会议精神，全面贯彻落实中央、区、市各项方针政策，坚持稳中求进工作总基调，立足新发展阶段，贯彻新发展理念，抢抓机遇，真抓实干，砥砺奋进，赶超发展，扎实做好"六稳"工作，全面落实"六保"任务，推动经济高质量发展，确保"十四五"开好局、起好步。

第七次全国人口普查公报[①]（第一号）

——隆德县人口情况

隆德县统计局　隆德县第七次全国人口普查领导小组办公室

2021年6月20日

根据第七次全国人口普查结果，现将2020年11月1日零时隆德县人口的基本情况公布如下：

一、常住人口

全县常住人口[②]为109451人。

二、人口增长

全县常住人口与2010年第六次全国人口普查的160754人相比，减少51303人，下降31.9%，年均增长率为 -3.77%。

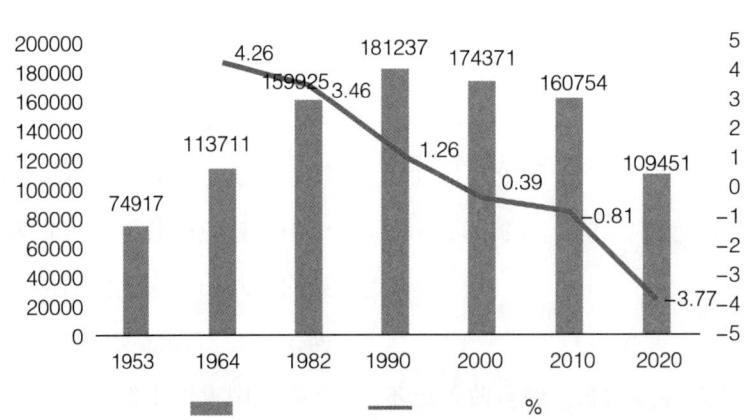

图1　历次人口普查总人口及年均增长率

[①] 本公报数据均为初步汇总数据。

[②] 常住人口：包括居住在本乡镇街道且户口在本乡镇街道或户口待定的人；居住在本乡镇街道且离开户口登记地所在的乡镇街道半年以上的人；户口在本乡镇街道且外出不满半年或在境外工作学习的人。

三、户别人口

全县共有家庭户[①]38776户、集体户892户,家庭户人口为105993人,集体户人口为3458人。平均每个家庭户的人口为2.73人,比2010年第六次全国人口普查的3.17人减少0.44人。

四、民族人口

全县人口中,汉族人口为92652人,占84.65%;各少数民族人口为16799人,占15.35%,其中回族人口为16630人,占15.19%。与2010年第六次全国人口普查相比,汉族人口减少50457人,下降4.37个百分点;各少数民族人口减少846人,其中回族人口减少999人。

---

① 家庭户：是指以家庭成员关系为主、居住一处共同生活的人组成的户。

第七次全国人口普查公报[①]（第二号）

——隆德县人口情况

隆德县统计局 隆德县第七次全国人口普查领导小组办公室

2021年6月20日

根据第七次全国人口普查结果，现将2020年11月1日零时隆德县13个乡（镇）的常住人口[②]有关数据公布如下：

一、各乡（镇）人口

13个乡镇[③]中，城关镇人口为47553人，占全县常住人口的43.45%；观庄乡人口为9880人，占全县常住人口的9.03%。两大乡镇人口占全县常住人口的52.47%，其他11个乡镇人口、所占比重见下表。

表1 隆德县各乡（镇）人口

单位：%人

乡镇	人口数	比重[④]	
		2020年	2010年
隆德县	109451	100.00	100.00
城关镇	47553	43.45	24.56
沙塘镇	7141	6.52	7.77
联财镇	6079	5.55	5.94
陈靳乡	1971	1.80	3.49

① 本公报数据均为初步汇总数据。
② 常住人口：包括居住在本乡镇街道且户口在本乡镇街道或户口待定的人；居住在本乡镇街道且离开户口登记地所在的乡镇街道半年以上的人；户口在本乡镇街道且外出不满半年或在境外工作学习的人。
③ 乡镇：包括城关镇、沙塘镇、联财镇、陈靳乡、好水乡、观庄乡、杨河乡、神林乡、张程乡、凤岭乡、山河乡、温堡乡、奠安乡。
④ 比重：指各乡（镇）的常住人口占全隆德县常住人口的比重。

续表

乡镇	人口数	比重[④]	
		2020年	2010年
好水乡	2788	2.55	4.26
观庄乡	9880	9.03	10.94
杨河乡	8905	8.14	6.56
神林乡	4154	3.80	5.47
张程乡	6367	5.82	5.07
凤岭乡	3931	3.59	6.59
山河乡	519	0.47	4.05
温堡乡	8579	7.84	11.35
奠安乡	1584	1.45	3.94

二、各乡（镇）人口变化

13个乡镇中，人口比重与2010年第六次全国人口普查相比，城关镇、杨河乡、张程乡3乡镇人口所占比重有所上升，分别上升18.89、1.58、0.75个百分点；其他10个乡镇人口所占比重均呈现下降趋势，其中6个乡镇（沙塘镇、联财镇、陈靳乡、好水乡、观庄乡、神林乡）人口所占比重下降幅度在2个百分点以下，1个乡（奠安乡）人口所占比重下降幅度在2个百分点以上3个百分点以下，有3个乡（凤岭乡、山河乡、温堡乡）人口比重下降幅度在3个百分点（含）以上，其中山河乡人口所占比重下降幅度达3.58个百分点。

第七次全国人口普查公报[1]（第三号）

——人口性别构成情况

隆德县统计局　隆德县第七次全国人口普查领导小组办公室

2021年6月20日

根据第七次全国人口普查结果，现将2020年11月1日零时隆德县的人口性别构成情况公布如下：

一、全县人口性别构成

全县常住人口中，男性人口为55689人，占50.88%；女性人口为53762人，占49.12%。总人口性别比（以女性为100，男性对女性的比例）为103.58，与2010年第六次全国人口普查总人口性别比102.45相比，上升1.13个百分点。

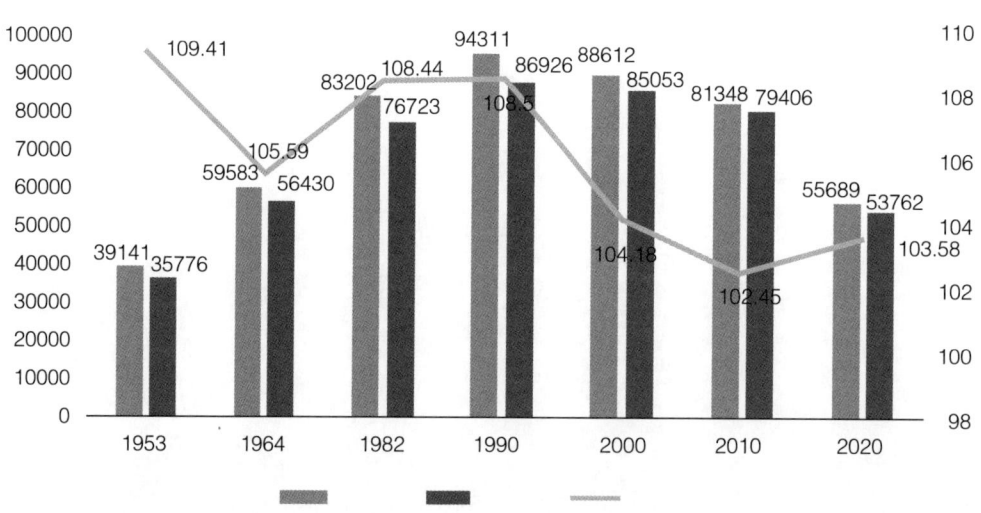

图2　隆德县历次人口普查人口性别构成

---

[1] 本公报数据均为初步汇总数据。

二、各乡（镇）人口性别构成

13个乡镇中，常住人口性别比在103[①]以下的乡（镇）有1个乡镇（城关镇），性别比为96.14；性别比在103至107之间的乡（镇）有3个乡镇，分别为联财镇、杨河乡、张程乡，性别比分别为106.91、104.67、105.25；性别比在107以上的乡（镇）有9个乡镇，具体详见下表。

表2 隆德县各乡（镇）人口性别构成

地区	占常住人口比重		性别比（女=100）
	男	女	
隆德县	50.88	49.12	103.58
城关镇	49.02	50.98	96.14
沙塘镇	52.63	47.37	111.08
联财镇	51.67	48.33	106.91
陈靳乡	53.32	46.68	114.24
好水乡	53.26	46.74	113.97
观庄乡	52.72	47.28	111.52
杨河乡	51.14	48.86	104.67
神林乡	52.12	47.88	108.85
张程乡	51.28	48.72	105.25
凤岭乡	53.83	46.17	116.58
山河乡	58.96	41.04	143.66
温堡乡	52.33	47.67	109.76
奠安乡	53.09	46.91	113.19

[①]（103-107）是国际公认的人口性别比正常水平。

第七次全国人口普查公报[①]（第四号）

——人口年龄构成情况

隆德县统计局　隆德县第七次全国人口普查领导小组办公室

2021年6月20日

根据第七次全国人口普查结果，现将2020年11月1日零时隆德县的人口年龄构成情况公布如下：

一、全县人口年龄构成

全县常住人口中，0~14岁[②]人口为21605人，占19.74%；15~59岁人口为67140人，占61.34%；60岁及以上人口为20706人，占18.92%，其中65岁及以上人口为15630人，占14.28%。与2010年第六次全国人口普查相比，0~14岁人口的比重下降2.41个百分点，15~59岁人口的比重下降4.32个百分点，60岁及以上人口的比重上升6.73个百分点，65岁及以上人口的比重上升6.36个百分点。

表3　隆德县人口年龄构成

单位：人、%

年龄	人口数	比重
总计	109451	100.00
0~14岁	21605	19.74
15~59岁	67140	61.34
60岁及以上	20706	18.92
65岁及以上	15630	14.28

[①] 本公报数据均为初步汇总数据。
[②] 0~15岁人口为23093人，16~59岁人口为65652人。

二、各乡（镇）人口年龄构成

13个乡镇中，15~59岁人口比重在60%~65%之间的乡镇有8个，在60%以下的乡镇有5个。其中，13个乡镇65岁及以上老年人口比重均超过7%。

表4 隆德县各乡镇人口年龄构成

单位：%

各乡（镇）	占常住人口比重			
	0~14岁	15~59岁	60岁及以上	其中：65岁及以上
隆德县	19.74	61.34	18.92	14.28
城关镇	22.42	63.85	13.73	10.40
沙塘镇	10.32	60.45	29.23	22.27
联财镇	16.58	61.11	22.31	17.14
陈靳乡	12.48	60.68	26.84	19.79
好水乡	11.66	61.41	26.94	19.84
观庄乡	16.89	61.21	21.89	16.01
杨河乡	32.81	54.88	12.31	9.83
神林乡	9.89	61.75	28.26	21.74
张程乡	29.2	57.26	13.54	9.88
凤岭乡	12.01	59.07	28.92	21.42
山河乡	7.32	52.22	40.46	31.60
温堡乡	12.57	60.05	27.38	20.57
奠安乡	11.17	59.72	29.10	22.16

第七次全国人口普查公报[1]（第五号）

——人口受教育情况

隆德县统计局　隆德县第七次全国人口普查领导小组办公室

2021年6月20日

根据第七次全国人口普查结果，现将2020年11月1日零时隆德县的人口受教育基本情况公布如下：

一、受教育程度人口

全县常住人口中，拥有大学（指大专及以上）文化程度的人口为13707人；拥有高中（含中专）文化程度的人口为12939人；拥有初中文化程度的人口为27898人；拥有小学文化程度的人口为40271人。（以上各种受教育程度的人包括各类学校的毕业生、肄业生和在校生）

与2010年第六次全国人口普查相比，每10万人中拥有大学文化程度的由4364人增至12523人；拥有高中文化程度的由11534人增至11822人；拥有初中文化程度的由28474人减少为25489人；拥有小学文化程度的由39019人减少为36794人。

表5　隆德县各乡（镇）的各类受教育程度人数

单位：人

各乡（镇）	大学（大专及以上）	高中（含中专）	初中	小学
隆德县	13707	12939	27898	40271
城关镇	9194	7935	12168	13671
沙塘镇	654	832	1925	2732
联财镇	536	580	1660	2705
陈靳乡	143	125	588	942

[1] 本公报数据均为初步汇总数据。

续表

各乡（镇）	大学（大专及以上）	高中（含中专）	初中	小学
好水乡	218	265	665	1289
观庄乡	732	718	2367	4327
杨河乡	240	339	2078	4037
神林乡	468	544	1025	1451
张程乡	328	400	1417	2961
凤岭乡	310	374	1115	1786
山河乡	35	42	116	249
温堡乡	688	703	2392	3366
奠安乡	161	82	382	755

二、平均受教育年限[①]

与2010年第六次全国人口普查相比，全县常住人口中，15岁及以上人口的平均受教育年限由7.35年提高至8.77年。

13个乡（镇）中，平均受教育年限在8.77年以上的乡镇有7个。

三、文盲人口

全县常住人口中，文盲人口（15岁及以上不识字的人）为5101人，与2010年第六次全国人口普查相比，文盲人口减少16503人，文盲率[②]由13.44%下降为4.66%，下降8.78个百分点。

---

① 平均受教育年限：是将各种受教育程度折算成受教育年限计算平均数得出的，具体的折算标准是：小学=6年，初中=9年，高中=12年，大专及以上=16年。

② 文盲率：是指常住人口中15岁及以上不识字人口所占常住人口比例。

第七次全国人口普查公报[①](第六号)

——城乡人口和流动人口情况

隆德县统计局　隆德县第七次全国人口普查领导小组办公室

2021年6月20日

根据第七次全国人口普查结果，现将2020年11月1日零时隆德县的人口城乡分布及流动情况公布如下：

一、城乡[②]人口

全县常住人口中，居住在城镇的人口为41744人，占38.14%；居住在乡村的人口为67707人，占61.86%。与2010年第六次全国人口普查相比，城镇人口减少1714人，乡村人口减少49589人，城镇人口比重上升11.11个百分点。

二、流动人口[③]

全县常住人口中，人户分离人口[④]为23411人。流动人口中，外省流入人口为2288人，区内流动人口为21123人。

与2010年第六次全国人口普查相比，人户分离人口增加5811人，增长33.02%。

[①] 本公报数据均为初步汇总数据。
[②] 城镇、乡村是按国家统计局《统计上划分城乡的规定》划分的。
[③] 流动人口：是指人户分离人口中扣除市辖区内人户分离的人口。
[④] 人户分离人口：是指居住地与户口登记地所在的乡镇街道不一致且离开户口登记地半年以上的人口。